本书是生态环境部环境规划院 2016 年招标课题"一带一路绿色贸易"的部分研究成果。感谢上海高校智库国际经贸治理与中国改革开放联合研究中心、浙江工业大学 2020 基础科研业务费、浙江省 2020 领军人才培育项目、国家哲学社会科学基金重点项目（21AZD042）的联合资助

推进"一带一路"国家绿色贸易研究

张翼飞 等 著

科学出版社

北 京

内 容 简 介

本书在梳理我国与"一带一路"国家贸易往来、各国社会经济与生态环境情况、国际贸易规则与相关绿色条款基础上,对绿色贸易的定义、产生原因、影响因素、发展历程、现状格局、未来趋势等开展研究分析,进而对"一带一路"国家绿色贸易进行综合评估,通过深入剖析各地贸易驱动、环境规制不到位的情况下环境污染及对居民的福利损害,以期探讨绿色贸易的发展趋势与实施绩效,揭示其形成的机制,从宏观、中观、微观三个层面对"一带一路"国家发展绿色贸易提出对策方案。

本书可作为资源与环境经济学、区域经济学、国际贸易学、经济地理学等学科的教学参考资料,也可为"一带一路"倡议的研究者了解中国与"一带一路"国家绿色贸易发展提供参考。

图书在版编目(CIP)数据

推进"一带一路"国家绿色贸易研究/张翼飞等著. —北京:科学出版社,2023.10
ISBN 978-7-03-068186-7

Ⅰ.①推… Ⅱ.①张… Ⅲ.①"一带一路"–国际贸易–绿色贸易–研究 Ⅳ.①F74

中国版本图书馆 CIP 数据核字(2021)第 036736 号

责任编辑:王 倩 / 责任校对:樊雅琼
责任印制:吴兆东 / 封面设计:无极书装

科学出版社 出版
北京东黄城根北街 16 号
邮政编码:100717
http://www.sciencep.com

北京华宇信诺印刷有限公司印刷
科学出版社发行 各地新华书店经销

*

2023 年 10 月第 一 版　开本:787×1092　1/16
2024 年 9 月第二次印刷　印张:15 1/4
字数:370 000

定价:198.00 元
(如有印装质量问题,我社负责调换)

前　言

全球经济低迷，国际地缘政治格局深刻调整，我国经过四十多年的高速发展，进入外需疲软、结构失衡导致的经济增速换挡、结构调整阵痛、新旧动能转化相互交织的三期叠加发展阶段。"一带一路"倡议是我国顺应世界经济形势、扩大对外开放的重大举措，也是构建开放型经济新体制、形成全方位开放新格局的重要突破口。

根据2015年3月正式提出的"一带一路"优先推进方向，即"中蒙俄、新亚欧大陆桥、中国-中亚-西亚、中国-中南半岛、中巴、孟中印缅"六大国际经济走廊，由于绿色贸易作为重点建设发展方向之一，理应在六大经济走廊优先推进实施，展示应有的示范效应，本书结合国研网"一带一路"研究与决策支撑平台，选择65个"一带一路"国家进行研究。

"一带一路"以政策沟通为前提，道路连通为基础，民心相通为保障，推进贸易畅通从而带动货币流通（五通），推进共建国家的经济合作和区域互通，推进我国与中亚、东欧、东南亚周边国家的新商贸通道和经贸合作网络的建设，实现区域共同发展，形成世界新增长极，这对推动国际经济走出低迷、加快国内经济转型具有重要而紧迫的现实意义。

在五通中，贸易畅通是基础。加入世界贸易组织（WTO）以来，我国对外进出口贸易年均增长20.2%，其中出口增长了4.9倍，进口增长了4.7倍，成为世界第一大出口国和第二大进口国，对外开放已成为我国加快经济发展以及综合国力提升的重要支撑。但2008年全球金融危机后，我国对外出口贸易额增长趋缓，近年来，国际地缘政治格局变化与公共卫生事件交织，造成全球国际贸易进程迟滞。而"一带一路"合作伙伴多为新兴经济体和发展中国家，2014年总人口约44亿，经济总量约21万亿美元，分别约占全球的63%和29%。这些国家普遍处于经济发展的上升期，开展互利合作的前景广阔。我国与"一带一路"国家的进出口总额总体呈上升趋势，2006年以来一直保持贸易顺差，且贸易差额稳定增长。尤其在全球金融危机后，我国与"一带一路"国家的进出口总额逐年增加，2017年占对外总贸易进出额比例由18.3%增长至26%。

伴随着货物在全球的流通，货物生产过程中的对资源的利用、环境容量的消耗，使得区域性的资源、环境及生态问题日益成为全球性问题而得到广泛关注。推进绿色贸易成为全球可持续发展的重要路径。同时，绿色贸易是高质量贸易的重要形式之一，贸易的绿色化成为加深双边贸易合作、扩大双边贸易规模、改善双边贸易结构的新契机。

"一带一路"国家生态环境禀赋的差异与内在相关性、经济水平差异与产业互通性、政治体制差异与地缘政治相关性造成环境与发展的矛盾尤为突出，绿色贸易的推进在日益复杂的国际地缘政治格局下、低位徘徊的全球经济形势下成为"一带一路"国家发展的共同诉求。

笔者承担了生态环境部环境规划院 2016 年公开招标"一带一路绿色贸易"研究课题。本书在此基础上，立足于我国与"一带一路"国家的贸易往来情况，以及"一带一路"国家自身的经济与环境发展情况，采用案例研究、数据指数分析等方法，探讨贸易与环境之间的冲突，揭示冲突产生的机制，进而提出推进绿色贸易的对策与建议。

本书共分为 6 章。第 1 章立足于文献综述，从理论层面探讨贸易与环境之间的关系；第 2 章对绿色发展、绿色贸易壁垒、绿色贸易做了界定与分析，明确绿色贸易的外延与内涵；第 3 章则梳理分析了国际贸易规则中的绿色条款，重点说明中国签署的环境相关的国际公约及协议；第 4 章着重分析"一带一路"国家的经贸发展情况、资源环境情况，并对各国的环境规制进行梳理与比较；第 5 章则采用数据与案例结合的方式，重点研究我国与"一带一路"国家的贸易和环境情况，并在此基础上，结合亚太经济合作组织（APEC）环境产品清单，对"一带一路"绿色贸易发展情况进行评估和竞争力分析；第 6 章从宏观、中观、微观三个层面对"一带一路"国家发展绿色贸易提出对策方案。

张翼飞
2023 年 6 月

目 录

前言
第1章 贸易与环境的关系 ··· 1
  1.1 关于贸易发展的研究 ··· 1
  1.2 关于环境污染的研究 ··· 2
  1.3 贸易与环境关系的研究 ······································· 3
第2章 关于绿色贸易的理解 ··· 17
  2.1 绿色发展与贸易 ··· 17
  2.2 绿色贸易的定义 ··· 19
  2.3 绿色贸易壁垒 ··· 21
第3章 国际贸易规则中的相关绿色条款 ································· 30
  3.1 双边、多边贸易规则中与绿色贸易相关的条款和要求 ············· 30
  3.2 中国签署的与环境有关的国际公约及协议 ······················· 39
  3.3 双边、多边贸易规则中的绿色条款特征分析 ····················· 41
第4章 "一带一路"国家经贸发展及生态环境现状 ······················· 44
  4.1 "一带一路"国家经贸发展现状 ································ 44
  4.2 "一带一路"国家生态环境概况 ································ 98
  4.3 "一带一路"国家环境规制 ···································· 111
第5章 我国与"一带一路"国家贸易往来及环境影响 ····················· 150
  5.1 我国与"一带一路"国家贸易总量及其环境影响分析 ·············· 150
  5.2 我国与"一带一路"国家绿色贸易综合评估 ······················ 184
第6章 对策方案 ··· 207
  6.1 宏观层面：确定"一带一路"绿色贸易总原则 ···················· 207
  6.2 中观层面：打造"一带一路"绿色供应链 ························ 213
  6.3 微观层面：提高"一带一路"国家贸易的绿色产品占比 ············ 218
参考文献 ··· 226
后记 ··· 238

第1章 贸易与环境的关系

关于贸易与环境污染的研究在学术界早有讨论,在贸易相关主题的广泛研究中,贸易自由化通过影响企业生产运作和技术发展,促进产品质量升级、推动区域产业集聚和空间分布进而影响进出口变化,使得贸易双方的产业结构、经济增长方式发生改变,从而会对当地生态环境有所影响等。贸易增长给生态环境造成的破坏已经引起全人类对经济可持续发展、经济绿色化的关注,而全球化经济背景下跨国公司的进入也引发各国对经济发展可能会造成区域之间发生污染转移的思考。目前,关于贸易自由化与环境污染的研究主要集中在贸易与环境污染关系、贸易对地区环境污染的影响、贸易自由化与其他变量的综合作用对环境污染产生的间接影响等方面。

1.1 关于贸易发展的研究

贸易发展这一主题的研究在近年来已经深入到微观企业和产品层面,关于贸易自由化对企业成长和规模分布的研究中,通过采用最终品关税和中间品关税衡量加入WTO后贸易自由化水平,探讨加入WTO后关税减免的直接竞争效应和企业由于成本节约和优质要素获得对企业成长的作用,并得到直接竞争效应对企业成长的影响较小,而由于成本节约和优质要素的获得对企业的成长影响较大的结论,尤其表现在促进本土企业和非出口企业的成长方面(盛斌和毛其淋,2015)。关于贸易自由化对企业出口行为的研究中,毛其淋和盛斌(2014)得出在"量"的增长层面上,关税减免能够促进我国制造业企业的出口参与及已出口企业在出口产品数量上的增加,增大国内企业生产规模;在成本节约上,贸易自由化通过降低企业的生产成本和学习成本等,利润增长驱动下的企业更倾向于参与出口。关于贸易自由化对企业生产率的研究中表明,加入WTO后我国关税减免促进了制造业企业全要素生产率的提升,尤其是表现在对出口企业生产率的提升上(余淼杰,2010)。关于贸易自由化对其他方面的研究有:邓慧慧(2009)通过建立一个包含三区域、两部门、三种要素的空间均衡模型,讨论在贸易自由化背景下要素的流动对不同区域制造业集聚的差异影响,并得出贸易自由化虽然降低了东部地区的贸易成本优势,但市场力量仍然使得东部地区资本和制造业集聚的趋势越来越大。刘志成和刘斌(2014)通过对不同类型企业进行贸易对企业就业人数影响的研究表明,贸易自由化促进了企业生产率的提升。通过考虑中间投入变化在贸易对企业生产影响方面的文献有:田巍(2014)选取加工贸易企业为对照组,借助倍差法检验我国加入WTO对企业研发的影响效应,研究得出减免中间品关税有利于企业增加研发投入,企业有动力进行已有生产技术的改进从而增强企业研发。陈雯和苗双有(2016)同样采用中间品加权关税衡量中间品贸易自由化水平,研究表明中间品关税减免降低了拥有高质量技术企业的生产成本，更有利于低质量技术企业升级到高质量技术企业，从而进一步提高生产率。作者进一步将行业进行分类进行拓展性研究发现比起劳动密集型企业，中间品关税减免对技术密集型冲击并促进其进行生产技术升级的作用更大。毛其淋和许家云（2016）选取我国加工贸易企业作为倍差法研究的对照组以探究中间品贸易自由化对制造业就业变动的影响，通过实证检验发现中间品关税减免虽然提升了企业生产率，但对高生产率和低生产率的企业来说在就业上的变动表现不一，关税减免促使高生产率企业招聘更多工作人员，但由于市场竞争扩大导致低生产率的企业退出市场造成就业破坏，总结出创造就业和就业破坏是中间品贸易自由化影响我国制造业企业就业变动的两个重要渠道。

综上，我们发现在企业和产品的数据层面上，贸易自由化水平的提高通过降低企业的生产和学习成本提高企业利润，促进企业研发投入帮助企业进行技术选择和提升生产工艺，从而提高企业全要素生产率，企业可以进一步扩大生产规模，这种规模效应也提升了企业就业创造能力。在区域和地方性研究层面上，贸易进一步开放使得沿海地区贸易成本优势下降，要素在区域间的流动增加，其中资本的流动要强于劳动力的流动，极大影响产业和地区发展。

1.2 关于环境污染的研究

环境污染直接影响人类生存和健康，所以关于环境污染与经济发展的研究成为众多学者重点关注的方向。其中王敏和黄滢（2015）基于城市面板数据运用不同污染物的排放浓度对经济增长与环境污染进行实证回归，得出经济的高增长并不一定会导致高污染，且在不同污染物下的回归得出的结论不尽一致。盛斌和吕越（2012）在 Copeland-Taylor 模型基础上纳入外商直接投资（foreign direct investment，FDI）这一影响因素，利用制造业行业面板数据分析 FDI 对中国环境的影响，并得出 FDI 对中国制造业的污染减排具有正向促进作用的结论，通过探因得出这主要得益于伴随外资引入的技术效应超过规模效应和结构效应的综合作用，在不同外资引入程度的行业中，FDI 对污染减排的正向作用也有所差异。许和连和邓玉萍（2012）通过省际面板数据将 FDI 的空间分布特征纳入实证回归设计中，从外商投资来源地分布、外商投资集聚程度分析 FDI 对地方环境污染的影响并创造性地应用熵权法计算环境综合评价指数，增加环境污染的解释力度。研究结果表明，伴随外资进入及先进技术流入国内改善了环境污染，不同来源地的外商引进在对环境污染影响效应的表现中有明显差异且地区引入外资的效果和对环境污染的影响与其所处地域周围环境有关，因此 FDI 的空间分布特征对环境污染有一定的影响。余长林和高宏建（2015）基于省级面板数据研究环境管制对环境污染的影响中发现，由于隐形经济的存在，环境管制虽然可以通过减少官方经济活动降低污染排放，但也正是由于环境管制政策的实行促使部分经济活动转为隐性经济活动而逃避政府管制，增加了污染排放，所以环境管制对地区环境污染的影响主要源于以上两种效应的综合作用。梁平汉和高楠（2014）使用城市与地方领导/官员的数据匹配，从政治关联和法律制度环境角度研究二者对地区环境污染的影响。

其研究表明，在短期新上任官员对打击排污较严重企业有一定的震慑作用，因此人事变更可促进该地区环境污染改善，但在长期若该地区法律制度较为宽松则容易促成"政企合谋"，新上任官员和企业之间建立的关系网络非但不会降低该地区污染排放，还可能加重当地生态环境污染，因此只有同时满足人事有变更和制度环境严格才会是降低该地区环境污染的一剂良药。

综上，在省级及城市级研究层面上，地区的环境规制水平、人事变更、制度环境、地理位置及与周边区域的联系程度等对地区环境污染均有一定的影响。外资引入与环境污染有一定的紧密联系，但在不同区域受 FDI 空间分布特征等因素影响，技术效应使得外商投资对环境污染有改善作用但也可能会导致污染转移。受污染指标选取、样本量选取等影响在经济与环境污染关系这一研究中得出的结论不尽一致。

1.3 贸易与环境关系的研究

目前，就贸易与环境之间关系研究的文献中大致可以总结为以下观点："贸易消极派"的观点是贸易对生态环境的影响从短期和长期来看都是负面的，南北国家在贸易往来时，发展中国家由于经济发展的需要不得不承受发达国家变相转移至国内的污染，这将直接导致环境的恶化。还有一种观点认为，由于经济发展的需要，短期内生态环境有所牺牲，所以在短期内贸易自由化的环境效应是消极的；但就长期而言，由于贸易自由化促进国家或区域间技术、人力等生产要素的流动，通过规模效应、结构效应和技术效应的综合作用表现反而会对环境改善产生积极影响。近年来也有一部分学者认为贸易的发展需要生态资源的供给，而生态环境一旦遭到破坏会约束贸易的发展，因此贸易与环境之间的影响关系是相互的。Grossman 和 Krueger（1992）研究了 SO_2 排放与经济发展的关系，得出的结论是污染物的排放随着经济发展同样具有先增后减的趋势，并提出环境库兹涅茨曲线。

Grossman 和 Krueger（1992）通过建立南北贸易解释框架研究发现，贸易对环境污染主要分为规模效应、结构效应和技术效应。他们认为，贸易促进经济增长，经济产出规模增大，促进一国为了追求贸易的经济效益加大对环境的破坏及由加大生产造成的环境污染，同时规模效应导致收入增加，收入增加促进一国加大对环境治理和环境保护的力度，改善环境污染，这就是贸易规模效应带来对环境的负面和正面影响。其中结构效应指的是贸易导致的一国由要素资源禀赋和环境规制不同导致一国只生产比较优势产品，同时这也会导致另一国由价格竞争而放松环境规制标准，出现"向底部竞争"的状态，所以结构效应的正负无法判定；技术效应指的是贸易会导致国外先进的生产技术和管理水平流向东道国，由于技术溢出效应和东道国的学习效应促进东道国因技术进步，产业升级，污染排放降低，环境得到改善。Grossman 和 Krueger（1992）关于贸易对环境影响的效应分解是现如今国内外学者在研究贸易与环境污染主题的主要参考解释框架。杨恺钧等（2017）在利用金砖国家十年面板数据进行经济增长、国际贸易与环境污染的关系研究中发现金砖国家的经济增长与环境污染呈现 N 形曲线关系，在总体趋势上贸易开放度的提升加大了对生态环境的破坏，使得金砖国家环境污染加重。谷祖莎（2003）通过研究发现，贸易与环境之所以是冲突关系，是因为环境是公共产品，具有非竞争性和非排他性，由于经济发展而造成的环境破坏是由环境成本外部化造成了产品价格的扭曲和市场失灵，环境成本内部化是解决该矛盾的重要方法。

贸易对环境污染影响的研究是一个存在已久的经典问题，而这一主题研究的生命力不仅反映了生态环境状况急需得到改善的普遍诉求，还在于在经济发展取得较大进步的今天，人们对生活环境原始追求的需求不断增加，即对良好的居住生活环境的更加向往，希望经济和环境实现双重发展，所以绿色发展这一观点随着社会需求的变化随之产生。1989年，英国环境经济学家Pearce最早提出"绿色发展"，指在生态环境可承受的能力下，以保护生态环境为目的的一种新型发展模式（苏日古嘎，2018；陈思，2018）。农业部门绿色增长的重点在于提升农业用水效率，改进化肥施用方式和畜禽养殖模式等；工业部门的绿色增长潜力体现在重点行业的过剩产能控制和节能减排，进行技术改造和工业结构调整；消费部门的绿色增长需要采取措施激励政府采购、交通、建筑的绿色化；贸易部门加快进出口结构绿色调整（俞海等，2015）。

现阶段学界的研究主要集中在贸易与环境污染之间关系的寻求、贸易影响环境的途径、贸易对地区间污染转移影响等方面。首先在两者之间关系的研究中，目前通过已有文献中大致可总结为以下两点："贸易消极派"的观点是贸易对生态环境的影响从短期和长期来看都是消极的。Chichilnisky等（1994）通过建立南北贸易解释框架，在假设南北国家拥有同样的禀赋资源、同样生产技术并独立生产同质、同价产品的前提下，研究南北国家私人所有权的归属在贸易对环境影响效应中的作用，并得出在南方国家即发展中国家中收取环境税并不是一个有效保护环境的政策，而明晰环境资源所有权的归属问题才是制定有效环境政策的关键。还有一种观点认为，由于经济贸易发展的需要，短期内生态环境有所牺牲，对环境产生消极影响。但就长期而言，由于贸易自由化促进国家或区域间技术、人力等生产要素的流动，规模效应、结构效应和技术效应的综合作用反而会对环境改善产生积极影响。

关于造成环境污染影响因素方面的研究主要集中在各国及全球经济发展，贸易量增加，跨国公司的海外投资行为，政府部门和国家组织发布的更高标准的环境规制，各类型产业集聚等对空气、水、土壤等污染情况。经济增长和生活质量提升的同时，碳排放急剧增加、气候变暖、海平面上升、生物多样性减少等问题使全人类加大了对经济可持续发展和加快生产消费绿色化进程关注，在全球化经济背景下跨国公司的全球投资行为引起了国内污染向国外转移，并且这一趋势在第二次世界大战之后更加明显，发展中国家为了加快工业化进程和经济崛起，接受传统产业转移的同时也在一定程度上受到了污染，各类污染逐渐由发达国家扩散至全球各地，全球污染速度加快。其中贸易自由化与环境污染的研究主要集中在贸易与环境污染关系、贸易对环境污染的影响、环境标准提高对贸易影响等方面。

当前贸易与环境污染的理论研究主要围绕"污染天堂"假说、库兹涅茨（EKC）曲线、"向底线赛跑"假说、要素禀赋假说等，国内外学者就Grossman和Krueger（1992）提出的贸易对环境污染影响效应分解作为理论基础和解释框架，在实证研究手段上学者们主要选择Copeland-Taylor模型、投入产出模型、ACT模型的效应分解以SYS-GMM方法、联立方程估计、工具变量法等为实证研究方法。

1.3.1 贸易对环境的影响

贸易对环境的影响主要是通过规模效应、结构效应和技术效应的综合起作用的（Grossman and Krueger，1992；Copeland and Taylor，1994，1995；Tamiotti，2009）。

1.3.1.1 规模效应

规模效应是指国际贸易规模迅速扩大增加了化石燃料的使用，使全球温室气体排放快速增加。长期以来，我国粗放型贸易增长方式对我国资源与环境带来了巨大压力和严峻挑战。结果表明，我国贸易价值量顺差但资源环境却是"逆差"（胡涛等，2008；于洋，2011）。与该观点相反的是贸易有利于改善环境（Birdsall and Wheeler，1993；Mani and Wheeler，1998；Jalil and Mahmud，2009）。王柏杰和周斌（2018）在Copeland与Taylor的生产-污染模型的基础上，从理论上分析货物出口贸易及对外直接投资（OFDI）对环境污染的作用机制。总体上，货物出口贸易与对外直接投资的联合效应表明出口贸易抑制环境污染。新古典主义和贸易自由主义者认为，生态环境恶化的原因在于作为公共产品的环境无法将其真正价值体现在自身价格之上，私人保护环境产生的正外部性享受者不进行支付，产生搭便车行为，私人破坏环境产生的负外部性污染者不进行赔偿，于是保护环境的私人减少，破坏环境的私人增多，但社会收益需要更多的环境保护，更少的环境污染，私人收益与社会收益出现差距，市场机制无法解决这一问题，即市场失灵。所以如何将环境收益成本内在化成为解决该问题的重要思路之一，但是当前因为我国环境收益成本内在化相关政策的不完善无法很好地解决产生的环境问题（迟诚，2010）。

从贸易政策的选择角度来看，"单边贸易自由化"和"多边贸易自由化"虽然都将导致中国经济总量和碳排放同步增加，但碳排放强度基本不变。而参与"多边贸易自由化"更有利于中国的贸易条件改善、实际GDP增长和消费者福利改善，同时也有利于世界各主要经济体（欧盟除外）的碳排放强度下降（余丽丽和彭水军，2017），所以中国应该积极主动联合这些主要经济体，促进实现更大范围和更加深入的多边贸易自由化。具体到农业领域来看，刘昭阳等（2011）认为中日韩自由贸易协定可以加快中日韩贸易自由化进程，我国的农产品在三国中具有比较优势，我国农业将会进一步发展，具体表现为农产品贸易量和产量的增长；同时由于规模扩大，也会对环境、资源产生负面影响，如污染物排放增加以及水资源消耗量增大。这是在具体领域中对规效应和结构效应的综合考察，贸易自由化对环境会产生一定负面影响。

1.3.1.2 结构效应

结构效应是指国际贸易造成某一国家或地区温室气体排放短期内急剧增加的现象。在贸易与环境成本转移或者污染转移领域研究中，存在两种理论：一种是污染天堂动机理论。低收入国家环境法规相对宽松，高收入国家环境法规相对严格，二者在执法程度和严格程度上都存在较大差别。如此一来，贸易自由化将会促使发达国家将低端污染产业向发展中国家转移，结果是产业转移时将污染也进行附带转移，无疑对发达国家的环境产生积极影响，而对发展中国家的环境产生消极影响（Copeland and Taylor, 1994）。另一种是要素禀赋理论。国家和地区会选择具有比较优势的要素相关产业进行生产。发达国家资本要素充裕，发展中国家劳动要素丰裕，而资本密集型产品又和污染密集型产品具有很高的相关性，因此贸易自由化将促使发达国家专业化生产相对比较污染的密集型产品，发展中国家生产相对清洁的劳动型产品。

彭水军和刘安平（2010）分析了1997~2005年进出口贸易对中国包括二氧化硫、工业烟尘等4类主要污染物影响。实证证明，在此期间中国并没有专业化生产和出口污染密集型产品，"污染避风港"假说或"污染天堂"假说（Copeland, 1990; Copeland and Taylor, 1994; Cole, 2004）在中国是不成立的。彭水军和刘安平（2010）在研究贸易开放的结构效应对我国环境污染的影响时发现，在对二氧化硫和工业烟尘排放量下的实证回归中存在贸易开放带来的污染避风港效应，但同时由于要素禀赋效应的存在且其作用力超过污染避风港效应，因此综合而言贸易开放的结构效应有利于环境污染的改善，但这种影响作用并不大。对于"污染避风港"假说或"污染天堂"假说，其他学者也进行了研究。王文治和陆建明（2012）实证研究发现，贸易分工下中国劳动密集型产品占有优势，这并不会导致污染排放增加，但伴随着FDI的流入，制造业污染排放增加，从而得出污染天堂假说在中国是成立的结论。李卫兵等（2015）认为，FDI的引入对我国城市环境污染具有"污染光环"和"污染天堂"的双重效应。那么在引进外资时，需同时注意东中西各地污染差异化问题，加强跨区域合作（刘飞宇和赵爱清，2016）。

以上是关于最终产品的贸易对环境造成影响的分析。由于国际分工的不断深化，不同经济发展水平国家之间垂直化分工逐渐明显，而且越来越多的国家参与其中，进行全球化专业分工生产，于是一件完整商品的生产不再由某一个国家单独完成，而是由众多国家共同完成，中间产品贸易成为当前国际贸易中的重要一环。所以近年来关于中间品对环境污染的影响的研究也得到关注，现有研究主要是把中间品投入这一不可忽视的变量从贸易分工中剥离出来考察其对环境的影响程度。如张相文等（2012）利用国内21个工业行业的对外贸易和SO_2污染排放数据研究贸易对SO_2排放的影响，并得出SO_2排放与产品内分工密切相关的结论，并指出中国对外贸易有利于节能减排。陈龙来（2010）关于FDI、中间品贸易对我国环境污染影响的实证研究中运用了垂直专业化指数来衡量中间品贸易程度，发现FDI以及中间品贸易可以减轻我国的行业污染排放强度，有利于环境保护。而沈利生和唐志（2008）认为，我国对外贸易污染减排存在逆差，且减排技术进步的速度赶不上对外贸易增长的速度，因此对外贸易加重了我国环境污染。

1.3.1.3 技术效应

技术效应是指国际贸易推动相关先进技术扩散到发展中国家，虽然能够减少全球整个温室气体的排放，但存在减少程度依赖于技术本身开发应用水平以及贸易自由度程度的现象。杨博琼等（2013）基于贸易与环境污染理论，建立了 FDI 污染效应影响机制，将技术分为生产型和环保型并对这两种技术的技术外溢效应对东道国环境污染情况进行研究。研究发现，若生产技术上升，有利于降低污染总量，若只是环保技术即污染行业专有技术上升，会增加污染总量，这就需要同时对环境规制以及产业结构调整加以关注，在更大程度上发挥技术进步的作用。同样面对环境技术外溢这一问题，有学者证实运用国际贸易转移与溢出且国内的相关技术存量对溢出技术进行吸收与利用，有助于中国工业废水和 CO_2 的减排。因此提出政府在开放对外贸易中应采取"市场换环保技术"战略的建议（钟凯扬，2016；杨恺钧等，2017）。沈利生和唐志（2008）在研究贸易对我国二氧化硫排放的影响中得出对外贸易降低了我国环境污染的结论。李小平和卢现祥（2010）通过污染产业转移的视角，以投入–产出模型为主要研究手段，测算出中国出口产品中隐含 CO_2 排放，显示发达国家既向中国转移了污染密集型产业，也转移了清洁型产业，中国没有成为"污染天堂"。吴献金等（2008）通过取样我国东部 11 个省份1995~2005 年的面板数据分析发现，我国东部省份的出口贸易与其能源消费之间存在明显的关联性。张友国（2009）测算了贸易对中国能源消耗量的影响，得出规模效应使能耗和 SO_2 排放增加，但是技术的提升有效抑制了规模效应，而出口结构的变化对能耗和 SO_2 的排放影响甚微的结论。

1.3.1.4　总结

总之，大多数研究认为规模效应的影响程度大于结构效应和技术效应的影响程度，贸易自由化加重了环境问题。在全球层面上，上述理论具体体现为：过去一直致力于推动贸易自由化的 WTO 经过多轮艰苦多方谈判，各方在协商一致的原则基础上达成促进全球贸易自由化的规则，但其制定的相关规则主要关注贸易自由化，相对忽视或者妥协其他客观要求，这些规则对多边气候协议的相关减排措施造成一定程度上的潜在约束，二者存在内在不协调（唐志军等，2016）。在未来的发展中，国际方面，我国应积极参加相关规则的重塑，同时需要考虑全球气候规则和贸易规则，推动 WTO 规则与多边气候协议进一步协调（彭水军和张文城，2011；张彬等，2014）；国内方面，通过设计准入准出制度来改善我国环境资源逆差情况（毛显强等，2007）。马建平（2012）得出实现经济、贸易与环境实现相容的必要条件是环境有益的结构效应、技术效应和政府抗逆效应足以抵消规模效应，并通过协调努力，达到短期不相容可以转化为中长期相容，局部不相容可以转化为整体相容的效果。

周茂荣和祝佳（2008）借助 ACT 模型通过剥离贸易影响环境的三种效应，发现国内贸易对环境污染影响的规模效应及结构效应的综合作用超过了技术效应对环境影响的正面作用，贸易自由化具有负面影响。党玉婷和万能（2007）通过计算加总规模、技术和结构效应认为 1994~2003 年中国贸易环境总效应为负，并提出我国应该加强先进技术的学习，调整产业结构减少污染密集型产业。刘家悦和罗良文（2017）以 Grossman 和 Krueger 提出的模型为主要解释框架并通过引入市场化进程这一因素。实证结果表明，加入控制市场进程这一变量后，贸易促进中国地区环境改善，而在未加入市场进程与贸易自由化交叉项前，贸易自由化对环境污染是负面影响的，同时由于市场化进程有所差异，在东部地区贸易自由化促进环境改善，中西部地区加重环境污染情况。张相文等（2012）通过构建产品内分工下的投入产出模型，研究表明 SO_2 排放浓度与产品内分工密切相关并得出对外贸易有利于节能减排的结论。刘婧（2009）分别对一般贸易和加工贸易与环境的影响关系进行研究后发现，与一般贸易相比，加工贸易对环境污染的影响作用更大。环保主义者认为，自由贸易必然会对环境产生不好影响。Ekins 等（1994）、Barrett（1994）以及 Esty 和 Dua（1997）分别从开展贸易所必需的环节出发，从产品的生产环节、包装与运输环节到最后的跨国转移等角度证明了自由贸易确实会对生态环境产生负面的影响。Daly 和 Goodland（1994）提出，单纯地依靠自由贸易，不能公正、有效、持续地解决环境问题，这也反映了贸易自由化对环境会产生不利影响，并且这种影响不能自然消除。Ropke（1994）直接把环境作为一个切入点，认为发展中国家的贸易收益存在不真实性，其部分收益来源于环境上的损失。随着研究的层层深入，许多学者开始针对某个国家抑或是某些群体进行定量上的分析。Lopez（1997）将目光聚焦在加纳的生物资源上，认为贸易自由化的存在加剧了森林的砍伐情况，从而影响加纳生物的生存与发展。Barbier（2000）设定主要观察对象为发展中国家，认为经济的自由化和全球化是引发发展中国家农业资源退化的直接效应和间接效应因子。Nielsen（2006）研究了欧盟与波兰实现贸易自由化后对海鳕鱼市场的影响，得出结论：贸易自由化会引起鳕鱼资源的过度捕捞，生物多样性和海洋生态环境遭到了严重的破坏。Vilas-Ghiso 和 Liverman（2007）分析了《北美自由贸易协定》（North American Free Trade Agreement，NAFTA）签订后墨西哥地区农民的耕地使用情况。结果发现，规模效应使化肥的施用量上升，而糟糕的是，规模效应超过结构效应和技术效应使化肥的施用量下降之和，所以总的来看，区域贸易自由便利化之后对耕地土壤等资源的破坏效果还是很大的与之相反的观点——贸易也可能提高一国的环境水平，这个结论也通过一些学者的研究得到了证实。Grossman 和 Krueger（1992）研究之后认为，1994 年 1 月 1 日实施之后的《北美自由贸易协定》并没有使加拿大、美国、墨西哥在环境方面出现整体恶化趋势。大多数学者对此研究结论表示震惊和怀疑，并引起他们关注并进行相关验证。在此之后，有 Selten 和 Song（1994）借鉴该方法进行了实证分析，得到了同样结论，随之而来的是许多学者经过研究验证之后，表达了对这一观点的认可和支持。认为自由贸易可以促进环境保护的展开，因而贸易有利于环境的可持续发展（Anderson and Strutt，1999；Blackhurst et al.，1977；Williams et al.，1992）。Beghin 和 Potier（1997）研究证明，贸易自由化不会让发展中国家一直从事对环保不利的行业。Antweiler（2001）建立了一个污染控制成本和要素禀赋两因素共同决定的贸易模式模型，并基于全球 44 个国家 109 个城市的面板数据进行了实证分析。研究表明，贸易自由化有助于污染排放密度的下降。Lee 和 Roland-Holst（1999）研究后发现，加以环境规制的自由贸易带来的收益可以消除在此过程中贸易对环境的负面影响，甚至可以带来额外的经济收益。国内学者也就这一观点开展了大量研究。张连众等（2003）对贸易开放度和二氧化硫排放量这两个指标的关联进行了实证分析。研究表明，贸易开放度越大，污染程度反而越低。李秀香和张婷（2004）实证分析了 1981~1999 年中国出口增长的环境效应。研究表明，在贸易自由化的同时实施严格的环境管制，则出口贸易不会带来环境的污染。占华和于津平（2015）研究证明，进出口贸易对环境分别有负的收入效用和正的结构效应,因此贸易开放度提高对于我们维持生态环境平衡具有积极意义。陈龙来(2010)通过利用垂直专业化指数衡量中间品贸易程度,以 9 个环境敏感行业作为研究对象并发现 FDI 以及中间品贸易可以减轻我国的行业污染排放强度,有利于环境保护。沈利生和唐志(2008)透过投入产出模型在研究对外贸易对我国二氧化硫排放影响时得出我国出口污染排放强度低于进口污染减排强度。

整体来看,贸易的自由发展与环境质量的改善确实存在一定程度上的矛盾冲突。但是贸易的发展具体是提高了环境水平,还是加大了环境污染程度,目前并没有一致的结论,需要根据不同国家、不同区域、不同行业、不同时间、不同发展水平等实际情况进行专门研究分析,以此得到更加可靠的结论。如有关学者认为,贸易对环境是正面影响还是负面影响,关键取决于贸易双方在贸易商品上的比较优势是否与其碳排放比较优势相一致(陈牧,2015)。Jayadevappa 和 Chhatre(2000)认为,贸易是一种重要促进经济发展的手段,只是在贸易手段运用得不恰当时才造成环境污染,因此,在国际贸易自由化的背景下,通过环境政策改革和不同国家之间的政策协调或许可以避免这一问题,这些方法、路径都需要进一步研究。

1.3.2 环境对贸易的影响

环境对贸易的影响既存在促进贸易自由化发展的一面,也存在阻碍贸易自由化发展的一面。

环境阻碍贸易自由化发展,最具代表性的现象就是国际贸易中基于绿色技术和绿色关税从而产生的"绿色壁垒"纠纷(李朋娜等,2016;沈倩,2017;刘海涛,2019;李彬蔚,2019)。环境规制已成为一种新的贸易壁垒(Mulatu et al.,2004;郑智昕,2011),但是有一些学者深入研究发现与发达国家设置绿色关税可以达到改善环境目的相反的观点,即环境规制无法显著改善环境状况(计志英等,2015;韩超和张伟广,2016)。大多数学者认为"绿色壁垒"对我国的对外贸易产生巨大阻碍作用(Van Beers and Van den Bergh,1996;陈岗,2018)。余长林和高宏建(2015)基于省际面板数据研究环境管制对环境污染的影响中发现,由于隐形经济的存在,环境管制虽减少官方经济活动造成的污染,但也正因环境管制政策的实行促使部分经济活动转为隐性经济活动逃避政府管制,增加污染排放,所以环境管制对地区环境污染的影响主要源于以上两种效应的综合作用。但也有学者认为,环境规制在长期对我国出口企业的国际竞争力是有利的(Porter and Van Der Linde,1995;王红梅,2010)。对此 Carraro 和 Siniscaico(2004)持反对意见。

从"绿色壁垒"对我国影响来看,李继峰和张亚雄(2012)基于可计算的一般均衡(CGE)模型定量分析发达国家征收碳关税这一具体绿色壁垒措施对我国经济的影响,结果同样发现碳关税对我国出口影响较大,阻碍了贸易自由化发展(孙红雨和佟光霁,2019;丁浩芮,2019)。具体细分来看,该政策对国内实体经济影响较小,虽然能有效抑制高耗能产品出口,但是对高附加值产品影响很小。他们建议短期关注外贸领域措施以及长期关注低碳产业发展、劳动力市场完善以及价格机制改革,通过优化出口结构,完善国际协调机制等以此降低"绿色壁垒"对我国出口的不利影响（张爱勤，2009）。此外，通过将我国出口产品种类再细分为农产品、工业制成品、服务贸易三大类来分别研究我国对外贸易可持续发展存在的相关问题，横向比较得出服务业发展严重滞后结论（周健和王淑婧，2014），这也应该是我国今后应大力关注的出口领域。从污染物角度来看，曹薇和王自然（2016）发现固体废弃物和废气污染对进出口贸易影响为负，废水影响与上述两类污染物方向相反。

从"绿色壁垒"对世界范围的影响来看，碳关税会产生双重性影响，既有利于控制全球范围的温室气体排放，但也会对发展中国家经济产生负面影响，之前可以在本国国内进行征收资源或者环境税，提前让相关企业商家适应新的规则标准，提高他们的环保能力，并且加强与相关国家的交流协商，进行绿色外交，尽量争取一定时间或者降低一些标准等优惠措施，将发达国家采取对进口商品设置碳关税等措施的不利影响降低到最低程度（张曙霄和郭沛，2010）。世界范围内也会因该政策的实施而产生碳泄漏问题，对该问题的研究有：张文城和彭水军（2014）在对现有碳泄漏相关现状和研究总结的基础上，认为发达国家基于解决碳泄漏问题而采取的各种单边贸易措施的合理性需要进一步评估分析。杨曦和彭水军（2017）认为，不对称减排导致碳泄漏，发达国家采取单边征收碳关税措施，对发达国家和发展中的对外贸易开放程度的影响是一升一降，总体来看，这一举措恶化了各国福利，对发展中国家尤其不利，从目标角度来看，该措施并不能有效解决碳泄漏问题，反而会导致各国碳排放量上升，进而提高碳泄漏率，北方发达国家的技术转让和援助工作反而能够促进南方发展中国家的相关减排技术改善，这样更有助于解决碳泄漏问题，更有利于联合国 2030 可持续发展目标的实现。Vale 和 Chimeli（2015）基于全球视角，通过梳理机械制造品贸易与 CO_2 排放情况，利用投入产出数据建立南北贸易分析框架得出由于技术效应南北国家的环境污染都有所下降。绿色贸易壁垒对农产品影响十分巨大，李冬梅和祁春节（2019）研究发现，绿色壁垒提高一个单位，新疆瓜果出口将会下降 78.9%，影响确实比较大，而且还十分显著。

面对"绿色贸易壁垒"，我们的核心策略应是生产出口符合发达国家相关标准的产品，进行经济转型，实现绿色发展（余飞和黄瑞玲，2018；沈国际和魏皓阳，2017）。这样既有利于冲破"绿色壁垒"，扩大出口；又有利于改善我国的环境和提高产品技术水平，相应地也改善了我国的产业结构和出口结构，实现经济的高质量发展。根据经济合作发展组织（OECD）和欧盟统计局（EUROSTAT）报告，这些产品称为环保商品，专指为环境中的水、空气和土壤的破坏程度以及有关废弃物、噪声和生态系统问题提供测量、防治、限制手段，使之最小化或得到纠正的产品。安振和刘霞（2017）发现中欧进行的环保商品贸易不仅受两国经济规模和地理距离这些传统因素的影响，还受时间因素、空间因素和 WTO 规则的影响。具体来看，两国环保商品贸易在很大程度上是受到本国一贯的贸易决策或贸易政策即时间因素的影响；空间因素依据时间的不同具有双重性作用，因为外部规模经济，当期会起到促进一国环保商品的贸易作用；由于契约效应，下一期起到阻碍作用。刘薇（2019）通过构建绿色产品市场的模型框架，研究发现国际贸易发展受到环境问题相互影响，内部绿色产业补贴政策与外部贸易之间存在一定程度博弈，过多地关注环境问题，采取限制补贴手段，会减少全球福利。李敏和孙美玲（2017）则通过博弈分析得出环境保护与贸易自由化得到发展的前提是必须将绿色壁垒的负外部性降到最低。

发展绿色商品进出口会形成绿色贸易，绿色贸易是以服务于保护、改善、提高环境质量和功能的环境产品（服务）和环境友好产品为主要内容的贸易（赵玉敏，2017）。转变贸易增长方式其中一个重要方向就是发展绿色贸易（吴健等，2010）。赵玉敏（2017）也肯定绿色贸易的作用，并对其中一个重要指标——环境产品，依据WTO相关环境产品清单整理总结将其分为环保科技、可再生能源、碳捕获碳储存、大气污染控制、废物和水处理，以及其他环境友好产品类六大类，借助显示性比较优势指数正确评估我国环境产品的发展现状和所具有的特点，指出当前所面对的困难与挑战，并从政策规划，贸易自由化以及融资外汇等国际金融角度提出相关促进绿色贸易发展的建议。面对贸易中出现的这一问题，胡涛等（2007）认为可以将贸易手段和环保手段相结合来缓解资源环境压力并促进环保目标的实现。唐绍祥和周新苗（2017）基于损失厌恶模型研究发现，处于持续衰退期的产业链低端的企业及发展较好且已步入正轨的企业应适当减少绿色贸易政策的关注。

关于我国绿色贸易发展现状，杨毅和刘艳（2017）对我国钢铁行业对外贸易做出"绿色"评估，得出我国钢铁行业对外贸易"绿色"程度较好的结论，其间仅2006~2008年出现"环境逆差"，经济增长与环境成本基本处于"脱钩"状态，打破了普雷维什－辛格假说，生态贸易条件呈现改善趋势。刘红英和杨志江（2018）运用基于跨期生产前沿的方向性距离函数（IFDDF）测度了2001~2014年中国各省份的绿色发展效率，研究发现东部和西部的进口贸易对绿色发展效率有显著正影响，而对中部的影响正好相反；东部和中部的出口贸易对绿色发展效率有显著促进作用，而对西部的影响正好相反。肖皓等（2018）对中国制造业单位产出碳排放在全球范围内进行横向比较，中国该数值比较高，因此应该通过创新驱动和绿色发展实现中国制造业迈向价值链的中高端。

1.3.3 贸易与环境的关系

关于贸易与环境的关系研究当前主要可以分为关系明确和不明确两类。

贸易与环境的明确关系研究是在经济增长与环境之间的关系研究基础上发展来的。关于经济增长与环境之间的关系研究有张鹏和马小红（2005）根据EKC理论，选取我国1985~2001年人均产值和工业"三废"排放量数据建立计量模型，发现工业废水和人均产值之间表现为N形关系，而工业废气与人均产值直接表现为倒U形关系，固体废物与人均产值并不存在有规律的关系。显然这些影响是非线性的（卢飞等，2018）。余瑞祥和杨刚强（2006）分析得出我国二氧化硫排放量与经济增长在1985~2004年大致呈倒N形关系，面对环境污染问题，政府必须加大决心进行产业升级和经济转型（蔡昉等，2008）。之后的研究开始转向贸易与环境的关系。朱红根等（2008）对我国出口贸易和环境污染之间的互动关系利用广义脉冲响应函数进行了实证分析，发现工业粉尘、工业烟尘、工业二氧化硫、工业固体废物对出口贸易的冲击反应轨迹大致被分为N形、倒U形、递增的线性三种。阚大学和吕连菊（2016）采用了省际动态面板数据进行实证分析，发现贸易与环境污染存在明显的非线性影响，该影响有赖于各地区的经济发展水平、技术进步、产业结构、外资、环境规制等。

主张贸易与环境关系不明确的学者，往往认为环境与贸易之间的关系十分复杂，不能简单地进行归类。Copeland 和 Taylor（1994）认为，贸易在减轻北方国家的环境污染的同时，会对南方国家带来负面的影响，所以世界整体污染情况具有不确定性，贸易的环境效应是积极与消极效应综合作用的结果。Cole 等（1997）为了验证 EKC 的存在性选取更多的环境指标，发现只有大气污染物的排放与人均产值存在倒 U 形的关系。Egli（2001）选用添加了工业比重因素和贸易因素的扩展模型对德国的 8 种污染物进行分析。研究发现，一氧化氮和氨这两种污染物与经济增长分别存在倒 U 形和 N 形的曲线关系，其余 6 种污染物并未表现出明显的曲线关系。所以由于不同的发展阶段等具体因素，贸易本身对环境的影响都是不确定的，需要综合考虑各个因素，才能得到可靠的结论。

1.3.4 "一带一路"倡议对环境与贸易的影响

开放促进了发展，扩大开放可以带来更大的发展。所以新时代下，扩大开放是必由之路（裴长洪和刘洪愧，2018），在这一大背景下，"一带一路"倡议适时提出，具有明确的指引和激励作用。国家主席习近平特别指出要打造"绿色丝绸之路"（周国梅，2017）。绿色"一带一路"建设有利于传播生态文明理念，推进绿色经济及可持续发展（袁国华等，2018）。我国的绿色贸易也在"一带一路"倡议实施以来，上升到了新阶段，步入了发展的快车道，当前绿色发展已经成为"一带一路"倡议构想中的重要战略目标之一。绿色发展也早已列入中国五大发展理念，绿色发展和绿色贸易相辅相成（胡蓓蓓等，2019）。叶琪（2017）认为，通过环境协调、制度创新，能够推动经济可持续发展。为进一步推动"一带一路"绿色发展，2017年5月，环境保护部、外交部、国家发展改革委、商务部联合发布了《关于推进绿色"一带一路"建设的指导意见》，要求全面推进"政策沟通""设施联通""贸易畅通""资金融通""民心相通"的绿色化进程。依靠绿色投资、绿色贸易和绿色金融体系发展，促进经济发展与环境保护双赢，服务于打造利益共同体、责任共同体和命运共同体的总体目标[①]。关成华和刘华辰（2018）认为，"一带一路"担负着深化中外绿色合作发展的时代重任，绿色"一带一路"成功建设的关键是各方需要获得充足的绿色投融资支持。

王文和杨凡欣（2017）欣认为，尽管基础设施互联互通无疑是"一带一路"建设的优先领域和重要突破口，但基础设施建设可能会对生态环境产生比较大的破坏后果。田颖聪（2017）认为应建立"一带一路"国家的环保国际合作机制。陈天林和刘培卿（2017）通过分析得出中国具备筑梦绿色丝绸之路的资金、工业化、设施建设、能源需求的四大优势，可以以此为全球环境治理贡献"中国方案"。可以通过多角度建立绿色供应链制度体系助力推进绿色"一带一路"建设（胡冬雯等，2017）。李丽平等（2008）认为，依靠环

---

① 《关于推进绿色"一带一路"建设的指导意见》. 环境保护部、外交部、国家发展改革委、商务部. 2017.5.29

境关税、市场准入与准出、绿色投资等手段，从产品、企业、行业三个层面划分，分类采取鼓励、允许、限制、禁止手段，从而构筑绿色贸易体系的政策框架，实现发展可持续的绿色贸易目标。绿色"一带一路"建设应以"绿色产品"为关键切入点，以此实现促进绿色产品投资贸易的自由化与便利化，实现双赢目标。

鉴于"一带一路"倡议通过"投资和贸易有机结合、以投资带动贸易发展"的"双轮驱动"模式挖掘经济增长新潜力。其关注重点从传统的单一贸易驱动模式转向了以贸易和投资为支撑的双轮驱动协同模式（陈立泰和刘雪梅，2019）。以下分别对FDI和OFDI进行研究。

1.3.4.1　FDI

关于FDI的环境效应研究可以追溯到Grossman和Krueger（1992）开创性地提出环境污染与人均收入的关系呈倒U形的环境库兹涅茨曲线，早期研究相应聚焦于经济增长对环境的影响。随后，经济全球化浪潮与国际投资的兴起使得贸易对环境的影响成为国际经济学领域热议不断的话题，而国际投资引致的环境污染问题则逐步成为学界关注的焦点。对该问题的研究主要产生了"污染天堂"与"污染光环"两种截然不同的观点。"污染天堂"假说认为，发展中国家相较于发达国家而言，其环境标准往往较低，发达国家的高污染产业伴随国际投资转移到发展中国家，使发展中国家环境质量下降。同时，开放经济催生的国际竞争将进一步诱发东道国降低环境标准的"竞次效应"，即不发达国家迫于竞争压力会降低自身环境标准以争取更多的外商投资（这一现象也被称为"向环境标准底线赛跑"），进一步强化国际投资带来的污染影响。

国外研究方面，早期Chichilnisky（1994）的研究均验证了"竞次效应"的存在并以国际投资为载体将污染产业在世界范围内转移，由此造成了全球范围内环境质量的下降（Markusen，1995；Cole，2004；Taylor，2004）。近年来，研究进一步证实了国际投资造成了东道国环境质量的下降（Asghari，2013；Shahbaz et al.，2015；Sapkota and Bastola，2017）。He（2006）借鉴Grossman和Krueger（1995）建立的方程划分了3种效应。研究发现，FDI每升高1%，工业二氧化硫排放量增加0.099%，对环境的负面影响较小。FDI对经济规模增长和产业结构向密集型转化都有正向作用，但是这两者对环境都是负面影响。整体而言，FDI会增加东道国的污染。

国内研究方面，林季红和刘莹（2013）的研究从不同视角证实了FDI在一定程度上降低了我国的环境质量（卢进勇等，2014；魏龙和潘安，2016；严雅雪和齐绍洲，2017）。中国的环境规制实际上对FDI的流入产生了显著的抑制效应，在此背景下，地方政府有动机以放松环境管制为手段来吸引更多的FDI流入，这导致中国污染加重（陈刚，2009）。杨仁发（2015）研究发现，当FDI水平较低时，产业集聚将加剧环境污染，但是随着FDI水平的增加，产业集聚对环境污染的负面作用逐渐减弱；当FDI水平跨越更高的门槛值时，产业集聚将改善环境。

关于FDI对环境影响的作用机制研究方面，现有研究大多沿袭了Grossman和Krueger（1991）的分析框架，即将经济增长或国际投资对环境的影响分解为三大效应：一是规模效应，即国际投资将促进东道国产出增长，而生产规模的扩张必然造成污染排放相应增加。二是结构效应，伴随国际投资的进入，东道国产出结构和投入结构将随之逐渐发生变化：起初，东道国经济结构将由第一产业主导向第二产业主导转变，这一过程将增加污染排放；随后开始转向第二产业和第三产业，污染减小，环境改善。三是技术效应，即国际投资带来的技术溢出效应将使东道国生产技术向环境友好型的清洁技术转型，进而减少污染排放。Panayotou（2000）的研究表明，FDI对环境污染的影响存在经济规模、产业结构和技术效应三种分解效应，并论证了不同效应对环境影响的不同传导机制（Antweileret et al.，2001；He，2006；Chew，2009）。杨博琼和陈建国（2011）认为，FDI是通过经济规模、产业结构和污染密度三个方面影响污染物排放。包群等（2010）采用的一般均衡分析将FDI对环境的影响分为规模效应和收入效应，并论证了在符合正常商品环境质量条件下，二者具有倒U形关系。盛斌和吕越（2012）将FDI的环境效应分解为规模效应、结构效应和技术效应三种机制，并利用中国工业行业面板数据检验了上述三种效应。"污染光环"假说在中国基本成立，即FDI流入改善了中国环境质量，但沿海和内陆地区相比，前者由于经济相对发达，更能吸引服务业和新型产业，所以光环效应更加明显，而后者并不明显（郑强等，2017）。

吴新生和梁琦（2017）研究发现，"一带一路"国家的投资活动存在显著的"第三方效应"，呈现出空间集聚特征。市场规模对FDI的区位选择有显著的正向作用，并存在本地市场效应；FDI区位选择表现出资源寻求动机，但以降低生产成本为目的的效率寻求动机并不存在；人力资本水平对FDI吸收的促进作用不明显，同时存在一定的滞后性；资源高丰度和资本要素充裕的国家都产生了一定程度的FDI挤出效应；FDI的区位选择模式及影响因素存在显著的国家类型和一体化组织模式差异。王娜等（2017）发现，绿色投资效率呈上升态势，但尚未达到前沿面水平，这主要由低下的规模效率引致；分省份而言，各省份绿色投资效率值区域差异显著。许和连和邓玉萍（2012）研究发现，FDI在地理上的集群有利于改善我国的环境污染，区域内和地区间政策的差异也会影响FDI对环境的影响水平（许和连和邓玉萍，2014）。

Grey和Brank（2002）提出的"污染光环"效应则与"污染天堂"假说意见相左。"污染光环"效应认为，跨国企业拥有相对完善的环境治理技术与环境管理标准，跨国公司通过国际投资的"外溢效应"会推动东道国本土企业推行更为先进的污染治理技术与环境管理体系，进而在生产中更多采用环境友好型的生产与更优化的环境管理，东道国通过国际投资带来的上述技术与管理的外溢效应而提升了污染治理水平，进而提升了本国环境质量。近年来，大量学者的研究也进一步证实了国际投资对东道国环境产生"污染光环"效应的存在。在国外研究中，发现国际投资带来的清洁技术与环境管理的外溢效应使得东道国环境质量得以不同程度的改善（Lovely and Popp，2011；Poelhekke and Van der ploeg，2015）。国内相关研究也得到了类似的结论，如盛斌和吕越（2012）、许和连和邓玉萍（2012）、韩永辉和邹建华（2015）、聂飞和刘海云（2015）、刘玉博和汪恒（2016）、邓玉萍和许和连（2016）、郑强等（2017）等的研究均表明，国际投资在一定程度上改善了东道国的环境质量。杨博琼和陈建国（2011）认为，如果不考虑国内引致投资，FDI降低了我国污染物的排放；如果考虑到对国内资本的带动作用，FDI 的进入增加了我国污染物的排放。盛斌和吕越（2012）利用制造业行业面板数据分析 FDI 对中国环境的影响，并得出 FDI 对中国制造业的污染减排具有正向促进作用的结论。许和连和邓玉萍（2012）通过省际面板数据将 FDI 的空间分布特征纳入实证回归设计中，从外商投资来源地分布、外商投资集聚程度分析 FDI 对地方环境污染的影响并创造性地应用熵权法计算环境综合评价指数，增加环境污染的解释力度。研究结果表明，伴随外资进入和先进技术流入国内改善了环境污染，不同来源地的外商引进在对环境污染影响效应的表现中有明显差异且地区引入外资的效果和对环境污染的影响与其所处地域周围环境有关。邓玉萍和许和连（2016）在新经济地理和集聚外部性的综合理论框架下发现，在控制了 FDI 与集聚外部性的交互作用后，FDI 的引入明显降低了区域污染排放强度。

1.3.4.2　OFDI

"一带一路"倡议提出之后，我国 OFDI 迎来了快速增长（杨挺等，2018）。王煌和邵婧儿（2018）发现，中国的贸易重心也向"一带一路"国家转移。从区位空间角度来看，李晓和杨弋（2019）研究发现，从分布区域来看，中国对"一带"国家的投资主要为市场导向，对于"一路"国家的投资主要是战略导向。评估我国企业海外投资风险必须同时考虑邻国风险的溢出效应，邻国冲突减缓以及宗教氛围自由都会对东道国产生正向的溢出效应，邻国与东道国建交时间长期稳定以及种族冲突缓和则对东道国产生了显著的负向溢出效应，即促进更多中国企业到邻国投资，相应地减少对东道国投资规模（唐礼和智刘玉，2017）。黎绍凯等（2018）认为，"一带一路"倡议为我国 OFDI 的空间布局优化创造了平台和机遇，从共建国家类型角度发现我国 OFDI 对于资源禀赋较高的国家具有较强的风险偏好性，以及高技术水平国家综合投资风险指数对我国 OFDI 的影响显著低于低技术水平国家，而低技术水平国家的空间距离因素对我国 OFDI 的影响显著低于高技术水平国家（田原和李建军，2018）。程中海和南楠（2018）利用 SFA 模型进行测算，发现中国 OFDI 对"一带一路"大多数国家的投资效率较小，但潜力巨大。张友棠和杨柳（2018）发现，我国的 OFDI 更多地流向了"一带一路"市场规模较小且经济发展水平较低的国家。一般而言，贸易经验的增加会促进相关企业进行投资，但有学者发现贸易自由度的变化会在一定程度上抑制中国 OFDI（贺娅萍和徐康宁，2018）。劳动力成本过高是阻碍中国在"一带一路"高收入国家开展直接投资的主要原因之一（熊彬和王梦娇，2018；张春光和满海峰，2018；刘娟，2018；屠光绍，2018）。距离远近对 OFDI 有重要的影响，通过对距离进一步分类研究，发现除地理距离以外，文化距离、制度距离也显著影响我国 OFDI 水平（吉生保等，2018）。中国发展对"一带一路"国家的直接投资，应优先发展对周边国家的直接投资，注重对外直接投资的可持续发展；扩大对中东欧地区的直接投资，增强"一带一路"倡议的影响力和接受度（周五七，2015）。

具体关注到我国 OFDI 对"一带一路"国家的环境影响。刘玉博和吴万宗（2017）研究发现，中国 OFDI 规模的增长促使东道国总体污染物排放总量增加，但显著降低了人均污染物排放量，提高了东道国能源利用效率，改善了当地环境质量。但在我国对外投资过程中，我们输出了高于当地原有的技术，技术的快速进步使人均污染排放反而降低，实现了经济与环境的双重改善。从时间角度研究发现，OFDI 对"一带一路"国家的经济增长起到显著正向影响；我国对外直接投资对"一带一路"国家在当期增加一定的碳排放，但滞后一期可以降低其碳排放（牛雄鹰和丁言乔，2019）。混合垂直型投资是我国对"一带一路"国家投资的主导模式，这一模式会使对不同国家间的投资形成互补，降低成本，增加产业竞争力（范硕和何彬，2017），有利于共建国家的经济增长，淘汰高污染高能耗的企业。胡剑锋等（2014）分析结果表明，FDI 与清洁生产型行业的环境绩效正相关，而与污染密集型行业的环境绩效负相关，FDI 对制造业行业环境绩效存在显著的门槛效应，地方政府应有选择地吸纳能够兼顾经济效益和环境效益的外资投入，在制定相关政策时，切忌盲目地、一刀切地提高或者降低环境规制强度和行业工资水平。刘乃全和戴晋（2017）发现，中国 OFDI 对"一带一路"国家环境产生了积极的"污染光环"效应，而其他国家的整体投资则对"一带一路"国家环境产生了消极的"污染天堂"效应。齐绍洲和徐佳（2018）研究发现，"一带一路"倡议推动了共建国家的贸易开放，提高了各个国家绿色全要素生产率。可见，我国的对外投资确实是绿色投资，以绿色投资带动绿色贸易的进一步发展，贸易和投资绿色化进程相互促进，不断加快，形成良性循环，共同推动绿色"一带一路"建设。

第 2 章 关于绿色贸易的理解

2.1 绿色发展与贸易

作为新的发展观与文明观，绿色发展主要体现了全球对于发展的创新理念。但就其本质而言，绿色发展更多地涉及经济增长与环境之间的关系问题。

2.1.1 绿色发展的基本内涵

绿色发展是一个历史的过程，其基本思想和概念可以追溯到 20 世纪 80 年代末期。最早的"绿色发展"，可以被相近地解释为"绿色增长"。在《绿色经济蓝皮书》一书中倡导建立起"可承受的经济"，这可以说是绿色增长最早的相近说法。2005 年，联合国亚太经济与社会委员会（UNESCAP）最早提出了绿色增长的概念，即环境可持续发展基础上的经济增长。此后，各类国际组织或国家对该概念进行了不断完善，整理如表 2-1 所示。

表 2-1 绿色增长代表性概念观点汇总

年份	研究主体	主要思想
2005	UNESCAP《绿色增长首尔协议》	绿色增长即在环境可持续发展基础上的经济增长
2009	OECD "绿色增长战略"宣言	绿色增长即在防止代价高昂的气候变化、环境破坏、生物多样性丧失、自然资源使用的非可持续性的同时，追求经济增长与发展
2009	全球绿色增长研究所（GGGI）	在经济增长与发展的同时，减少碳排放，增加资源使用的可持续性，增强气候的适应能力
2010	韩国《绿色增长基本法》	最小化使用能源资源，减少气候变化和环境污染，通过清洁能源、绿色技术开发以及绿色革新，保持增长的动力，创造工作岗位，实现经济环境和谐统一的增长
2011	OECD《迈向绿色增长》	在促进经济增长及发展的同时，确保自然资产能不断为人类福祉提供必不可少的资源和环境服务，为此必须加强促进可持续发展，并以此来催生经济机遇的投资和创新
2012	世界银行（WB）《包容性的绿色增长——可持续发展之路》	追求一种高效性、清洁性、包容性使用自然资源的经济增长方式。其中，清洁性主要体现在最大限度地减少污染和对环境的影响；包容性主要体现在对自然灾害承担起责任上

资料来源：根据相关资料整理。

而相对于环境保护、可持续发展、绿色经济、绿色增长等概念，绿色发展这个名词更具有中国色彩，这一概念也更易被国人接受与理解。侯伟丽（2004）认为，绿色发展可以定义为在资源环境之承载潜力的基础上，依靠高科技使经济向消耗和能耗双低方向转变。胡鞍钢（2005）认为，绿色发展这一概念强调的是经济发展与环境保护的统一协调，是以人为本的可持续发展之路。杨多贵和高飞鹏（2006）认为，绿色发展是在科技进步和绿色改革的基础上实现的可持续发展。马洪波（2011）认为，绿色发展是包括循环经济、绿色经济、低碳经济和可持续发展四者的综合体。2012年，世界银行与国务院发展研究中心联合课题组提出绿色发展定义：摆脱了对资源使用、环境破坏和碳排放的过度依赖，通过绿色技术、绿色投资、绿色产品的市场创造，以及改变环保和消费行为，从而实现的经济增长。

总而言之，对于绿色发展的内涵，目前学术界研究主要围绕三方面展开：①它是经济增长新动力，强调在新的经济增长点中纳入绿色产业、绿色就业等内容；②它是应对气候变化与环境保护的关键战略，强调要更多地关注资源节约、节能减排与生态保护；③它的终极目标在于追求福利上升。降低对于碳的依赖，遏止生态系统退化，兼顾人类的代内公平与代际公平，促进高度生态文明、可持续发展，是人类追求幸福的必然选择。

2.1.2 绿色发展的理论基础

绿色发展复合了自然、经济、社会等系统，各个组成系统有着各自的相关特色思想理论，共同构成了绿色发展的理论基础。

1）循环经济理论

循环经济的概念最早由鲍尔丁于20世纪60年代提出，其主要是以资源高效、循环利用为核心。这一概念在中国于20世纪70年代兴起，当时关注的重点是污染物的处理。时至80年代，人们意识到应该以资源化方式来处理废弃物。90年代后，随着可持续发展思想的完善，环境保护、低碳经济、废物再利用等形成了一整套系统的循环经济战略。从大的方面来看，循环经济理论本质上属于生态经济理论，形成了"资源利用—产品生产—废弃物再利用"这样的循环流程。

2）低碳经济理论

全球变暖与资源枯竭大背景催生了低碳经济。2003年英国政府发布了《能源白皮书》，"低碳经济"这一概念首次被提出，其本质就是节能减排，核心就是低能耗、低污染、低排放，就是通过技术创新来提升能源利用的效率，目的是要实现经济社会与环境之间的可持续发展。低碳经济是实现绿色发展强有力的途径之一。

3）生态经济协调发展理论

20世纪80年代，生态经济协调发展理论在中国产生。许涤新（1987）研究认为，生态在与经济放在一起讨论时应当起主导作用，只有生态平衡才能实现经济健康发展。生态经济协调发展理论以生态学和经济学理论为基础，着重从宏观经济角度转变经济发展方式，最终实现经济、社会、生态的可持续发展。该理论是绿色发展理论的精髓。

4）可持续发展理论

1987年,《我们共同的未来》一书中提出"可持续发展"概念,中国随即引入该概念。多年来,可持续发展理论在中国得到不断创新与本土化发展。绿色发展与可持续发展的关联十分密切。刘燕华(2010)认为,绿色发展是可持续发展重要组成部分,前者具有推动后者的时代特征。胡鞍钢(2012)认为,绿色发展同可持续发展一脉相承,但较后者而言,概念覆盖更广泛,主要表现在:可持续发展是被动型,而绿色发展是主动型;可持续发展是人类中心主义,而绿色发展却将人与自然视为不可分割的系统;可持续发展是为后人留下资源,而绿色发展则是为后人创造更多资源、留下更多的生态资产。俞海等(2015)认为,可持续发展是人类社会的终极目标,而绿色发展则是实现终极目标的应对之道。

5）科学发展观

2003年中共十六届三中全会对科学发展观作出完整表述。作为中国创新的发展理念,科学发展观紧密结合中国国情而立。科学发展观的核心在于以人为本,维护人类整体利益及终极价值。科学发展观讲求经济发展方式创新,要求通过转变经济发展方式,发展低碳经济、循环经济,以实现经济、社会、生态等各方面发展的全面、协调与可持续。正是在科学发展观这一理论的指导下,中国开辟了绿色发展的新实践。

2.1.3 绿色发展与贸易的关系

由于绿色发展是近年来兴起的理念,目前对于绿色发展的有关研究,更多地集中于经济发展上,或从产业角度,或从区域及城镇化角度来进行探讨研究。部分学者将绿色发展的测算放在环境、能源、生态等约束下进行研究,测算经济绿色增长效率,如涂正革(2008)、陈诗一(2010)、庞瑞芝和李鹏(2011)等。就研究绿色增长行业情况来看,刘瑞翔和安同良(2012)以及李玲和陶锋(2012)分别研究了全行业以及工业的绿色增长情况,其他行业研究较少。

关于贸易的绿色发展问题,目前对此的相关专门研究相对较少,更多是将绿色发展和对外贸易分别展开研究。绿色发展与对外贸易相结合的研究主要集中在蓝白色产业对出口的影响维度和视角。世界银行在2011年发布的文件中认为,绿色产业能促进中国出口和就业,具体来看,估计到2030年,同可再生能源和清洁能源(主要是电动)汽车相关的绿色技术及服务的出口额,将增加到2290亿~3950亿美元,并创造出440万~780万个就业岗位。

2.2 绿色贸易的定义

2.2.1 对绿色贸易概念的争议

在早期,国际上将绿色贸易认为是绿色贸易壁垒的简称,即绿色贸易,是指在国际贸易活动中，一国以保护人类和动植物的健康安全与保护生态环境为名而直接或间接采取的限制甚至禁止贸易的法律、法规、政策与措施，在阻止某些外国商品进口或在进口时起到一定的限制，从而达到保护本国产品、市场和环境的目的。绿色贸易壁垒的影响具有双重性。绿色贸易壁垒的产生既有不可再生资源大量消耗造成的紧缺以及贸易发展带来环境压力增大等现实情况的原因，又有发达国家为保护本国产业，限制新兴国家出口的原因。客观问题与主观目的结合，绿色壁垒随之产生，成为贸易壁垒的新形式。绿色贸易壁垒有利于发展中国家和发达国家的政府、企业、居民关注环境问题，进而保护全球环境，但这一举措同时也加大了贸易双方之间的矛盾，与贸易自由化相违背，阻碍了全球贸易的发展。

随着时间的推移，对绿色贸易的定义与过去有了明显的差别。绿色贸易不再单指狭义上的绿色贸易壁垒，而更指向一种可持续化的贸易方式。在2017年上半年，环保部、外交部、国家发展改革委、商务部四部委联合发布了《关于推进绿色"一带一路"建设的指导意见》，将"推进绿色贸易发展"作为推进绿色"一带一路"建设的主要任务之一。绿色贸易这个概念在国内得到了新的发展与解释。

2.2.2 绿色贸易的分类

绿色贸易是国际贸易发展过程中的一种新趋势。现阶段，绿色贸易还处于起步阶段，社会上对这一概念有着各种各样的理解。本书中定义的绿色贸易，主要从贸易客体为绿色产品、贸易过程中的绿色服务和绿色营销、贸易产品的绿色设计和绿色包装、贸易双方的可持续化发展等四个方面切入。

1）贸易客体为绿色产品

绿色产品是指在产品全生命周期内，符合环境保护要求，对生态环境无害或危害极少，资源利用率高、能源消耗低的产品。主要包括：企业在生产过程中选用清洁原料、采用清洁工艺；用户在使用产品时不产生或很少产生环境污染；产品在回收处理过程中很少产生废弃物；产品应尽量减少材料使用量，材料能最大限度地被再利用；产品生产最大限度地节约能源，在其生命周期的各个环节所消耗的能源应达到最少。

当今对于绿色产品的分类方式众多。按照与原产品区分的程度可以分为改良型和改进型；按照对环保作用的大小可以以"深绿色"与"浅绿色"来区分。但从国际惯例来说，只有被授予"绿色标志"的产品，才是绿色产品。

放眼世界范围，绿色产品的发展十分迅速。1985年，全球开发的绿色产品数量较少，仅占全球新产品总数的0.5%，1990年这一数字已经上升到9.2%，增速明显。90年代后，世界上主要发达国家，尤其是德国、美国、日本、加拿大等，在食品、电器、汽车等领域全面开发绿色产品。随着绿色产品的兴起，绿色产品贸易也在全球贸易中占据一席之地。

绿色产品贸易的发展是绿色贸易中重要的一部分，体现了交易主体的绿色化。

2）贸易过程中的绿色服务和绿色营销

除了贸易主体的绿色化，国际贸易过程中的绿色化也是绿色贸易的组成部分。绿色服务，是指以节约资源、减少污染的环保精神为服务导向，尤其是包装、国际运输以及国内运输等环节严格遵循"绿色"原则。在包装方面，无论是内包装还是外包装，均不过度包装，不使用对环境有害的包装材料；在运输方式的选择上，选择经济有效的运输方式，不过多消耗能源。

在贸易中的营销环节，必须以环境友善、资源集约和生态平衡为经营理念，以绿色文化为价值观，并在商品消费与使用过程中鼓励消费者树立以减少对环境破坏为核心的绿色消费观念。最终从服务和营销上实现绿色贸易。

3) 贸易产品的绿色设计和绿色包装

绿色设计是在产品的整个生命周期内的设计上均考虑环境因素，使其在满足自身功能的前提下，秉持可持续发展理念；绿色包装，顾名思义，即对环境与生态不产生伤害、对人类的健康不会产生威胁的包装方式。贸易产品贯彻绿色包装和绿色设计理念，能有效缓解贸易对生态环境的负面影响。

现阶段，国际贸易中各个国家的环保标准有所差异，对产品设计与包装的要求也缺乏统一的标准，绿色设计和绿色包装的推广是绿色贸易发展的必经之路。

4) 贸易双方的可持续发展

当前，可持续发展的呼声在国际社会上反应强烈，有许多发展中国家与发达国家之间的贸易仍然存在发达国家向发展中国家转移对环境有负面影响和大量消耗能源的产品，或是出口不符合本国环境标准的产品。以上情况时有发生，导致全球范围内各国可持续发展存在一定困难。

总之，绿色贸易以贸易双方的可持续发展为主要目标，兼顾双方的环境保护、资源集约问题，不以利益为唯一出发点，更要重点考虑贸易过程结果的绿色化。

2.3 绿色贸易壁垒

2.3.1 绿色贸易壁垒的内涵

贸易过程对国际贸易产生的影响越来越大。世界贸易组织（WTO）于 1995 年成立环境与贸易委员会，借助 WTO 而不是国际环境组织的视野来寻求解决环境问题的方法。乌拉圭回合谈判结束后，各国利用传统的非关税和关税方式限制进口的空间比较有限。随着世界各国经济发展水平和生活水平不断提高，人们更加注重健康和环境的质量，对于某些有损人类身体健康和生态环境的产品予以抵制，国际贸易的绿色贸易壁垒越来越多。

绿色贸易壁垒又称环境贸易壁垒，指进出口国为了保护自己国内的生态环境和公共健康，实行各种措施、法规和标准等对进出口贸易产生影响的技术性贸易壁垒。对于绿色贸易壁垒的合法合规性问题，普遍认为这是国际贸易中的一种相对不公平的手段和方式，大多数情况下是以保护有限资源、环境和健康的名义阻止外国产品进入本国市场，从而帮助本国产品在国内销售。但在国际公约等相关文件中，基于公共健康和生态环境目的而设置的绿色贸易壁垒等措施是被允许接受的。

近年来,绿色贸易壁垒所涉及的范围越来越广,从纺织服装业,到农产品、食品,再到玩具业,涉及包含人类健康、动植物安全和生态生物多样性等多个领域。绿色贸易壁垒的出现,对各国服务和产品的要求也随之提高,产品和服务提供的环节必须符合较严苛的环保要求,从而促进其正规化与合理化。

从国际社会在农产品方面的壁垒来看,其绿色贸易壁垒的设置具有很强的技术性和针对性,中国作为新兴发展中国家,拥有雄厚的经济实力和基础,同时自然资源和劳动力资源丰富,出口产品在价格等方面拥有竞争优势,这对进口国家国内的产品和其他国家的同类产品造成较大的竞争压力,单从贸易壁垒的角度来看,我国受此影响较大,影响了我国出口贸易,加大了双方贸易摩擦。所以,绿色贸易壁垒虽然以环保为目的,但实际操作过程中并不能掩盖发达国家保护国内市场的目的,仍具有贸易壁垒的性质。

除此以外,在我国目前环保技术落后、环保观念不足的现实状况下,绿色贸易壁垒的运用对我国的经济和贸易的进一步发展存在较大的制约作用。这也是目前中国需要正视绿色贸易壁垒的原因所在。

20世纪90年代末产生的新型绿色贸易壁垒是指包括低碳贸易壁垒和转基因食品安全贸易壁垒在内的一种绿色贸易壁垒。低碳贸易壁垒是指进口国为应对气候变化,以节能减排来保护人类与生态环境,通过国内环境立法,针对产品的生产、运输和消费等环节公布严格的低碳技术标准,为降低碳排放而实施烦琐的检测、认证和审批程序,阻止国外高耗能产品进口,直接或者间接采取限制甚至禁止贸易的措施以期保护国内同类产品的一种不公平的贸易保护措施。低碳贸易壁垒主要以征收碳关税等形式出现。转基因食品安全贸易壁垒是指各国在本国国内制定的关于转基因食品进口的技术标准、标签制度、检验检测规定而构成的贸易壁垒。它们本质都是一种技术性贸易壁垒,也都属于绿色贸易壁垒,但与其他的绿色贸易壁垒相比,无论是低碳贸易壁垒还是转基因食品安全贸易壁垒,各国采取了不同的法律规制手段和贸易政策,并没有一致的标准手段。另外,在全球范围内没有比较权威、有效的国际公约或者国际惯例约束和规制的前提下,制度的冲突最终导致了国际贸易领域的冲突与争端。长期争端与冲突之后,绿色贸易壁垒将对包括我国在内的世界各国都产生一种预警作用,在经济发展过程中应促进各国发展绿色产业,开展国际绿色贸易,进而提高全球环境水平,实现贸易和环境协同发展。

2.3.2 绿色贸易壁垒的主要形式

截至2017年底,国际社会已制定了180多个环境协定或协议,其中有20多个含有明确的贸易条款,提倡用贸易控制的手段来保护资源与环境。从《蒙特利尔议定书》到《巴塞尔公约》的签订,国际社会在解决环境问题方面迈出了一步,之后随着生态标签以及绿色消费热潮的兴起,各国政府出台的限制和禁止进出口措施日趋频繁。

绿色贸易不仅仅是绿色商品和服务的贸易,更指的是对贸易的绿色限定,为了保护环境以及保护本国经济或民族产业的发展,绿色贸易壁垒作为国际贸易与环境问题共同作用

及各国利益协调下的产物在国际上的使用频率不断增加。目前,国际上关于绿色贸易壁垒的形式有以下几种:

1) 绿色关税

关税作为最早期的壁垒形式,是绿色贸易壁垒早期形式。其主要是指针对会造成环境污染的(或存在环境污染潜在威胁的)商品或生产工艺,在进口时对其额外征收相应的环境关税,从而达到保护环境和限制进口的目的。具体来说,为了保护本国的生态环境和自然资源,进口国会对可能造成环境污染的产品或工艺进行严格的检测,凡是不能达到本国制定的相关技术标准的,进口国按照具体情况对其征收一定比例的附加税,甚至限制或禁止相关产品的进口。绿色关税具体又可分为对产品的征税和对环境资源利用的征税。前者针对对环境存在威胁或潜在威胁的产品;后者针对企业在生产过程中污水、废气等污染物的排放。

绿色关税的理论依据是环境成本内在化,对于由于出口国未能实行商品环境内在化而由进口国通过征收进口环境附加税来实现环境成本内在化的情况有:①对于没有实行环境成本内部化的商品出口,这些商品没有加入环境成本,价格相对低廉,进口国对这种以破坏环境为代价的商品贸易,征收进口环境税,使其成本内化。②对于出口商品虽然按本国的环保标准,实行了环境成本内部化,但是由于各国的环保标准不同,环境成本也就不同。如发展中国家的环保标准和环境成本较低,而发达国家则较高,于是定性发展中国家出口为"生态倾销",虽然并未对进口国环境或者资源造成任何实质性负面影响,但也被发达国家征收进口环境附加税。例如:1994 年,美国环保署规定在美国九大城市出售的汽油中含有的硫、苯等必须低于一定水平,国内生产商可逐步达到,而进口商必须在 1995 年 1 月 1 日生效起立即达到,否则禁止进口,可见它存在国内外企业区别对待,是一种贸易保护主义措施。美国众议院在 2009 年 6 月通过"边境调节关税"的法案:对进口的排放密集型产品,如铝、钢铁等征收二氧化碳排放关税,也就是通常所说的碳关税。目前绿色关税是绿色贸易壁垒的最主要形式之一,对日益注重环境保护的当今社会而言,绿色关税取代以往的关税壁垒是一种趋势。

2) 绿色补贴

绿色补贴(又名环境补贴),是指各国政府对本国企业在改进产品生产工艺、治理污染等环保方面的投入给予补贴,通过这种方式降低企业环境成本,从而增强本国产品在国际市场上的竞争力。绿色补贴的模式在多个国家和地区存在,其主要是对本国的环保企业和产品提供环境污染预防与治理方面的补贴,从而降低企业成本,增强其市场竞争力。针对绿色补贴制度,国际组织也持支持态度,以支持绿色产业的发展。在实践中,发达国家将绿色补贴视为不可申诉补贴,以此为理由对本国企业给予补贴,我国目前在绿色补贴方面还缺乏相应的规则和制度,需要尽快完善相关法律法规,提升其绿色生产能力,一定程度降低发达国家绿色补贴给我国对外贸易造成的不利影响。

3) 环境标志制度

环境标志是印在商品或外包装上的图案,是能够表明该产品的质量不仅符合行业标准要求,而且与同类型产品相比,该产品从生产、销售、消费直到最终处理或循环再利用的全过程中的各个环节也都达到国家环保标准的要求。在商品营销过程中，环境标志可以作为一种优质品牌起到较好的市场效应。环境标志主要向消费者表明该类产品对环境的影响较小，少污染甚至无污染。随着环保理念的不断深入，绿色标志的商品在一定程度上能够表现出该企业的技术水平和社会责任，所以会得到更多消费者的青睐和支持，进而可以占领更多市场和销售更多的产品。生态标志和一般的商品标志不同，它代表着对产品质量的全面评估，从本身出发点来讲，它综合考虑了环境友好和消费者健康等，认定这些产品符合这些要求，缩小了生产者和消费者之间的信息不对称，有利于减轻市场失灵产生的相关问题。但如果操作层面出现问题，如认证程序烦琐、所设标准差别对待等措施反而会造成贸易歧视，出于实现环保和贸易可持续目的的措施变成阻碍双边贸易发展的贸易壁垒，把握好度成为解决这一问题的关键。具体从应用操作层面来看，主要就是发达国家要求标准高于发展中国家，自然认证的内容更多，流程更复杂。根据需求相似理论可知，各国出口企业大多先以自己国家的需求为依据进行生产，由于历史、经济、技术等因素的影响，南北国家之间确实存在较大差距，国内居民环保意识差距更是非常巨大，发达国家居民进行投票选举时以环保作为一项重要参考，而发展中国家居民更多将解决饥饿贫穷问题作为一切的基础，相比较而言，环保分量很低。所以，发展中国家企业所生产的产品环保要求较低，很难达到相关认证；而发达国家企业甚至可以放宽标准也能轻而易举达到发展中国家的认证要求。显然，在此条件下双方贸易是不公平的。除此之外，环境监测难度大、环境标志费用高也增加了发展中国家企业生产成本。因而，对于发展中国家而言获得发达国家的环境标志认证相对比较困难。

绿色标志制度自产生以后得到迅速发展。现已有 30 多个国家推出绿色标志制度，如日本的"生态标志制度"，法国的"NF 环境"，欧盟"EV 制度"，美国的"绿十字制度"，印度的"生态标志制度"，新加坡的"绿色标志制度"，等等。可见，发达国家和发展中国家都有对良好环境的共同需求，未来进行绿色发展是大势所趋。绿色消费的兴起促进了绿色标志的发展。绿色标志不仅可以帮助消费者通过产品上是否具备绿色标志来辨别绿色食品，还可以帮助企业表明其社会责任和环保追求，赢得社会各方支持，迎来更大进步，实现跨越式发展。

4）绿色技术标准制度

绿色技术标准指的是在国际贸易中，进口国以环境保护的名义制定的标准，进口国对外国产品进行检查，并对一些污染环境或者影响生态的产品的进口进行限制或禁止，从而保证进口产品能够满足本国环境保护要求。发达国家制定严格的强制性环保技术标准，但是技术的进步需要较长时间积累，因此发展中国家很难在短期内达到相应的环保技术标准，此举会造成大部分原有企业无法出口，竞争力水平急剧下降。

目前国际上关于环境标准主要有两方面：一是产品品质环境标准；二是产品生产环境标准，即 PPMs 标准。从广义上讲，PPMs 标准是指产品的生产过程和生产方法应符合特定的技术要求或标准。如我国规定的产品标准、企业标准，国际上的 ISO9000、ISO14000 标准。从狭义上讲，PPMs 标准特指产品的生产过程和生产方法应符合一定的环境保护要求，包括产品的尺寸、形状、样式、作用和性能或者产品在出卖前的标记和包装的方式在内的产品本身的品质，要满足环境保护的要求，其关注点在产品投入市场前。

PPMs 标准率先在发达国家中兴起，而发展中国家对此标准的态度较为消极，一方面，这是因为许多发展中国家目前的经济发展水平与科学技术水平还无法允许在本国采取同样的 PPMs 标准，且由于发展中国家工业化进程相对较晚，其环境的容纳能力要大于发达国家。另一方面，由于 PPMs 标准对于产品从生产到加工的整个环境标准要求比较复杂，PPMs 标准的实施还依赖于认证体系，过程比较复杂，为此发展中国家需付出较高的软成本。

目前而言，PPMs 标准针对的大多是食品、农产品和机电产品，我国目前的生产技术和环保工艺与发达国家差距较大，而这三类的产品一直是我国对外贸易的优势产品，这一标准是我国实现出口贸易持续增长的一个很大挑战。美欧等国一直是我国相关产品的主要进口国，长期占据我国对外出口的较大份额。当然，这一标准的实施对促使我国企业实行绿色管理、提高生产技术等有较大推动作用。目前，环境标准涉及产品涵盖的种类越来越丰富，且相关标准本身的制定也越来越严格，分类越来越周密。对于这种统一标准的竞争条件下，只有不断努力与国际标准相接轨，助力企业绿色生产并取得绿色认证，才是面对这一新型贸易壁垒所应该采取的长期合理措施。

5) 绿色包装制度

绿色包装又称环境包装或生态包装，是指节约能源、用后易于回收再用或再生、易于自然分解、不污染环境的包装。为了防止包装材料对环境造成的负面影响以及给社会带来的危害，一些国家对产品包装和标签做出了严格的规定，其本意是要求使用环保包装材料、节约资源、减少废弃物。绿色理念应用到包装行业，在实际的操作应用过程中，就是让包装材料"绿色化"，在选用材料时遵循国际流行的 4R1D［即 Reduce（减少材料的使用，即减量）、Reuse（重复使用）、Recycle（再循环处理）和 Recover（获得新价值）；1D 是指 Degradable（可降解）］原则。

目前国外一些发达国家在包装制度上采取的明确措施有：①以立法形式规定禁止使用某些包装材料。如禁止使用含有铅、汞和锡等成分的包装材料；不能再利用的器具；没能达到特定的再循环比例的包装材料。②建立存储返还制度。许多国家规定，含酒精饮料及软饮料一律应使用可循环使用的容器，在有些国家（如丹麦）就要求若不能达到这一标准，则拒绝进口。③实行税收优惠或罚金。即对生产和使用包装材料的厂家，根据其生产包装的原材料或使用的包装中是否安全或部分使用可以再循环的包装材料给予免税、低税优惠或征收较高的税赋，以鼓励使用可再生的资源。

目前我国在绿色包装上存在一定问题，与欧洲一些发达国家之间的标准要求差距相对较大，这不仅与国内包装行业规模小、发展落后有关，还与公众对绿色包装的产品消费观念较薄弱有关。绿色包装不仅体现在对包装材料的环保要求上，还体现在包装工艺上。另外，我国对绿色包装制度的推广仍处于初步阶段，国内关于绿色包装制度的研究较少，据统计国内包装产业内的科技人才比例也较少。

2.3.3 绿色贸易壁垒存在的必然性

绿色贸易壁垒，因其隐蔽性强，所以才能够在各种关税和非关税壁垒逐渐退出历史舞台的今天，仍然有机会存在并得以发展。绿色贸易壁垒的隐蔽性主要表现在两个方面：①它是以保护环境、维护人类及动植物健康的名义进行的。由于保护环境已经成为各国的共识，因此很难有充分的理由来反对绿色贸易壁垒的存在。②它涵盖了产品生命周期的各个环节，不仅要求产品具有"绿色性"，原材料以及生产、销售、废弃后的各个环节都以"绿色"为标准进行要求，涉及的范围广泛，看似对各国一视同仁，并没有违反WTO的非歧视性原则，因此具有极强的隐蔽性。这也是绿色贸易壁垒区别于传统非关税壁垒的最显著的特点。由此看来，绿色贸易壁垒以其独有的特征不同于传统的关税和非关税贸易壁垒，人们很难找到充分的理由来反驳绿色贸易壁垒，这也是它一直存在且不断加强的重要原因。

绿色贸易壁垒的产生反映了人类在解决日益恶化的生态环境问题上的需要，具有客观必然性。近些年来，国际组织、各国政府及广大民众也开始关注、重视环境保护问题，掀起了全球性绿色浪潮，所以其产生也具有时代性，具体表现在以下几个方面：

第一，国际性组织对环保问题非常重视。1972年6月联合国召开了第一届环境大会，发表了著名的《人类环境宣言》，这是全球环境保护合作的里程碑。

第二，可持续发展战略进入各国议事日程。自20世纪80年代，联合国世界环境与发展委员会（WECD）在报告《我们共同的未来》中正式提出"可持续发展"概念后，这一理论也得到了全世界不同经济水平和不同文化背景国家的普遍认同。各国政府大力推行政治、经济、环境的可持续发展，在执政理念中更多地贯穿了可持续发展的思想。不断追求经济发展与环境保护的协调一致。

第三，全民环保意识普遍增强，在人均收入水平不断提高的今天，人们开始更多地关注其消费产品的"绿色性"，更多地消费环境友好型产品，这就强化了国际贸易中的环保意识，从而为绿色贸易壁垒的迅速发展提供了条件。

2.3.4 绿色贸易壁垒的影响

1）绿色贸易壁垒的积极影响

绿色贸易壁垒对促进我国的贸易发展和产品出口的绿色发展起到一定的促进作用。尤其是在服装纺织业、农产品食品和玩具行业方面的积极作用明显。在服装纺织方面，推进了我国纺织服装产品环境标准的建立，从而使我国纺织服装行业中的环保制度得以推广与发展，同时促进了我国绿色纺织生产与加工；同时，基于对环保的重视，利用国际优势提高我国纺织服装的发展，促进绿色染料、绿色布匹、绿色服装的研究与开发，促使纺织行业结构变化，以高质量、绿色、无污染的产品引领市场。在农产品食品层面，绿色贸易壁垒的出现使出口产业和产品的比较成本优势不断发生变化，通过加强污染少甚至无污染的高新技术的应用，相应增加相关产品生产成本，深刻影响了我国农产品的产业结构，同时有利于生态环境的保护和可持续发展的实现。在玩具行业方面，绿色贸易壁垒的实施，使得我国更加注重环保标准，绿色认证的意识不断增强，进一步提高在玩具生产及流通过程中的效率和玩具的质量，增加玩具的出口优势，同时促进了玩具生产企业对绿色玩具、健康玩具研发的积极性，淘汰低环保、不符合标准的劣质玩具，创造出富有创新性、环保性、高科技的绿色玩具市场。

第一，降低风险。对于绿色贸易标准或绿色贸易壁垒，由于其在很大程度上为绿色技术创新指明了方向，减少试错成本，可以通过技术引进或技术模仿，从而降低绿色技术创新的风险。同时，绿色经济与绿色贸易作为当前经济和贸易发展的潮流，市场空间巨大，这也在一定程度上保障了企业利润的实现，降低了企业技术创新风险。因此，本节认为其对技术创新和技术进步具有正面的促进作用。

第二，绿色贸易壁垒增强了国际市场竞争。市场竞争越激烈，企业的危机意识也就越强，为了维持市场地位或扩大消费市场，企业会时刻关注目标市场和竞争对手的变化，避免被市场淘汰。而绿色贸易壁垒的出现，提高了国际市场的准入门槛，出口企业为了自身的生存和发展，不得不加大研发投入，满足进口国对商品的绿色标准要求，从而促进企业技术进步。

第三，开拓扩大了绿色市场。绿色贸易壁垒在一定程度上体现了当前消费者需求的变化，表明消费者对绿色产品的需求正日益增长。随着人们生活水平的提高，人们对健康、安全、环保问题的关注度也越来越高，与马斯洛需求论中有关论述相一致。

对于企业来说，绿色贸易壁垒的出现和绿色产品的畅销是市场需求变动的信号，以市场为导向的理性企业会因此而调整研发、生产、运输和营销相关环节的策略。表现为绿色技术研发投入的增加，先进技术的引进，绿色贸易壁垒的出现是对传统生产方式的巨大挑战，是环境问题在国际贸易领域的具体表现，而以往不考虑环境成本和社会成本的生产方式，已不适应时代发展需求。绿色贸易壁垒的出现使一些传统出口企业出口受阻，使企业对外贸易风险提高。但是，绿色消费理念的兴起还会产生一些新兴的行业和领域，且利润相对较大，这也激励了企业进行技术创新和生产工艺改进等，提高产品竞争力。因此，绿色贸易壁垒表达了消费者对绿色产品的需求，从而进一步推动了绿色技术进步。

第四，促进出口和产业结构调整。绿色贸易壁垒的出现会使出口企业对以往传统的生产方式、产品等进行调整，高能耗、高污染、低技术含量的产品和产业将被逐步减少，甚至淘汰，企业要么提高自己的生产技术和生产工艺，要么退出相关行业转而投资其他行业。前者肯定会提高出口企业的技术水平；后者转投的行业在当前商品的质量、环保、技术要求越来越高的背景下，其技术水平必然高于该企业转投前该行业的技术水平。因此，绿色贸易壁垒可以促使企业对产品、投资产业进行调整，从而提高企业的生产技术水平同时带动上下游相关企业技术更新升级，最终实现产业绿色化。最后，政策支持与导向。而绿色贸易壁垒和其他非关税壁垒一样在当前的国际贸易领域中是出口企业出口受阻的重要原因，出口国相关管理部门通常会采取一定措施来制止出口大幅下滑。一般会对出口企业给予一些政策上和资金上的支持，这相当于给企业技术创新进行一定程度风险补偿。同时银行通过给予企业长期低息贷款，企业引进绿色技术，或者进行设备的更新换代，研发成本将相对降低，企业也完成了自身升级，产业实现了转型升级，产业结构得到了优化。同时绿色技术标准或者说绿色贸易壁垒本身代表了相关行业领域中先进的发展方向和发展要求，因此出口企业在相关技术上的创新和进步也是科学技术进步的内在要求，占领行业未来制高点的必由之路，是一个企业保持持续性竞争力和长期立于不败之地的必然选择。同时，绿色贸易壁垒还有助于出口国国内绿色技术标准体系的建立和应用，并与世界标准接轨，从某种程度来说，世界标准将世界各国市场加以联系整合，如果经过努力达到相关要求标准，有利于本国产品走进不同国家的国门，不光满足本国及周边国家需求，即使地理距离更远的国家市场，产品质量等要求也是符合该国市场要求，所以更便于走进更大的市场，通行于世界各国，更大的市场更有利于发挥规模经济作用，进一步降低生产成本，扩大技术改进的优势，实现更大的收益。总之，如果正确看待积极面对，找出技术和环保等方面差距，努力提高自身竞争水平，从远期来看，绿色壁垒造成的问题也将得到解决，"绊脚石"转化为"垫脚石"，实现自身跨越式发展。

2）绿色贸易壁垒的消极影响

绿色贸易壁垒一定程度制约了纺织业、农业和玩具业国际贸易发展水平。农产品方面，多数国家积极采取行动措施，设置的绿色环保标准相对苛刻，如凭借自身环保技术先进优势制定一系列严格非合理的技术标准和检验检测要求，减缩我国产品的出口范围，为了达到进口国的检验、测试、认证等繁杂手续和标准，不得不在包装、卫生检疫、出口标签等方面细化调整，同时各种附加费用也大幅增加，使产品的生产成本进一步加大从而失去价格优势，削弱竞争潜力，另外在生产加工方面也面临巨大挑战，即为了满足进口国高环保、低污染的加工制造方法，必须在短期内淘汰落后的、传统的生产方法；在纺织服装方面，由于为了满足一些国家的检测方法和技术指标，进口原材料，取得认证达到市场准入条件，满足企业生产工艺和排污问题的环保性，这些相对严格的标准增加纺织服装出口企业成本，削弱传统的国际市场竞争力；以及在玩具行业方面，因为绿色贸易壁垒，玩具企业不得不改变调整原有的生产技术方案，培训相关人员增加人力成本；在安全性能、染料、检测等方面都要付出相当大的成本，大量的检验检测费用进一步加大生产成本，严重压缩玩具业本已微薄的利润，给我国玩具行业发展带来巨大压力和滞销风险，不利于这些行业的持续发展进步。具体来看：

第一，绿色贸易壁垒增加企业的成本，减少出口，降低国际市场份额，从而降低企业利润。企业研发投入的多少取决于企业战略和企业利润的多少，利润减少阻碍了企业后续对设备改造及技术升级等投资，不利于产品有计划地更新换代和未来产品环保质量的提高。从国际方面来看，缺少我国企业的竞争，世界市场会发生一定程度"扭曲"，发达国家企业在当前标准面前享受垄断优势，获得垄断利润，不光使消费者不得不面对高昂的价格，单一的商品品种，福利将会下降，而且使生产者，丧失进一步提高产品环保科技质量的内在动力，最终造成整个行业的萎缩，消费者购买减少，生产者生产减少。从长期来看，反而不利于世界整体利益。

第二，绿色贸易壁垒的出现，使出口产品的绿色标准不断提高，为满足出口的需要，企业投入资金会出现向绿色环保方面倾斜，过于注重提升环保质量的技术和设备投入，将会挤占基础技术研发资金，减慢产品核心技术升级速度，最终因为丧失核心竞争力而被淘汰出局。所以绿色贸易壁垒使投入资金发生错配，虽然短期环保质量得到提升，关键核心技术缺失，其对资源和环境有益影响会更大，效果更显著，从时间跨度拉长来看，反而当前的环境保护程度会更小。

　　第三，绿色贸易壁垒催生高标准技术要求。技术落后的国家进行相关的研发然后达到这一标准需要一个比较漫长的探索过程，二三十年的追赶，不确定性的风险以及本身技术研发的高风险一定会指数倍增加，风险过大必然会降低企业积极性和参与性，在理性人的假设条件下，当下一部分企业就会出现"人为"破产倒闭，离开这一行业，整个行业的研发投入出现大幅下滑，从概率角度来看，出现高技术的可能性也会下降，不利于产业的发展和经济可持续增长。

第 3 章　国际贸易规则中的相关绿色条款

3.1　双边、多边贸易规则中与绿色贸易相关的条款和要求

随着全球经济与社会的发展，人类对自然资源开发利用步伐的不断加快，全球性的环境破坏日趋严重，环境问题已经成为人类社会持续健康发展需要解决的迫切问题。为保护环境，国际社会从政治、经济、法律等方面实施环境保护方案，其中一项重要措施就是将贸易与环保直接挂钩，通过限制乃至禁止对环境有害的产品、服务、技术的进出口的方式以达到保护环境的目的。从 GATT 到 WTO，再到其他国际组织，贸易规则中包含涉及环保的条款不断增多。

3.1.1　WTO/GATT 中的绿色条款及 GATT 的例外条款

在 GATT 设立之初，国际社会对环境问题并未引起高度关注，于是并没有专设协议对其进行规定。在 1947 年 GATT 所有文本中，涉及环境保护的只有总协定第 20 条"一般例外"中的（b）款与（g）款是仅与环境保护相关的内容。其后数十年里，环境问题一直未进入 GATT 的视野。直到 1971 年，这一情况才有所改观。为推动贸易自由化，1971 年，联合国第一次环境与发展大会召开，GATT 秘书处起草了一份关于"工业污染控制与国际贸易"的研究报告，报告主要分析了环境保护措施的存在对国际贸易的影响，提出环境保护措施可能会对贸易形成阻碍，成为一种新型的保护主义——绿色保护主义，该报告反映 GATT 已经开始关注环境问题。

3.1.1.1　《贸易技术壁垒协议》

1973 年，在"东京回合"中，各方的谈判议题涉及各种非关税壁垒。其中各种环境技术标准、卫生检疫制度等环境措施给贸易带来的影响受到关注，环境措施与贸易壁垒问题被提及，在各方谈判后，达成了《贸易技术壁垒协议》，即所谓的"标准守则"，该协议提出，在技术法规和标准的制定、适用上应遵循非歧视原则以及透明度要求等。在该协议中，第一次在多边贸易体制的协议中出现"环境"二字，从此，环境问题得到了更大范围和更大程度上的关注，影响意义深远。但这份协议具有较大的局限性，它只对签字方具有一定约束力，涉及范围较小。

在 1994 年的乌拉圭回合期间，又对该协议进行了修改，在该协议的序言中规定，缔

约方"在下列措施符合以下要求的情况下,即这些措施不得成为对情形相同的国家形成任意或不合理的歧视的手段或构成对国际贸易的变相限制,不得组织任何国家采取必要的措施来确保其出口货物的质量,或保护人类、动植物的生产或健康、保护环境或阻止欺诈行为。"在第 2 条第 2 款中规定"各成员方应保证技术法规的制定、采用或实施在效果上均不对国际贸易造成不必要的障碍。为此目的,技术法规对贸易的限制不得超过为实现合法的目标所必需的限度,同时考虑合法的目标未实现可能造成的风险。此类合法目标特别包括:国家安全要求;防止欺诈行为;保护动植物的生命健康及保护环境"。

以该条款为基础,1994 年的《技术性贸易壁垒协议》(以下简称 TBT 协议)赋予各国为保护环境而采取措施的合法性。如 TBT 协议在其序言中声明:不应阻止任何国家在其认为适当的程度内采取必要的措施,以保护人类、动物或植物的生命或健康,保护环境。TBT 协议是在乌拉圭回合多边贸易谈判中达成的众多协议之一,是指一国以维护国家基本安全、保障人类和动植物的健康和生命安全、保证进口产品质量、保护生态环境等为由而采取的技术标准、法规以及合格评定程序等相关技术性措施。TBT 协议共十五个条款,三个附件,其宗旨以下两点:①尽量消减不合理的技术性壁垒数量,从而为正当国际贸易往来清除不必要的障碍;②通过多边规则的制定和执行指引各成员制定和采用适当的技术性贸易壁垒措施,以使各个成员在这方面走上统一、正规的轨道上来,尽全力确保这些措施在实施过程中不会演变为任意或不合理的歧视手段。TBT 协议适用于所有产品,包括工业产品和农产品等。

技术性贸易壁垒措施在非关税壁垒中占有很大的比重,它是在社会技术进步的大背景下产生的,第二次世界大战后,各国经济迎来又一个发展高峰,但对生态环境的破坏也愈发严重,环境污染问题日益明显。各国政府普遍意识到环境问题的严重性,开始通过各种途径加大环境保护力度,这其中就包括通过制定严格的技术标准来引导各产业走向绿色生产的道路。各种技术标准的制定和严格化执行要求在很大程度上起到了保护环境的作用,但同时也为各国(尤其是技术水平相对较高的发达国家)通过这种方式构建技术壁垒提供了可乘之机。

第一,TBT 协议指出,成员应按照产品的性能而不是按照其设计或描述特征来制定技术规定。成员应采取合理措施和机制,确保地方政府和非政府机构遵守 TBT 协议规定来制定、采用以及实施技术规范。除由于基本气候因素、地理因素、基本技术问题等,采用这些国际标准或其中相关的部分无法达到合法目的以外,如果有关国际标准已经存在或即将拟定,成员应使用这些国际标准或其相关部分作为技术规定的基础。成员应在力所能及的范围内充分参与有关国际标准化机构在所涵盖产品范围内制定国际标准的工作。

第二,TBT 协议专门制定了《关于制定、采用和实施标准的良好行为规范》,规定标准化机构要遵守非歧视原则,保证不给国际贸易制造不必要的障碍;同时尽量采用国际标准,并且充分参与有关国际标准的制定。

第三,TBT 协议规定了严格的合格评定程序。合格评定程序是指任何用以确定是否满足技术规定或标准中相关要求的直接或间接程序。特别包括抽样、检验和检查;评估、验证和合格保证;注册、认可和批准以及各项的组合。合格评定程序一般由认证、认可和相互承认三个方面组成。此外，WTO 设立了 TBT 委员会，负责 TBT 协议的执行，委员会由全体成员代表组成，一些国际组织，如联合国粮食及农业组织、国际货币基金组织、世界银行等作为观察员参加，每年至少召开一次会议。

TBT 协议制定的目的是限制技术贸易壁垒，但在其规定中也为绿色贸易壁垒措施的实施留出了空间。比如，各个成员以保护人类、动植物的健康为目的而实施的必要合理措施，可以不完全符合国际技术标准的相关要求。这条"绿色条款"也已被发达国家广泛运用在针对技术水平方面发展相对滞后的发展中国家的进口贸易中。

3.1.1.2 《贸易与环境的决定》

自 1973 年发布《贸易技术壁垒协议》后，GATT 持续关注环境问题。1982 年，应发展中国家要求，GATT 部长会议决定对国内进展的产品出口应采取措施，防止发达国家将其因环境危害、健康、安全等方面的原因而在其国内被禁止的产品出口到发展中国家，防止其危害发展中国家的环境和居民。1989 年，GATT 成立工作组，对有关国内禁止产品和其他有害物质进行讨论。时至 1991 年，沉寂了 20 年的 EMIT 又恢复工作，主要针对多边环境协议与 GATT 原则关系、与贸易有关的环境措施的透明度、包装、标签要求可能产生的贸易效果等问题多次召集会议进行讨论，虽然未得出任何实质性结论，但 EMIT 工作组为各成员方提供了一个讨论贸易与环境问题并扩展其任职的机会，增加了负责贸易事务和负责环境事务的政府官员之间的对话机会，在国家和国际两个层面上增强了贸易和环境政策的协调力度，增强双方之间的理解与信任。至 1994 年，马拉喀什部长会议通过了《贸易与环境的决定》，体现了各方在环境与贸易问题上的共识：主张在多边贸易体制内协调贸易与环境相关的政策。

3.1.1.3 GATT 的例外条款

《关贸总协定 1994》（以下简称 GATT1994）第 20 条 "一般例外" 条款规定："本协定的规定不得解释为禁止缔约方采用或加强以下措施，但对情况相同的各缔约方，实施的措施不得构成武断的或不合理的差别待遇，或构成对国际贸易的变相限制……（b）为保障人民、动植物的生命或健康所必需的措施……（g）与国内限制生产与消费的措施相结合，为有效保护可能用竭的天然资源的有关措施……"该项赋予了各成员的环保例外权，即各成员有权以保障人类、动植物生命健康为目的，采取贸易保护措施，根本目的在于保护和改善生态环境，顺应可持续发展的潮流，这样实施的基础在于对情况相同的各国，实施的一些禁止性措施构成不合理的差别待遇，甚至变相地对国际贸易加以限制。

3.1.1.4 《建立世界贸易组织的协议》

1994 年，乌拉圭回合拉开序幕，最终达成纲领性文件《建立世界贸易组织的协议》，其中将可持续发展列入了其宗旨。"各成员方应当基于提高生活水准，保证充分就业和大幅度稳步提高实际收入与有效需求，扩大货物与服务的生产与贸易，同时按照持续发展目标使世界资源得到最合理利用，维护和保护环境，并根据各成员方不同需要和不同经济发展水平的情况加强采取措施。"

3.1.1.5 《补贴与反补贴措施协议》

该协议最早在东京回合提出。该协议中也涉及了有关环境的条款，如其第 2 条（c）款规定，在某些条件下，所有成员方可以对由于实施新的环境法规而加重公司经济负担的公司给予补贴。只有在下述情况下才能对目的是保护环境的补贴采取行动：这种补贴有利于出口。而且这种贸易损害了产品进口国某产业的利益，或者补贴有利于贸易出口国的工业，却损害了他国根据 GATT 应得的权益或他国的贸易利益。换句话说，该协议限定了对保护环境的补贴采取反补贴措施的范围，佐证了 GATT 对环境保护的重视。除此以外，在其第 11 条第 6 款中规定："各缔约方认识到出口补贴被广泛用作推行社会和经济政策目标的重要工具达到目的及他们认为可实现的其他重要政策目标的权利。各缔约方注意到这些目标包括工业的重新布局以避免拥挤和环境问题。"该条例直接指出环境保护也是制定出口补贴的目标之一。

3.1.1.6 《卫生与动植物检疫协议》

《卫生与动植物检疫协议》与前文提及的《补贴与反补贴措施协议》提出时期相当，该协议中涉及环境的条款众多。例如，其序言中即指出：缔约方认识到不应妨碍任何国家采取必要措施保证其出口产品的质量，或保护人类、动植物的生命与健康和环境，或防止欺诈等行为等，只要这些措施不致成为情况相同的国家之间进行武断或不合理的歧视，或对国际贸易变相限制的手段。这段序言内容将保护环境与出口产品质量与防止欺诈列在一起，明确指出了保护环境对出口国与进口国的重要性。在其第 2 条第 2 款中又规定："各成员应确保任何卫生或职务检疫措施的实施不超过为保护人类、动植物的生命或健康所必需的程度，并以科学原理为依据，如无充分科学依据则不再实施……"该协议明确了检疫措施与环境和人类、动植物健康挂钩。在其第 3 条第 2 款中，再度明确该类检疫措施是必须的，并推定为符合本协议和 1994 年关贸总协定有关条款的规定。

3.1.1.7 《与贸易有关的知识产权协定》

《与贸易有关的知识产权协定》制定的目的，是希望减少国际贸易中与知识产权相关的扭曲与阻力。该协定 1994 年被提出，此后历经几次修正：2003 年 8 月 30 日，WTO 全体成员就修改与贸易有关的知识产权协定中发生公共健康危机时发展中国家和最不发达国家可对专利药品实行强制许可达成共识，作为临时性措施实施。在 2005 年 12 月 6 日通过将该修正纳入《与贸易有关的知识产权协定》的决定，以帮助发展中成员和最不发达成员解决公共健康问题。在其主体部分，即第二十七条，规定：为了保护人类、动植物安全以及公共秩序道德，允许阻止或采取某些发明在其境内进行商业上利用，同时禁止对这种技术授予专利。此外，还可以禁止对人类或动物的医疗诊断、治疗和外科手术方法以及其他一些生物方法授予专利。该条条款从知识产权角度彰显了可持续发展的理念。

3.1.1.8 《服务贸易协定》

《服务贸易协定》中的第六条规定了成员方需要在合理、公正、客观的基础上采取针对服务贸易适用的一些措施,该协议明确规定在服务贸易方面,只要是为了人类、动植物生命健康的安全考虑,或者是公共道德或社会秩序保护需要,就允许采取或者实施一些约束性措施。再次是一些国家基于对环保与人类利益的考虑,采取严格的贸易保护手段。

3.1.2 欧盟委员会制定的绿色条款

随着欧盟内部市场的扩大,环境问题日益突出,尤其是跨国污染问题日益严重,而且各成员国为了保护自己本国的产品,不断设立一些与环境相关的非关税壁垒,与欧盟自由贸易背道而驰。因此,要求出台欧盟统一的环境政策的呼声日益高涨。1972年欧共体召开了各国家和政府首脑参加的高峰会议,提出所谓"13项计划",要求理事会据此形成共同体的环境政策,大规模的环境保护运动在欧共体才正式开始。

3.1.2.1 《单一欧洲法案》中的环保条款

1986年,欧共体签署了《单一欧洲法案》,其内容是在1992年年底建立商品、资本、劳务、人员自由流动的统一大市场。也强调环境要求应成为共同体其他政策的基础,规定共同体环境保护的原则、目标、决策程序等内容,《单一欧洲法案》的签署给欧共体的环境保护赋予了明确的法律地位。

3.1.2.2 《马斯特里赫特条约》和《阿姆斯特丹条约》

20世纪90年代初,欧盟环境政策发生明显变化,由"整治型"开始向"预防型"转变。1992年签署的《马斯特里赫特条约》(即《欧洲联盟条约》),对环境保护又作了进一步的阐述,提出了欧盟可持续发展的目标,并规定"环境保护要求必须纳入其他共同体政策的界定和执行之中"。1997年新修订的《阿姆斯特丹条约》,正式将可持续发展作为欧盟优先目标,并把环境与发展综合决策纳入欧盟的基本立法中,为欧盟环境与发展综合决策的执行奠定了法律基础。

3.1.2.3 《环境2010:我们的未来、我们的选择》

2001年3月,欧盟颁布《环境2010:我们的未来、我们的选择》,指明未来5~10年内欧盟环境政策的目标。明确提出在气候变化、自然和物种的多样化、环境与健康、自然资源和废弃物领域内执行环境与发展综合决策,并制定了执行决策的具体措施;并强调了现在的环境问题为气候变化、空气污染、自然资源的消耗和生物多样性、水资源、城市环境退化、海岸带、废物处理和工业危险等。

至今为止,欧盟总共制定了300多个法律文件以实施其环境政策。欧盟的环境政策基本上包括了环境管理的各个主要方面:法律活动、研究和技术开发活动、监督和实施活动以及环境信息协调活动等。

3.1.3 东南亚国家联盟制定的绿色条款

东南亚国家联盟（Association of Southeast Asian Nations，ASEAN），简称东盟。虽然最初只是以经济组织为目标成立，但它也为整个区域进行资源开采和污染治理提供了合作官方平台。对东盟成员国来说，发展使该地区许多国家摆脱了贫困问题，但也带来了很多环境问题。东盟国家以其亲密的区域合作而闻名。因此，他们在区域的环境保护上也采取了合作方针。

3.1.3.1 《区域烟雾行动纲领》

1994~1998年，东盟发生多起大规模火灾和烟雾事件。这些火灾和烟雾造成的破坏远远超过了自身的损害，对周边国家和公民的人身财产安全带来极大风险。比如：印度尼西亚产生的烟雾污染了整个地区空气，使上百万人的身体健康受到影响，生物多样性受损比较严重，区域内国家经济出现较大幅度的倒退。而且跨边境烟雾对温室气体排放、热带雨林以及相关生物多样性消失造成的影响也波及了全球环境。

1997年12月东盟通过了《区域烟雾行动纲领》；接着1999年8月26日在新加坡召开了东盟环境部长会议，回顾了印度尼西亚苏门答腊岛和婆罗洲大火的解决措施以及《东盟区域烟雾行动纲领》的执行情况。

3.1.3.2 《东盟水资源管理战略行动计划》

2005年9月，东盟环境部长讨论东盟地区的自然环境保护、生物多样性等合作问题，签署了《东盟水资源管理战略行动计划》，在会议上决定在雅加达成立一个工作小组，对东盟清洁水、清洁土地和可持续发展进行指导，还在新加坡建立东盟城市环境可持续发展网。

3.1.3.3 《东盟环境教育行动纲领（2000—2005）》

环境教育，通常被定义为一个过程：通过正式或非正式教育获取知识、技术以及评价（方法）来帮助人们，使之能够作为积极的、有见识的公民去参与生态可持续及社会的发展。环境教育在东南亚地区并非新生事物，故东盟地区的环境教育规划——《东盟环境教育行动计划（2000—2005）》推行也并非没有基础。推进《东盟环境教育行动计划（2000—2005）》的原因是人们越发意识到，东南亚实现可持续发展的目标取决于人民理解环境和开发问题，以及选择最佳发展目标的能力和头脑。公众意识和监控均是解决区域环境管理和资源开发问题的重要步骤。

对于环境教育行动的推进，东盟各个会员国做了不同程度的努力。文莱政府采取全覆盖的做法，在学校、商界、民间团体、广大市民及政府官员中积极宣传，让越来越多的人意识到环境问题的重要性。柬埔寨政府的环境教育建立在对年轻一代的教育上，柬埔寨境内砍伐森林现象严重、渔业资源遭到破坏、生物多样性问题突出、城市废物管理亟待解决，由此，提升年轻一代的环保意识迫在眉睫。印度尼西亚的目光聚焦在学校和社会两个点上。缅甸与印度尼西亚的环境教育普及方式有一定相似性，都是从正式和非正式两个教育体系切入，期望最终能够覆盖全民。新加坡、老挝都将全民的环境意识上升定为目标，而马来西亚则将儿童定为环境教育普及的主要对象。

3.1.3.4 《"婆罗洲之心"保护宣言》

加里曼丹岛又称婆罗洲，位于东南亚马来群岛中部，东望苏门答腊岛，西为苏拉威西岛，南依爪哇海、爪哇岛，北临中国南海，面积73.4万 km²，是世界第三大岛。加里曼丹岛的大部分属于印度尼西亚，岛的北部属于马来西亚和文莱。岛上人口不足1000万，主要分布在沿海地区。岛的中间是山地，四周为平原，南部地势很低，成为大片湿地。加里曼丹岛许多地方都被原始森林覆盖，面积仅次于南美洲亚马孙河流域的热带森林。该岛位于赤道，气候炎热，这里热带动植物种类繁多，如巨猿、长臂猿、大象等各种动物。

"婆罗洲之心"计划位于加里曼丹岛的中心地带，是文莱、印度尼西亚、马来西亚三国边界沿线一条狭长的热带雨林，约22万 km²，该地区生物种类多样，物种数量占世界总数的6%。该地区是世界上最重要的生物多样性中心之一，也是目前世界上仅存的两处同时拥有黑猩猩、大象和犀牛群落的林地之一。

2005年4月，文莱作为东道主邀请印度尼西亚和马来西亚政府参加了在文莱举行的一场研讨会，首次提出"婆罗洲之心"计划，号召文莱、印度尼西亚、马来西亚三国共同合作，保护婆罗洲中心地带的热带雨林。来自三国的政府和非政府组织代表150多人参加了此次研讨会，就制定"婆罗洲之心"计划宣言达成共识，并制订了行动计划。倡议一经提出，就受到三国领导人和各国地方政府的热烈响应，纷纷表态支持该计划。2006年3月，在巴西举行的生物多样性会议上，文莱、印度尼西亚、马来西亚三国正式推出了"婆罗洲之心"计划。

2007年2月12日，文莱工业与初级资源部部长艾哈迈德、印度尼西亚林业部长卡班、马来西亚自然资源和环境部长阿兹米分别代表各自国家在印度尼西亚巴厘岛正式签署了《"婆罗洲之心"保护宣言》。根据该宣言，"婆罗洲之心"计划是文莱、印度尼西亚、马来西亚三国政府发起的一项跨国合作，在制定和实施过程中三国相互尊重领土及主权，承认并尊重各国法律、法规、政策，充分考虑相关双边、地区和多边环境条约。该计划主题为"三个国家，一个环保理念"，通过跨国合作，基于可持续发展的原则，对婆罗洲心脏地带的热带雨林进行保护、研究和发展、可持续利用、保护，开展教育和培训，切实保护该地区森林资源和物种多样性，从而保护这一珍贵的世界自然遗产，造福子孙后代。

3.1.4 北美自由贸易区制定的绿色条款

美国、加拿大和墨西哥签订的《北美自由贸易协定》（NAFTA）是世界上第一个不具有殖民性质的发达国家与发展中国家之间的贸易协定，北美自由贸易区是世界上第一个将贸易与环境联系起来的区域经济一体化组织。

3.1.4.1 《北美环境合作协定》

20世纪90年代初，环境问题已经受到美国、加拿大、墨西哥三国的关注，都认为需要加强双边的环境合作，共同保护才具有成效。早在20世纪80年代初，由于蒂华纳城的地下水污染和来料加工企业的废物处理不当，以及索诺拉州等的铜溶化业使边境地区环境恶化，美、墨两国就已经开始了环境合作。两国于1983年签署《保护和改善边境地区环境的双边合作协定》9年之后，"美墨边境环境计划"应运出台。尽管因为资金等问题，该计划未取得预期效果，但由此三方的环境问题谈判在此基础上开始运行。

NAFTA对贸易与环境的关系做出了相应的条款规定，除此之外，三国共同签订了一个附属协定，即《北美环境合作协定》（NAAEC），两者共同构成三国间环境合作的基础。NAAEC的主要目标是通过合作保护环境、促进可持续发展、促进NAFTA环境目标的实现，避免新的贸易壁垒的产生等。NAAEC明确规定了成员国的义务，这些义务主要包括：①确保其环境法律法规能提供高水平的环境保护，并努力完善这些法律法规；②为实现与环保法律法规相符的高水平的环境保护的目的，通过适当的政府行为，有效执行各国的环境法；③确保与NAAEC有关的法律法规、行政裁决的迅速公布，使有利害关系的个人或国家获知；④确保本国的司法、准司法和行政程序的公平性、公正性与适当性，确保公民可借助于司法和行政程序以迫使政府执行环境法，以及授权那些因为环境危害而已经受到实际损害的人起诉引起污染的个人或公司。基于这些义务上的规定，NAAEC得以推进。

北美自由贸易区成立以来所采取的诸多措施和进行的一系列实践，不仅为其他区域组织提供了解决环境贸易纠纷问题的有效方法，而且在发达国家不断要求将环境问题纳入多边贸易谈判的背景下，北美环境合作的经验对评价贸易增长的环境效应有重要启示。

3.1.4.2 《北美自由贸易协定》中的环保条款

《北美自由贸易协定》（NAFTA）在序言中就明确表达了对环境问题的关注，并将贸易自由化的目标置于可持续发展的大目标中。序言中明确规定：成员国将"以一种与环境保护与保存相一致的方式推动世界贸易的和谐发展……促进可持续发展；……加强环境法律、法规的制定与实施。"其次，NAFTA直接规定了一套协调贸易与环境关系的标准准则，该规则赋予成员国自行设立适当的环境暴露标准的权利，包括允许成员国采取比国际标准更高的环境标准。其第7章第2节直接规定成员国可以采取严于国际标准的卫生及职务检疫措施，可依照第715款采取适当的措施保护人类、动植物生命或健康。为了避免滥用卫生及建议措施，要求采取的措施：①不可对相同产品进行武断的歧视；②基于科学原则上，充分考虑如地理条件这样的相关因素；③无科学依据时，停止采用；④在适当环境下的风险评估；⑤不得超过所希望保护水平所必需的程度；⑥不得成为变相贸易限制措施。在第9章中，更加明确了保护各国决定本国环境水平的权利，肯定每个国家都有权选择各自认为合适的环境保护水平及其相应的环境法规，确定各方设定有关环保标准的权利，成员国无权干涉别国的环境标准。

3.1.5 《跨太平洋合作伙伴关系协定》中的绿色条款

《跨太平洋合作伙伴关系协定》（TPP）曾经作为由美国主导的高标准自贸协定，是美国保持其国际规则制定权的具体成果，也是美国将其国内规则国际化的重要体现。虽然TPP是12个国家共同达成的协定，但条款中的诸多内容反映的都是美国的利益诉求，比如贸易与环境标准挂钩，通过贸易协定，以此来实现对其他国家国内规制的影响。

TPP关于绿色壁垒和环境的规定，较之其他多边或双边贸易协定，规定更为细致和严苛。在TPP文本中，第20章对环境做了专门规定，除独立环境章节之外，在序言、卫生与植物卫生措施（第7章）、技术性贸易壁垒（第8章）、投资（第9章）、金融服务（第11章）、政府采购（第15章）、知识产权（第18章）、劳工（第19章）、争端解决（第28章）、例外（第29章）中也涉及环境或可持续等相关内容。

TPP环境章节与以往协议相比框架变化不大，细节更加具体，条款内容有所变化。TPP中提到的环境标准是将环境管理与国际义务以及贸易争端解决机制挂钩，强化环境政策及国际环境公约的执行程度。TPP所涉及的大的领域在已有自贸协定中都能找到，但TPP框架领域的某些条款更具体、更细化。

TPP环境章节有23个条款，约106个款项，还包括两个附件。内容包括：定义、目标、一般承诺、多边环境协定、公众参与、企业社会责任、增进环境绩效的自愿机制、合作框架、低排放和适应型经济转型、海洋渔业捕捞、环境产品和服务、环境委员会和联络点、争端解决等内容。

TPP涉及的环境条款中主要关注三个方面的内容：一是污染物的排放，二是有毒有害化学品的生产贸易问题，三是野生动植物的保护。为此，TPP环境条款分别从多变环境协定、臭氧层保护、保护海洋免于船舶污染、贸易和生物多样性、入侵外来物种、向低排放和适应型经济转变、海洋捕捞渔业、打击野生动植物非法贸易等方面做出了进一步的规定。

在环境条款的实践方面，TPP中明确提出了公众参与，并且规定了详细的程序以确保公众有效参与。其中，第20章第11条明确了企业的社会责任，规定"每一缔约方应鼓励在其领土或管辖权范围内运营的企业自愿在其政策与实践中采取与环境相关的企业社会责任原则，并与该缔约方接受或支持的国际公认标准和指导方针相一致"。除此之外，第20章第11条还对提高环境绩效的自愿性机制进行了规定，进一步鼓励资源型机制环境绩效标准的制定和实施。

在环境问题争端解决方面，TPP规定了从环境磋商、高级代表磋商、部长级磋商几种最争端解决方案。

此外，TPP第20章与美、欧自贸协定环境章节相比，规定的环境义务增多且具体。很多TPP环境章节的内容，在美国和欧盟既有自贸协定中并未提及，包括：①将缔约方在多边环境协定下与环境相关的义务条款定义为环境法律，并受约束。②对加强合作的具体领域进行了规定。例如，对于臭氧层保护，提出交换信息的具体领域包括了消耗臭氧物质的环境友好替代物、制冷剂管理项目等。③对于公众提交报告的标准和内容有详细要求。例如，规定提交的公众意见符合缔约方其中一方的官方语言，所引用文件的出处等都要进行说明。④对于可执行情况进行评估。例如，要求对公众意见的执行情况提供书面总结，对于合作情况进行监督，定期审议合作情况的实施，并进行绩效评估。此外，尝试建立一定的机制。例如，在外来物种入侵时，要求环境委员会与卫生和植物检疫委员会下的卫生与植物检疫措施委员会进行协调和合作。

TPP 环境章节与美、欧自贸协定环境章节相比，TPP 约束水平高，但并未突破现有争端解决机制。TPP 环境章节除设立环境磋商机制外，还设立了高级代表磋商和部长级磋商，并且纳入贸易争端解决机制之下，通过专家组仲裁实现环境争端解决。为确保仲裁结果的有效执行，还规定可以实施贸易惩罚措施，暂停贸易优惠或寻求赔偿。

总的来说，TPP 环境条款要求水平较高，通过贸易和环境政策法规有效实施，以及通过合作 TPP 成员处理与贸易有关的环境问题的能力，来加强环境治理，促进环境保护以及对自然资源的可持续利用；同时也避免环境法律及相关措施的制定和实施对贸易和投资构成变相限制。

3.2 中国签署的与环境有关的国际公约及协议

中国一直以来都是一个负责任的大国，积极参加国际事务，无论是面对国际治理体系改革，还是多维护多边自由贸易，中国都积极参与并做出了实质性努力，得到国际社会广泛认同和赞赏。具体来看：中国积极参与以联合国为中心的环境保护工作，一直都是联合国环境署的理事国，与联合国环境署一直在环境上保持全方面合作。1979 年，中国就已加入联合国环境署的全球环境监测网、国际潜在有毒化学品登记中心、国际环境情报资料源查询系统，此后更是积极响应联合国环境署相关安排，不光按时按量完成有关任务，甚至超额超标完成相关工作。1987 年，联合国环境署将"国际沙漠化治理研究培训中心"总部设在兰州，也是对中国所做出的努力最好的肯定。到了 1996 年，中国已有 18 个单位和个人获得联合国环境署"全球 500 佳"称号。在此之后，中国借助这一国际平台，不断学习创新，实现由沙进人退到绿进沙退转变，2008~2018 年，沙漠土地持续减少，成为全球治沙防治荒漠化的典范。更为重要的是，我国将所获得的经验和技术积极分享，将防治沙漠化、建设生态农业的经验和技术传授到许多国家。在这一过程中，中国积极与各类国际组织合作，不断加强联系，取得一系列令人瞩目的成效。例如，中国通过《关于消耗臭氧层物质的蒙特利尔议定书》这一多边协议，成功与全球环境基金、世界银行等国际金融机构就相关低息贷款等展开合作，不断优化这一模式，以供他国借鉴以及帮助国际金融机构实现其目标，进而推动中国及世界各国污染防治和环境管理能力建设，真正助力实现全球环境改善。中国也通过亚太经合组织（APEC）积极参与区域环境治理，为亚太地区的环境与发展做出重要贡献。

与此同时，中国积极开展环境保护领域的双边合作。中国先后与美国、朝鲜、加拿大、印度、韩国、日本、蒙古国、俄罗斯、德国、澳大利亚、乌克兰、芬兰、挪威、丹麦、荷兰等国签订了环境保护双边合作协定或谅解备忘录。在环境规划与管理、全球环境问题、污染控制与预防、森林和野生动植物保护、海洋环境、气候变化、大气污染、酸雨、污水处理等方面进行了交流与合作，取得了一批重要成果。除此以外，中国还积极参与其他国家的环保活动，如参与美国倡议的"有益于环境的全球性学习与观察计划"活动。

在此基础上，为了进一步加强在环境与发展领域的国际合作，中国于1992年成立中国环境与发展国际合作委员会。该委员会由40多位中外著名专家和社会知名人士组成，负责向中国政府提出有关咨询意见和建议。该委员会已在能源与环境、生物多样性保护、生态农业建设、资源核算和价格体系、公众参与、环境法律法规等方面提出了具体而有价值的建议，得到中国政府的重视和响应。

中国积极参与筹备并出席了第一届联合国环境与发展大会，并参加此后历次筹备会议，在讨论和谈判国际环境公约时发挥了建设性的作用，表现出中国对环境问题的巨大关切以及推动全球环境改善的迫切希望。1991年6月，在北京召开了发展中国家环境与发展部长级会议，这次会议由中国发起组织，共有41个国家参加，会后共同发布的《北京宣言》再一次立场鲜明地阐述了包括中国在内的发展中国家关于环境与发展问题的原则立场，给在这一问题上摇摆的一些国家指明了方向，坚定了信念，为全球注入了强心剂，为全球环境事业做出了巨大贡献并取得了巨大成就。根据联合国环境与发展大会筹委会第一次会议的要求，中国编写了《中华人民共和国环境与发展报告》，全面论述了中国环境与发展的现状，提出了中国实现环境与经济协调发展的战略措施，阐明了中国对全球环境问题的原则立场，受到了国际社会的好评。1992年6月，中国政府代表团出席了联合国环境与发展大会，中国总理李鹏在大会的首脑会议上发表重要讲话，提出了加强环境与发展领域国际合作的主张，得到了国际社会的积极评价。李鹏总理还代表中国政府率先签署了《气候变化框架公约》和《生物多样性公约》，对会议产生了积极的影响，助力此次大会取得圆满成功。

从1979年开始，中国先后签署《濒危野生动植物物种国际贸易公约》《国际捕鲸管制公约》《保护臭氧层的维也纳公约》《控制危险废物越境转移及其处置巴塞尔公约》《关于消耗臭氧层物质的蒙特利尔议定书（修订本）》《气候变化框架公约》《生物多样性公约》《防治荒漠化公约》《关于特别是作为水禽栖息地的国际重要湿地公约》《1972伦敦公约》等一系列国际环境公约和议定书，并对上述协议一贯严肃认真地履行自己所承担的责任。在《中国21世纪议程》的框架指导下，编制了《中国环境保护21世纪议程》《中国生物多样性保护行动计划》《中国21世纪议程林业行动计划》《中国海洋21世纪议程》等重要文件以及国家方案或行动计划，认真履行所承诺的义务。中国政府批准《中国消耗臭氧层物质逐步淘汰国家方案》，提出了淘汰受控物质计划和政策框架，采取措施控制或禁止消耗臭氧层物质的生产和扩大使用。1994年7月，在联合国开发署的支持下，中国政府在北京成功地举办了中国21世纪议程高级国际圆桌会议，为推动中国的可持续发展做出了贡献。1995年11月，中国发布了《关于坚决严格控制境外废物转移到我国的紧急通知》，1996年3月颁布《废物进口环境保护管理暂行规定》，依法防止废物进口污染环境。从以上中国的实际行动中可以看出，中国的确为国内也为国际的环保事业一直做着努力，并且取得了一系列重大成就。

3.3 双边、多边贸易规则中的绿色条款特征分析

3.3.1 绿色条款与环保组织共同发展

关贸总协定（GATT）订立于1947年，在订立之时涉及的环保条款比较少，自1971年联合国第一次环境与发展大会之后，GATT开始关注环保领域的政策制定，并且以此推动了国际社会上对环保的关注。联合国在1972年12月15日做出建立环境规划署的决定，次年1月，联合国环境规划署设立，该组织为联合国统筹全世界环保工作，其临时总部设在瑞士日内瓦，后迁至肯尼亚首都内罗毕。联合国环境规划署自成立以来，为保护地球环境和区域性环境举办了各项国际性的专业会议，召开了多次学术性讨论会，协调签署了各种有关环境保护的国际公约、宣言、议定书，并积极敦促各国政府对这些宣言和公约的兑现，促进了环保的全球统一步伐。中国作为联合国环境规划署的58个成员国之一，在规划署设立了代表处，参与了理事会的多项活动。

在东盟颁布《区域烟雾行动纲领》之后，1999年2月，东盟在欧盟的财政支持下建立了总部在菲律宾的生物多样性保护区域中心，以加强生物多样性保护的区域合作。这个中心也是东盟各国间以及东盟和欧盟伙伴组织间建立网络和组织联系的枢纽。菲律宾生物多样性保护区域中心的设立与运作，对于东南亚地区的生态环境保护具有长远的意义。

《北美环境合作协定》（NAAEC）自成立以来，设定了一系列目标，包括促进"三国内的环境保护与环境改善"，"增强合作以更好地维持、保护和提高环境水平"，以及"避免以环保为借口的贸易保护和新的贸易壁垒"，等等。为了保障所制定目标的实现，根据NAAEC的规定，北美自由贸易区建立了环境合作委员会（CEC），其使命在于：加强北美环境合作，支持地区性保护工程，防止贸易伙伴间的环境纠纷产生，加强环境法规的有效实施以及通过紧密联系政府官员、专家顾问、学术界人士及关心环境的公众来推进地区性环境的改善，并提高三国间的经济、贸易和社会联系。与此同时，北美环境合作还有其经济后盾，1996年创立了北美环境合作基金（NAFEC），该基金1996年的预算为150万美元，1998年为100万美元，在3年里为95项工程进行融资，其中它支持的有关环境保护的地方性工程项目不仅仅涉及本国生态环境保护，还涉及跨国的环境保护和合作，如美墨间跨国水资源圆桌会议、墨加之间的地区鸟类保护工作。

3.3.2 基于环境保护的例外条款分析

《建立欧洲共同体条约》规定了货物自由流动原则基于环境保护的例外情况。该条约中规定成员国间货物自由流动的条款包括：第28条禁止成员国间进口数量限制和一切具

有同等效力的措施；第 29 条禁止成员国间出口的数量限制和一切具有同等效力的措施；第 23 条和第 25 条禁止成员国间的进出口关税（包括财政性关税）和一切具有同等效力的收费；第 90 条至第 92 条禁止违反国民待遇的税收等，这些条款都是为了保证欧共体内的货物自由流动。《建立欧洲共同体条约》第 30 条规定："在不妨碍以下各条的前提下，应禁止各成员国的进口数量限制和具有相同作用的一切措施。"《建立欧洲共同体条约》第 30 条的适用"不妨碍以下各条"，指的是第 31 条至第 37 条。其中第 36 条规定："第 30 条至第 40 条的各项规定，应不排斥公共道德、公共政策或公共安全，因保护人、动物或植物的健康与生命，因保护具有艺术、历史或考古价值的国家珍宝，或因保护工业与商业产权等理由证明为正当而对进口、出口或转口商品施加的禁止或限制。但是，这类禁止或限制不应成为任意歧视的手段或对成员国贸易的变相限制。"《建立欧洲共同体条约》第 30 条和第 36 条构成了对第 28 条和第 29 条的例外，它允许基于公共道德、公共政策或公共安全或为保护人类、动物或植物的健康与生命所必需等一系列原因对进口或出口采取限制措施。但是此类限制或禁止必须完全基于非经济价值的考量，因此不得构成对成员国之间贸易的武断性歧视或变相限制。

欧洲法院对第 36 条作了限制性的解释，特别指出该条所列出的贸易限制的正当理由已经穷尽，并且不能扩展，那么第 36 条中的"保护人、动物或植物的健康与生命，"是否等同于"环境保护"呢？在随后的欧洲法院判例中，其在解释第 30 条时指出，区别保护生命和健康的措施与其他环境措施的方法几乎没有必要。

比照 GATT1994 有关货物自由流动的规则，就会发现它同《建立欧洲共同体条约》的规定有些相似。GATT1994 的有关规定主要有第 1 条最惠国待遇、第 3 条国民待遇以及第 11 条普遍取消数量限制，据此，WTO 成员不得对来自其他不同成员的同类产品给予歧视性待遇，也不得对进口的外国同类产品给予歧视性待遇，同时不得对任何其他缔约方领土产品的进口或向任何其他缔约方领土出口或销售供出口的产品设立或维持除关税、国内税或其他费用外的禁止措施或限制，无论此类禁止或限制通过配额、进出口许可证或其他措施实施。还有前文已经叙述的 GATT1994 第 20 条。

此外，欧盟的环境例外权仅适用于货物贸易，这可以从第 30 条的规定看出。《建立欧洲共同体条约》第 30 条只适用于货物，提供服务的自由、人和资金的自由流动由该条约的其他部分调整。而 WTO 的环境例外权适用的范围很广，不仅包括货物，还有服务、知识产权等。

3.3.3 多边绿色协定与多边贸易体制的冲突

多边环境协定与多边贸易体制基本原则存在冲突，采取的措施有显性与隐性之分。例如，《濒危野生动植物物种国际贸易公约》的贸易限制措施就属于显性的，该公约规定的野生动植物国际贸易措施主要是通过出口许可证、进口许可证、再出口许可证和其他证明书来实现的。各种许可证或证明书的发放有详细的条件，只有满足这些纷繁复杂的要求才能在国际市场上流通，这明显违背了多边贸易体制的一般取消数量限制原则。

而在《关于消耗臭氧层物质的蒙特利尔议定书》（以下简称《蒙特利尔议定书》）中对缔约国与非缔约国之间的贸易限制比对缔约国之间贸易的限制更为严格，这种环境贸易措施是隐性的。

多边环境协定与多边贸易体制冲突表现为：多边环境协定与多边贸易体制在产品生产过程和方法标准上存在冲突，环境标准按其功能可分为产品本身的标准与生产过程和生产方法标准，产品生产过程和方法标准是指产品的生产过程和生产方法符合特定的环境要求；多边环境协定与多边贸易体制在争端管辖权上存在冲突，虽然至今为止还没有发生多边贸易体制成员方起诉多边环境协定缔约国根据协定采取环境贸易限制措施的案件，但随着多边贸易体制和多边环境协定的成员不断增多，这类案件被提交世界贸易组织争端解决机构裁决的可能性增加。我们不得不面对这样两个问题：①多边贸易体制争端解决机构的管辖权与多边环境协定自身的争端解决管辖权的冲突；②多边贸易体制与多边环境协定出于自由贸易和环境保护不同宗旨考虑，导致得出两种不同的裁决。

第4章 "一带一路"国家经贸发展及生态环境现状[①]

4.1 "一带一路"国家经贸发展现状

"一带一路"国家众多,由于具备不同的资源和制度禀赋,"一带一路"国家的经济模式和发展阶段各不相同。"一带一路"涉及总人口达46亿,约占世界的62%;土地总面积5000万 km²,占世界的39%,GDP总量23万亿美元,占世界的31%。从经济发展方面来看,"一带一路"国家大多为低速增长的中等收入国家,其中经济发展水平较高的国家大多具备丰富的能源储备,或者是拥有较高的开放度和受教育水平,并积累了较高的国民储蓄。同时,"一带一路"国家在经济发展过程中面临很多问题:经济发展模式单一,主要依赖能源或一些传统支柱产业;低收入国家陷入高消费、低储蓄、低投资的困境;中等收入国家容易金融波动,经济增速浮动较大,比较不稳定;等等。

4.1.1 东南亚国际经贸发展现状

4.1.1.1 总体经济情况

东南亚11国,包括新加坡、马来西亚、印度尼西亚、菲律宾、泰国、越南、文莱、老挝、缅甸、柬埔寨、东帝汶。其中,除了东帝汶以外,其余各国均是东盟的成员国,对外具有一体性和一致性。由于东盟的联合性,这10国的经济、政治等各方面交往都比较紧密,在关税方面,11国各国间互相减免,目标是实现零关税。

东南亚国家自民族独立以来,均致力于经济社会发展。2006~2015年,东南亚地区的经济状况虽然有所起伏,但总体呈现上升趋势。从图4-1中可以看出,从经济总量角度来看,印度尼西亚在11国中排名第一,并且增长速度较快;仅次于印度尼西亚的是泰国、新加坡、马来西亚与菲律宾,这四国的经济总量较接近;越南、缅甸、文莱、老挝、东帝汶 GDP 总量较低。但衡量一国经济水平使用人均 GDP 这一指标更为准确,从图4-2中可以看出,新加坡和文莱的人均 GDP 远高于其他国家。

[①] 本章数据资料源于联合国,WTO 和中国一带一路网。因为项目研究开展较早,数据截止时间为2016年,近十年特指 2006~2015 年。

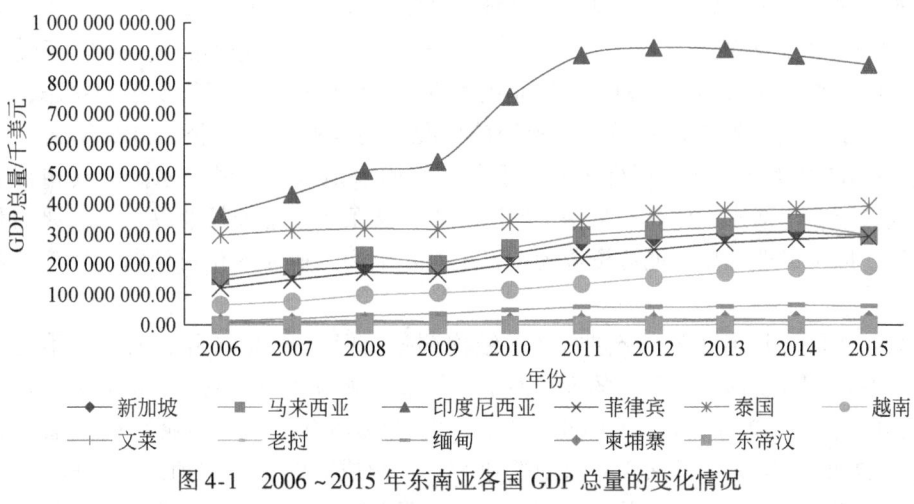

图 4-1　2006~2015 年东南亚各国 GDP 总量的变化情况
数据来源：WTO DATA

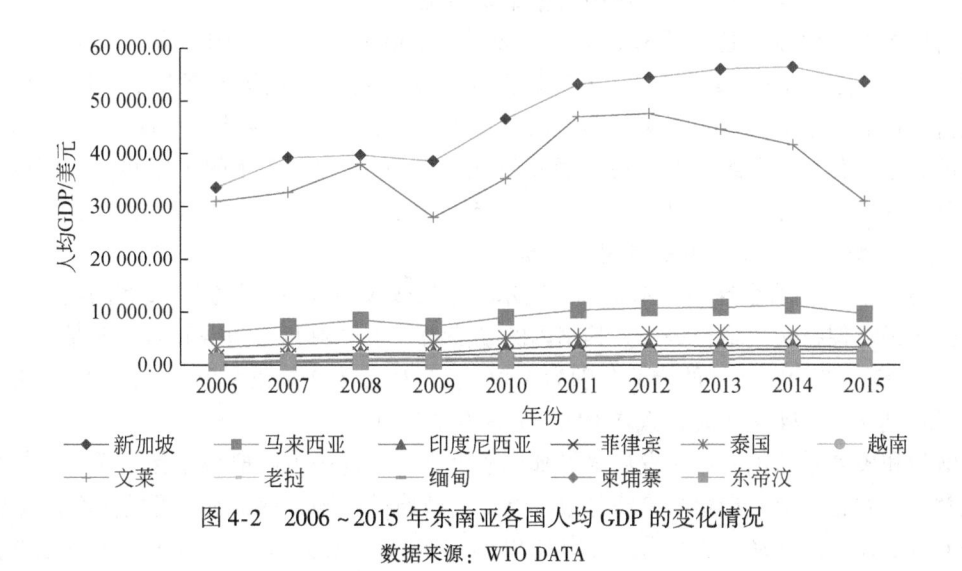

图 4-2　2006~2015 年东南亚各国人均 GDP 的变化情况
数据来源：WTO DATA

在东南亚 11 国中，新加坡的经济发展水平最高。作为"亚洲四小龙"之一，自 1965 年独立后，新加坡利用自己独特的地理位置，大力发展经济，从航运业、航空业和贸易业起步，迅速成长起来。同时，新加坡借助地处马六甲海峡这一地理优势，重点发展造船业和炼油业，支柱产业随之建立，成为亚洲的重要的贸易、航运、制造中心。70 年代后期，新加坡经济结构从以制造业为中心转向以技术密集型工业为中心转变，最终实现产业结构升级和经济高质量发展，并为现在发达的经济奠定了坚实的基础。新加坡国土面积只有 719.1km^2，人口总数有 547 万，但 2015 年 GDP 已经达到了 2968.41 亿美元，人均 GDP 高达 536 291.7 美元，位居世界第六，超越绝大多数发达国家，经济发展水平属于高度发达，人民生活富裕。

文莱虽然是君主制国家，但是它的经济发展水平较高。从图4-2中可以看出，文莱的人均GDP水平在东南亚地区仅次于新加坡，并持续保持，具有稳定性。2008年受到全球金融危机的影响，文莱的金融和投资行业遭遇重创，此后一直处于较低迷的状态，虽然文莱政府采取了多项措施进行刺激以改善当前情况，但成效并不显著。2015年文莱的人均GDP为36 967.9美元，从该指标来看，不仅在东南亚地区处于领先水平，其相较于绝大多数亚洲国家，生活水平较高。从深层原因来看，文莱经济增长长期以来依赖原油和天然气的开采，以采矿业和出口能源资源为主，工业基础和工业体系相对较弱，经济结构比较单一。

马来西亚最近几年都在积极进行产业结构调整，但进入2015年，面对马币贬值、国际石油价格暴跌以及落实消费税的不利冲击，马来西亚的经济出现了严重危机。相关数据显示，2014年，GDP总量为3380.69亿美元，时至2015年，马来西亚的GDP总量有所下滑，为2962.83亿美元。马来西亚以制造业为主，制成品的出口占到出口总量的85.4%，如今，马来西亚不仅仅出口橡胶、棕榈油、木材等产品，更是在近几年大量对外出口电子和电气产品，使之在东盟经济发展中占据重要地位。

历史上泰国农业发达，贸易繁荣。自20世纪50年代起，泰国便大力发展工业，在1959年设立国家经济发展委员会，开始以五年为期制定全国经济发展规划。1997年泰国的经济因亚洲金融危机遭到沉重打击，两年后泰国的经济开始复苏，经过多年恢复发展，到目前为止，其经济已经基本实现了稳步发展，在2006~2015年的十年间，泰国的经济总量基本保持稳定增长，其人均GDP在2015年达到了5814.90美元，相较于十年前的3369美元，增长了73%，发展迅速。

2015年，在面对全球经济不景气、厄尔尼诺气候及台风等自然灾害侵袭的情况下，菲律宾经济仍然保持快速增长势头。其国内的经济增长主要由私人消费和服务业带动，2015年1~4季度，菲律宾经济的增速分别为5.0%、5.8%、6.1%和6.3%，全年增长5.8%，GDP总值达2927.74亿美元，人均GDP为2878.3美元。

缅甸和柬埔寨两国的经济发展水平都比较落后。缅甸中央政府属于保守派，主推发展主流贸易，并且采取较严格的措施有效控制地方政府的权限，保证其资源的安全。2015年缅甸GDP总量为626.01亿美元，人均GDP为1194.60美元，属于世界上最不发达的国家之一。相较于缅甸，柬埔寨的经济总量基数很小，相对于世界上多数国家很落后，但其经济增速较快。2015年GDP总量达到了180.50亿美元，人均GDP为1163.20美元，与缅甸较接近。

越南和老挝虽然前期发展比较缓慢，但是近些年发展迅速，经济表现良好。越南深受2008年的全球金融危机影响，加之2011年的政局动荡，越南经济上面临诸多问题。但是越南出口规模却日益扩大，国内投资与消费持续为经济的发展助力，增长势头良好。2015年，越南GDP总量达到了1932.41亿美元，人均GDP 2052.30美元，在世界上发展程度仍属于落后水平，存在广阔的增长空间。1986年，老挝开始实行经济改革，进入20世纪后，GDP总量每年飞速增长，几乎能维持在每年7%的增速，2015年，GDP总量达到143.90亿美元，人均GDP 2017.60美元，实现了跨越式发展。但老挝出口的产品过于单一，在机械和电子方面对外依存度较高。

印度尼西亚是东盟中最大的经济体。在1950~1965年，印度尼西亚的GDP年均增长仅2%。到了60年代后期，印度尼西亚积极调整经济结构，经济开始提速，1970~1996年GDP年均增长6%，跻身中等收入国家。但1997年受到亚洲金融危机的影响，印度尼西亚的经济出现了严重衰退，本国货币大幅度贬值，经济直到两年后才开始复苏，GDP的年均增长率重新回到了3%~4%水平。2008年以来，面对全球金融危机，印度尼西亚政府应对得当，经济仍保持较快增长。2015年，印度尼西亚的GDP总量高达8612.56亿美元，在东南亚各国中位居首位。但印度尼西亚人口众多，人均GDP仅3336.10美元，与新加坡和文莱差距较大。

东帝汶不是东盟成员国，是东南亚11国中最小的国家，其1999年才脱离印度尼西亚的控制，经济到现在还处于重建阶段，且经济主要靠国际援助和国际机构来拉动，属亚洲最贫困的国家之一。

4.1.1.2 产业结构现状

新加坡的产业转型在东南亚国家中开始较早，并成为成功转型典范。新加坡由于国土面积小等因素，其国内农业产值几乎为0，农产品基本完全依靠进口。它的服务业发展迅速，酒店业、旅游业带动了新加坡经济的持续增长，相比之下，第二产业占比较低。

相对于新加坡而言，马来西亚、泰国、印度尼西亚的产业结构具有很大的相似性，第二产业占比都在35%~40%，第三产业占比都在50%左右，第一产业占比相对较低。以马来西亚为例，该国在推进制造业转型的同时，大力推动服务业发展，沙巴、兰卡威等海滨城市旅游业迅速发展，而且马来西亚与新加坡和泰国毗邻，这三国在旅游业上互相扶持，协同发展，形成合力，具有较高的竞争力水平。

泰国出口的农产品主要包括水稻、橡胶、木薯、玉米、甘蔗、热带水果等，与其他东南亚国家相比，其对农业的依赖程度最高。与此同时，工业比重达到了55%，工业水平较高，2014年，泰国的汽车生产总量高达200万辆，属于全球十大汽车生产国之一。在服务业上，其中以旅游业为主，曼谷、普吉、帕塔亚、清迈、华欣、苏梅岛等地都日渐建设为东南亚地区的旅游胜地，吸引来自中、日、韩等国的游客，旅游的发展也带动了酒店、金融等服务业的持续增长，给泰国经济带来了较大收益。

印度尼西亚的农业、工业、服务业均在国民经济中发挥着重要的作用，工业以重工业为主，这与其石油和天然气资源较丰富有关，通过延长生产链条建立了以资源为基础的工业体系。农业占比在2016年为14%，与以上四国相比，其占比唯一达到了两位数，农业占比较高；同时，第二产业占比达到了40%，与第三产业占比比较接近。2016年新加坡、马来西亚、泰国、印度尼西亚的产业结构如图4-3所示。

菲律宾的经济增长，从需求层面看，私人消费占GDP的比重高达69.3%，拉动经济增长效果明显；从供给层面看，服务业对经济的贡献达到了57%，是菲律宾经济的支柱产业。国际经济增长乏力对菲律宾的制造业影响较大，2015年，制造业同比仅增长了2.5%，相较于2014年的10.5%有大幅度下滑。2015年，菲律宾的农业产值为299.7亿美

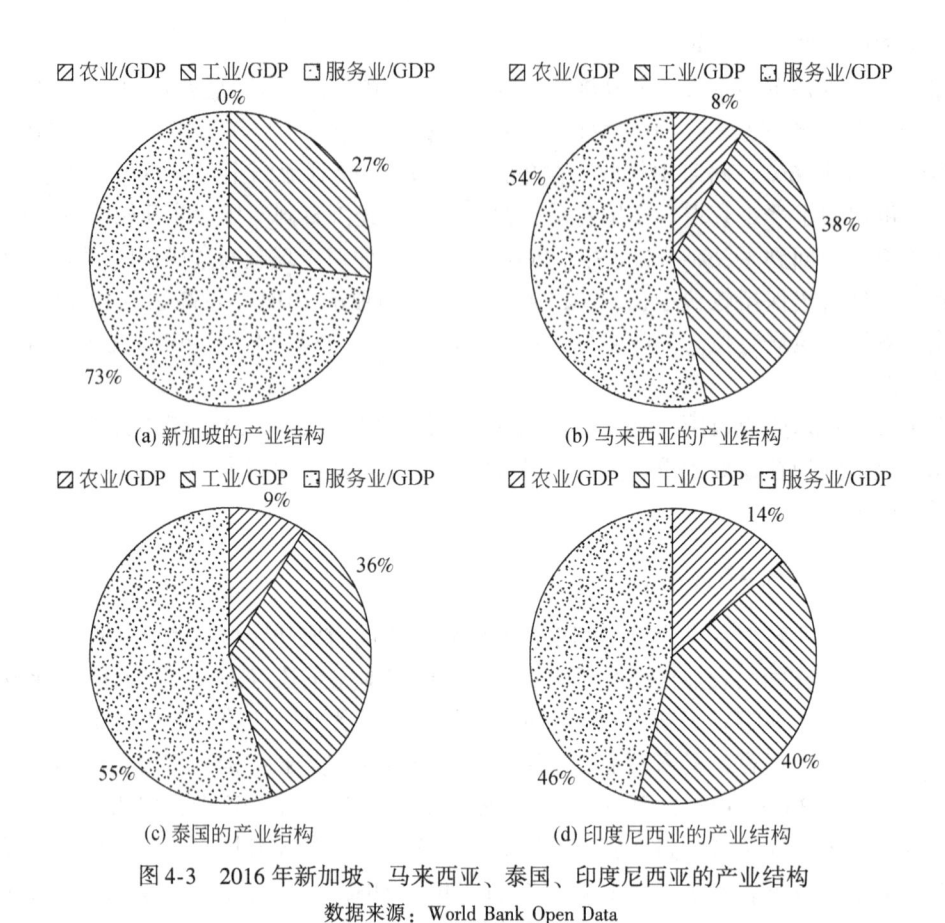

图 4-3　2016 年新加坡、马来西亚、泰国、印度尼西亚的产业结构
数据来源：World Bank Open Data

元，同比仅增长 0.2%，仍然属于传统的耕种方式，科技含量较低，生产效率低下，远低于亚洲其他发展中国家 3% 的平均增速。2016 年，菲律宾第二产业占比达到了 31%，占比相对较低。

缅甸和柬埔寨两者都是以农业、林业为主，农业占比分别为 26% 和 27%，相较于其他东南亚国家，该指标数值较大，产业结构比较落后。虽然缅甸自然资源丰富，但没有得到有效开发利用，工业水平比较落后，第二产业占比只有 28%，低于菲律宾的 31%；柬埔寨工业发展水平与缅甸类似，也较低，但近些年来其依靠浓厚的社会历史底蕴，旅游业发展迅速，促进了国内经济的增长。

文莱境内与石油和天然气相关的产值约占 GDP 总量的 50%，可见，文莱的经济增长对这两类化石能源依赖程度较高。同时，文莱环境良好，水源干净，海岸线绵延，与其他东南亚国家不同，该国受台风影响较小，所以文莱的鱼虾养殖业发展迅速，渔业成为经济增长的重要一环。另外，文莱在清真产业方面具有独特优势，吸引了众多海外人士，所以在 2016 年，文莱的国内生产总值主要来源于服务业（60%）。其农业占比只有 1%，占比极低，国内需求主要依靠国外进口。

2016 年菲律宾、缅甸、柬埔寨、文莱的产业结构如图 4-4 所示。

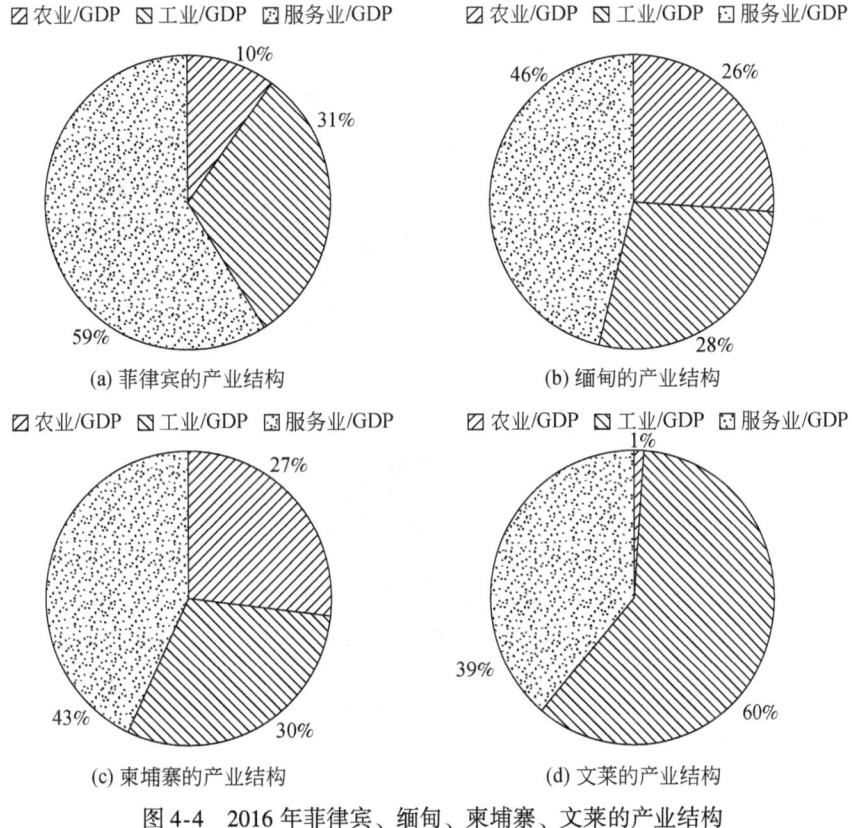

图 4-4 中:
(a) 菲律宾的产业结构：农业/GDP 10%、工业/GDP 31%、服务业/GDP 59%
(b) 缅甸的产业结构：农业/GDP 26%、工业/GDP 28%、服务业/GDP 46%
(c) 柬埔寨的产业结构：农业/GDP 27%、工业/GDP 30%、服务业/GDP 43%
(d) 文莱的产业结构：农业/GDP 1%、工业/GDP 60%、服务业/GDP 39%

图 4-4　2016 年菲律宾、缅甸、柬埔寨、文莱的产业结构

数据来源：World Bank Open Data

越南的产业结构与老挝比较类似，三次产业占比都比较接近。越南的经济结构经过几年调整升级，产业结构已经由以农业为主向以工业和服务业为主转变。其中越南的旅游资源非常丰富，风景优美，历史古迹较多，使得越南的旅游业快速发展，但它的第二产业和第三产业占比仍然较低，水平较为落后，存在增长进步空间。

老挝历史上有很长一段时间都是以传统农耕为主，工业比较薄弱。近年来，它也走上了调整产业结构的道路，并且取得了一定成效。2016 年，老挝的农业、工业、服务业占 GDP 的比重分别为 23%、42% 和 35%，经济水平整体较落后，存在进一步增长空间。

东帝汶现阶段 GDP 的收入以工业为主，服务业占据的比重较小，但其经济发展整体水平较落后，主要依靠国际援助，转型升级比较困难。

2016 年越南、老挝、东帝汶的产业结构如图 4-5 所示。

4.1.1.3　贸易发展现状

2014 年新加坡货物进出口额为 7760.6 亿美元，较上年下降 0.9%。其中，出口额和进口额分别为 4097.9 亿美元和 3662.7 亿美元，分别下降 0.1% 和 1.8%，出现双降局面，从贸易增长角度来看，形势比较不好。但是贸易却呈现了顺差，金额达到了 435.2 亿美

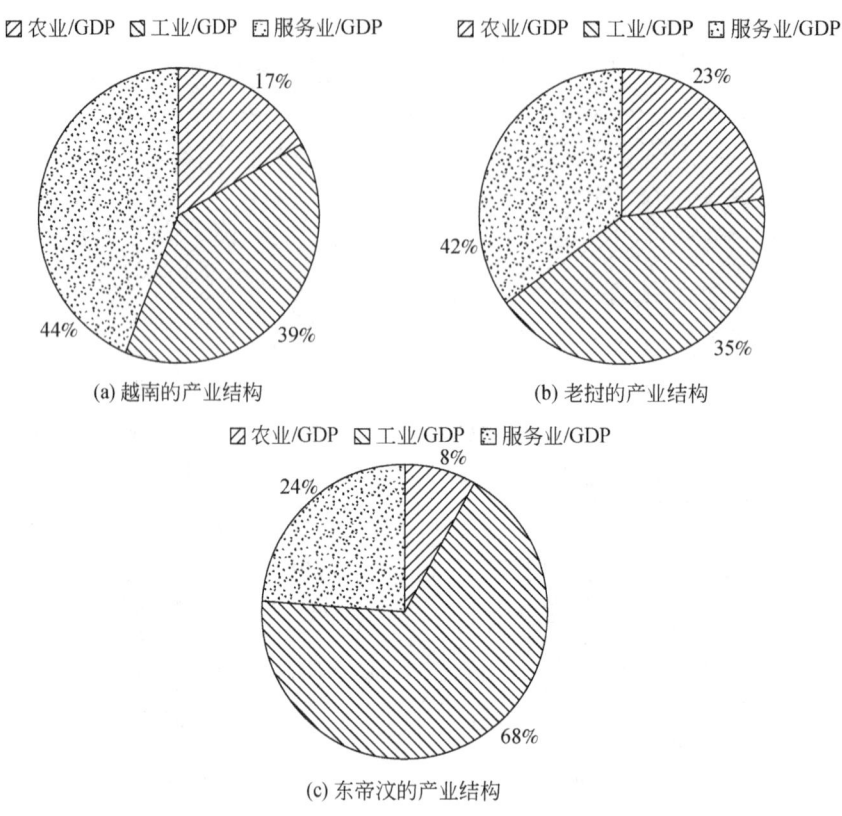

图 4-5 2016 年越南、老挝、东帝汶的产业结构

数据来源：World Bank Open Data

元，增长 16.8%，从贸易质量角度来看，说明贸易质量提高，贸易结构改善。从区域贸易角度来看，这一年新加坡对中国、马来西亚、中国香港和印度尼西亚的出口额分别占其出口总额的 12.6%、12.0%、11.0% 和 9.4%，在 2014 年有不错的结果。但 2015 年，在全球贸易下滑的背景下，出口比上年下降 15.3%，进口比上年下降 18.8%，都出现了很大的下滑。

2015 年菲律宾货物贸易进出口总额达 1253.3 亿美元，同比下降 1.7%。其中，出口总额为 586.48 亿美元，同比下降 5.6%；进口总额为 666.85 亿美元，增长 2%。在全球贸易出现两位数负增长的背景下，其外贸表现出一定韧劲。但是，菲律宾外贸连年逆差的局面仍然持续，且有不断加重的趋势，2015 年逆差猛增 143.8%，增长幅度确实非常大，具体逆差金额达到了 80.37 亿美元，为经济持续增长带来较大的风险和压力。日本、中国、美国、新加坡和中国香港是菲律宾最重要的贸易伙伴，上述国家与菲律宾的贸易规模依次减小。

2015 年，因为全球贸易增长停滞以及主要贸易国经济增长停滞的影响，导致泰国 2015 年出口总额为 1801.3 亿，下降 5.32%，进口总额为 2020.2 亿美元，下降 11.2%。另外，随着泛太平洋战略经济伙伴关系协议的实施，加入该协议的越南和新加坡可能具有比泰国更大优势,从而给泰国出口特别是纺织品、衣服、电器和电子产品出口带来负面影响,面临严峻的挑战,提高这些行业的竞争力水平是解决问题的关键。

2015年马来西亚货物进出口总额为3759.4亿美元,比上年下降15.2%。其中,出口总额为1999.6亿美元,下降14.6%。2015年马来西亚在与新加坡、中国、日本、美国、泰国和中国香港等重要贸易伙伴的贸易往来中,出口总额分别下降了16.4%、7.8%、24.7%、4.2%、7.3%和16.3%,全都出现了下降且下降幅度较大,这些国家从马来西亚进口额占到马来西亚商品出口总额的56.3%可以通过调整贸易政策,提高产品海外竞争力水平来改善当前贸易现状,避免国内经济因此大幅波动甚至衰退。

2015年,在整个东南亚贸易下跌的背景下,越南却表现出相反的景象。其中出口总额达到了1624亿美元,同比增长8.1%;进口总额达到了1656亿美元,增长12%。但贸易逆差却达到32亿美元,相当于出口总额的1.97%。美国、欧盟、中国、韩国为越南的主要出口地,越南与这些地区的出口额在2015年均为增长,且占出口总额的55.5%,所以越南过于依赖这4个国家,应该不断扩大贸易伙伴国数量,改善其贸易伙伴结构,避免过于集中造成潜在风险。

2015年,印度尼西亚出口总额为1503.7亿美元,比上年下降了14.5%,进口总额为1427亿美元,下降19.9%。从地区来看,印度尼西亚的主要贸易伙伴为美国、中国、日本、新加坡、印度、马来西亚,除了对美国保持增长,其他国家均在下跌。近年来,印度尼西亚日益壮大的国内市场和持续的基础建设已经为进出口贸易提供了良好的条件,产业结构日趋优化,经济具有进一步增长的潜力。

文莱国内环境稳定,但经济发展水平较低,工业体系较不完善。商品或半成品多需从邻近东盟国家进口,中国许多消费品与中间原材料可满足其市场需求。近年文莱政府为降低对石油、天然气的依赖,推动"经济多元化"政策,包括化工、建筑五金、食品加工、绿能及物流等产业,吸引了海外大量资金投资,有利于经济的发展和居民生活水平的改善。

近几年,老挝的对外贸易在总体上基本保持增长的态势,但老挝也存在贸易逆差较大的问题,主要是因为国内消费带动的车辆、工业等进口增加。而老挝主要的出口产品为矿产品、电力以及农产品。近几年,老挝在复杂多变的国内外经济形势下,加快了对外贸结构调整的步伐。并取得较积极的成效。积极实施多元化外贸战略,进一步开拓了新兴市场,国际市场布局得到进一步优化,取得较积极的成效。

1995年缅甸加入WTO,1997年加入东盟,是东盟10+X、国际货币基金组织和世界银行的成员。2011年起缅甸大力开展经济领域改革,积极引进外资,努力改善国际关系,重塑国际形象,缅甸经济呈现良好的发展态势。

柬埔寨和东帝汶都是东南亚贸易发展比较落后的国家,如果要摆脱落后的现状,一方面,可以对外贸结构进行调整,利用优越的地理位置,加强与邻边国之间的贸易来往;另一方面,可以实施积极的多元化外贸战略,通过国际援助和国际机构来学习技术和引进投资,从而开拓新的距离较远海外市场,实现贸易结构的改善升级。

2006~2015年东南亚各国进口总量的变化情况如图4-6所示。

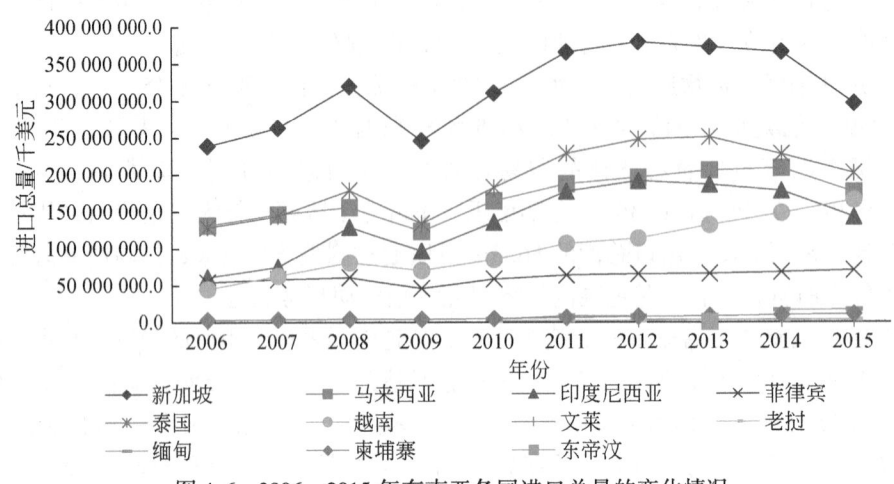

图 4-6　2006~2015 年东南亚各国进口总量的变化情况

数据来源：联合国数据库

2005~2015 年东南亚各国出口总量的变化情况如图 4-7 所示。

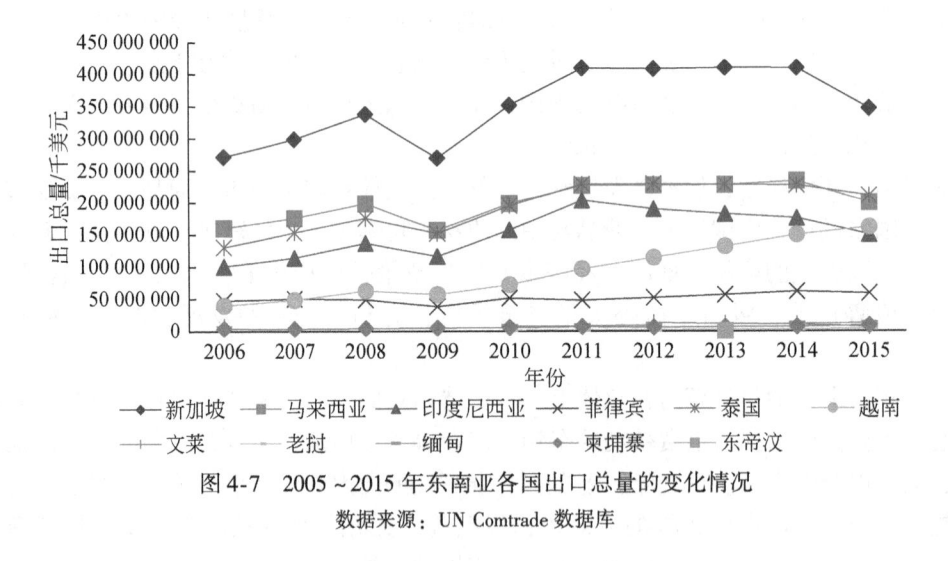

图 4-7　2005~2015 年东南亚各国出口总量的变化情况

数据来源：UN Comtrade 数据库

4.1.1.4　投资现状

2015 年，菲律宾建筑业和固定设备投资增长超过两位数，社会资本同比上升 4.8%，占菲律宾 GDP 的比例为 23.5%，对经济增长的贡献明显，也吸引着大量资金流入该行业，其中，外资增长势头回升，全年共吸引外资（协议投资额）2452 亿比索（约 53.9 亿美元），同比增长 31.2%，占总投资额的 35.7%，主要流向制造业和能源领域，二者合计高达 74%，可见这两个行业是吸引外资的重点领域。2015 年菲律宾吸收外国股本投资 25.9 亿美元，同比增长 4.5%，可见菲律宾的国内公司表现良好，业绩不错。表明海外公司和相关机构对菲律宾预期良好，肯定了其国内宏观经济环境和未来增长势头，所以跨国并购规模出现了增长,可以更大程度地利用外资,促进就业和经济增长。

马来西亚的投资环境愈发完备:①有完善的与投资有关的相关法律,如《促进投资法》《外商投资法》《外汇管理法令》《工业产权法》《专利法》《自由贸易区法》等。②关于外商投资保障:已与70个国家和地区(含中国)签订投资保护协定。协定主要提供了以下保证:不实行国有化征收;特殊情况下被收归国有或征收时,能迅速获得足够补偿;利润、资本及其他费用自由转移;依"解决投资争端公约"的有关规定处理投资争议。③关于投资领域及股权限制:政府只支持制造业和高新技术产业方面的外国投资,不鼓励外商进入服务业、传统农业和建筑业,限制进入石油、天然气领域。外国证券投资者也可以在当地的股票交易所自由买卖股票和债券,并可以购买刚上市公司的新股。但本国商业银行中外资持股比例不得超过20%。

泰国2014年前10个月工业产品指数(MPI)同比下降5.1%,10个月平均产能使用率为60.6%,低于去年同期的63.5%。民间消费指数(PCI)和民间投资指数(PII)分别下降0.7%和4.9%,下降幅度在合理可接受的范围之内。2014年前10个月泰国投资促进委员会(BOI)共接到1206项促投项目申请,比去年同期下滑22.7%,总额6457亿铢,同比下降14.7%。总量减少,批准的项目也跟着减少,下降了26.2%,只有1326项,价值5265亿铢,减少幅度更大,达到了47.7%,经济增长压力较大。

2015年印度尼西亚GDP增长了4.79%,海外投资为经济增长贡献了1.66%,矿业和运输业是投资者重点考虑的投资行业,体现了外资对国内经济的拉动作用。未来印度尼西亚经济增长的一些关键因素将鼓励国内外私人投资达到更高水平。政府预期加快实施放松管制举措计划,极大地吸引了FDI,FDI的数量和规模快速增加,其中基础设施相关领域投资从2015年上涨了9.6%,达到113亿美元。印度尼西亚基础设施领域商机较多,尤其是运输、电信和医疗卫生等公共设施建设领域,对公共基础设施的需求较大。

越南的经济改革开放到现在已经超过20年,经济获得许多成就,尤其是外商直接投资经济区的贡献。目前,在全社会投资资本中,FDI经常占30%的比重。外商直接投资企业对GDP的增长有较大贡献,创造约40%工业价值,从短期看,外商直接投资活动所创造的出口金额占全国的总出口金额的60%,占比较高。从长期看,FDI促进许多新兴行业的成立和发展,使其从无到有,从小到大,从弱到强,创造许多原先没有的就业岗位,转变优化了越南传统以农业为主的经济结构,经济更加现代化、工业化,实现了跨越式进步发展,在与外资企业的激烈竞争中,国内企业也不断学习改进,竞争力得到提高,可以立足于国际市场。因此,越南非常重视对外资的吸引,拥有众多相关配套措施,并处于不断改进过程中。

自2011年开始,缅甸开始了持续至今的全面改革,包括积极推动政治民主化、组建新政府、促进民族和解,以及放开市场经济等。这些改革措施不断完善了市场经济,制度红利不断释放,加上缅甸本来就相对稳定的社会环境以及传统的成本优势,缅甸经济实现了高增速发展;同时,投资政策逐渐宽松,投资环境也不断改善,FDI稳步增长。当前,外国在缅甸的直接投资呈现出良好的发展态势,投资规模稳步扩大,投资来源和投资领域更加多元化。但总体来说,目前的投资水平与缅甸巨大的需求相比,仍然较低。

4.1.2 南亚国家经贸发展现状

4.1.2.1 总体经济情况

南亚区域内共有 7 个国家,分别是尼泊尔、不丹、印度、巴基斯坦、孟加拉国、斯里兰卡和马尔代夫。南亚次大陆人口数量占到世界总人口的 1/5,是世界上人口最多最密集的区域,但经济发展水平相对比较落后。

2006~2015 年,南亚各国由于对技术、矿产、旅游的开发,GDP 总量都基本呈增长趋势。从图 4-8 中可知,由于印度人口和面积的基数更大,印度的 GDP 总量远远高于其他南亚国家。但从图 4-9 中可知,印度人均 GDP 与大多数国家相差不大,反而马尔代夫由于旅游行业的快速发展,人均 GDP 超过 4000 美元,远高于南亚其他国家;而斯里兰卡在结束内战之后社会稳定,加上旅游业和矿产业的发展,成为南亚人均 GDP 增幅最大的国家。

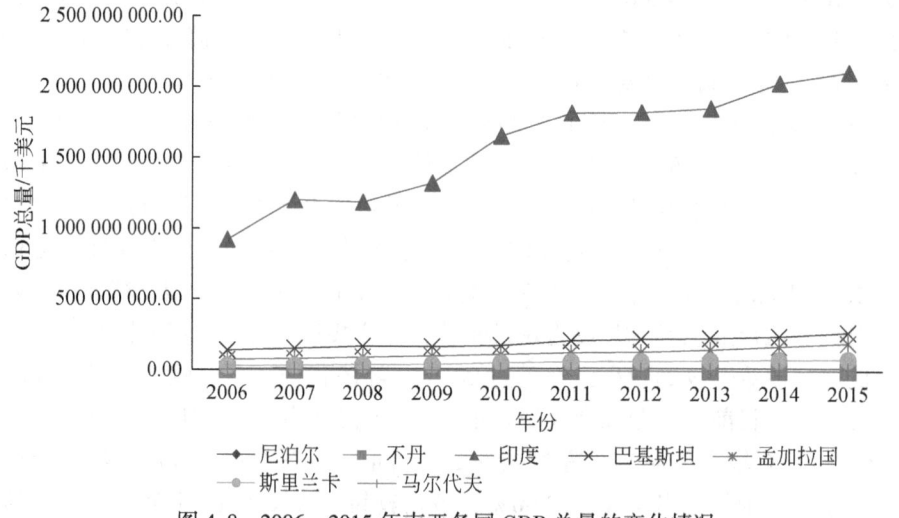

图 4-8 2006~2015 年南亚各国 GDP 总量的变化情况
数据来源:WTO DATA

尼泊尔和不丹属于内陆国,两者的经济都比较落后。尼泊尔是一个农业国家,也是世界上经济最不发达的国家之一。尼泊尔人均收入低于国际标准水平,2002 年贫困人口比例达 41%。总体经济发展方面,2015 年,尼泊尔 GDP 总量为 213.14 亿美元,人均 GDP 仅为 743.8 美元,位列落后国家行列,人民生活水平低下。2015 年,同属于内陆国的不丹 GDP 总量虽然仅为 20.58 亿美元,但人均 GDP 达 2613.60 美元,总体经济情况略好于尼泊尔。

印度、巴基斯坦、孟加拉国是三个沿海国家。2015 年,印度 GDP 总量达 21 117.5 亿美元,人均 GDP 1613.20 美元,处于较落后的水平,但印度在服务业上的成就,尤其是医学上和信息软件上的成就,在全世界已处于领先水平。巴基斯坦拥有多元化的经济体系,

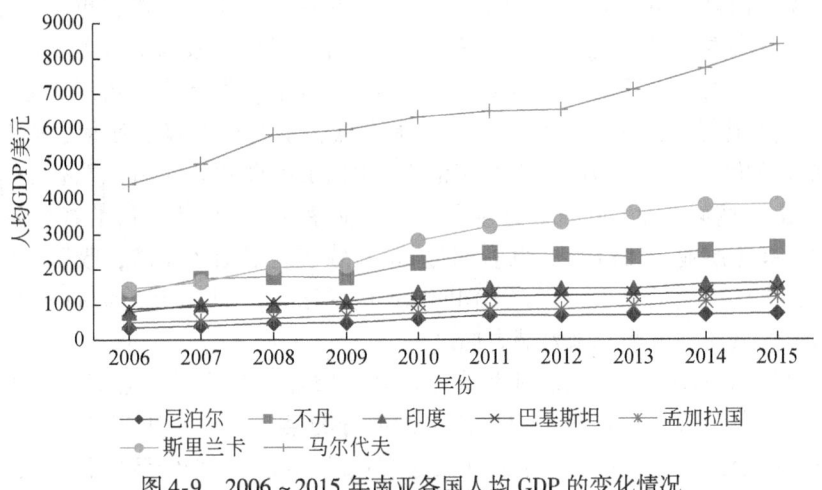

图 4-9　2006~2015 年南亚各国人均 GDP 的变化情况

数据来源：WTO DATA

是世界第 25 大经济体。2015 年，巴基斯坦 GDP 总量为 2468.76 亿美元，人均 GDP 1431.20 美元，总体而言人民生活水平比较低下，而且巴基斯坦不同于尼泊尔，它的旅游业发展十分缓慢，对国民经济未能起到良好的推动作用。孟加拉国起步较晚，独立于 1971 年。但孟加拉国的经济经过恢复、调整、改革的探索，也取得了一些成就。2015 年，它的 GDP 总量为 1950.79 亿美元，人均 GDP 为 1084.60 美元，这个数字是 1978 年的 6 倍有余。孟加拉国以外向型经济为主导，其中经济纺织服务业是它的支柱产业。但总体而言，孟加拉国经济发展仍处于较低水平，基础设施不够完善，土地较匮乏，能源也相对短缺。

斯里兰卡和马尔代夫同为岛国，但两者经济的发展、产业结构均有较大差别。斯里兰卡自 1978 年实行经济开放政策，推进私有化，逐步形成市场经济格局。2015 年，它的 GDP 总量为 806.12 亿美元，人均 GDP 3844.90 美元，人均 GDP 在南亚国家中位列第二，这跟它积极调整产业结构、大力发展服务业有密切关系。

马尔代夫经济改革始于 1989 年，刚开始主要是取消进口配额以及开放一些私营业的出口，之后才陆续将改革领域、改革内容不断放宽，改革力度持续增大，改革效果愈发明显，大力保护环境，依靠本身独特优美环境，并在保护基础上合理开发，最终形成并确立通过构建以旅游业为重要组成的经济结构，吸引了国外众多游客，实现了经济和环境的双赢。近十年来，马尔代夫的经济一直保持较快速增长，但因其服务业本身受经济危机的影响较明显，所以整个国民经济遭受到了较大的冲击。2015 年，马尔代夫的 GDP 总量达到 343.52 亿美元，人均 GDP 为 8395.80 美元，在南亚 7 国中居于首位。

4.1.2.2　产业结构现状

在尼泊尔，80% 的人口都是农业人口，农业是尼泊尔经济的命脉和第一大产业，2016 年，农业占其 GDP 比重高达 32%，可以认为基本上处于自给自足的自然经济状态，缺乏工业化进程。尼泊尔人均耕地面积只有 2.5 亩（1 亩≈666.7m²，下同），山多地少，耕地资源十分稀少，而且分布还不均衡，40%的耕地无法保证正常的灌溉，也没有相关水利设施支持，从整体来看，农业发展缺乏良好的自然条件。虽然有政府的大力支持，但生产方式仍然比较落后，农业机械化水平不高，粮食等单产较低，发展水平落后。尼泊尔工业发展一直缓慢，基础薄弱，规模较小，机械化水平低，主要由制糖、地毯、服装、皮革制鞋、食品加工及手工业行业构成。工业产值占全国GDP的20%左右，现有11个工业区，共占地4200亩，吸纳企业420家。近年来，凭借独特的地理优势，借助奇特的自然风光，尼泊尔大力发展旅游业，2014年，共有超过80万游客赴尼泊尔旅游，吸引外资157亿卢比，创造了537亿卢比的收入，创造GDP 1716亿卢比，占到GDP总量的8.9%，成为尼泊尔经济增长的重要一极和未来发展方向之一。

不丹同尼泊尔一样，同样以农业为支柱产业，农业人口占总就业人口的60%。近年来，在印度、瑞典及众多欧盟国家的扶持下，不丹的第二产业、第三产业取得了较大进步，由于其水电资源丰富，目前水电及相关建筑业已经成为不丹经济增长的主要因素，产业结构不断优化。

2016年尼泊尔、不丹的产业结构如图4-10所示。

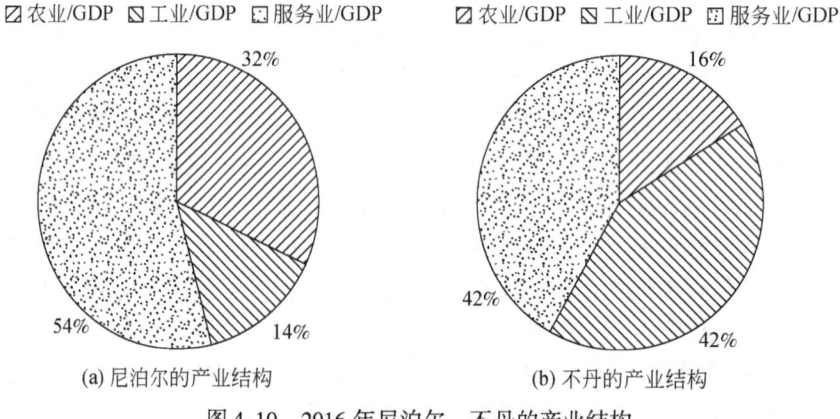

(a) 尼泊尔的产业结构

(b) 不丹的产业结构

图4-10　2016年尼泊尔、不丹的产业结构

数据来源：World Bank Open Data

印度是世界上人口第二大国，农业人口占了大多数，历史上农业在经济中占有较高比重，经过不断发展，新千年之后印度的服务业在产业结构中占据50%以上的比重，在国民经济中已占有重要地位，而印度的工业发展则相对落后，主要包括纺织、食品加工、化工、制药、钢铁、水泥、采矿、石油和机械等，而汽车、电子产品制造、航空和空间等新兴工业近年来发展迅速。

巴基斯坦的产业结构已逐渐从以农业为基础发展为以服务业为基础，2016年，农业贡献国内生产总值的20%，而服务业的贡献则达到了53%。除此以外，巴基斯坦的工业主要以棉纱生产为主，其余还有毛纺织、造纸、烟草等轻工业部门。

现阶段，孟加拉国的国民经济主要依靠农业，但是政府已经开始大力推动市场化经济改革，如私有化改革，放开国外投资领域，设立出口加工区，吸引相关国内国外企业等，并取得一些成就，但是这也造成了孟加拉国比较依赖于外向经济。服务业和低端加工业在近年虽取得了一定发展，但是制造业工业基础仍较薄弱，经济结构有待进一步优化。

2016年印度、巴基斯坦、孟加拉国的产业结构如图4-11所示。

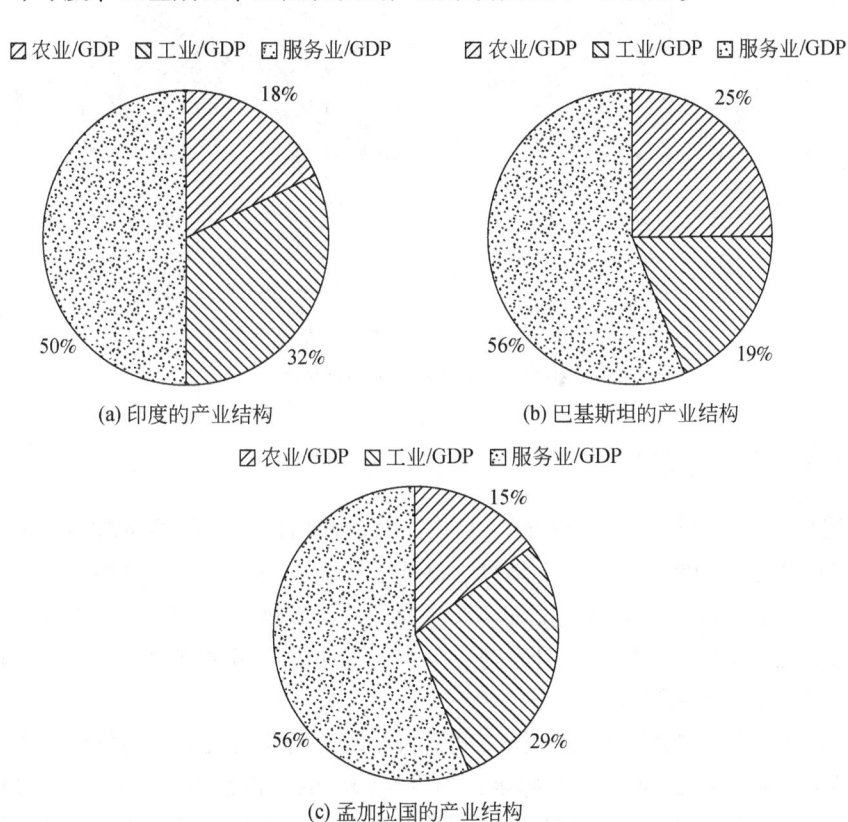

图 4-11　2016年印度、巴基斯坦、孟加拉国的产业结构

数据来源：World Bank Open Data

在南亚地区，斯里兰卡和马尔代夫两国旅游业发展水平都位居前列，是世界范围内著名的旅游胜地，吸引来自东亚、欧洲、北美等众多游客。斯里兰卡是一个以种植园经济为主的农业国家，最有名的就是它的红茶产业，和橡胶、椰子并称农业三大支柱，但因为缺乏足够的自然资源，斯里兰卡的工业发展薄弱，仅以纺织产业等轻工业作为工业支柱。近年来，斯里兰卡努力将第三产业打造成国内经济的主导产业，大力发展旅游业。旅游业是马尔代夫最大的行业，占到国内生产总值的28%，以及超过60%的国家外汇收入，超过90%的政府税收从进口关税和与旅游有关的税金中获得；渔业是其第二大领先行业，但受制于耕地和国内劳工短缺等问题，农业和制造业在整体经济中发挥的作用相对较小。

2016年斯里兰卡、马尔代夫的产业结构如图4-12所示。

(a) 斯里兰卡的产业结构　　　　　(b) 马尔代夫的产业结构

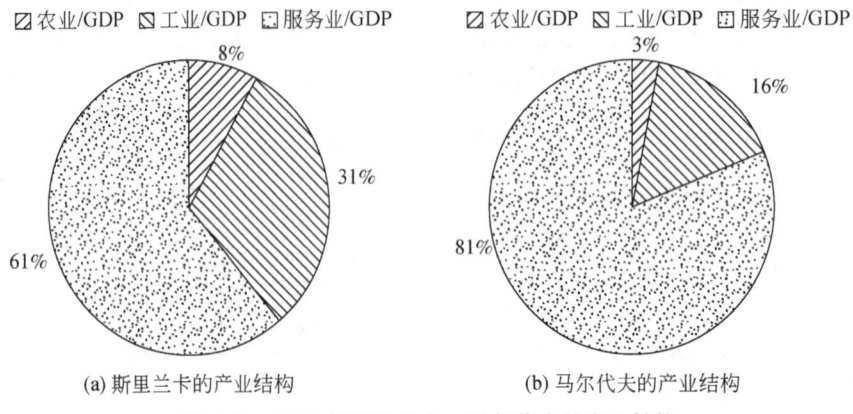

图 4-12　2016 年斯里兰卡、马尔代夫的产业结构

数据来源：World Bank Open Data

4.1.2.3　贸易发展现状

20 世纪 90 年代，尼泊尔开始实行"自由、开放和出口型"的经济政策。尼泊尔近几年主要的出口商品为钢铁制品、羊毛地毯、纱线、成衣、纺织品等；主要的进口商品集中在成品油、钢铁及其制品、机械及配件、车辆及配件、谷物等。2006~2015 年，尼泊尔的进出口总量变化较平稳，呈略微上升态势，但由于工业种类相对较少，尼泊尔的进口总量远多于出口量，呈现贸易逆差。

不丹的对外贸易主要在南盟成员国之间进行。印度是其最大的贸易伙伴，两国间还订立了自由贸易协定。在 2014~2015 财年，不丹对印度的出口额占到总出口额的 85%，进口额占到总进口额的 78%。除了印度以外，中国、韩国、泰国、新加坡、日本等国也是不丹的主要贸易伙伴。它的主要出口产品为电力、化学制品、木材、加工食品、矿产品等；主要进口产品为燃料、谷物、汽车、机械、金属、塑料等。

印度的进出口总额在南亚 7 国中位居首位，但是近年来由于受世界经济形势、卢比贬值等不利因素的影响，印度对外贸易增长缓慢，2013~2015 年甚至出现了倒退。印度主要出口商品有矿物燃料、珠宝及贵金属制品、运输设备、有机化学品和机械设备等；主要进口矿物燃料、宝石及贵金属制品、机械设备、机电产品和有机化学品这 5 大类，其他进口产品还包括钢材、动植物油、塑料制品、船舶、光学仪器设备和矿产品等。

巴基斯坦是关税总协定以及世界贸易组织的创始成员国之一，是南盟自由贸易区成员之一，与中国、马来西亚、斯里兰卡签有自由贸易协定，与伊朗、毛里求斯和印度尼西亚签有优惠贸易协定，与阿富汗签有过境贸易协定。巴基斯坦主要出口商品包括纺织品、食品、珠宝、化学产品（含药品）、皮革及其制品、医疗用具、水泥、体育用品、工程器材、地毯等；主要进口商品包括原油及石油产品、食品、运输工具、钢铁、塑料原料、发电设备、电器、钢铁废料、化肥、丝线等。2006~2015 年巴基斯坦贸易量变化不大，呈平稳态势。

孟加拉国主要进口商品为棉花及棉纱线、机电设备、石油及石油产品、钢铁、化工品、粮食、家电设备、塑料及橡胶制品等；主要出口商品为成衣、皮革及皮革制品、冷冻鱼虾、鞋类、黄麻及黄麻产品等。孟加拉国的基础设施建设相对滞后，这给它的进出口带来了一定负面影响。2006~2015年孟加拉国的进出口贸易水平较低下。

斯里兰卡的内战时至2009年5月才结束，20多年的内战给斯里兰卡的经济造成了严重的破坏，也使其对外贸易发展受到严重的制约。斯里兰卡实行自由贸易政策，除政府控制石油进口外，其他商品均可自由进口。斯里兰卡的对外贸易规模较小，但近年来，斯里兰卡的对外贸易依存度不断提高，至2013年左右已经达到了50%左右。斯里兰卡进口货物主要以中间商品为主，而出口则以工业产品为主。

马尔代夫的进出口贸易总量较少，主要的出口商品为海产品，主要进口商品为食品、石油产品、纺织品和生活用品。这样的结构主要源于马尔代夫以旅游业为主的产业结构，缺乏现代化工业支撑。马尔代夫的对外贸易未来发展情况存在较大的不确定性。

2006~2015年南亚各国进口总量的变化情况如图4-13所示。

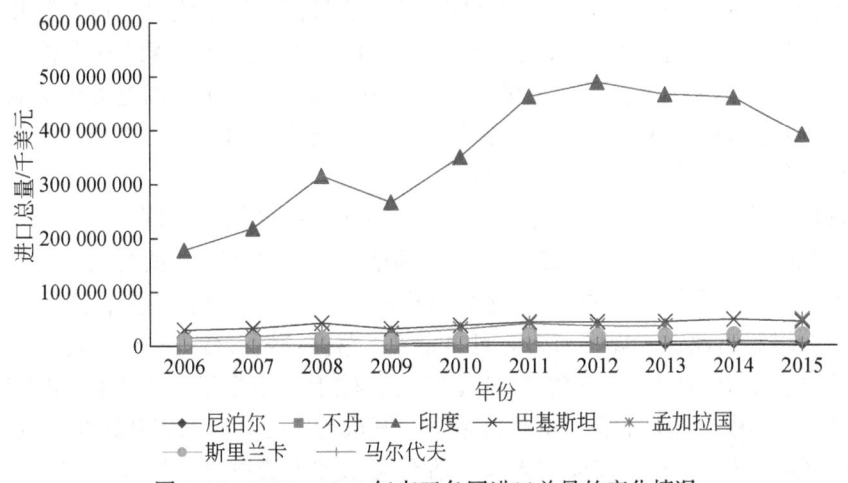

图4-13 2006~2015年南亚各国进口总量的变化情况

数据来源：UN Comtrade 数据库

2006~2015年南亚各国出口总量的变化情况如图4-14所示。

4.1.2.4 投资现状

印度作为南亚的第一经济和人口大国，据统计，2013年，印度超越中国成为全球最具吸引力的投资目的地，巴西则紧随其后，排在第三位的是中国。美国、法国和日本成为印度最主要的三个外来投资国。官方外来直接投资统计数据显示，2000年4月至2013年8月，美、法、日三国对印度的投资额分别达到5367.3亿卢比、1771.8亿卢比和7187亿卢比。除了前三名，其他位列前十位的最具吸引力投资目的地分别是加拿大、美国、南非、越南、缅甸、墨西哥和印度尼西亚。印度属于世界上营商环境较差的国家之一，较差的国内投资环境令不少外国投资者降低了投资意愿甚至减少其已有或未来的投资项目，具体来

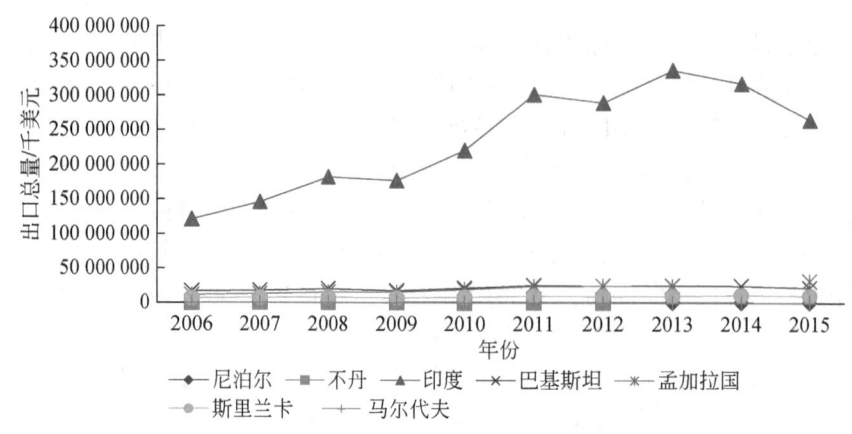

图 4-14　2006~2015 年南亚各国出口总量的变化情况

数据来源：UN Comtrade 数据库

看，印度各种规章制度较为烦琐，一项外国投资从批准到最终落实可能需要数年甚至十几年的时间，这也增加了外国投资者的成本，导致本来已经投资印度的外企被迫撤资。另外，印度国内基础设施较差，且建设缓慢，无法满足国内生产生活的电力供应需求，极大地限制了外国投资的范围和深度。所以，虽然印度具有充足的劳动力以及广阔的市场等硬性优势条件，但软件条件上仍需进一步加强。

据巴基斯坦中央银行数据，在 2015~2016 财年，巴基斯坦实际吸收 FDI 总额 12.81 亿美元，较 2014~2015 财年的 9.23 亿美元大幅增长了近 39%。主要特点为：①对中国投资依赖加深，其他主要投资来源国家/地区投资减少；②行业分化明显，能源领域一支独大，通信行业增长迅速；③规模和结构问题突出，营商环境有待进一步优化。

孟加拉国在 2016 年共吸引 FDI 23.3 亿美元，较上年小幅增长 4.3%，占南亚国家吸收 FDI 的 4%，其中电信行业吸引的投资最多，其次为电力、天然气和纺织行业。

在 2013 年，尼泊尔有 25.2% 的人口生活在国家贫困线以下，是世界上最不发达国家之一，经济社会发展问题是其当前及未来很长时间内面临的主要问题。经济社会的发展阶段和发展形态意味着尼泊尔面临着工业化程度较低、基础设施建设落后、投资环境不理想等问题，这同时也为投资者带来了机遇，欠发达的经济发展现状使得尼泊尔境内的投资缺口较大，对外来投资的诉求较强。近年来，尼泊尔政府重视利用外商投资促进国内经济发展的重要性，积极寻求国际合作。

马尔代夫是世界上著名的旅游胜地。市场开放度较高，鼓励外国资金几乎进入所有领域。近年来，马尔代夫经济持续高速发展，经济政策自由开放、简单透明。马尔代夫没有外资企业所得税、公司税或财产税，外国投资享受法律保护，企业可以自由聘用外国管理、技术人员和劳工，投资利润和所得可自由汇出，这一系列政策均极大地吸引了国外投资者。

4.1.3 中亚国家经贸发展现状

4.1.3.1 总体经济情况

中亚地区主要包括哈萨克斯坦、土库曼斯坦、吉尔吉斯斯坦、乌兹别克斯坦和塔吉克斯坦5国。各国之间存在一定的贫富差距，究其深层次原因，主要是中亚地区的资源分布不均匀所致。

从图4-15中可以看出，在过去10年中，中亚经济由于贸易开放和改革，虽然有所起伏，但仍呈增长趋势，其中哈萨克斯坦增长最为迅速，主要原因是其国家面积较大，矿产资源丰富，加之引进技术和改革。从图4-16中可以看出，在人均GDP方面，哈萨克斯坦同样处于第一位置，土库曼斯坦也在稳步增长，另外三国的发展则较缓慢。哈萨克斯坦和土库曼斯坦的自然资源比较丰富，所以在5国中，它们的经济位居前列。

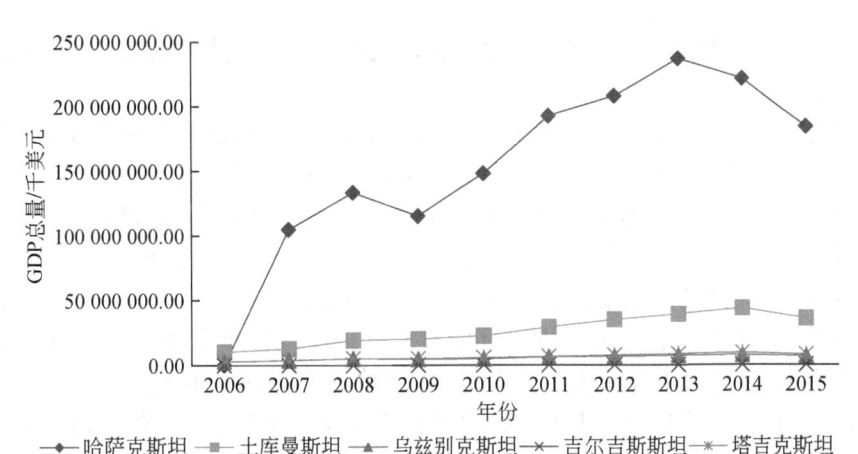

图4-15 2006~2015年中亚各国GDP总量的变化情况
数据来源：WTO DATA

哈萨克斯坦是横跨欧亚两洲的国家，其自然资源十分丰富。1998~2008年是哈萨克斯坦"黄金时期"，GDP年均增长10%左右，经济总量扩充5倍，增长十分迅速，经济实力约占中亚5国总量的2/3。该国家经济结构以重工业为主，石油、天然气、采矿、煤炭和农牧业为它的主要产业。但是在2008年，哈萨克斯坦经济遭遇严重的经济危机，各种经济指标出现不同程度的下滑，虽然2010~2012年随着世界经济的逐步复苏，哈萨克斯坦的经济强劲反弹，但在2013~2014年，乌克兰危机又再次波及哈萨克斯坦，打断了其复苏的势头和节奏。2015年，其GDP总值达到1843.88亿美元，人均GDP为10 510美元，经济尚未完全复苏，依然在中亚国家中居于首位。

土库曼斯坦2015年GDP总量为357.99亿美元，人均GDP为6432.70美元，在中亚5国中仅次于哈萨克斯坦。2015年，由于国际经济形势复杂，土库曼斯坦在发展中遇到一定困难，但总的来说，依然在社会经济发展方面取得了一定发展。土库曼斯坦是世界上的油

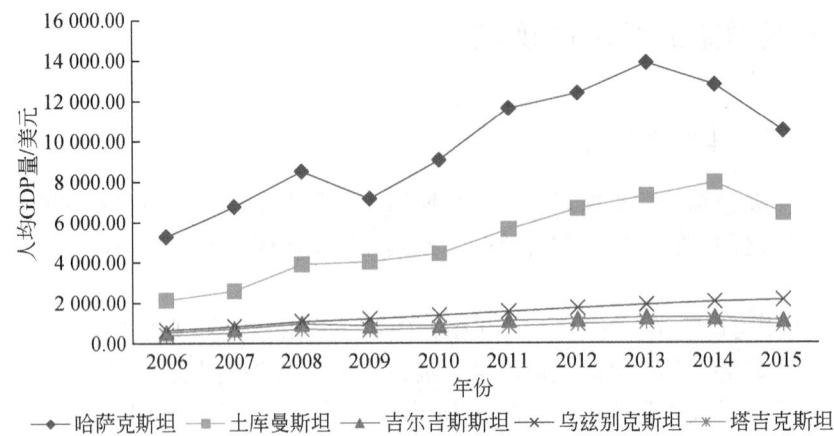

图 4-16 2006~2015 年中亚各国人均 GDP 的变化情况
数据来源：WTO DATA

气资源储量大国，同时还蕴藏了许多非金属矿产资源，这些自然禀赋对它的工业和对外出口发展是有利的。

乌兹别克斯坦是世界上仅有的两个双重内陆国之一。乌兹别克斯坦国内60%以上的日用生活品都来源于进口，轻工业发展落后，无法满足国内需求，供给缺口较大。乌兹别克斯坦的矿产资源在中亚地区有着举足轻重的地位，这也为它的经济起到了支撑作用。2015年，乌兹别克斯坦的 GDP 总量为 667.82 亿美元，人均 GDP 为 2137.60 美元。

吉尔吉斯斯坦相对于前面提到的中亚3国，经济实力相比差距较大，独立之初，它采用比较激进的经济政策，使经济一度出现明显下滑，直到21世纪初，经济才慢慢出现转机，呈上升态势。2015年，吉尔吉斯斯坦的 GDP 总量为 66.90 亿美元，人均 GDP 为 1121.10 美元，经济的增长有赖于工业的发展以及服务业的崛起，吉尔吉斯斯坦也已将服务业作为今后发展的重点方向。

不同于哈萨克斯坦、土库曼斯坦和乌兹别克斯坦丰富的资源禀赋，塔吉克斯坦的资源相对贫乏，相对只有有色金属的产量比较丰富，这一定程度限制了塔吉克斯坦的工业和对外贸易的多元发展。在2015年，其 GDP 生产总值为 78.55 亿美元，人均 GDP 为 1099.02 美元，在中亚5国中居于末位。

总体而言，这5个国家的人民生活水平总体上都在上升，但哈萨克斯坦和土库曼斯坦上升幅度更大，其他3个国家则发展相对较慢。

4.1.3.2 产业结构现状

哈萨克斯坦的农业与重工业比重较高，其农业的发展更多依赖于耕地资源，而重工业的发展则有赖于矿藏的丰富，哈萨克斯坦工业体系仍受之前苏联模式影响，表现出重工业发达，轻工业落后的特征，大部分日用消费品依赖于国外进口。近年来，哈萨克斯坦的第三产业取得较大的进步，其占 GDP 总收入的比重也日益增多，2016年已占到61%。

土库曼斯坦的工业对经济的贡献相比农业和服务业更大，这有赖于其蕴藏丰富的资源,为工业的发展提供了强大的支撑。土库曼斯坦对于农业的依赖程度较大,而服务业则发展缓慢。产业结构的局限性抑制了经济的进一步转型,这对于土库曼斯坦经济的长足发展而言具有较大的负面影响。

乌兹别克斯坦的经济结构较单一,农业、畜牧业和采矿业相对发达,但其加工工业较落后。这样的情况导致其农业和服务业在 GDP 中的贡献较大,而工业发展水平相对薄弱。2016 年,农业、工业、服务业的占比分别为 17%、33% 和 50%,与其他国家相比,农业占比较高,工业占比较低,经济结构较不合理。

吉尔吉斯斯坦国内以农牧业为主;工业基础薄弱,以生产工业原材料为主。2016 年,吉尔吉斯斯坦的服务业产值占国内生产总值的 56%,而工业仅占 26%。

塔吉克斯坦产业主要以农业和服务业为主,第二产业为辅,工业化程度较低。它的工业基础比吉尔吉斯斯坦更薄弱,其经济增长主要有赖于农业和服务业,相关产品依赖于大量进口才能满足国内国民的需要。2016 年,农业和服务业的 GDP 占比分别为 21% 和 64%,工业仅有 15%,经济结构需要进一步改善。

2016 年中亚五国的产业结构如图 4-17 所示。

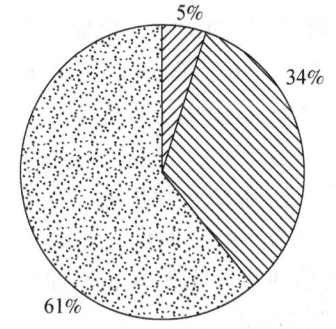

(a) 哈萨克斯坦的产业结构

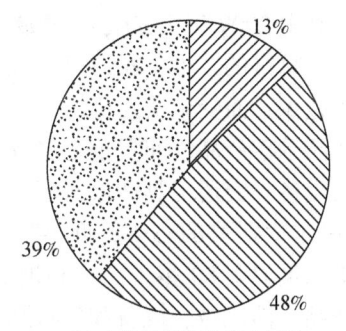

(b) 土库曼斯坦的产业结构

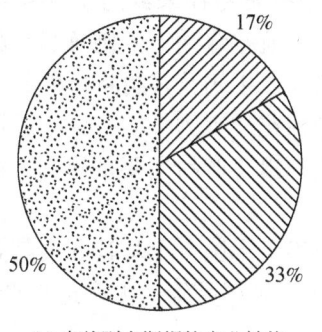

(c) 乌兹别克斯坦的产业结构

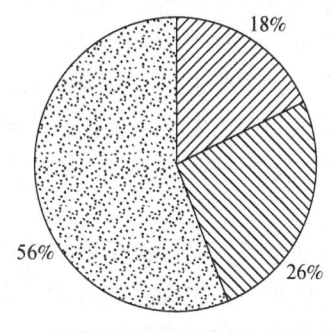

(d) 吉尔吉斯斯坦的产业结构

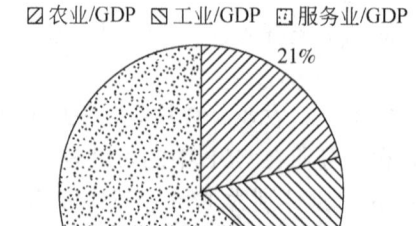

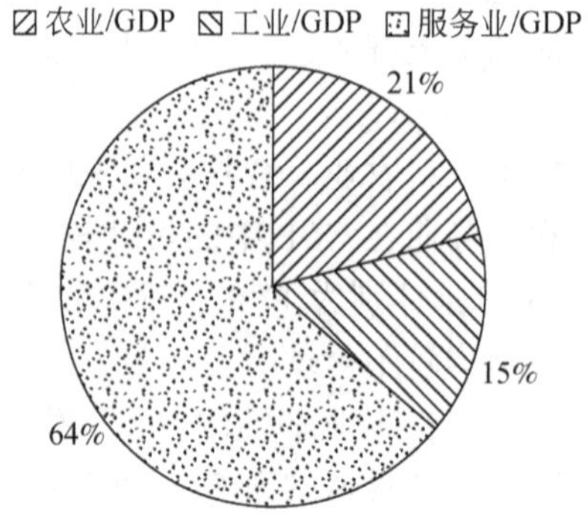

```
☑ 农业/GDP  ◨ 工业/GDP  ▦ 服务业/GDP
```

                21%

         64%   15%

(e) 塔吉克斯坦的产业结构

图 4-17　2016 年中亚五国的产业结构

数据来源：World Bank Open Data

4.1.3.3　贸易发展现状

哈萨克斯坦 2006~2015 年的进出口总量变化起伏较大，在 2009 年和 2015 年呈现出明显的下滑趋势。其中 2009 年主要受到 2008 年全球经济危机的影响，全球性的经济不景气导致了进出口贸易总量的减少；2015 年，受到出口产品国际市场价格下跌的影响，哈萨克斯坦的出口大幅减少；而受到美元价格上涨的影响，其进口量也呈现下滑趋势。哈萨克斯坦的主要出口产品是矿产品、非贵重金属及其制品、化工产品、塑料和橡胶、动植物产品和食品以及机械设备、交通工具和仪器仪表。与此同时，哈萨克斯坦的对外贸易依存度一直很高，在 2008 年达到了 82.3%，近年有所下降，但始终保持在 60% 以上。

土库曼斯坦同世界上 80 多个国家和地区均有贸易往来。天然气、原油和石油产品依然是主要出口产品，而机械、设备和建材则是主要进口产品。

吉尔吉斯斯坦整体贸易水平较低。欧亚经济联盟国家是吉尔吉斯斯坦最主要的贸易伙伴，2015 年与这些国家贸易往来占到了与世界所有国家贸易往来额的 42.6%，可见这些国家占有重要地位。吉尔吉斯斯坦出口商品主要是黄金、航空煤油、牛奶及奶制品、棉纤维和无机化学物质等；主要进口产品为汽油、柴油、药物、牛奶及其制品和小麦。

乌兹别克斯坦的经济发展主要依靠广阔的土地和棉花适宜的气候条件，通过比较优势选择以及相关历史原因、政策支持，大面积种植棉花，出口产品主要是棉花，仍以原材料出口为主。

塔吉克斯坦的主要贸易伙伴是俄罗斯、哈萨克斯坦、中国、土耳其和立陶宛。塔吉克斯坦的出口结构较单一，主要是金属及其制品、棉花、矿产品等；大宗进口产品为车辆、石油产品、机械设备、化工产品等。

2006~2015 年中亚各国进口总量的变化情况如图 4-18 所示。

2006~2015 年中亚各国出口总量的变化情况如图 4-19 所示。

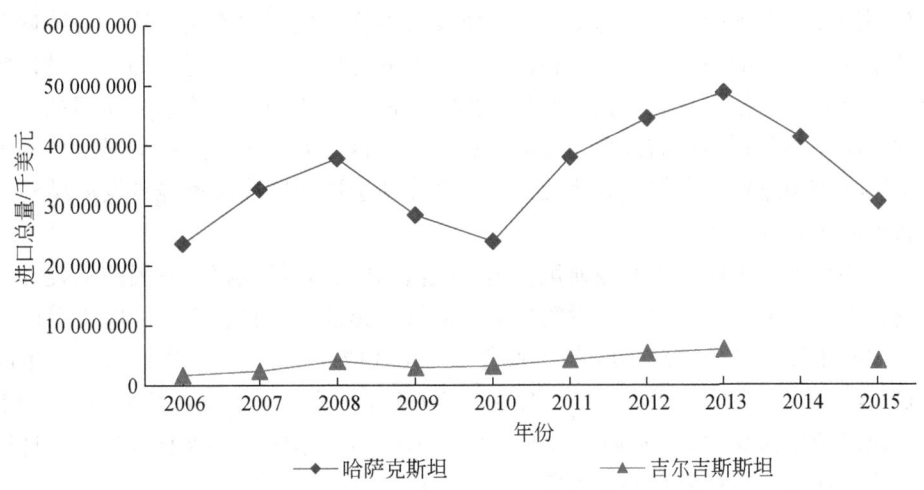

图 4-18　2006~2015 年中亚各国进口总量变化情况
数据来源：UN Comtrade 数据库
乌兹别克斯坦、土库曼斯坦、塔吉克斯坦数据缺失

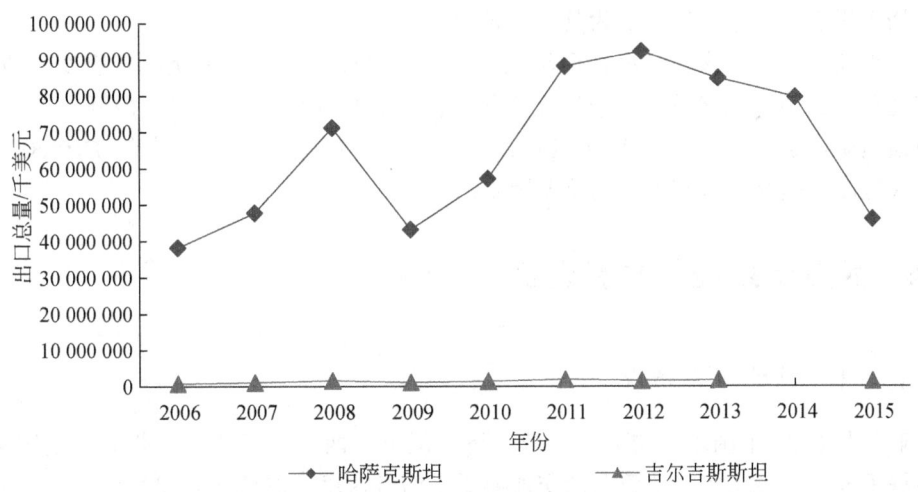

图 4-19　2006~2015 年中亚各国出口总量变化情况
数据来源：UN Comtrade 数据库
乌兹别克斯坦、土库曼斯坦、塔吉克斯坦数据缺失

4.1.3.4　投资现状

中亚 5 国之间相比，在其中经济发展较快、政治较稳定、社会秩序良好的国家是哈萨克斯坦，哈萨克斯坦拥有丰富的石油、天然气、煤炭、有色金属等矿产资源，农业基础良好，广阔的牧场适于畜牧业发展，生态状况优良，地理位置优越，人文环境良好。所以从总体而言，其拥有良好的投资环境。

乌兹别克斯坦和哈萨克斯坦一样，有较完善的投资基础和政策，但是还是面临一定的问题，如国家经济发展的结构较为单一，经济发展的多元化实现不足。这主要体现在因为在缺少技术支持之下的一些轻工业、石油化工方面的建设问题，使得在拥有大量自然资源的情况下，具有一定技术含量的相关产品仍然需要进口。比如，乌兹别克斯坦拥有丰富的石油资源，但是某些石油产品依然需要依赖进口。从这一方面讲，这一情况给外国投资者提供了得以在该国进行投资的重要途径，乌兹别克斯坦试图解决国家经济发展结构的需求给外国投资的进入提供了机会。

而中亚的另外一个国家土库曼斯坦，由于政治稳定和政策完善，发展前景良好，对于海外投资者具有较强的吸引力。高投资拉动了油气、建筑、建材、工业、电力等产业的快速增长，同时也拉动了消费。2014年，固定资产投资增长6.7%，投资额占GDP的44%，为490亿马纳特（1美元可兑换3.5马纳特）；2015年固定资产投资增长8.2%，为530亿马纳特，建筑业增长9.2%，贸易增长10.4%。另外，土库曼斯坦政府多次表示将努力提高私营经济的比重，扶持鼓励外商投资。

吉尔吉斯斯坦虽然与上述三个国家在吸引外资方面都有一定的差距，但是它的未来发展潜力较大。2013年1~9月，吉尔吉斯斯坦外资流入量为6.86亿美元，同比增长70%。吉尔吉斯斯坦的主要外资来源国是中、加、英、俄四个国家，而且其他许多国家具备来吉尔吉斯斯坦投资的意愿，所以认为其潜力较大。

塔吉克斯坦近些年来在经济社会领域的各项建设逐步展开，民众富裕程度不断提高，消费市场日渐繁荣。虽然塔吉克斯坦经济相对落后，但是塔吉克斯坦资源开发前景乐观。塔吉克斯坦矿产资源丰富，目前已知的矿产有50多种，已探明待开发的矿床600多个，这在很大程度上是吸引外资方面的重要因素。

4.1.4 西亚国家经贸发展现状

4.1.4.1 总体经济情况

西亚总共有20个国家，均为"一带一路"国家。西亚位于亚洲、非洲、欧洲交界地带，占据重要的地理位置，是重要的交通要道，而且这里的波斯湾及里海沿岸是著名的石油产区，同时这里也是世界上局势最动荡的地区之一，阿富汗、伊拉克、巴勒斯坦、叙利亚、也门都因为战争和地区冲突而导致经济停滞不前甚至出现不同程度的倒退。

在西亚，由于特殊的地理位置，大部分地区气候干旱，水资源缺乏，石油成为掌握国家经济的命脉（土耳其除外），从图4-20中可以看出，土耳其、沙特阿拉伯、伊朗三国的GDP领先各国。2009年之前，西亚的增长趋势很好，之后也受到美国金融危机的影响，经济出现下滑，不过一年之后，经济有所恢复，出现了增长，但这一客观增速并没有持续太久，近些年增速出现大幅放缓，并有所下滑。从图4-21中可以看出，卡塔尔、科威特等石油输出国在人均GDP上优势明显，但在2008年全球经济危机后，各国的人均GDP增长缓慢，可见这与以资源开采业为主的产业结构有关。

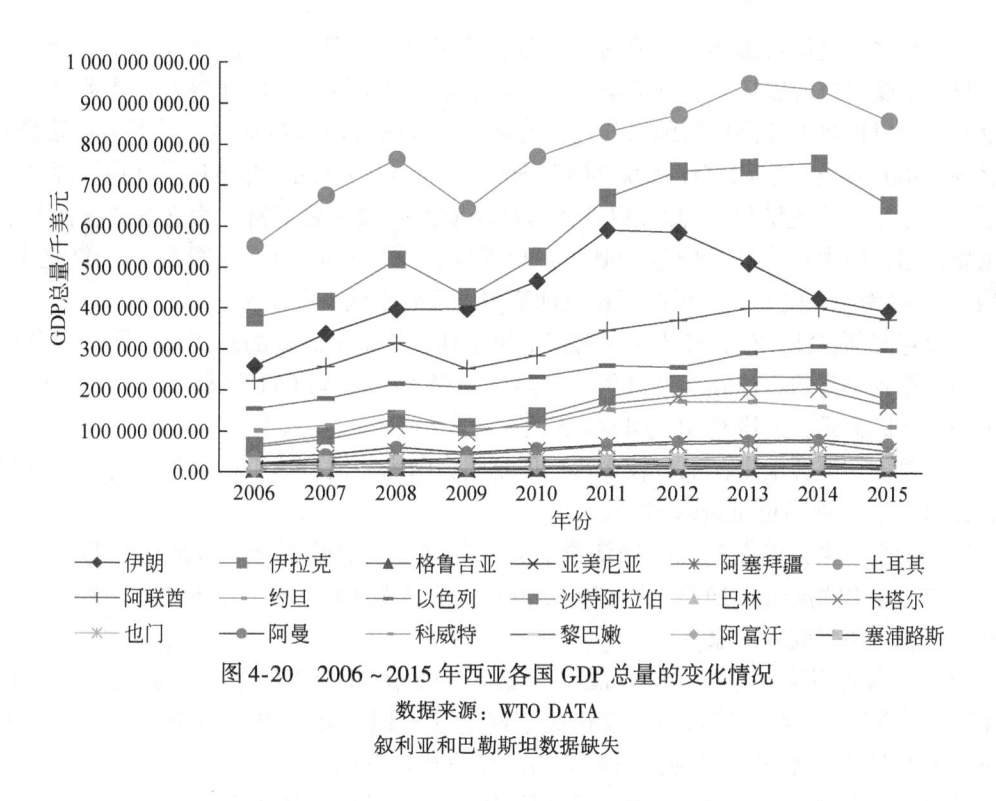

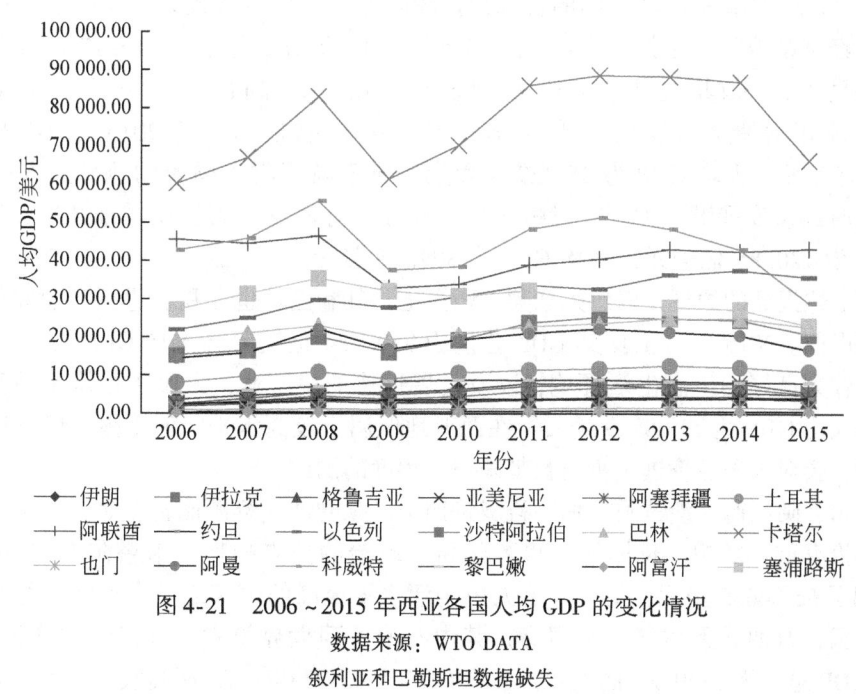

图 4-20　2006~2015 年西亚各国 GDP 总量的变化情况

数据来源：WTO DATA

叙利亚和巴勒斯坦数据缺失

图 4-21　2006~2015 年西亚各国人均 GDP 的变化情况

数据来源：WTO DATA

叙利亚和巴勒斯坦数据缺失

阿富汗地理位置重要，在亚洲中它位于中亚、西亚和南亚交会处，数千年来，由于其战略位置重要，这里自古都是兵家必争之地，所以常年战乱，无法进行正常的生产生活，经济早已遭受严重的破坏，经济活动匮乏，其中尤其以交通、工农业等破坏严重，基础设施落后，所以世界上最落后的国家就包括阿富汗，极端贫困人口众多，难民一度达到600万之多。2002年之后，阿富汗在联合国等国际组织的帮助下建立起基础设施后，经济一直处于"低水平的高速增长"。除此以外，阿富汗境内矿藏资源丰富，为它的经济恢复起到了重要作用，但由于经济基础过于薄弱，2015年，阿富汗的GDP总量为19 702亿美元，人均GDP仅为584美元，这个数据在全球范围内都属于低下的水平。

伊拉克同阿富汗一样，经历了长时间战争破坏，给整个国家的经济带来了许多负面影响，但依靠其丰富的石油和天然气资源，经济获得了一定程度的发展，2015年GDP总量为1796.40亿美元，人均GDP为4974美元。

叙利亚矿产资源丰富，工业较发达，但是因为国内冲突，这个国家的经济目前停滞不前，2014年，失业率更是高达58%。

巴以冲突以来，巴勒斯坦的经济遭受较大的冲击，财政困难。根据网上非官方的数据，2013年，巴勒斯坦GDP总量为70.03亿美元，人均GDP为1695.6美元，经济的发展较滞后，属中下等收入国家。

也门受内战困扰，导致经济发展水平低下。根据2015年的数据，也门的人均GDP仅1401.9美元，在西亚国家中，仅仅高于阿富汗一国，低于巴勒斯坦，国内收入水平低下，而且该国的水资源贫瘠，制约了国内经济持续发展。

约旦、以色列和黎巴嫩三国的资源都比较匮乏，但是通过大力发展第三产业，这三个国家的经济都取得了不错的发展。2015年，约旦的GDP总量为375.17亿美元，但约旦人口总量较少，故其人均GDP达到4096.1美元。以色列石油、天然气资源丰富，但是其他资源相对匮乏，国内生产生活产品主要依靠进口，其2015年GDP总量为2994.16亿美元，人均GDP为35 729.4美元，属于高等收入国家的范畴，人民生活水平高，同时经济发展潜力大；黎巴嫩的矿产资源相对较少，而且比较难开采，2015年，GDP总量为470.85亿美元，人均GDP为8046.6美元。

除了上述提到的约旦、以色列和黎巴嫩，土耳其和巴林也在积极进行产业改革，努力建设第三产业。2015年，土耳其GDP总量为8593.84亿美元，人均GDP为10 979.5美元，辅以较为良好的生态生活环境，以及发展迅速的旅游业，人民生活水平较高；2015年，巴林人均GDP达22 688.9美元，在西亚地区属于较高水平，但受限于巴林境内的荒漠化问题，会对未来经济进一步增长带来一定程度的制约。

卡塔尔、阿联酋、沙特阿拉伯和科威特四个国家的油气资源储备充足，对世界原油的供应和油价有重要影响，长期属于世界经济、政治的热点地区。卡塔尔2015年的人均GDP达到了66 346.5美元，是世界上人民生活水平最高的国家之一。阿联酋全称阿拉伯联合酋长国，石油和天然气产量很高，其中石油位列世界第六，天然气位列世界第五，2015年GDP总量为3749.25亿美元，人均GDP为43 179美元，属高收入国家，人民生活富裕。沙特阿拉伯的资源以石油为主，2015年，它的GDP总量为6542.7亿美元，人均GDP为20 732.9美元，在世界上属于中高等收入国家。科威特国土面积狭小，全国仅有

51万人，但它的石油资源十分丰富，约占世界总产量的10%，2015年，GDP总量为1140.41亿美元，人均GDP为28 975.4美元，与阿联酋较为接近，人民生活水平较高。

阿塞拜疆虽然也以油气为工业基础，但相对前面提到的四国，经济发展水平较低，2015年的人均GDP为5500.3美元，造成这种差异的原因有很多，比如政府的政策，还有与亚美尼亚的冲突不断等。

阿曼2015年的GDP总量为698.32亿美元，人均GDP为16 627.4美元，属中上水平。

格鲁吉亚和亚美尼亚的发展水平差不多，产业结构也具有一定相似性，都是工农业并重，第三产业较弱势。格鲁尼亚近几年旅游业开始抬头，而且趋势向上，但它的农业和工业仍占有较大比重，工业中以制造业为主，格鲁尼亚2015年GDP总量为139.94亿美元，人均GDP为3764.6美元；亚美尼亚2015年的GDP总量为105.29亿美元，它的人均GDP为3609.7美元，与格鲁尼亚的水平相近。

4.1.4.2 产业结构现状

阿富汗以农业、轻工业为主要产业，但因为受战争影响，工业和农业相关的基础设施均受到不同程度的破坏。阿富汗正在努力恢复经济，其产业结构的转型是其中重要一环。2016年的数据显示，阿富汗的产业结构在积极向服务业转变方面取得了一定成效。

伊拉克农业占比比较小，国民经济的增长主要靠工业和服务业拉动，工业对国民经济的贡献占到了45%，与此同时，服务业的占比达到了49%。伊拉克三产结构总体而言较为平衡，但同阿富汗一样，它的经济正处于艰难复苏之中。

也门的工业落后，对也门经济的贡献度相对有限。与此同时，在西亚众国中，也门对农业的依赖度较高，截至2016年底，该年度GDP中农业占比达到了24%，高于阿富汗两个百分点，可见依赖程度较高，经济结构相对落后导致了其经济增长缓慢，同时反过来影响了产业结构优化和升级，产生了恶性循环。

2016年阿富汗、伊拉克、也门的产业结构如图4-22所示。

约旦、以色列、黎巴嫩三国资源都比较匮乏，工业基础比较羸弱，国内尚未建立起完整的工业体系。约旦的服务业在经济中所占比重达到了66%，农业和工业的发展都比较缓慢，国民经济主要靠服务业拉动。以色列的农业对经济增长的推动作用较少，主要依靠服务业拉动，2016年，服务业对经济的贡献达到了70%。黎巴嫩因为地形条件，农业相对落后且对经济贡献很小，黎巴嫩主要依靠第三产业，尤其是通过发展金融业和旅游业来推动经济的增长，但是由于第三产业固有特性，经济波动性较大。

2016年约旦、以色列、黎巴嫩的产业结构如图4-23所示。

土耳其凭借良好的生态环境优势，大力发展旅游业，据土耳其统计局官方数据，2011年土耳其总入境旅游人口达31 500万人，旅游业创收230亿美元，远高于大多数国家；同时，土耳其的纺织业和木材加工业相对发达。巴林的石油资源丰富，20世纪80年代，巴林的经济增长还是以工业为主，但到了80年代后期，服务业发展更为迅速，成为推动经济增长的主要的推动力。

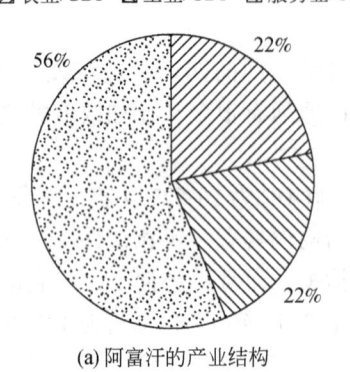

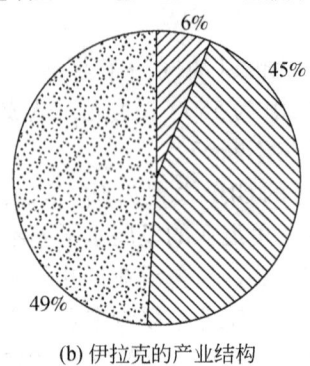

图 4-22 2016年阿富汗、伊拉克、也门的产业结构

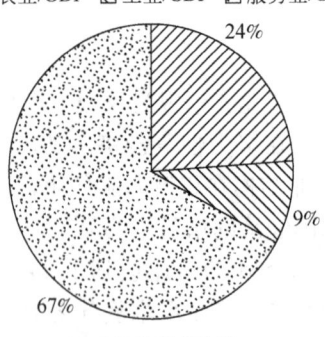

数据来源：World Bank Open Data

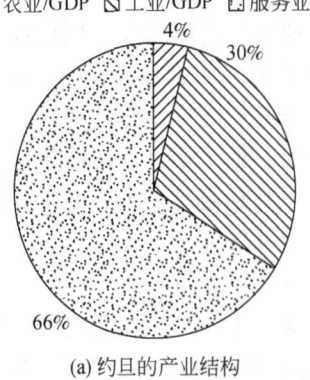

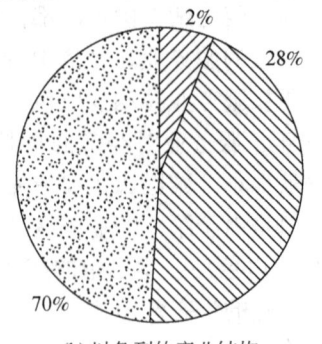

☑农业/GDP ⊟工业/GDP ⊡服务业/GDP

(c) 黎巴嫩的产业结构

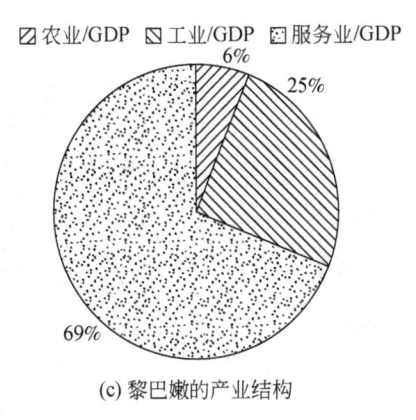

图 4-23　2016 年约旦、以色列、黎巴嫩的产业结构
数据来源：World Bank Open Data

2016 年土耳其、巴林的产业结构如图 4-24 所示。

(a) 土耳其的产业结构　　(b) 巴林的产业结构

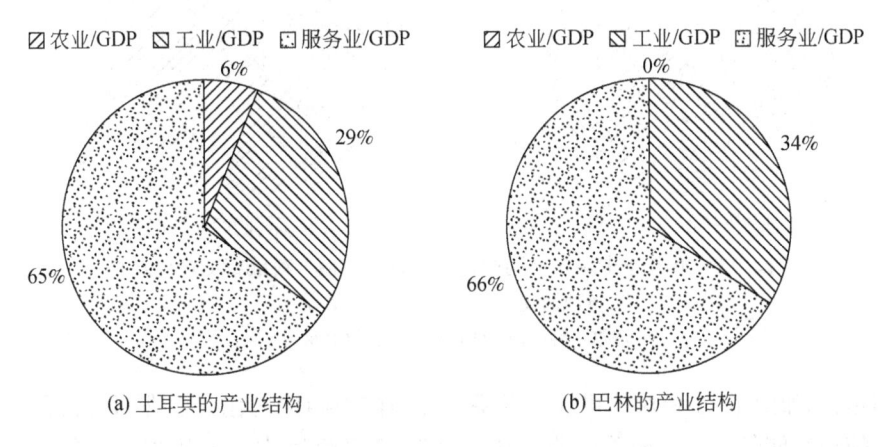

图 4-24　2016 年土耳其、巴林的产业结构
数据来源：World Bank Open Data

卡塔尔、阿联酋、沙特阿拉伯、科威特四个国家农业的贡献都相对微小。卡塔尔的农业占比不足 0.01%，农产品主要依靠进口，但其第二产业和第三产业占比较高，为推动经济发展做出了巨大的贡献。阿联酋石油化工业发达，近些年旅游业发展势头迅猛，与工业开始并重，成为拉动经济增长的重要动力，但农业发展较落后；沙特阿拉伯的产业结构正在从过度依赖石油经济向新能源和矿业等多样化领域拓展；科威特受限于气候和地形条件，不利于发展农业，农产品基本靠进口，而工业和服务业的产值在经济中占比基本各占 50%，尤其是石油工业，依靠丰裕的初始资源，相关产业比较发达。

2016 年卡塔尔、阿联酋、沙特阿拉伯、科威特的产业结构如图 4-25 所示。

(a) 卡塔尔的产业结构：农业/GDP 0%，工业/GDP 51%，服务业/GDP 49%

(b) 阿联酋的产业结构：农业/GDP 1%，工业/GDP 44%，服务业/GDP 55%

(c) 沙特阿拉伯的产业结构：农业/GDP 2%，工业/GDP 43%，服务业/GDP 55%

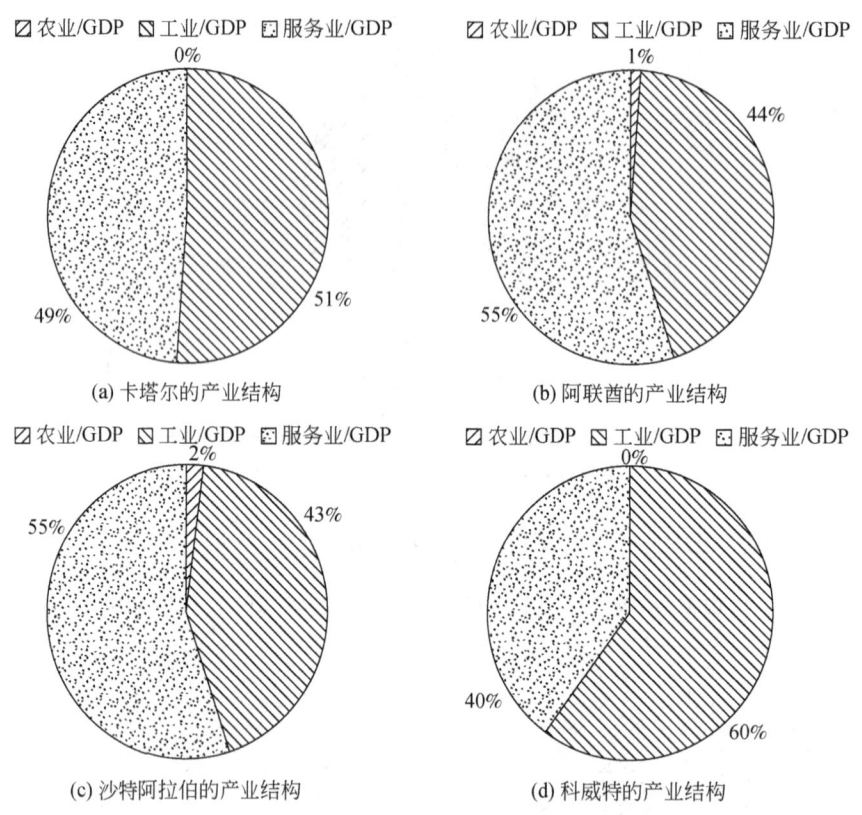

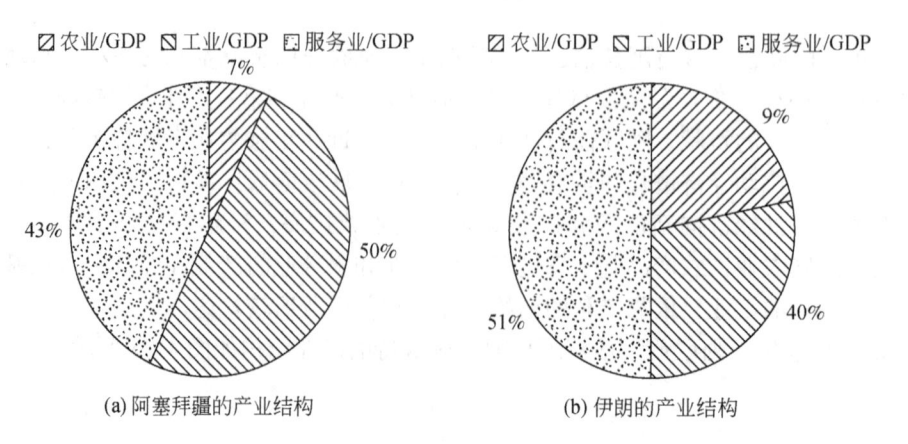

(d) 科威特的产业结构：农业/GDP 0%，工业/GDP 60%，服务业/GDP 40%

图 4-25　2016 年卡塔尔、阿联酋、沙特阿拉伯、科威特的产业结构

数据来源：World Bank Open Data

卡塔尔、科威特农业占比太低，故显示为 0%

由图 4-25 和图 4-26 相对比可知，阿塞拜疆与前面四国相比，农业对经济的支撑作用较大。它的油气储备丰富，相关产业发达，对 GDP 贡献巨大；近年来，服务业也取得一定发展。

(a) 阿塞拜疆的产业结构：农业/GDP 7%，工业/GDP 50%，服务业/GDP 43%

(b) 伊朗的产业结构：农业/GDP 9%，工业/GDP 40%，服务业/GDP 51%

☒农业/GDP ☲工业/GDP ▨服务业/GDP

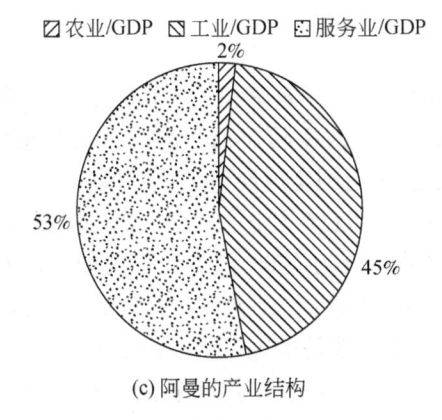

2%
53%
45%

(c) 阿曼的产业结构

图 4-26 2016 年阿塞拜疆、伊朗、阿曼的产业结构
数据来源：World Bank Open Data

伊朗和阿曼虽然也有着储备较多的油气资源和矿产资源，但它们的农业仍在三产中占据重要地位。伊朗农业占比较高，但机械化程度低，经济的增长主要依靠工业的发展，它是世界第四大石油出产国，也是欧佩克第二大石油输出国；阿曼以农业为主，工业上以石油的开采业为主，但第三产业发展缓慢，直到 2011 年，它的旅游业才开始崛起，相对于世界上很多国家，开始时间较晚。

格鲁吉亚和亚美尼亚的发展水平差不多，产业结构具有一定相似性，都是工农业并重，第三产业较弱势。格鲁尼亚近几年旅游业开始抬头，而且趋势向上，但它的农业和工业仍是主力军，工业中以制造业为主。亚美尼亚的矿业较丰富，但能源资源贫乏，密集的采矿业破坏了生态结构。旅游业起步较晚，跟阿曼一样，直到 2011 年才得以发展。

2016 年格鲁吉亚、亚美尼亚的产业结构如图 4-27 所示。

☒农业/GDP ☲工业/GDP ▨服务业/GDP   ☒农业/GDP ☲工业/GDP ▨服务业/GDP

9%   20%
22%   29%
69%   51%

(a) 格鲁吉亚的产业结构   (b) 亚美尼亚的产业结构

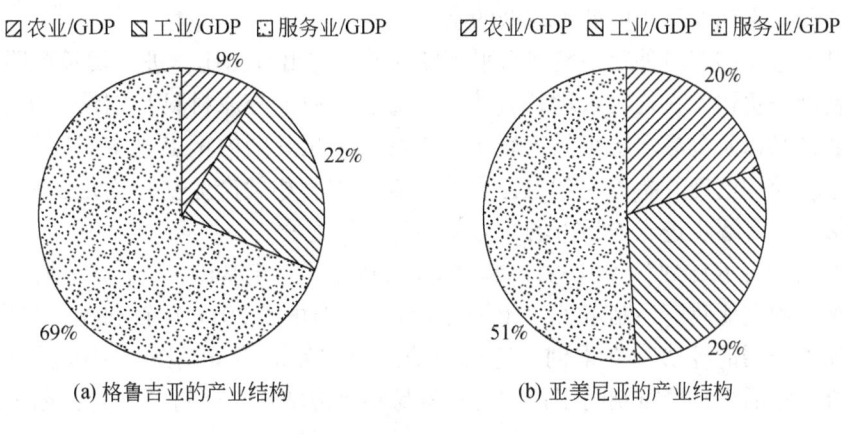

图 4-27 2016 年格鲁吉亚、亚美尼亚的产业结构
数据来源：World Bank Open Data

4.1.4.3 贸易发展情况

西亚各国近十年的出口情况中，阿联酋和土耳其的进口总量位于前列，并且阿联酋呈逐年上升的趋势；在出口总量中，沙特阿拉伯和阿联酋的总量位于前列，但两国在2009年和2015年均有所下滑，主要是受到全球经济危机的影响。

伊朗的出口水平较高，在其国民经济中占有较大比重，是拉动其经济的重要动力。在2014~2015财年伊朗对外贸易总额为1500亿美元。其中，非石油贸易总额为1025亿美元，非石油出口500亿美元，进口525亿美元。一直到2015~2016财年伊朗才首次实现非石油贸易盈余。伊朗进口主要来源地是中国、阿联酋、韩国、印度、土耳其等，可见虽然阿联酋地理位置更靠近伊朗，但从贸易规模角度来看，中国是其最重要的贸易伙伴，中国在2008~2015年共8年时间内，一直是伊朗的第一大贸易伙伴，二者呈现良好的贸易往来趋势。

伊拉克主要出口原油、天然气、椰枣等初级产品，进口粮食等生活必需品，其中大米是伊拉克人的主食之一，每年必须有100多万吨才能满足需要，但其受制于气候等地理环境因素，农业非常落后，无法满足国内正常需求，而且工业也比较落后，无法大规模将初级产品加工成各类制成品。

格鲁吉亚的第一大贸易合作伙伴是加拿大，格鲁吉亚的铜矿石及其精矿是其第一大出口产品；进口的主要产品是药品、原油、小汽车、天然气等。亚美尼亚的三大贸易伙伴分别是俄罗斯、中国和德国：出口产品主要为矿产品、食品、宝石及半宝石、贵金属及其制品等；主要进口产品为矿产品、机械和设备、食品等。

意大利是阿塞拜疆最大出口国，俄罗斯是其最大的进口国。阿塞拜疆的主要出口商品有原油及其产品、天然气、果蔬、黑色金属、铝及其制品等；主要进口产品包括机电产品、黑色金属、交通工具及其配件、粮食、药品等。从2006~2015年，阿塞拜疆的对外贸易进出口量均在西亚国家中处于较低的水平。

土耳其最近十多年对外贸易发展水平不断提升，与出口相比，进口增长更明显，说明其国民财富增长更快，人均收入增长较快。主要进口原油等原材料和钢铁等工业制成品，主要出口农产品以及食品、纺织品等轻工业产品，可见其国内重工业生产还是比较弱的。不过近年来，该国已经开始关注到自己弱势产业并加大相关产业扶持力度，钢铁、汽车、家电及机械产品等逐步进入国际市场，主动参与国际竞争。

叙利亚的"九五计划"为其对外贸易的发展奠定了一定基础；"十五计划"使之得到进一步发展；叙利亚政府还制定了"十一五计划"，但由于2011年叙利亚局势出现动荡，给叙利亚原本脆弱的经济带来重创，造成石油出口和外汇储备锐减、本国货币大幅度贬值、外资逃离等后果，严重制约了该国对外贸易和经济增长，但目前来看，相关经济恢复仍具有较大的不确定性。

约旦的进出口贸易总量处于较低水平，但它与世界上100多个国家和地区有贸易往来。主要进口原油、电子电器、粮食等各类产品，主要从沙特、中国、美国进口；主要出口服装、磷酸盐、医药制品和化肥等，出口商品也是多种多样，主要出口目的地为美国、伊拉克、印度、沙特阿拉伯、叙利亚和阿联酋。由此可见，沙特阿拉伯和美国是其重要的贸易伙伴，在其对外贸易活动中扮演了重要角色。

以色列的经济增长在很大程度上依赖于它的对外贸易。但自2011年以来，以色列的对外贸易增长较为乏力，自2014年以来一直保持贸易逆差。进口的主要产品是工业品、消费品、燃油、投资品、船舶、飞机和钻石等；出口主要为富有科技含量的制造品等。

巴勒斯坦2007~2015年的对外贸易增长均较乏力。从国内来看，2012年财政支持相对缓慢，财政、货币政策没有及时调整；从国际来看，因为以色列的持续封锁，巴勒斯坦对外经济发展困难。总之，其整个宏观环境状况较糟糕，国内无法有序开展生产建设，经济形势严峻，外贸水平快速下滑，在可观测的时间内，仍未观察到改善的迹象，这一糟糕情况仍将持续。

沙特阿拉伯的经济实力在西亚地区处于前列，2015年，沙特阿拉伯的出口量小幅上升，但出口额出现下降，这一情况与油价下跌有关；进口量与进口额在该年均出现下滑。沙特阿拉伯进口来源地为中国、美国、德国、韩国、阿联酋、印度、法国和意大利；主要出口产品为石油及其制品、聚丙烯、聚乙烯、柠檬酸、氨、甲醇等。中国与沙特阿拉伯经贸往来较频繁。

巴林对于进出口贸易有着明确的法规，根据它的商业法规定，外国公民无法直接从事经济活动，经济管制极其严格。由于国内资源匮乏，大部分资源依赖从国外进口才能满足国内生产生活需要，所以巴林除了少数商品禁止进口或受许可证的限制外，其他商品均可自由进口。

卡塔尔是西亚地区最富裕的国家，但近年来卡塔尔的出口量有所波动，其中2013年有明显的下滑，它的主要出口产品是石油及其制品，日本、韩国、新加坡、印度、中国等是其主要出口目的国；而德国是它的主要进口来源国。

在2013年，也门临时总统哈迪访华的时候就指出中国是也门的重要贸易伙伴，也门与中国的贸易也由来已久。2006~2015年也门的进出口波动都较大。

阿曼的出口商品主要是原油、液化天然气、化工产品；进口的主要商品是电子和机械设备、交通工具等。2015年阿曼的外贸规模大幅缩水，主要表现在进口额的大幅度下滑上。阿曼的主要贸易伙伴是阿联酋、沙特阿拉伯、印度、美国、中国等。

阿联酋2006~2011年的进出口增长均较快，2012~2015年处于较稳定的状态。阿联酋的主要进口商品是天然黄金和半成品黄金、非合成钻石等；主要出口产品为黄金。亚太各国是阿联酋的第一大贸易伙伴，欧洲为第二大贸易伙伴。

科威特的石油储量十分丰富，这也是它出口的主要商品。科威特2006~2015年的进口量和出口量均呈上升趋势。科威特主要出口对象国为沙特阿拉伯、阿联酋和印度；主要进口来源国为中国、美国和阿联酋。

中国是黎巴嫩的第一大进口货源国和第一大贸易伙伴国。黎巴嫩主要出口的商品为机械器具、电气设备及其零件、贱金属及其制品、纺织原料及纺织制品、塑料及其制品、橡胶等；主要出口商品为金属及其制品、塑料及其制品、橡胶等。

阿富汗虽然经历战乱，经济情况较差，但它的进出口贸易却保持连年稳步增长，阿富汗的中间贸易量巨大，占到其进口额2/3左右。

塞浦路斯的贸易伙伴集中在欧洲，主要为希腊、德国、英国、以色列、法国等。2006~2015年西亚各国进口总量的变化情况如图4-28所示。

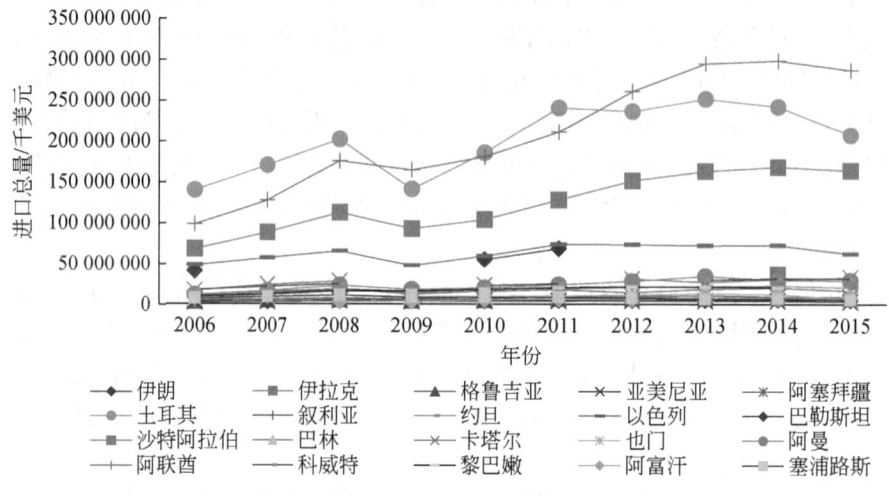

图4-28 2006~2015年西亚各国进口总量的变化情况
数据来源：UN Comtrade 数据库

2006~2015年西亚各国出口总量的变化情况如图4-29所示。

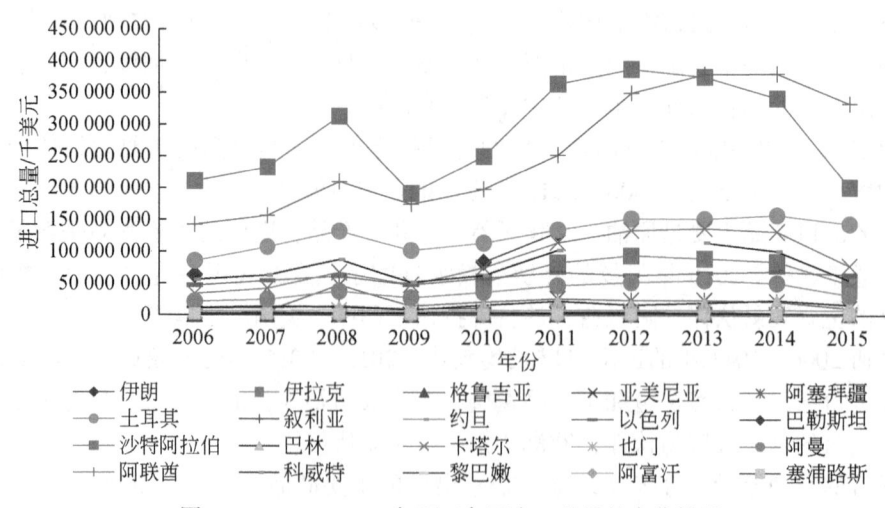

图4-29 2006~2015年西亚各国出口总量的变化情况
数据来源：UN Comtrade 数据库

4.1.4.4 投资现状

土耳其曾在中世纪被认为是世界中心，进入21世纪后，土耳其凭借其政治稳定、经济环境良好，国内市场广阔、投资政策支持，成为海外资本流入的热点国家。随着"一带一路"推进,未来我国企业也将继续加大对该国的投资,充分挖掘其中商业利益和市场潜力,参与其国内经济建设活动中去。

外资不光能够解决东道国国内资本短缺的问题,为其带来大量的资金和外汇储备,而且跨国公司依靠其先进的技术水平和管理经验、生产销售网络等,会为东道国带来一系列外溢,尤其是技术外溢,东道国借助外资可以建立从未有的或者发展水平较低的相关产业、工业体系,从而改善国内经济、产业结构,实现工业化建立和发展。所以,沙特阿拉伯非常重视外资,并且与其他阿拉伯国家相比,其经济实力雄厚,人口众多,是这些国家中吸引外资能力最强的,成为最大的海外投资目的国之一,并且在近年来,第二名与它的差距拉开更大,第一位置得到进一步巩固。沙特阿拉伯的外国投资主要集中在能源和工业项目领域,以及金融服务等行业,确实促进了沙特阿拉伯经济的发展和人民生活水平的提高以及产业结构的改善,实现了多赢。

伊朗和其他阿拉伯国家相似,也是依赖石油资源的国家。从20世纪90年代以来以投资回购方式实现石油天然气开发对外开放,通过经济调整实现了统一汇率,降低了企业所得税标准,颁布《吸引和保护外国投资法》,放宽外国直接投资领域,承诺进行国有企业私有化,降低进口关税壁垒,这些措施积极改善了投资环境。但是其中还存在一定的问题,比如过于依赖石油、通货膨胀、相关法律不够健全、基础设施比较落后。

阿联酋非常重视基础设施建设,每年预算支出中都有大量资金用于基础设施建设和完善。所以这一行业吸引了大量外资进入,参与到阿联酋国内的基础设施建设,投资额逐年上升。此外,阿联酋除对极少数公司征税之外,对其他公司均不征收公司所得税、个人所得税、营业税等各种税赋,这一税收优惠力度是非常大的,也吸引了有关企业大举进入,实实在在提高了外资水平,并且改善了外资投资结构,引导其进入国家和产业需要的领域,促进了经济和产业的发展。

科威特拥有巨大的石油财富,人均收入高,企业的税收负担较小,对于国际资本具有较强的吸引力。目前科威特在石油和天然气、卫生、旅游和教育等领域有30多项大规模的投资机会,科威特的投资环境是有利的,对外国公司免税期最长可到10年,并且关税全免。另外,虽然科威特国家较小,但财力相对雄厚,机场、码头、高速公路、水电、通信等基础设施都比较完善,目前只是由于以前对城市层面的基础设施重视程度不足,仍存在相应的供给不足,需求缺口较大,所以相关海外企业可以进入这一领域,参与其中建设,可以获得较高的利润。

4.1.5 中东欧国家经贸发展现状

4.1.5.1 总体经济情况

中东欧中有16国都属于"一带一路"国家,其中,第一个与中国签订"一带一路"协议的国家就是匈牙利,成为"一带一路"倡议最早的支持者和拥护者。

中东欧一些国家在加入欧盟或者经济合作与发展组织后,各国GDP均增长迅速,但受到 2008 年全球金融危机影响较大。从图 4-30 中还是可以看出，在各国 GDP 总量比较中，波兰位于第一，且领先幅度较大；捷克、罗马尼亚、匈牙利成为第二集团；而其他各国差距都不大。从图 4-31 中可以看出，虽然 2012～2015 年人均 GDP 增长停滞，但 60% 的中东欧国家人均 GDP 还是大于 10 000 美元；而排在前四的斯洛文尼亚、捷克、斯洛伐克、爱沙尼亚均已超过 15 000 美元，最低的波兰也在 4000 美元以上，整体水平较高。

匈牙利经济发展水平为中等，经济模式是以私有制为基础的市场经济。1997 年，匈牙利向市场经济体制转轨大体完成，1998 年上半年，私有化工作基本结束，此后经济总体上持续增长，但 2002 年之后，受到境内工业生产增长缓慢和欧盟整体经济疲软的影响，匈牙利经济增长开始放缓。2006～2015 年匈牙利的经济整体呈上升趋势，2015 年有小幅倒退。

2015 年，阿尔巴尼亚的 GDP 总量为 113.9 亿美元，人均 GDP 为 3954 美元。虽然阿尔巴尼亚的人均 GDP 水平较低，但是阿尔巴尼亚的基尼系数仅为 0.29，贫富差距小，有利于社会环境稳定，经济运行平稳。

克罗地亚的 GDP 总量在 2006～2008 年呈现快速上升趋势，2008 年全球金融危机波及克罗地亚，克罗地亚 2009 年的 GDP 总量大幅下滑，此后在 2009～2015 年，克罗地亚的经济状况承受了一定程度的压力，据世界银行 2014 报告可知，克罗地亚的 GDP 为 571.13 亿美元。

罗马尼亚与欧盟中其他中东欧国家相比，经济位居中上等，而且发展迅速，经济增速位居欧盟第一位。罗马尼亚 2015 年的 GDP 总量达到 1775.23 亿美元，人均 GDP 为 8958.8 美元，经济整体表现优异，不仅在宏观经济指标方面，而且在微观经济指标层面，都表现优异，说明其经济整体稳健，具备持续增长的条件。

近年来，塞尔维亚国民经济呈现出稳中有升的态势。2006～2015 年，塞尔维亚的 GDP 总量呈上升再波动的趋势，2008 年是其转折点。时至 2015 年，塞尔维亚的 GDP 总量为 371.6 亿美元，人均 GDP 为 5237.3 美元。

黑山于 2006 年实现独立，在 2006～2007 年，房地产市场蓬勃发展，俄罗斯、英国和其他国家的富豪在沿岸地区购买物业，再加之这两年外国投资量猛增，黑山的经济突飞猛进。黑山经历 2008 年全球金融危机后，经济虽然有所下滑，但下滑幅度较小。

斯洛文尼亚属于高等发达国家，拥有发展程度水平较高工业企业以及众多科研院校和人才，科技水平先进，具备较强的国际竞争实力。2015 年，斯洛文尼亚的 GDP 总量为 427.77 亿美元，人均 GDP 为 20 729.9 美元，人民生活水平较高。

独立之前，波黑的经济相比于联盟其他国家比较落后，独立之后又发生了内战，经济更是遭受重创，以前仅有的初级工业体系也被破坏。之后，整个国家逐渐从战乱中走出，经济不断得到恢复与发展，同时经济体制也从以前的计划经济向市场经济进行转型，制度建设取得一些成绩，制度环境逐步改善，为经济发展奠定了一定基础。但当前也面临着国内经济发展失衡问题，人民生活水平还远远低于欧洲其他国家，国家重建发展仍需较长时间。

爱沙尼亚、拉脱维亚和立陶宛并称为波罗的海三国,这三个国家经济较发达。爱沙尼亚国土面积十分狭小,仅仅4.52万km²,人口数量少,但爱沙尼亚的经济发展强劲,经过世界银行综合评定,确定其为高收入国家,出于这种高速增长的经济,爱沙尼亚获得"波罗的海之虎"的美誉。1998年,拉脱维亚成为WTO一员,贸易自由化程度大幅度提高,开始不断融入全球经济之中,虽然也遭受了2008年全球金融危机的影响,但在两年之后经济就出现复苏迹象并开始复苏,显示出其经济还是非常强劲有韧性的。立陶宛虽然和众多其他独立的国家一样,将计划经济模式转为市场经济模式,但不像其他独立国家,在休克疗法等市场化改革下,经济出现大幅度波动,它改革后经济形势还是比较平稳的,至2002年已基本完成市场经济的转型,是为数不多改革成功的国家之一。但它当前也面临其支柱产业不多、高失业率等问题,改革还需继续推进。

在南斯拉夫联邦时期,马其顿①经济发展相对落后,即使独立之后到2008年,仍然是欧洲最贫穷的国家之一,可见其经济发展还是比较缓慢的,不过马其顿政府也为此进行了大力改革,其措施得到了他国和世界组织的认可,据世界银行《2016年营商环境报告》可知,马其顿在全球营商环境中高居第十位,超过了众多发达国家,可谓改革效果显著。所以得益于此,在2009~2015年,马其顿的GDP增速较快,相信在未来时间内,其经济实力会进一步增强。

波兰的经济较发达,尤其是近年来它的经济增长迅速。在2017年3月的世界银行经济报告中,称赞了波兰的经济发展成就,即社会转型之后,人均GDP在不到15年的时间里一直以4%的速度平稳增长,已从中等收入国家成功跨入高等收入国家的行列,相比于南非和南美等国家,实现了跨越式发展。但也面临着人口老龄化、欧盟资金供应减少和全球经济发展不确定性等诸多挑战。

保加利亚的经济于1989年与苏联的经济联系降低后受到巨大冲击,人民生活水平下降了40%。联合国对南斯拉夫和伊拉克的经济制裁给保加利亚也带来了冲击。1994年保加利亚的经济开始得到恢复,但由于不充足的经济改革和不稳定的银行系统,1996年经济再次大幅下滑;从1997年起经济得到恢复。保加利亚2006~2015年人均GDP增长迅速,已经在中东欧国家中处于中游水平。

斯洛伐克于1993年1月独立后,确立了市场经济体制,在此过程中,政府也不断加强宏观调控,调整产业结构,加强法治建设,改善企业经营环境,大力吸引外资,逐渐形成以汽车和电子产品为主的出口导向型经济。这一对外出口结构容易受到国际经济大环境的影响,最为明显的案例就是在受到2008年全球金融危机影响之后,2009年外贸出口锐减,经济出现了断崖式下滑,受国际经济形势影响明显。之后一年经济开始恢复,但是之后整个增速和之前相比,还是处于低位,说明即使在恢复阶段这一全球性危机对斯洛伐克的影响还是非常大的,要想恢复到危机之前的水准,仍然需要较长的时间。

2006~2015年中东欧各国GDP总量的变化情况如图4-30所示。

---

① 2019年2月1日,马其顿将国名改为北马其顿。

图 4-30　2006~2015 年中东欧各国 GDP 总量的变化情况

数据来源：WTO DATA

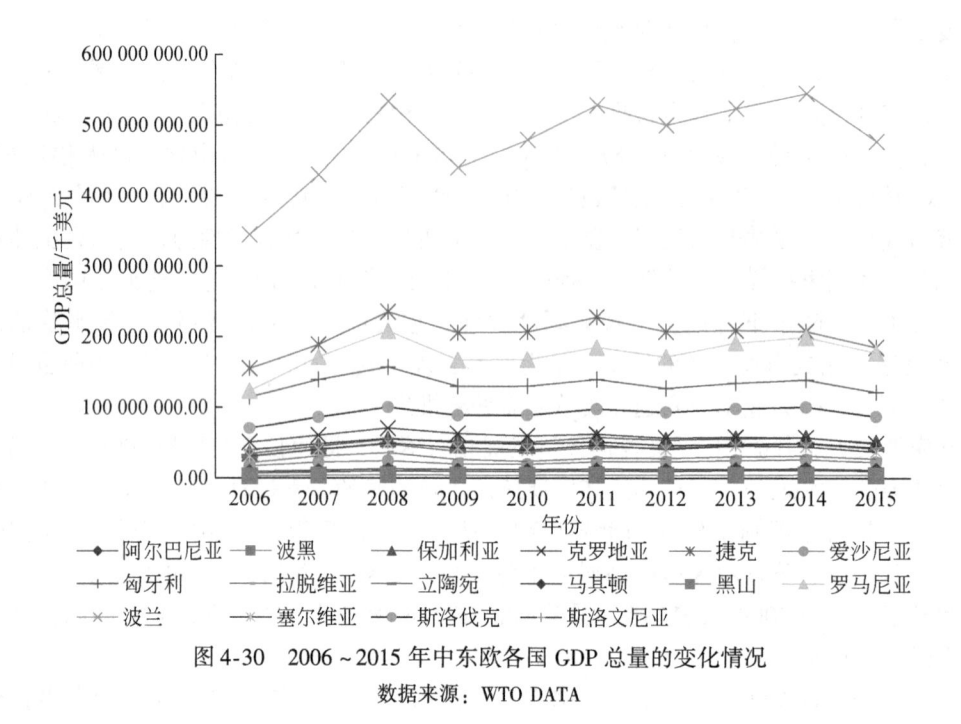

2006~2015 年中东欧各国人均 GDP 的变化情况如图 4-31 所示。

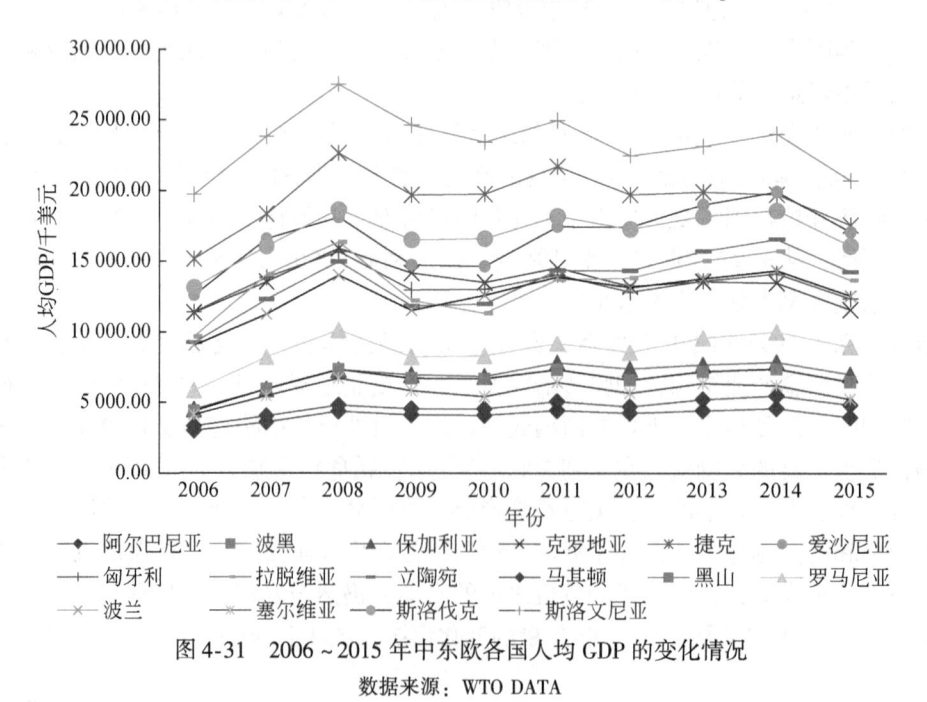

图 4-31　2006~2015 年中东欧各国人均 GDP 的变化情况

数据来源：WTO DATA

4.1.5.2 产业结构现状

匈牙利在经济建设中,农业波动一直较大,但在 2004 年加入欧盟后,大力发展有机农业,农业的增长较快。该国工业基本保持稳定,服务业是其经济发展中最重要的一块,在 2016 年,服务业的比重已达到 65%。

2016 年,阿尔巴尼亚第一、二、三产业比重分别为 15%、22% 和 63%,通过这三个数据,可以看出其工业比重还是比较低的,跟农业的比重只有 7% 的差距,经济的增长还是比较依赖服务业,服务业容易进出的特性也加大了经济的波动性。

2016 年匈牙利、阿尔巴尼亚的产业结构如图 4-32 所示。

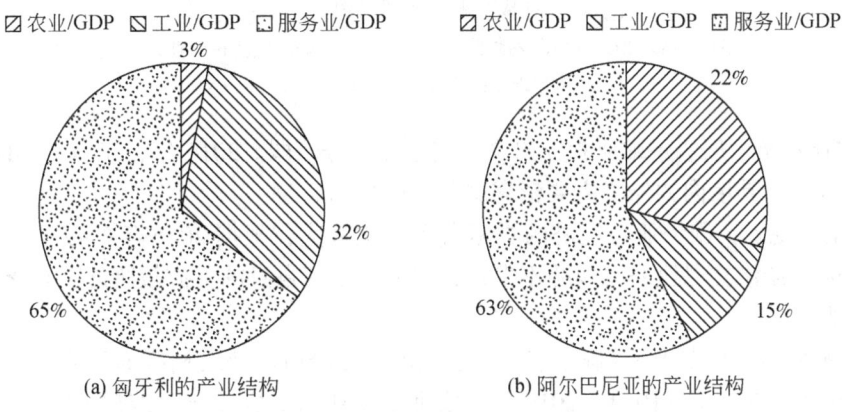

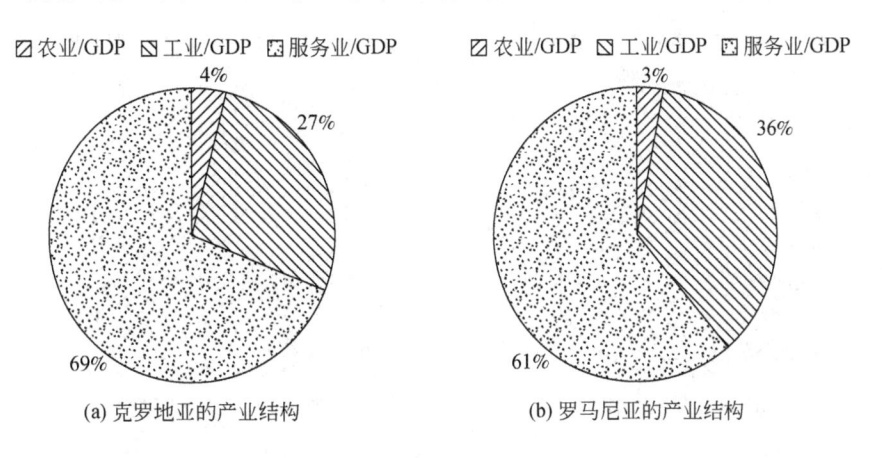

图 4-32 2016 年匈牙利、阿尔巴尼亚的产业结构

数据来源:World Bank Open Data

克罗地亚和罗马尼亚的产业结构具有很强的相似性,都是主要以第三产业为支撑,第二产业为辅。克罗地亚的旅游业是这个国家经济重要的支撑点;罗马尼亚的农业占比呈现逐年下滑趋势。塞尔维亚的工业与服务业均是其经济的重要支柱,2016 年,工业占比 43%,服务业占比 47%,不同于以上两国的是,塞尔维亚的农业占比也较高,达到了 10%。

2016 年克罗地亚、罗马尼亚、塞尔维亚的产业结构如图 4-33 所示。

(c) 塞尔维亚的产业结构

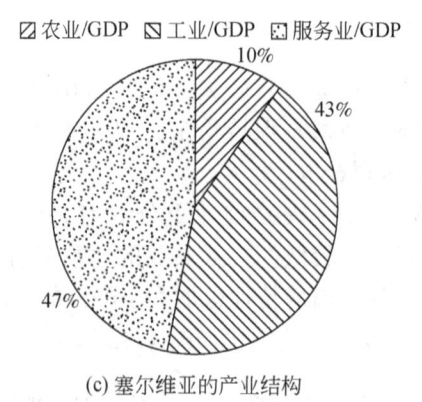

图 4-33 2016 年克罗地亚、罗马尼亚、塞尔维亚的产业结构

数据来源：World Bank Open Data

黑山 2006 年才从塞尔维亚独立出来，制造业十分薄弱。2016 年，工业对 GDP 的贡献仅仅占比 21%，其境内的经济主要依靠服务业的拉动。

在斯洛文尼亚，服务业对经济的贡献所占比重最大，根据 2016 年的数据，其贡献度达到了 64%，斯洛文尼亚的工业并不发达，主要源于其自身的资源较匮乏，缺乏发展工业的必备基础。

波黑总体经济状况较差，源于它的工业发展十分滞后。缺乏相应的工业基础，导致波黑的经济转型存在一定的困难。2016 年，农业、工业以及服务业对波黑 GDP 的贡献分别为 8%、27% 和 65%。

2016 年黑山、斯洛文尼亚、波黑的产业结构如图 4-34 所示。

波罗的海三国的产业结构具有很大的一致性，均是第三产业拉动。阿沙尼亚的自然资源较为匮乏，但近年来第二产业得到了可观的发展；拉脱维亚的第三产业贡献占比在三个国家中最高，根据 2016 年的数据，高达 71%；立陶宛的产业结构与爱沙尼亚基本一致，农业占比较少。

2016 年波罗的海三国的产业结构如图 4-35 所示。

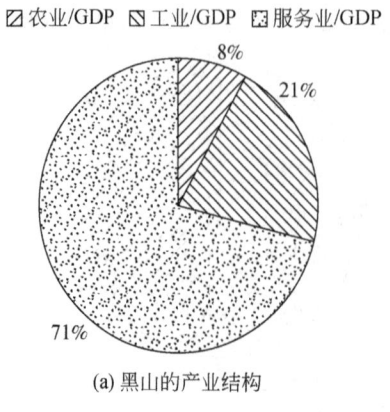

(a) 黑山的产业结构

(b) 斯洛文尼亚的产业结构

(c) 波黑的产业结构

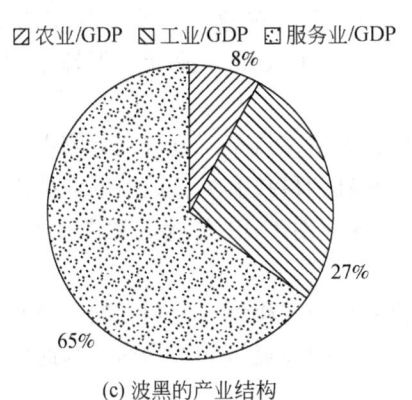

图 4-34　2016 年黑山、斯洛文尼亚、波黑的产业结构
数据来源：World Bank Open Data

(a) 爱沙尼亚的产业结构

(b) 拉脱维亚的产业结构

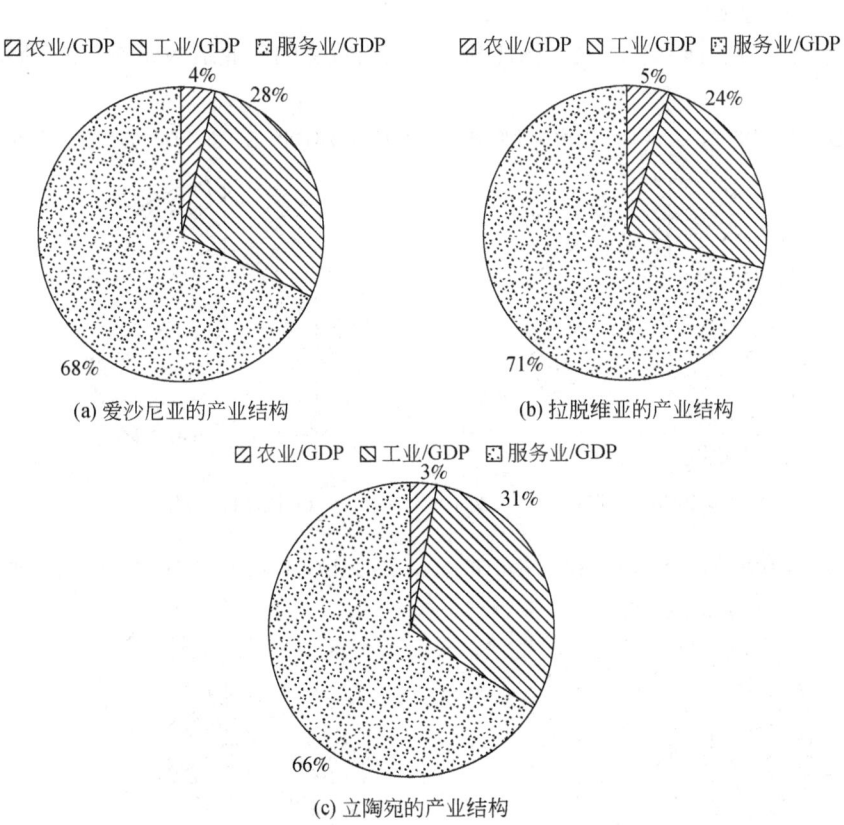

(c) 立陶宛的产业结构

图 4-35　2016 年波罗的海三国的产业结构
数据来源：World Bank Open Data

马其顿丰富的自然资源促进了其工业的发展，近年来，马其顿致力于对服务业的投入，取得了不错的成就。

捷克的经济状况良好，2016 年，农业、工业和服务业对 GDP 总量的占比分别为 2%、38% 和 60%，虽然工业的占比较服务业低，但捷克是欧盟中最依赖工业的国家之一。

波兰是欧洲的制造业基地，航空、汽车、电视机等家电产品、食品加工业等制造都处于欧洲前列，具有较好的工业基础和科技实力；波兰的农业现代化程度较高，农业总体而言较发达；2016 年，波兰的服务业对 GDP 总量贡献占比 59%，说明服务业已取得一定发展。

保加利亚的产业结构与波兰有一定相近，但两者的经济状况却相差许多，根源主要在保加利亚工业基础较薄弱，造成了国民经济的不均衡，与此同时，农业仍然是保加利亚经济增长的重要部分。

汽车工业是斯洛伐克工业中重要的支柱产业之一，是拉动国民经济增长的重要引擎，解决了大部分劳动力的就业问题。但是其农业占比较小，但一直处于小幅度的增长，相比而言，第三产业持续增长。

2016 年马其顿、捷克、波兰、保加利亚、斯洛伐克的产业结构如图 4-36 所示。

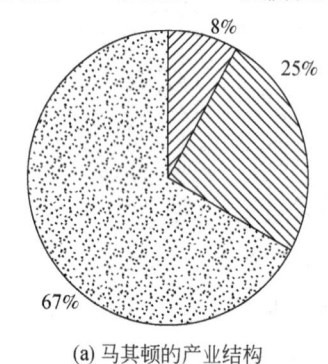

(a) 马其顿的产业结构

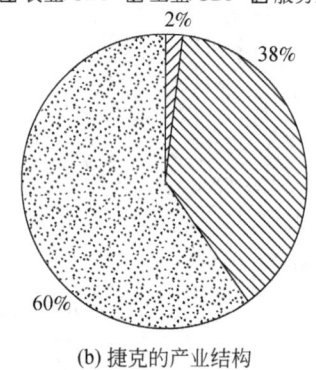

(b) 捷克的产业结构

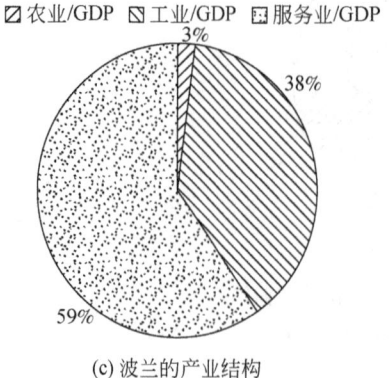

(c) 波兰的产业结构

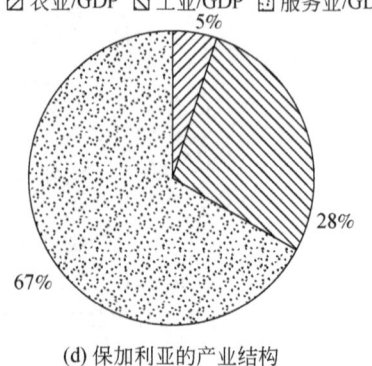

(d) 保加利亚的产业结构

□ 农业/GDP　▨ 工业/GDP　▧ 服务业/GDP

3%
32%
65%

(e) 斯洛伐克的产业结构

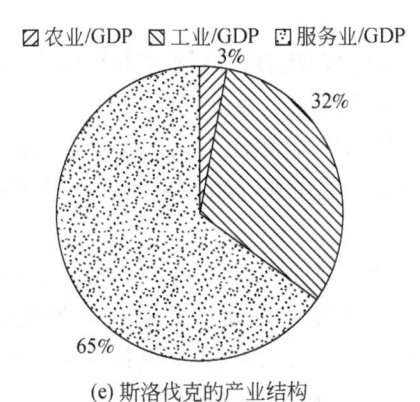

图 4-36　2016 年马其顿、捷克、波兰、保加利亚、斯洛伐克的产业结构
数据来源：World Bank Open Data

4.1.5.3　贸易发展情况

2006～2015 年，中东欧地区各国的进口总量和出口总量都呈现出平稳中略微增长的态势。其中横向比较来看，波兰的出口总量和进口总量均在这 16 国中居于首位。

和波兰贸易来往最密切的是欧盟内的国家，出口前 10 名的国家中有 9 个国家是欧盟成员国，进口前 10 名的国家中有 6 个国家是欧盟成员国，其中德国双双排名第一，可以认为德国是其最大的也是最重要的贸易伙伴。主要出口是机电产品等工业制成品；主要进口机电产品和矿产品等。根据产业内贸易理论，第二次世界大战以来，发达经济体之间的国际贸易以产业内贸易形式为主，波兰与发达国家之间存在着需求重叠，所生产的产品能够满足他们的需求，证明了其拥有广阔的市场和强劲的竞争能力。所以，波兰 2006～2015 年的进口量和出口量均位居中东欧 16 国首位也是可以理解的。

捷克在 2002 年加入欧盟，之后与欧盟成员国经贸联系不断加深，目前其与欧盟成员国之间开展的货物贸易就占到整个货物贸易的 80% 以上，可见欧盟的成立确实加深了区域内各国的经济往来程度，达到了设立时的目标。捷克具有较积极的外贸政策，基本取消了外贸的国有垄断，放开了外贸经营权，取消进出口商品限制。捷克主要进口的商品有石油和天然气、机械和交通设备、医药产品和器械等；主要出口产品为机械和运输设备、钢材、玻璃制品、木材等。捷克的进口量和出口量在中东欧国家中位于前列，外贸依存度较高。

作为欧盟一员的斯洛伐克贸易伙伴也和上述两个国家一样，在欧盟内部开展进出口贸易为主，其中主要的出口贸易伙伴和进口贸易伙伴均为德国和捷克；欧盟以外，俄罗斯是其重要出口国。贸易产品结构与波兰相似，体现了两个产业结构比较类似，之间存在竞争关系大于互补关系。

2006～2015 年匈牙利的进口量和出口量略有波动，整体而言较为平稳。在 2013 年，匈牙利的对外贸易取得小幅度的增长，主要得益于汽车工业、农业及食品加工等传统行业的拉动。在 2016 年，匈牙利的对外贸易取得了较大进步，在各个方面都取得了一定的发展。

2007年1月1日，罗马尼亚加入欧盟，虽然它加入的时间较晚，但有地理位置相近等原因，它的贸易伙伴也主要集中在欧盟。在欧盟区域内，罗马尼亚排名靠前出口贸易伙伴是德国、意大利和法国，主要进口伙伴为德国、意大利和匈牙利。从进出口差额角度来看的话，其货物贸易一直呈现逆差，其中在与哈萨克斯坦、匈牙利、中国和波兰贸易往来中进口明显大于出口，逆差数额较大。

阿尔巴尼亚经济、贸易和能源是主管全国经济、贸易和能源工作的政府部门。自20世纪90年代初阿尔巴尼亚实行对外开放政策开始，阿尔巴尼亚的对外贸易增长较快。2006~2015年，阿尔巴尼亚的出口总量和进口总量总体呈上升趋势，只在2013年、2014年、2015年度还是出现了小幅度下降，但影响不大。

波黑2006~2015年进口总量和出口总量均呈上升趋势。欧盟是它居于首位的贸易伙伴，中东欧自贸区国家次之。波黑主要的出口目的地有德国、意大利、斯洛文尼亚、克罗地亚、奥地利等；主要的进口来源地为德国、克罗地亚、意大利、塞尔维亚、中国、俄罗斯、斯洛文尼亚、土耳其、奥地利和美国等，可见德国作为欧盟内经济体量最大的国家，决定了其在双边贸易交往中的地位。

2015年保加利亚对外贸易出口和进口金额分别为257.7亿美元和292.6亿美元，同比分别增长了4.0%和0.9%，相比较来说，出口规模增长更快，进口规模整体变化不大，但还是存在34.9亿美元的贸易逆差。2015年的出口商品方面，化工产品出口增加幅度最大，相比上一年，增长了12.5%，而原料油及制品跌幅最大，与化工品增长数额一样，同为12.5%；进口商品方面，革类制成品进口增幅最大，增长了13.1%，跌幅最大的商品为原料油及制品，同比减少21.0%，可见进口方面的最大跌幅远大于最大增幅。保加利亚的主要出口目的地为土耳其、中国、塞尔维亚、俄罗斯、马其顿等；主要的进口来源国为俄罗斯、土耳其、中国、乌克兰和塞尔维亚等。

斯洛文尼亚是外向型经济，货物和服务出口总量能占到GDP总量的65%~70%，比重还是比较高的，对外部经济及国际局势依赖程度高，经济更容易因为贸易波动而出现大幅度上下摇摆。近年来，斯洛文尼亚产品在欧盟市场销量增势明显，尤其是在德国、意大利、奥地利、法国、荷兰、波兰、匈牙利、英国、比利时、斯洛伐克、希腊和保加利亚。近年来，为了防止过于依赖欧盟，降低贸易风险，减小波动，积极开展与美国、中国、埃及、巴西等非欧盟国家贸易，体现了"不要将鸡蛋放在同一个篮子里"的经济学道理。其主要出口饮料及烟草、矿物燃料和动物油等，工业制成品出口较少。

马其顿致力于实现贸易的高度自由化，并为此不断努力，积极采取各类措施参与到贸易自由化进程中。2003年加入WTO后，又签订了多个经济合作协议，在WTO的框架内不断寻求区域贸易更大程度上的自由化，实现低端向高端不断转化进步。马其顿的主要贸易伙伴集中在欧盟区域和西巴尔干国家。马其顿的主要出口商品有钢铁、化工产品、服装、机械设备、烟草、葡萄酒等；主要进口石油及其制品、非铁金属、纺织品、钢铁、机械产品等。

塞尔维亚的对外经贸活动在近几年日渐活跃起来，整体呈现上升趋势。塞尔维亚主要出口产品为粮食、有色金属、汽车、蔬菜和水果；主要进口产品为石油及其制成品、汽车、医疗医药产品等工业制成品，可见其在汽车行业开展的是产业内贸易。其主要出口国有德国、意大利、俄罗斯；主要进口国是俄罗斯、德国、意大利、中国和匈牙利，可见德、意、俄是其重要的贸易伙伴，双方贸易交往过程中进口、出口都有涉及，贸易可持续较高。

2014 年，爱沙尼亚贸易额有 342 亿美元，下降 1%，出口 160.4 亿美元，下降 1.9%；进口 181.6 亿美元，微降 0.08%，出口下降幅度更大，贸易逆差随之扩大，达到了 21.3 亿美元，差距增幅达 16.5%。与爱沙尼亚贸易来往密切的国家主要有瑞典、芬兰、拉脱维亚。

2014 年，拉脱维亚货物进出口额为 320.6 亿美元，比上年同期（下同）下降 0.9%。其中，出口 145.4 亿美元，增长 0.4%；进口 175.3 亿美元，减少 1.9%。贸易逆差 29.9 亿美元，下降 11.9%。立陶宛、俄罗斯、爱沙尼亚、德国和波兰是拉脱维亚的 5 大出口市场和进口国。该年度拉脱维亚的主要出口商品有机电产品和木及制品、食品等工业品和农产品，分别占整个出口份额的 17.5%、16.2% 和 10.2%，三者相加达到了 43.9%，占近乎一半水平，在出口中占有重要的地位，可以认为是其支柱产业。

2014 年，立陶宛货物进出口额为 674.1 亿美元，比上年同期（下同）下降 0.06%。其中，出口 323.2 亿美元，下降 0.9%；进口 350.9 亿美元，增长 0.7%；贸易逆差 27.7 亿美元，增长 25.3%。俄罗斯、拉脱维亚、波兰是立陶宛的主要贸易国；矿产品、机电产品和化工产品等是立陶宛的主要出口商品。

2006～2015 年中东欧各国进口总量的变化情况如图 4-37 所示。

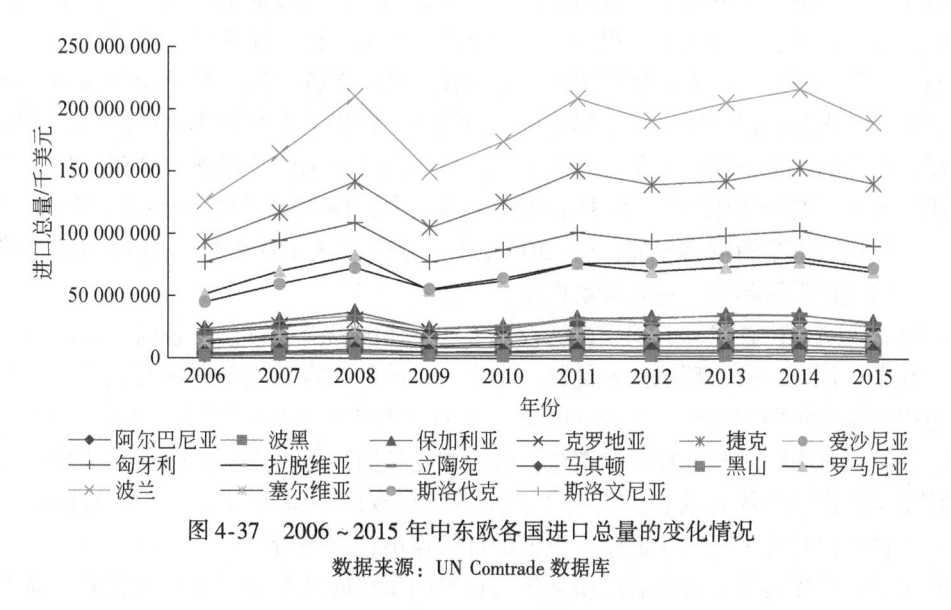

图 4-37　2006～2015 年中东欧各国进口总量的变化情况

数据来源：UN Comtrade 数据库

2006～2015 年中东欧各国出口总量的变化情况如图 4-38 所示。

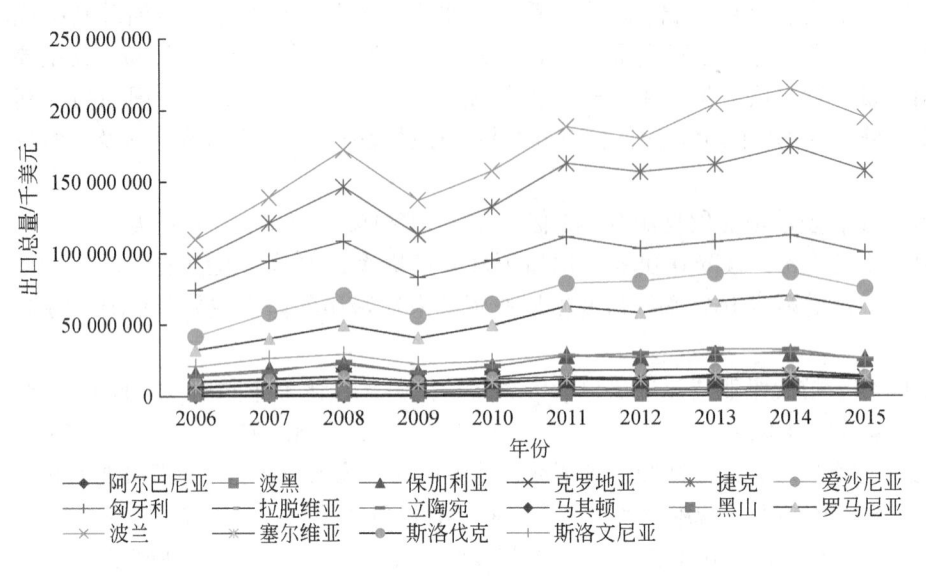

图 4-38　2006~2015 年中东欧各国出口总量的变化情况
数据来源：UN Comtrade 数据库

4.1.5.4　投资现状

由于近年来政局逐渐稳定，阿尔巴尼亚的经济出现平稳发展的势头，2015 年阿尔巴尼亚 GDP 增长 2.8%，这一增长主要就是由于投资驱动，加上政府的重视，出台了一系列外商投资的政策法规、税收制度，很多中国的企业也在阿尔巴尼亚进行了投资。

捷克工业具有悠久历史和较强实力，有着长期制造传统、熟练的劳动力和训练有素经验丰富的工程人员。捷克斯洛伐克解体后，经济在一定程度上受到不利的影响，但随着政府重组，捷克的经济很快趋于平稳，外资在这里看到了未来经济增长的希望，加大了在该国的投资力度，截至 2017 年，在中东欧所有国家中，捷克对外商的吸引力排到了第三，可以认为其拥有不错的营商环境，仅 2016 年外资就带来了 110 个项目和 14 300 个就业机会，为该国经济发展起到了重要推动作用。

斯洛伐克地理位置优越、基础设施较完善、整体国民受教育水平较高，经济的快速增长以及社会、投资、政策环境不断优化，越来越多的外商将目光转向斯洛伐克；目前，斯洛伐克引资主要集中在汽车、机械、电子、IT 和物流等新兴产业领域，为进一步优化产业结构，斯洛伐克引资政策也在逐步调整，引资重点转向高新技术和战略服务领域，未来该国经济结构将进一步优化改善。近些年，斯洛伐克政府相继出台了一系列的投资鼓励措施，对促进斯洛伐克引资确实起到了重要的推动作用，值得借鉴。

匈牙利移民项目促使投资者纷纷从传统移民国家转向这个新兴的移民国家，除了关注移民项目本身，其良好的经济投资环境，也吸引着众多投资者注意。而匈牙利在很多投资者看来有着得天独厚的优势：首先，地理位置优越，匈牙利地处欧洲大陆腹地，位于欧洲的中心，素有"欧洲的心脏"之称；其次，为吸引外国投资，匈牙利政府根据欧盟法律制定了一系列优惠政策，涵盖现金补助、企业所得税减免、就业补贴、培训补贴、匈牙利政府或欧盟专项补贴等；最后，匈牙利对外国企业实施优惠的税收政策，公司税率在中东欧地区是最低的，只有10%~19%。

在中东欧众多国家中只有克罗地亚经历了2009~2012年连续4年国内投资总额下降，成为资本逃离现象较严重的国家，资本外逃使经济出现大浮动波动，直到2013年这一情况才得到改善，2014年出现了小幅度增长，增长率为3.2%，所有行业中只有建筑业增长为负。2014年，克罗地亚吸收投资最多的领域是公共管理、国防和强制性保险。2008年克罗地亚吸收投资最多的领域是建筑业。

4.1.6 东欧国际经贸发展现状

4.1.6.1 总体经济情况

东欧的"一带一路"国家主要有俄罗斯、白俄罗斯、乌克兰和摩尔多瓦。俄罗斯幅员辽阔，横跨了欧亚大陆；白俄罗斯1991年从苏联独立出来；乌克兰2014年以来国内政治不稳定，利沃夫、克里米亚半岛、顿涅茨克和卢甘斯克纷纷提出要独立，乌克兰随之爆发了一系列战争；摩尔多瓦位于罗马尼亚和乌克兰旁边，国土与这两国接壤，1991年独立后，始终将开拓信息产业作为发展国民经济的重点。

1991年苏联解体，俄罗斯继承了苏联留下的大部分政治、经济等遗产，如政治地位遗产主要有联合国安理会常任理事国席位等，经济遗产有大量企业、银行等，军事遗产有核武器等各种各样武器设备，军事实力仅次于美国。俄罗斯的工业、科技基础十分雄厚，苏联解体后俄罗斯历经了经济的倒退，但2000年普京执政后，俄罗斯依靠丰富的资源，经济大幅度上升。但是在2009年和2014年出现下滑，分别由次贷危机和乌克兰危机所致，也从侧面反映了其经济抗风险能力还是比较脆弱的，主要因为过度依赖采矿业，产业价值链延伸不够深。

白俄罗斯自1996年以来，经济稳步增长。2002年3月，卢卡申科总统提出"白俄罗斯发展模式"，摒弃全盘私有化和休克疗法，开始渐进式市场改革。之后一年，虽然在出口、粮食生产和居民住房改善等方面取得较大成效，但在改革制度这一更为重要更为复杂的领域内，仍面临不少困难，如资金短缺、产品竞争力不强、企业效益不高、亏损严重等，建立本国的市场体制仍需较长的时间。

2008年全球金融危机以来，在2010年，乌克兰经济保持恢复性增长，宏观经济整体稳定，经济各类指标均出现了小幅上升，情况有所好转，但政府税收收入改观不大，财政压力依然较大，所以乌克兰政府奉行审慎财政金融政策，进一步压缩财政赤字。工业、农业和交通运输业等主导产业成为经济增长的主要引擎。农业因为农产品的丰产，实现较大程度发展。国家债务增长势头得到遏制，吸引外资能力增强，贸易进出额得到实质性改善，汇率稳定，成功获得国际货币基金组织低息贷款。

摩尔多瓦的经济发展水平较低，与俄罗斯和白俄罗斯具有较大差距。

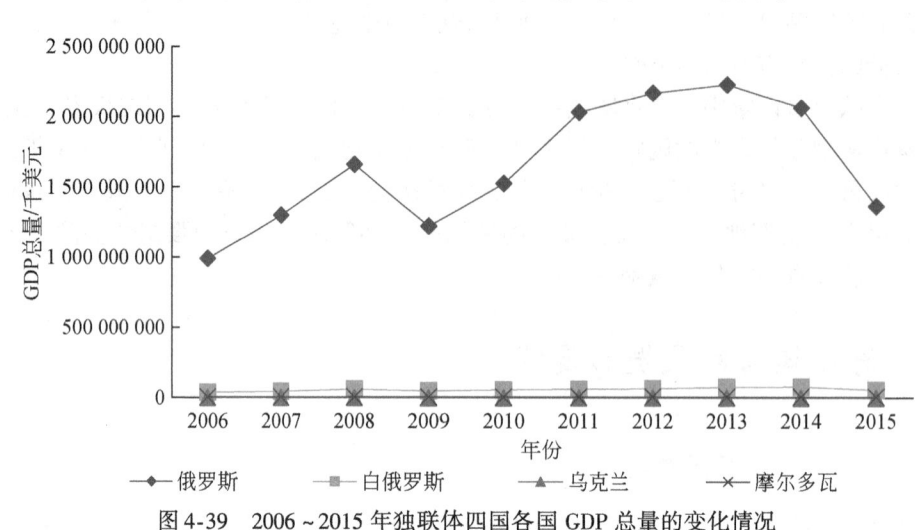

2006~2015年独联体四国各国GDP总量的变化情况如图4-39所示。

图4-39 2006~2015年独联体四国各国GDP总量的变化情况
数据来源：WTO DATA

2006~2015年独联体四国各国人均GDP的变化情况如图4-40所示。

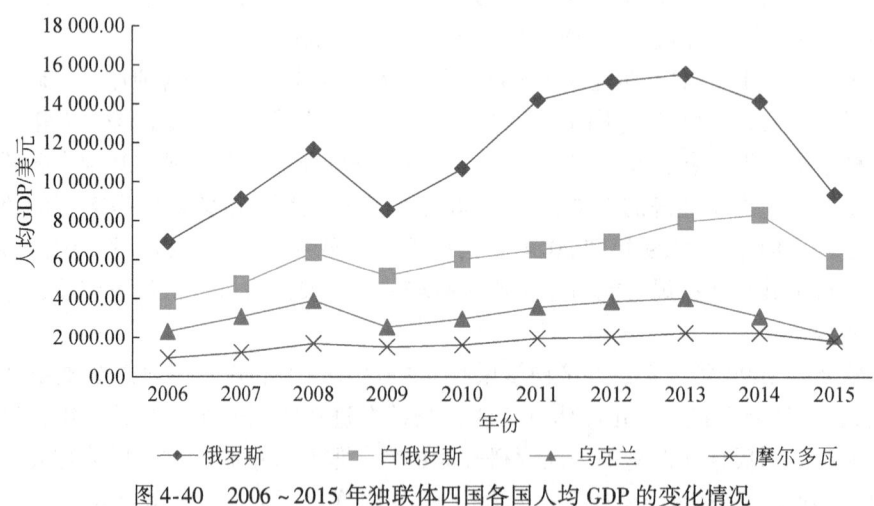

图4-40 2006~2015年独联体四国各国人均GDP的变化情况
数据来源：WTO DATA

4.1.6.2 产业结构现状

在东欧国家中，俄罗斯的资源种类多样：第一，矿产资源自给自足程度较高；第二，能源资源富足，石油、天然气、煤炭和铀矿在世界上占据重要地位；第三，因为苏联长期侧重于重工业和军事工业建设，俄罗斯的重工业发展水平较高。近年来，俄罗斯的农业占比逐渐下降，工业自2011年起逐渐趋于稳定，基本保持在35%上下，服务业发展迅速，到了2016年，服务业的占比已达62%。

白俄罗斯的经济结构与俄罗斯具有一定的相似性，白俄罗斯的农业比重逐年在下降，但种植业很发达；在苏联解体前，白俄罗斯就是苏联的工业基地之一，工业基础良好，近几年，工业的占比稳定在42%上下，服务业在2016年占比已经达到50%。

乌克兰是世界第三大粮食出口国，有"欧洲粮仓"的美誉，其主要原因是乌克兰国土的80%以上都是肥沃的黑土地，有利于农作物的生长；而它也拥有数量可观的可供开采的富矿，虽然它的能源资源相对贫瘠，但这些富矿已为它发展重工业奠定了较良好的基础。近年来，乌克兰的服务业取得了较大进步，时至2016年服务业在GDP的贡献中已占比59%。

摩尔多瓦也同乌克兰一样，拥有良好的土地条件，全国黑土覆盖，对农作物的生长十分有利，盛产葡萄、食糖、食油和烟草等，它也曾是苏联水果、浆果、玉米和蔬菜等农作物的生产基地之一。摩尔多瓦自然资源相对贫乏，工业基础也比较薄弱，食品加工业在工业中占据第一位，其次是重工业。近年来，摩尔多瓦经济发展更多依赖于服务业。

2016年东欧四国的产业结构如图4-41所示。

(a) 俄罗斯的产业结构

(b) 白俄罗斯的产业结构

(c) 乌克兰的产业结构

(d) 摩尔多瓦的产业结构

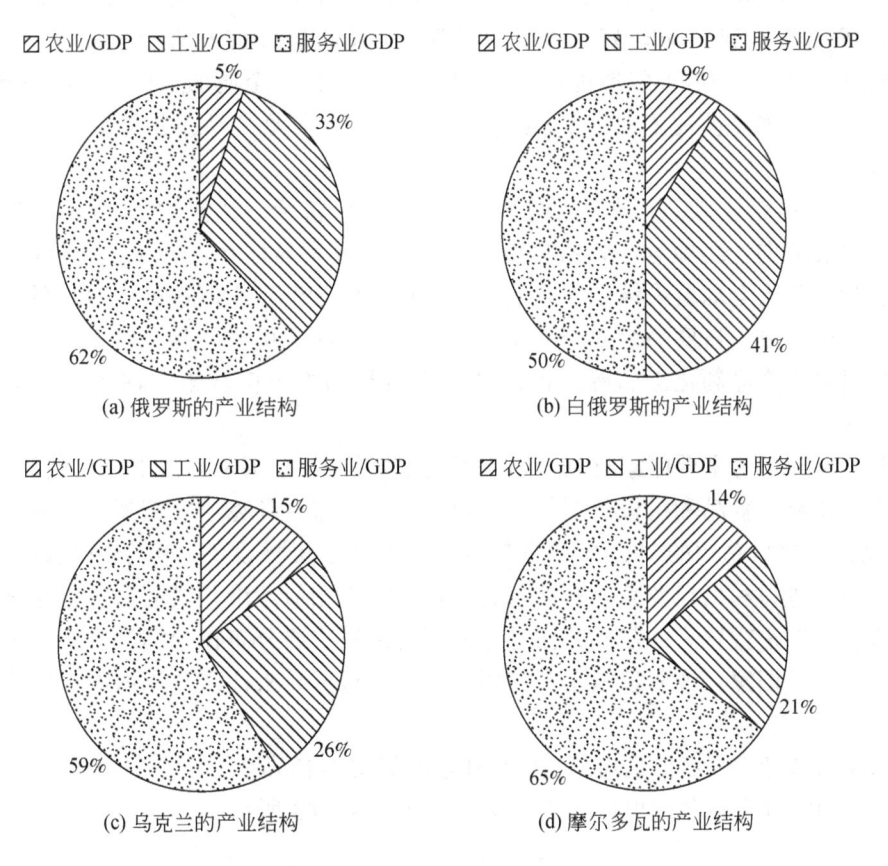

图4-41　2016年东欧四国的产业结构

数据来源：World Bank Open Data

4.1.6.3 贸易发展情况

俄罗斯出口以能源和资源型原料为主,仅能源产品占整个出口额的 40%,出口结构较单一,如重要出口品——石油受国际油价影响较大,出口的好坏完全依赖于国际油价的高低,缺乏自主调节性,比较被动。再者,金属、宝石及其制品占出口商品的 1/4,俄罗斯的出口商品以初级产品为主,体现了它鲜明的特征。俄罗斯进口商品以机器设备、食品、农业原料为主,共占到进口总额的 60%,说明多年来俄罗斯工业缺乏技术的更新改造,工业设备出现老化,生产供给无法满足国内需求,出现供给短缺。每年需要进口大量粮食,粮食是国民最基本的需求,国家需要加大对农业的扶持力度。

白俄罗斯作为欧亚经济联盟三个成员国之一,与联盟中俄罗斯贸易来往密切,两国的双边贸易占到了整个白俄罗斯对外贸易规模的 56% 左右,超过一半。另外,白俄罗斯也是通过贸易进行经济建设,更关注国际市场,但从出口额来看,其数值占到了 GDP 总量的 60%,即使进口额低于出口额,其数值占到了 GDP 总量的 55%,如果二者相加,一年贸易规模较高。它的工业基础较好,传统的制造业以及新型的 IT 产业比较发达,拥有一定的竞争优势,农业和畜牧业发展也不错。所以,它主要出口金属加工机床、石油制品、钾肥等商品;进口的主要是石油、天然气、煤炭等初级资源产品,并能对其进行使用或加工。

1992 年,乌克兰制定了独立后的第一部《对外经济活动法》,确立了外贸管理体制的改革和发展方向:实施对外贸易自由化,加入世界贸易体系。在 1990 年独立之后仅仅 2 年就积极融入全球贸易体系中,显示了其通过国际贸易来促进国内改革的意图和思路。乌克兰的主要出口商品为农产品及食品、冶金产品、机械产品、矿产品、化工产品等;主要进口矿产品和化工品等,也以产业内贸易为主,符合第二次世界大战之后的趋势。

摩尔多瓦出口的主要国家有俄罗斯、罗马尼亚等 14 个国家,占出口总额的 88.1%,主要出口纺织品、食品和机械仪器等。进口的主要国家有乌克兰、俄罗斯、罗马尼亚等 11 个国家,占进口总额的 79.9%,进口的主要产品是机械设备、电子声光设备和纺织品等,出现了进口和出口商品品种的重合。根据需求相似理论,说明这些国家间存在需求的重叠,存在进行贸易的基础,而且这些贸易国家主要分布在亚洲和欧洲,并没有涉及其他大洲中的国家,说明该国主要和周边国家进行贸易来往,与隔海的国家经济交流较少。

2006~2015 年东欧各国进口总量的变化情况如图 4-42 所示。
2006~2015 年东欧各国出口总量的变化情况如图 4-43 所示。

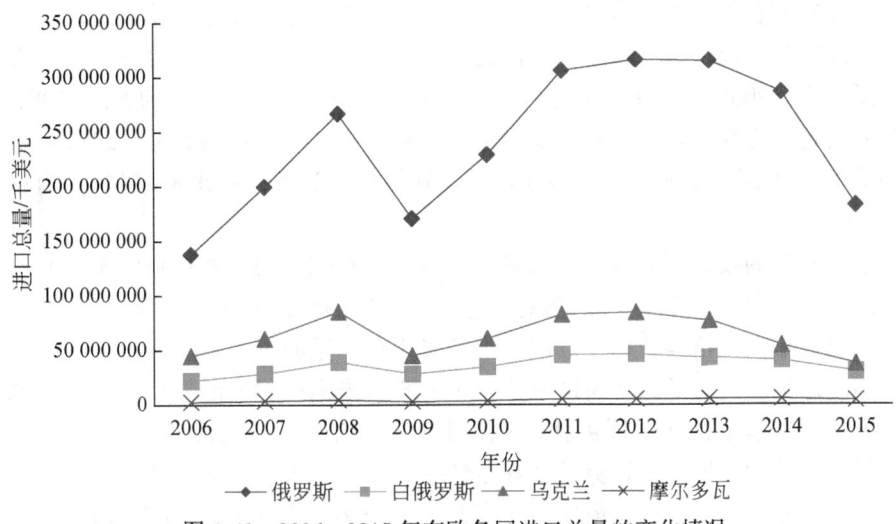

图 4-42 2006~2015 年东欧各国进口总量的变化情况
数据来源：UN Comtrade 数据库

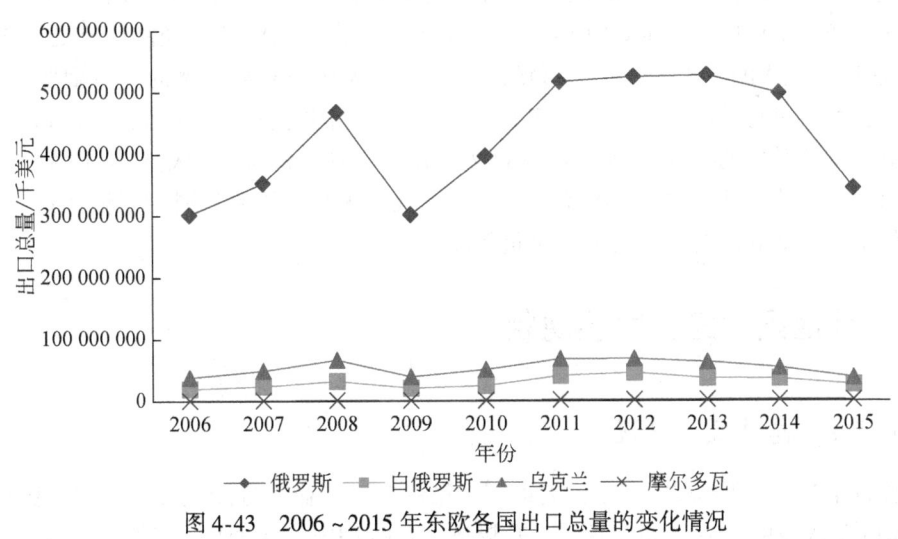

图 4-43 2006~2015 年东欧各国出口总量的变化情况
数据来源：UN Comtrade 数据库

4.1.6.4 投资现状

苏联解体后，俄罗斯作为苏联解体后承继的主体大国，在国际经济活动中始终扮演重要角色。随着政治趋于稳定、经济好转这两个积极情况的出现，俄罗斯投资环境的正面评价也在世界投资者中不断增强。俄罗斯经济体对外部资本依存度高，市场对资金需求强烈，这也是与之前长期缺乏外汇储备和资本积累有关。为此联邦政府采取诸多措施，如制定和实施税收和财政政策等。作为边界毗邻的国家，中俄经济交流历史底蕴深厚，而且在政治上拥有良好的合作基础和合作历史,当前两国关系已是全面战略协作伙伴关系,极大地推动了双边贸易发展,进而在投资方面也达成了海量的项目和投资金额,投资领域不断扩大、不断深入。2008年全球金融危机后,俄罗斯经济发展进入振兴的关键时期,在基础设施和交通设备上也存在较大的资金缺口。根据俄罗斯联邦统计局数据,2012年,俄外资投资总额为1702亿美元,同比增长9.1%。以其他投资为主,占比84.01%;直接投资次之,占比15.3%。

相比于俄罗斯的投资环境的完善和稳定,以及相对完善的对外投资政策,乌克兰这方面还是很缺乏的。尤其是2014年的乌克兰危机,使国内经济断崖式下降了6.8%,直接导致大量外资迅速撤离,给本就糟糕的国内经济带来更严重的负面影响。2015年由于受到外围市场动荡的影响,乌克兰经济再度下滑,进一步打击本已脆弱的经济。独立以来,乌克兰经济发展水平基本维持在苏联解体时期的状况,没有大的增长,与苏联内其他国家相比,表现还是较差的。但是从乌克兰客观条件来看的话:第一,乌克兰国土面积在欧洲位居第二,资源丰富,种类多样。第二,乌克兰人口众多,达到了4500万人口,市场广阔,劳动力不光数量多,且受教育水平还高。第三,乌克兰境内交通十分便利,基础设施完善,而且横贯亚欧大陆,是重要的交通枢纽。拥有吸引外商投资诸多有利条件。

白俄罗斯在独联体国家中综合发展水平都是比较高的,位居前列。其营商环境便利程度在185个经济实体中排名第60位[①],位居中上游,作为以前计划经济体制的主要国家,在13年已有如此大的进步,说明其市场经济改革成果还是非常显著的。白俄罗斯外贸依存度较高,其贸易总额超过了国内经济产出的20%,相比于进口,更依赖于出口,即本国市场只能消费掉其中的40%,其余60%都需要出口,在欧洲国家中处于前10位,所以经济容易出现波动等特征。白俄罗斯资源短缺,石油、天然气等原材料主要依赖进口。主要贸易伙伴是俄罗斯和欧盟,与其他国家贸易联系较少。

4.1.7 其他国家经贸发展现状

4.1.7.1 总体经济情况

埃及的经济体量在非洲国家中排名第三,第一二三产业都有涉及,产业体系比较完善。2006~2015年埃及的GDP总量呈逐年上升趋势,人均GDP逐年增长,且增长幅度较大。

蒙古国2015年人口为296.5万人,埃及人口为0.98亿人,埃及GDP总量远高于蒙古国。蒙古国的生活水平低下。从图4-44中可以明确看出,蒙古国的人均GDP总体而言呈上升态势,但2009年有过较为明显的回落,同时,2013~2015年经济出现小幅度后退。但与埃及相比,在2010年GDP超过了埃及,且一直高于埃及。

2006~2015年埃及和蒙古国人均GDP的变化情况如图4-44所示。
2006~2015年埃及和蒙古国GDP总量的变化情况如图4-45所示。

---

① 《2013年营商环境报告》. 世界银行.

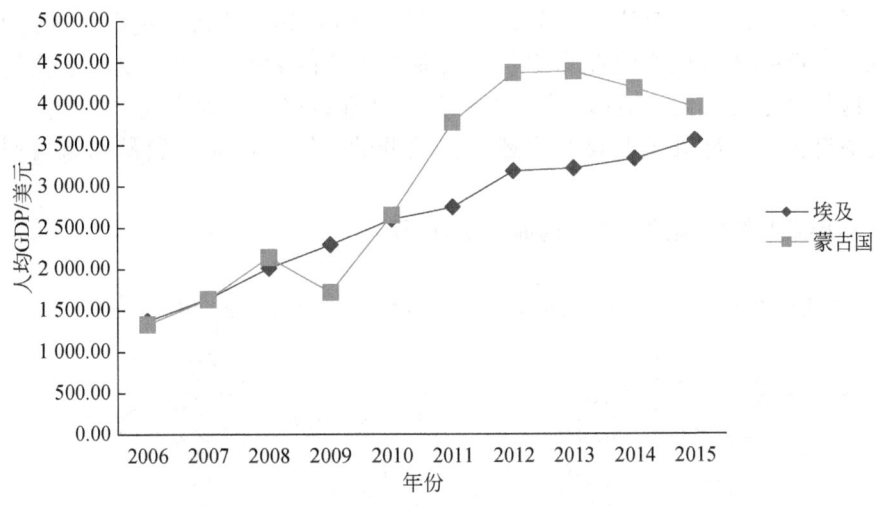

图 4-44　2006～2015 年埃及和蒙古国人均 GDP 的变化情况

数据来源：WTO DATA

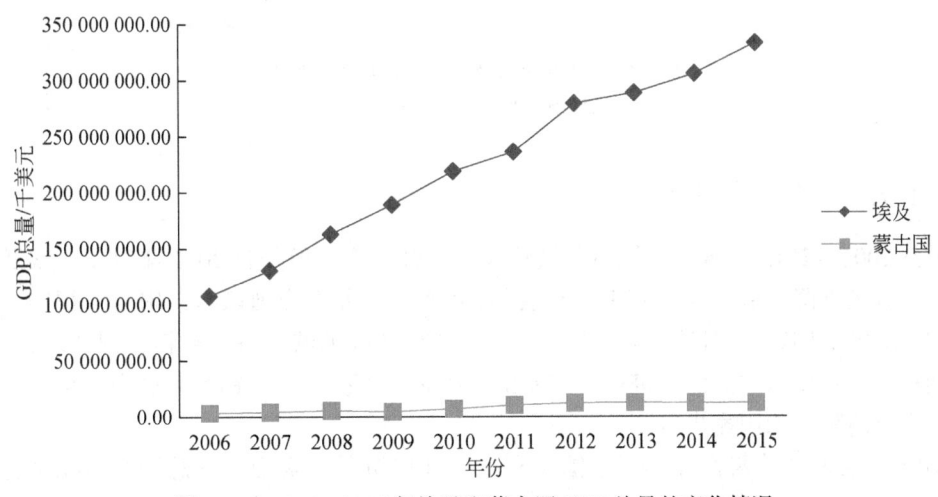

图 4-45　2006～2015 年埃及和蒙古国 GDP 总量的变化情况

数据来源：WTO DATA

4.1.7.2　产业结构现状

埃及以服务业为主；其次是工业；农业占比最低，但是仍然达到了两位数，还是相比较高的。埃及在非洲整个国家的工业水平中属于较发达的国家，拥有初具规模的工业体系，机械制造业以装备为主；与此同时，埃及也是一个农业国，全国人口中有超过 1/3 的人从事农业工作，在经济中占比约 11%；而凭借着优秀的历史文化遗产，埃及的第三产业发展得较迅速，在经济中占据重要地位。

蒙古国的三大产业比例基本与埃及比较相似，但是其农业占比更高，达到了15%，再细致来看，第一产业以畜牧业为主，占农业总产值的80%以上，农业结构过于依赖畜牧业，这与当地的气候、地形条件有关。第二产业以采矿业为支柱，这与其拥有丰富的矿产资源有关，可见其工业化水平还是比较低的。第三产业以贸易和饮食服务业为支撑。

2016年埃及与蒙古国的产业结构如图4-46所示。

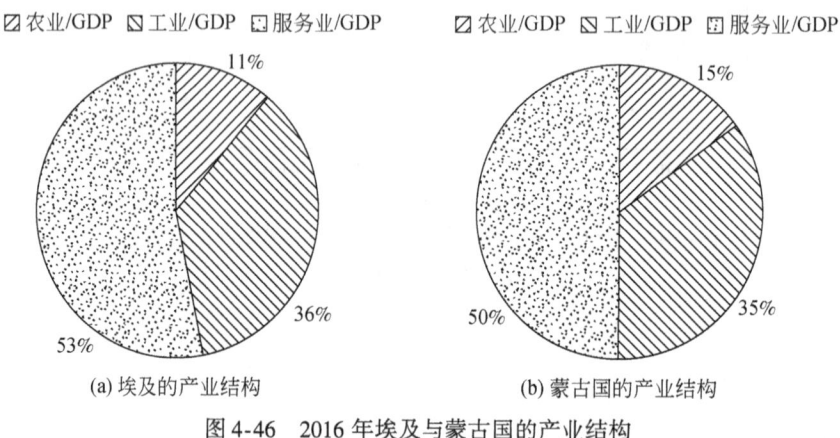

图4-46 2016年埃及与蒙古国的产业结构

数据来源：World Bank Open Data

4.1.7.3 贸易发展情况

虽然2006~2015年埃及的进口总量总体呈上升趋势，但是自2011年以来，埃及的出口总量一直呈下降趋势。埃及有14个主要贸易伙伴，分别为阿联酋、中国、德国、沙特阿拉伯、美国等国家，以欧洲国家为主。埃及主要进口机械设备、谷物、钢铁及其制品、动物饲料等，主要从欧洲国家进口；主要出口产品为矿物燃料、铝及其制品、钢铁等各类产品，主要向阿拉伯国家出口。

2015年蒙古国共与世界148个国家和地区开展贸易，实现贸易总额84.667亿美元，同比下降23.1%，减少25.444亿美元。其中，出口46.695亿美元，相比之前下降了19.1%，下降数额达到了11.049亿美元；进口37.972亿美元，相比之前下降了27.5%，下降数额达到了14.395亿美元，可见其对外贸易出现了萎缩。但由于进口下降更多且进口规模本就低于出口规模，所以其顺差仍达到了8.723亿美元，相比之前上升了62.2%，上升数额达到了3.346亿美元。

2006~2015年埃及与蒙古国进口总量的变化情况如图4-47所示。

2006~2015年埃及与蒙古国出口总量的变化情况如图4-48所示。

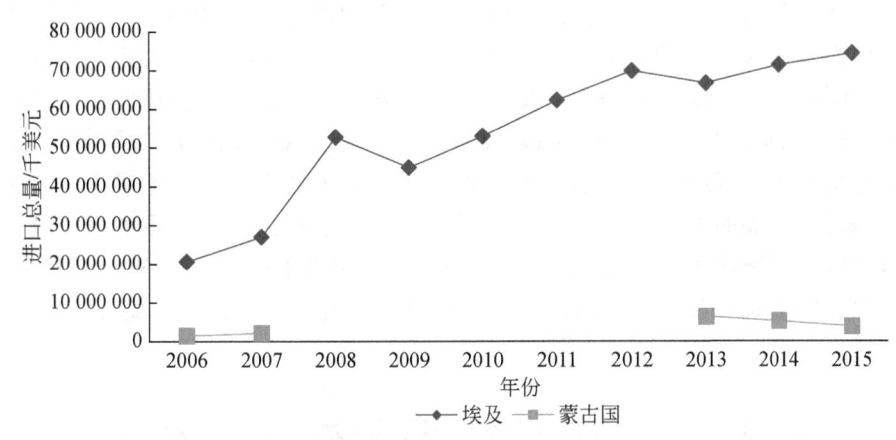

图 4-47 2006~2015 年埃及与蒙古国进口总量的变化情况

数据来源：UN Comtrade 数据库

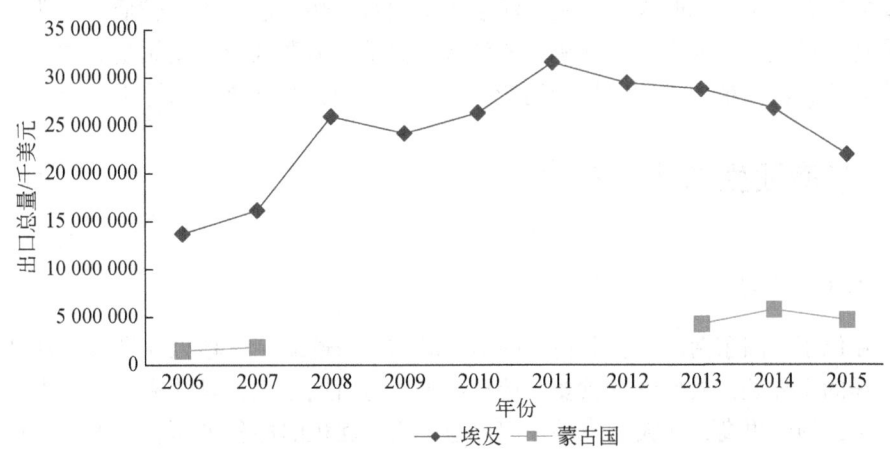

图 4-48 2006~2015 年埃及与蒙古国出口总量的变化情况

数据来源：UN Comtrade 数据库

4.1.7.4 投资现状

2011 年埃及国内政局发生动荡，政治风险快速上升，进而经济环境面临较大威胁，出于降低风险、减少损失需要，外资大规模撤离，海外投资下降幅度超过了 70%，进一步破坏了本已遭受重创的国内经济。2014 年 6 月塞西掌控埃及政局后，马上提出了一套政治路线图，结束了埃及政治动荡，政治局势趋于稳定，使经济发展具备了稳定的生产环境。2015 年 3 月政府出台了《新投资法》以及在西奈半岛南部城市沙姆沙伊赫举办埃及经济发展大会，旨在吸引外资、助力经济复苏，该举措取得了一定的成效。

蒙古国内的主要经济部门是农牧业和采矿业，凭借其国内丰富的矿产资源，据有关统计可知，蒙古国具有 80 多种矿产，种类多样，3000 多处矿藏地，多分布在中蒙边界地区，矿产业具备较高的比较优势，它的产值占到 GDP 总量的 30%，贡献了 37% 的财政收入，出口额占到整个出口份额的 86%，可见其已经成长为名副其实的支柱产业。近年来，国际矿产品需求不断增大，价格不断上升，矿产业迎来快速发展的黄金时期，受到了国际资本的追捧，吸引众多海外投资流入，成为蒙古国吸收外资数量最多的行业，外国对蒙古国投资的 85% 都投入其矿业领域。为了加大对矿产业吸引外资的力度，蒙古国根据时代发展的需要，分三次修订了本国的矿业法，确定了重点引资项目清单，这些项目可以享受所得税减免优惠；同时规定了外商投资的绝大部分项目进口的机械设备免征关税和增值税；利润可自由汇出，进而吸引了大量外资流入，促进了矿产业进一步快速增长。

4.2 "一带一路"国家生态环境概况

"一带一路"国家耕地总量丰富，但由于人口众多，导致人均不足，且谷物初产率低，威胁着国家粮食安全。同时人均可利用淡水资源相对短缺，水利用率较低，农业用水占用过多水资源。已经逐渐成为化石能源重要生产、交易、消费区域，使用量非常大，但能源利用效率较低，消费结构长期以煤炭消费为主并有增长，并且节能减排压力较大。

4.2.1 东南亚生态环境概况

4.2.1.1 地理与气候条件

东南亚位于亚洲东南部，主要包括中南半岛和马来群岛，它地处亚洲与大洋洲、太平洋与印度洋的交界处，战略位置重要。地形以平原与山地为主，具体来看，中南半岛北部相比于南部，地势更高，而大河下游和河口地区为大面积的冲积平原；马来群岛地形较为崎岖，同时地势较高，但沿海有狭长的平原地带。东南亚由于位于板块的交界处，火山广布，地壳运动活跃。

东南亚地理位置具有特殊的意义：一方面，它是亚洲纬度最低的地区，是亚洲的赤道部分；另一方面，它正扼亚澳之间的过渡地带。本区也是太平洋与印度洋的交汇地带，气候以湿热气候为主，形成仅次于亚马孙热带雨林的第二大热带雨林，是本区与亚洲其他区的根本差异。东南亚在构造地形上可分为两大单元：一是比较稳定的印度－马来地块；二是地壳变动比较活跃的新褶皱山地。具有赤道多雨气候和热带季风气候两种类型，自然植被以热带雨林和热带季风林为主，可分为两个亚区。分地区具体来看，中南半岛以热带季风气候为主，旱雨季分明，农作物雨季种植，旱季收割；马来群岛属于热带雨林气候，终年高温多雨，农作物全年均可种植或收获。

4.2.1.2 资源状况

东南亚盛产石油和锡，主产国是印度尼西亚和马来西亚。该地区的橡胶、棕油、椰子等热带经济作物是世界最大产区,主产国是泰国、马来西亚、菲律宾。这里是世界最重要的稻米产区和出口区,主产国有泰国、缅甸和越南。东南亚国家资源情况如表4-1所示。

表4-1　东南亚国家资源情况汇总

国家	重点资源	资源具体情况
新加坡	植物资源	物产资源匮乏,植物资源比较丰富,植物品种多达2000种以上
马来西亚	渔业、经济作物	自然资源丰富,是世界上最大的天然橡胶、棕榈油及锡的出口国,也是优质热带硬木、石油及天然气的重要出产国,盛产可可、胡椒、椰子等热带经济作物;渔业资源丰富
印度尼西亚	煤炭	石油、天然气和锡的储量在世界上占有重要地位;煤炭资源储量丰富;镍、金刚石等储量位居亚洲前列。此外,铀、铜、铬、铝矾土等储量也很丰富;生物资源丰富,有40 000多种植物,森林资源丰富
菲律宾	森林资源	生物资源丰富,境内野生植物近万种,森林面积丰富;矿产资源主要有铜、金、银、铁、铬、镍等20多种
泰国	矿产资源	自然资源丰富,主要有钾盐、锡、褐煤、油页岩、天然气,还有锌、铅、钨、铁、锑、铬、重晶石、宝石和石油等。煤炭总储量15多亿吨,主要是褐煤和烟煤。此外还有含油量达5%的油页岩。钾盐储量约4367万t,居世界首位。鸟类资源丰富,共记录有982种鸟类存在
越南	矿产资源、海洋资源	矿产资源丰富,种类多样。主要有近海油气、煤、铁、铝、锰、铬、锡、钛、磷等,其中煤、铁、铝储量较大。有6845种海洋生物,其中鱼类2000多种、蟹类300多种、贝类300多种、虾类70多种。森林面积约1000万 hm²,2005~2008年种植了大量橡胶树林
文莱	原油、天然气、森林资源	已探明原油储量为14亿桶,天然气储量为3900亿 m³。有11个森林保护区,面积为2277km²,占国土面积的39%,86%的森林保护区为原始森林。保护区内物种多样
老挝	水力资源	有锡、铅、钾、铜、铁、金、石膏、煤、盐等矿藏。水力资源丰富。全国森林覆盖率约50%,产柚木、花梨等名贵木材
缅甸	矿藏资源	矿藏资源丰富,有石油、天然气、钨、锡、铅、银、镍、锑、金、铁、铬、玉石等。森林资源丰富。河流密布,水力资源潜力巨大。海岸线漫长,海洋资源多样
柬埔寨	林业资源	矿藏主要有金、磷酸盐、宝石和石油,还有少量铁、煤。林业、渔业等资源丰富。盛产贵重的柚木、铁木、紫檀、黑檀、白卯等热带林木,并有多种竹类。森林覆盖率61.4%,木材储量11亿多立方米。洞里萨湖是东南亚最大的天然淡水渔场,素有"鱼湖"之称
东帝汶	矿藏资源	主要矿藏有金、锰、铬、锡、铜等,帝汶海有储量丰富的石油和天然气资源

4.2.1.3 主要环境问题

东南亚国家中，生态环境状况最好是新加坡和文莱。新加坡在经济和环境上取得的显著成就与新加坡从规划之初就制定的土地利用计划和生态环境保护政策密不可分。新加坡在工业选址上，从一开始就避免对环境产生影响，同时，也注重城市的绿化。新加坡非常注重环保，比如在集水区内调动了民间保护水资源的意识，新加坡政府还联合商界，致力于环境基础设施的建设。文莱政府比较注重生态的保护，制定出了各种较为严格的政策限制森林砍伐和渔业捕捞。

除了上述两个国家，东南亚其余各国的生态环境存在不同程度的问题。泰国、菲律宾和马来西亚前期为了经济的发展，在环境方面付出了巨大的代价。在农村山村地区，泰国出于发展农业的需要，大量砍伐森林，使得水土流失，洪水的侵害威胁了很大一部分人的生存与生活；在城市地区，没有制定出像新加坡一样保护生态的土地利用计划，而是为了工业的发展任意使用土地，这些做法导致了当前严重的水污染和空气污染问题。菲律宾的生态问题主要表现在空气污染上，根据有关数据显示，菲律宾每年有2000多人死于空气污染，其首都马尼拉空气污染更严重，虽然近几年菲律宾政府出台了许多政策抑制这一污染，但收效甚微。马来西亚为了发展工业，造成森林面积的大量减少，同时其主导产品棕榈油的生产会导致遗留很难降解的"空果串"，对马来西亚的土壤造成威胁。除了这些，马来西亚发电造成了较大的空气污染，同时，印度尼西亚的烧焦污染也会在每年的季风季节影响马来西亚，给该国的空气质量带来更大的压力。

柬埔寨境内最重要的就是水资源，但该国水利设施设备陈旧落后，造成大多数柬埔寨居民常年缺水，由于季风气候的原因，在旱季时，这种情况更严重。越南的水利资源很丰富，但是由于土壤结构破坏，越南水土流失现象严重，每年的汛期，洪涝灾害频发，造成了巨大的经济损失。

4.2.2 南亚生态环境概况

4.2.2.1 地理与气候条件

南亚地区位于亚洲南部的喜马拉雅山中、西段以南及印度洋之间。南亚的地形可以分为三个部分：北部是喜马拉雅山地，平均海拔达6000多米，气候、土壤、植被的垂直变化显著；中部为平原，河网密布，灌溉便利，农业发达；南部是德干高原和海岸平原。

南亚以热带季风气候为主，一年分热季（3~5月）、雨季（6~10月）和凉季（11月至次年2月）。西南季风迎风坡降水极其丰富，是世界降水最多的地区之一，西北部降水较少，降水量差异较大。

4.2.2.2 资源状况

南亚矿的铁、锰、煤资源丰富，所产黄麻、茶叶约占世界总产量1/2。稻米、花生、芝麻、油菜籽、甘蔗、棉花、橡胶、小麦和椰干等的产量在世界上也占重要地位。热带雨林和热带季风林占有广大面积。

南亚国家资源情况汇总如表4-2所示。

表4-2 南亚国家资源情况汇总

国家	重点资源	资源情况
尼泊尔	金属矿藏	已发现的金属矿藏有铁、铜、锌、铅、镍、钴、钼、金、钨、钛和银等；非金属矿藏有菱美矿、石灰石、白云石、大理石、石榴石、云母、石墨、石英、陶土、磷矿、花岗石、硅岩、宝石等；能源矿产有石油、天然气、铀、地热和煤。除此以外，境内物种资源丰富。水能资源可用于发展水电
不丹	矿产资源	矿产资源主要有白云石、石灰石、大理石、石墨、石膏、煤、铅、铜、锌等矿藏；水电资源蕴藏量大；森林覆盖率达72%；兰花、野罂粟、雪豹等生物资源常见
印度	云母	矿产资源丰富，铝土储量和煤产量均占世界第五位，云母出口量占世界出口量的60%
巴基斯坦	煤炭	煤炭资源丰富。主要矿藏储备有天然气、石油、铁、铝土。另外，还有大量的铬矿、大理石和宝石
孟加拉国	天然气	有丰富的天然气、石灰石、硬石、煤、褐煤、硅石、硅土、高岭土等自然资源
斯里兰卡	渔业、水力资源	主要矿藏有石墨、宝石、钛铁、锆石、云母等。石墨、宝石、云母等已开采。渔业、林业和水力资源丰富
马尔代夫	海洋资源	拥有丰富的海洋资源，有各种热带鱼类及海龟、玳瑁和珊瑚、贝壳之类的海产品

4.2.2.3 主要环境问题

南亚国家中生态情况维持较好的是马尔代夫和不丹。马尔代夫虽然以旅游业为经济支撑，但该国政府对当地环境的管制十分严格，严格控制岛屿的开发面积，同时对游客制定了一系列规则，比如禁止钓鱼、收集珊瑚贝壳等，这些措施都保护了马尔代夫的生态环境。所以在旅游业快速发展的同时，其自然环境十分优美，海水可见度达30m。不丹虽然经济发展相对落后，但它同样注重生态环境的保护，其森林面积覆盖率高达72%，每年政府预算中有10%被用于森林的保护，并且它是第一个提倡不用塑料袋的国家，环保观念比较先进。但近几年，不丹由交通尾气造成的大气污染状况在不断增加。

尼泊尔、巴基斯坦、孟加拉国三国的植被破坏情况比较严重。尼泊尔地势较高，降水丰沛，但由于人为对植被的破坏，每到雨季，极易导致洪涝灾害，泥石流频发。巴基斯坦以热带沙漠气候为主，本就干旱，加之为了发展农业大量砍伐森林，导致其植被破坏严重,蒸腾能力不足,水汽较少,所以巴基斯坦农业灌溉用水十分缺乏,西部更是出现终年干旱的极端情况。孟加拉国发展前期为满足过快人口增长的需要,主要以发展农业为主,全国大肆砍伐森林,开垦耕地,导致它的森林覆盖率只有9%,水土流失、荒漠化等问题比较严重。除此以外,因为近年来工业、服务业的发展,城镇人口大量增加,空气污染问题也日益突出。

印度的生态环境十分令人担忧,主要问题集中在水污染和空气污染上。根据联合国2003年发表的首个世界各国水资源评估报告,印度生活用水质量在122个国家中排名120名,许多污水未经处理就排入河道,导致地表水和地下水均遭受污染;而在空气污染方面,印度主要燃烧煤炭,其清洁能源的使用并不普及,加上大量的汽车尾气排放,导致空气污染严重。

斯里兰卡是一个岛国,海岸线绵延,珊瑚礁遍布,但因为人口增加、渔业航运业发展以及资源的开发,斯里兰卡的珊瑚礁受到极大的破坏,这在一定程度上影响其生态系统的平衡和生物的多样性,同时也对旅游观赏产生了一定的负面影响。

4.2.3 中亚生态环境概况

4.2.3.1 地理与气候条件

中亚地区东南高、西北低。塔吉克斯坦帕米尔地区和吉尔吉斯斯坦天山地区山势陡峭,海拔4000~5000m。在哈萨克斯坦西部里海附近卡拉吉耶洼地最低点海拔为-132m。在这东西之间的广阔地区,荒漠、绿洲在海拔200~400m之间,丘陵、草原在海拔300~500m之间,而东部山区在海拔1000m左右。

由于地处欧亚内陆,印度洋和太平洋暖湿气流难以进入,气候为大陆性气候,雨水稀少,极其干燥,晴天多,辐射强,温度高,空气极其干燥和高温引起大量的蒸发,阿姆河三角洲水面的年蒸发量达1798mm,即比这里的降水量大21倍。温度变化剧烈,许多地方白天最高气温与夜晚最低气温之间可相差20~30℃,温差较大。

4.2.3.2 资源状况

中亚地区矿藏丰富,品种齐全。哈萨克斯坦铬铁矿探明储量有2亿t,居世界第三位,仅次于南非和津巴布韦。吉尔吉斯斯坦的有色金属、黑色金属,特别是稀有金属汞、锑的储量可观。乌兹别克斯坦的矿产资源主要是铜矿、铅锌矿、钼矿、钨矿。中亚是世界上石油和天然气资源蕴藏最丰富的地区之一,石油资源主要分布在里海东岸及湖底,以土库曼斯坦和哈萨克斯坦为主。塔吉克斯坦和吉尔吉斯斯坦的水电资源丰富。

中亚国家资源情况汇总如表4-3所示。

表 4-3　中亚国家资源情况汇总

国家	重点资源	资源情况
哈萨克斯坦	油气资源、粮食资源	自然资源非常丰富，截至 2014 年已探明的矿藏有 90 多种。煤、铁、铜、铅、锌产量丰富，被称为'铀库'。此外，里海地区的油气资源也十分丰富。森林和营造林 2170 万 hm²。地表水资源 530 亿 m³。耕地大部种植以春小麦为主的粮食作物，还产棉花、甜菜、烟草等
土库曼斯坦	石油与天然气	矿产资源丰富，主要有石油、天然气、芒硝、碘、有色金属及稀有金属等。据其官方公布的资料，石油和天然气的远景储量分别为 208 亿 t 和 24.6 万亿 m³，居世界前列。石油和天然气工业为其支柱产业。主要农作物包括棉花、小麦和稻米等
乌兹别克斯坦	非金属矿产资源	资源丰富，矿产资源储量总价值约为 3.5 万亿美元。非金属矿产资源有钾盐、岩盐、硫酸盐、矿物颜料、硫、萤石、滑石、高岭土、明矾石、磷钙土以及建筑用石料等。与此同时，动物资源和植物资源丰富
吉尔吉斯斯坦	水力资源	水力资源丰富。建有托克托古尔水电站（120 万 kW）。煤、汞、锑矿储藏较丰富。境内间流湖泊众多，水资源丰富，蕴藏量在独联体国家中居第三位，仅次于俄罗斯、塔吉克斯坦，潜在的水力发电能力为 1450 亿 kW·h
塔吉克斯坦	有色金属	以有色金属（铅、锌、钨、锑、汞等）、稀有金属、煤、岩盐为主；此外还有石油、天然气、丰富的铀矿和多种建筑材料。水力资源丰富，截至 2014 年位居世界第八位，人均拥有量居世界第一位

4.2.3.3　主要环境问题

哈萨克斯坦由于大力发展重工业，它的生态环境遭到了严重破坏，地下水污染严重，使得这个本就水资源紧缺的国家水问题更加突出；同时，湖泊的大面积缩水产生了众多盐碱地，对农业生产产生了恶劣的影响；土库曼斯坦的水资源短缺问题也十分突出，能源部门的甲烷气体、一氧化氮、二氧化碳的排放较多，加重了气候变暖状况。

乌兹别克斯坦的环境问题也是主要体现在水源上，由于农业发展，土壤中杀虫剂含量严重超标，地表水和地下水污染均较严重。与此同时，棉花种植和畜牧业的发展也导致乌兹别克斯坦的土地荒漠化严重，生物多样性减少。

塔吉克斯坦水资源虽然充足，但因为其农业灌溉设施落后等原因，水资源浪费严重，水问题比较严重；其次，采矿、冶金等工业的发展，加之人为焚烧，塔吉克斯坦的大气质量较差，大气污染问题也比较严重；最后，塔吉克斯坦作为一个以农业为主的国家，全国范围内遍布农场，虽然政府对已有农场做了规划，但无序的开垦造成了土地荒漠化、土壤退化的问题比较严重。

吉尔吉斯斯坦的生态环境在五国中比较好，由于吉尔吉斯斯坦政府正在努力开发旅游资源，空气污染、水污染的问题不明显。

4.2.4 西亚生态环境概况

4.2.4.1 地理与气候条件

西亚,也可以称为西南亚,因位于亚洲、非洲、欧洲三大洲的交界地带,位于阿拉伯海、红海、地中海、黑海和里海之间,所以被称为"五海三洲之地",地理位置重要。西亚的地形以高原为主,中部的美索不达米亚平原(又称两河流域)土壤肥沃,灌溉便利,农业发达。西亚东部为伊朗高原,西部为亚美尼亚火山高原和安纳托利亚高原,都是被在阿尔卑斯—喜马拉雅运动时期形成的褶皱山脉环绕的内陆高原,其边缘分布着许多高大山系。西南部的阿拉伯半岛是一个由前寒武纪古陆形成的台地高原。平原面积不大,主要有美索不达米亚平原和外高加索的库拉河谷地平原。在地质史上,西亚高原有多次火山活动,形成了大面积的熔岩台地,有众多火山分布。受新构造运动影响,西亚高原的现代火山和地震活动也相当频繁。外力地貌以干旱风沙地貌为主,沙漠分布很广。

西亚大部分地区降水稀少,气候干旱,水资源短缺,草原和沙漠广布。在干旱的环境下,这里的人们发展了畜牧业和灌溉农业。北回归线从本区中部穿过,大部分地域处于副热带高压和干燥的东北信风控制之下,同时,本区西南临干旱的北非,加之高原边缘有高大山系环绕,所以气候干燥,多属热带和亚热带沙漠气候(即降水很少,蒸发强烈)。年降水量多在250mm以下,降水较多地区一般也不超过500mm,仅山地和地中海沿岸地带降水较丰富。地中海东岸为冬雨夏干的地中海式气候。阿拉伯半岛等地降水稀少,是世界著名的干燥气候区。受降水和地形的制约,本区内陆流域及无流区面积广大,除幼发拉底河与底格里斯河外,多为短小河流,大部分发源于高原边缘山地,靠冰川融雪水补给,河流水量较小,季节变化显著。

4.2.4.2 资源状况

西亚是世界上石油储量最丰富、产量最大和出口量最多的地区,有"世界石油宝库"之称。西亚的石油储量和出口量占世界石油总储量的一半以上,产量占到世界总产量的近1/3。

西亚国家资源情况汇总如表4-4所示。

表4-4 西亚国家资源情况汇总

国家	重点资源	资源情况
伊朗	石油、煤炭、天然气	石油、天然气和煤炭蕴藏丰富。截至2011年底,已探明石油储量1545.8亿桶,天然气储量33.69万亿m³,分别占世界总储量的11%和17%,分列世界第三、二位。石油和天然气生产量均列世界第四位,日产原油能力350万桶、天然气5亿m³。其他矿物资源也十分丰富,可采量巨大。已探明矿山3800处,矿藏储量270亿t

续表

国家	重点资源	资源情况
伊拉克	石油、天然气	地理条件得天独厚,石油、天然气资源十分丰富。2010年10月伊拉克石油部长称已探明储量1431亿桶,在欧佩克和世界已探明石油总储量中分别占12.0%和9.8%,位居世界第二位;天然气已探明储量3.17万亿m³,占世界已探明总储量的1.7%,居世界第十位。磷酸盐储量约100亿t
格鲁吉亚	水力资源	水力资源丰富,蕴藏量1550万kW,有季瓦里水库等大型水库。矿泉在格鲁吉亚自然资源中占有重要地位,共有1400多处。但格鲁吉亚的矿产资源比较贫乏
亚美尼亚	水力资源	主要有铜矿、铜钼矿和多金属矿。此外,还有硫磺、大理石和彩色凝灰石等。但缺乏矿物燃料,能源奇缺,主要为水力资源
阿塞拜疆	石油、天然气	石油和天然气资源丰富;还拥有丰富的动物资源和植物资源
土耳其	森林资源、铬矿	矿物资源丰富。主要有硼、铬、铁、铜、铝矾土及煤等。三氧化二硼和铬矿储量均居世界前列;森林面积广大,凡湖盛产鱼和盐,安纳托利亚高原有广阔牧场
叙利亚	天然气	矿产资源丰富,主要有石油、磷酸盐、天然气、岩盐、沥青、磷灰石、铜、铁等。已探明石油储量25亿桶,石油及其产品基本自给,并部分出口。已探明的天然气储量6500亿m³,磷酸盐储量6.5亿t,岩盐储量5500万t
约旦	非金属矿产	主要有磷酸盐、钾盐、铜、锰和油页岩和少量天然气
巴勒斯坦	天然气、石油	主要矿藏储备有天然气、石油、煤、铁、铝土。另外,还有大量的铬矿、大理石和宝石
沙特阿拉伯	石油、天然气	有金、银、铜、铁、铝土、磷等矿藏。东部波斯湾沿岸陆上与近海的石油和天然气藏量极丰
巴林	石油、天然气	石油、天然气储量丰富
卡塔尔	石油、天然气	资源主要有石油和天然气。截至2013年,已探明石油储量为28亿t,居世界第13位,天然气储量为25.78万亿m³,居世界第3位。地下水源贫乏
也门	石油、天然气	典型的资源型国家,石油和天然气是其最主要的自然资源。其非石油资源也比较丰富,金属矿主要有金、银、铅、锌。水资源紧缺,主要依靠地下水
阿曼	渔业资源	油气资源丰富;渔业资源蕴藏量大;矿产资源有铜、金、银、铬、铁、锰、镁、煤矿等
阿联酋	石油、天然气	石油和天然气资源非常丰富。截至2014年,已探明石油储量为133.4亿t,占世界石油总储量的9.5%,居世界第6位;天然气储量为6.06万亿m³,居世界第5位

续表

国家	重点资源	资源情况
科威特	石油、天然气	石油和天然气储量丰富,2013年已探明的石油储量为140亿t,占世界储量的10.8%,居世界第四位。南部的布尔干油田为世界最大油田之一。天然气储量为1.78万亿m³,占世界储量的1.1%
黎巴嫩	—	矿产资源少,且开采不多。矿藏主要有铁、铅、铜、褐煤和沥青等
阿富汗	金属矿藏	矿藏资源丰富,但基本未开发。至2014年已发现1400多处矿藏,包括铁、铬铁、铜、铅、锌、镍、锂、铍、金、银、白金、钯、滑石、大理石、重晶石、宝石和半宝石、盐、煤、铀、石油和天然气等
塞浦路斯	铜	矿藏以铜为主,其他有硫化铁、盐、石棉、石膏、大理石、木材和土性无机颜料。森林面积1735km²,国土的36%~38%为森林覆盖。水力资源贫乏

4.2.4.3 主要环境问题

西亚地区整体生态条件较脆弱,而且主要是受到战争和能源工业的影响,给本已脆弱的生态环境带来较大的压力。阿富汗、伊拉克、巴勒斯坦本就植被稀少,加上砍伐和战争轰炸抑或爆炸造成的破坏,导致这三国土地结构被严重破坏,沙尘漫天,对生产和生活都有严重干扰。叙利亚矿产资源丰富,工业较发达,但是因为国内冲突,该国的经济出现停滞,2014年,失业率更是高达58%,之前石油开采和而后的战争使叙利亚的生态遭受很大的破坏,并且这种破坏并未得到停止、修复,反而还在继续。也门环境对经济最主要的制约来自水资源的短缺,战争阻碍了供水设备的升级换代,所以这个地方到现在仍是世界上最贫瘠的地区之一。

约旦和巴林的土地荒漠化问题时时被提上议程,但一直得不到实际改善。其余的一些国家,比如黎巴嫩、沙特阿拉伯、科威特、阿塞拜疆、伊朗等,都或多或少受到空气污染和水资源匮乏的困扰。最富裕的卡塔尔,根据世界自然基金会(WWF)的发布《生命行星报告2012》,卡塔尔是全球最大的污染国家,虽然经济取得了进步,但这是以损害环境为代价的,经济增长也很难持续。

在西亚国家中,生态环境较好的有土耳其、阿联酋和格鲁吉亚。土耳其因为主要靠第三产业拉动经济,所以政府十分注重环境的保护,土耳其境内空气质量优良。而阿联酋政府更是出台许多政策来保护环境,加上民众自觉性较高,现在阿联酋仍然有着较为不错的生活环境。格鲁吉亚被称为"上帝的后花园",并且格鲁吉亚境内水资源丰富,对农业的发展起到了良好的推动作用,并未出现过度开采地下水等情况。

4.2.5 中东欧生态环境概况

4.2.5.1 地理与气候条件

中东欧北部气候具有过渡性，但仍属于温带大陆性气候，南部属于地中海式气候。地形由南部的山地过渡到北部的平原，总的是南高北低，但东南部匈牙利为多瑙河冲积平原，罗马尼亚南部和保加利亚北部为多瑙河下游平原。南部多为森林覆盖，草甸草原成为良好的高山牧场，中北部和东南部的盆地及平原地势平坦，土壤肥沃，利于植被生长。

4.2.5.2 资源状况

中东欧地区资源分布不均衡，阿尔巴尼亚、塞尔维亚、马其顿、捷克、波兰、斯洛伐克、波黑、罗马尼亚等地矿产资源较丰富，但其余国家矿产资源较匮乏。整个中东欧地区，森林覆盖率都较高，森林资源和水力资源丰富。

中东欧国家资源情况汇总如表4-5所示。

表4-5 中东欧国家资源情况汇总

国家	重点资源	资源情况
匈牙利	森林资源	山区森林茂密，有栎树、山毛榉、椴树等；平原有大片草原，有肥沃的黑土。森林覆盖率约为18%。自然资源比较贫乏，主要矿产资源是铝矾土，其蕴藏量居欧洲第三位
阿尔巴尼亚	水力资源	主要矿藏有石油、铬、铜、镍、铁、煤等。探明石油储量约4.37亿t，铬矿储量3200万t。水利资源较丰富
克罗地亚	森林资源、水力资源	森林和水力资源丰富，全国森林面积222万hm^2，森林覆盖率为39.2%。此外还有石油、天然气、铝等资源
塞尔维亚	水力资源	主要矿产资源有煤、天然气、铁、锌、铜、锂、辉钼矿等，森林覆盖率25.5%，水力资源丰富
斯洛文尼亚	森林资源、水力资源	森林和水力资源丰富，森林覆盖率为49.7%
爱沙尼亚	森林资源	森林面积211.55万hm^2，森林覆盖率达48%，森林蓄积量4.09亿m^3，人均木材拥有量达178m^3
拉脱维亚	森林资源	森林覆盖面积约占全国面积的44%，全国共有1.4万个野生物种
立陶宛	森林资源、水力资源、动物资源	森林和水资源较丰富；共有70多种哺乳动物，13种飞鼠，还有被列入保护名单的白兔、猞猁并有狼出没。有330种鸟类，99种鱼类，其中26种为海鱼。1.5万种昆虫和无脊椎动物
马其顿	煤炭	矿产资源比较丰富，主要有铁、铅、锌、铜等。其中煤的蕴藏量为1.25亿t，铜矿的蕴藏量为3亿t。还有非金属矿产碳、斑脱土、耐火黏土、石膏、石英、蛋白石、长石以及建筑装饰石材等。森林覆盖率为35%

续表

国家	重点资源	资源情况
捷克	煤炭	褐煤和硬煤资源较丰富;森林资源丰富,覆盖面积达 265.5 万 hm^2,森林覆盖率为34%
波兰	煤炭	主要矿产有煤、硫磺、铜、锌、铅、铝、银等
保加利亚	森林面积	自然资源贫乏,主要矿藏有煤、铅、锌、铜、铁、铀、锰、铬、矿盐和少量石油。森林面积 388 万 hm^2,占全国总面积的约35%
斯洛伐克	煤炭	主要资源有褐煤、铁矿、金属矿和非金属矿
黑山	森林资源	森林面积 54 万 hm^2,覆盖率为39.43%;铝、煤等资源储藏丰富
波黑	煤炭、水力资源	矿产资源丰富,主要有煤、铁、铜、锰、铅、汞、银、褐煤、铝矾土、铅锌矿、石棉、岩盐、重晶石等,其中煤炭蕴藏量达38亿t。图兹拉地区食用盐储量为欧洲之最。拥有丰富的水力资源,潜在的水力发电量达170亿kW。森林覆盖面积占全国面积的46.6%,其中65%为落叶植物,35%为针叶植物
罗马尼亚	非金属矿藏资源	矿藏有石油、天然气、煤、铝土矿、金、银、铁、锰、锑、盐、铀、铅等,森林面积为633万hm^2,约占全国面积的28%,水力资源蕴藏量为565万kW。内河和沿海产多种鱼类

4.2.5.3 主要环境问题

匈牙利国内人民饱受空气污染的摧残,全国约有50%的人口受到空气污染的影响,污染源主要来自公共运输和供暖。同时,匈牙利的水质也存在较大问题,主要表现在两个方面:一是水中的砷超标,全国约有2万人口受此影响;二是80%的人口接触的是含碘量不足的水,易得甲状腺疾病。

阿尔巴尼亚淡水资源较少,全国水资源仅能集中供给60%的人口饮用水,饮水问题比较严重。除此以外,空气污染也比较严重,每年因空气污染死亡的人数达500人。

克罗地亚是个风景优美的国家,全国上下保护环境的意识十分强烈,而且森林覆盖率很高,空气质量优良。

罗马尼亚的空气质量存在一些问题,农业生物物质燃烧和工业的推动都导致了空气中一氧化氮和一氧化二氮的含量不断上升,再加上能源行业和工业燃烧形成的甲烷,所以罗马尼亚境内空气质量较差。

塞尔维亚总体生态环境较良好,主要的污染物来自国家特色的化工业,主要表现为一些有毒的废气排放,威胁着居民的身体健康,进而影响劳动有效供给。

黑山的制造业较落后,工业产量较低,污染程度却并不严重,环境水平与塞尔维亚相差不大。

斯洛文尼亚过去生态状况良好,但因为汽车保有量增加,其排放的尾气急剧上升,空气质量出现了恶化,与欧盟标准差距较大。

波黑的生态环境质量较低，因为矿产大量开采以及战争的破坏，给波黑的土壤结构、空气质量等带来较大的压力。

爱沙尼亚、拉脱维亚和立陶宛三国生态环境优良。爱沙尼亚首都塔林因良好的空气被美誉为"洗肺圣地"。拉脱维亚的自然生态系统尚未遭到大面积破坏，国土一半的面积仍然保持着旺盛的自然生态系统。立陶宛森林覆盖率达到了32%，生物种类多样，环境良好。

在其他国家中，生态环境状况不错的有马其顿和捷克。捷克是欧盟中最依赖工业发展的国家，一般来说，依赖工业会导致空气质量的恶化，但捷克通过改良技术，加大环保投入，空气中的二氧化碳含量持续下降，空气质量不断提高。波兰空气质量显著低于捷克，据欧盟环境部门称，由于对煤炭的过度依赖，波兰的空气质量在欧洲排名为倒数第二，空气污染严重。保加利亚的环境污染问题也比较严重，特别是在空气方面的污染过于严重，可能面临欧盟的巨额罚款。斯洛伐克由于电力、热力、制造业的快速发展，缺乏相应有效配套的环保措施，导致CO_2排放严重超标，空气问题也比较严峻。

4.2.6 东欧生态环境概况

4.2.6.1 地理与气候条件

东欧地区以平原为主，地形单一；气候以温带大陆性气候为主，降水较少。

4.2.6.2 资源状况

俄罗斯和白俄罗斯资源丰富。乌克兰最丰富的是森林资源，而且其土地肥沃适合粮食生长，被称为东欧的粮仓。

东欧国家资源情况汇总如表4-6所示。

表4-6 东欧国家资源情况汇总

国家	重点资源	资源情况
俄罗斯	石油、天然气	有世界最大储量的矿产和能源资源，是最大的石油和天然气输出国，其拥有世界最大的森林储备和含有约世界25%的淡水的湖泊
白俄罗斯	水力资源、石油	超过1万种矿产，其中最重要的是石油，伴生天然气，泥炭、褐煤和易燃板岩。水资源丰富，森林覆盖率高
乌克兰	森林资源	国土面积的2/3为黑土地，占世界黑土面积的1/4。森林资源较丰富，森林覆盖率为43%，跨越三个植被带：森林沼泽带、森林草原带和草原带。已探明有80多种可供开采的富矿，主要包括煤、铁、锰、镍、钛、汞、石墨、耐火土、石材等
摩尔多瓦	非金属矿藏	蕴藏着丰富的非金属富矿，主要有大理石、石膏、石灰岩、沙土、硅藻土、陶土等。其中硅藻土是摩尔多瓦的一种宝贵矿物资源

4.2.6.3 主要环境问题

因为重工业的发展，俄罗斯的空气污染问题十分严峻，同时，还伴随着放射性污染的问题，2014 年 7 月，根据俄罗斯的报道，俄罗斯首都莫斯科的地热温度和空气污染指数已有近 1/3 的天数达到红色危险警报级别。白俄罗斯因为过度发展重工业，尤其是水泥业和化石燃料的燃烧导致空气中二氧化碳含量猛增；除此以外，农业生物质的燃烧和家畜饲养的排放，导致一氧化氮的含量也持续上升，这些都直接降低了国内空气质量。

4.2.7 其他国家生态环境概况

4.2.7.1 地理与气候条件

埃及地处欧亚非三大洲的交通要冲，海岸线长 2700 多千米，拥有世界著名交通要道苏伊士运河，连接了大西洋与印度洋，航运十分繁忙。埃及地形以海拔 100~700m 的低高原为主，沙漠、半沙漠广布，约占全国国土面积的 95%。西部是利比亚沙漠，东部是阿拉伯沙漠，南部为热带沙漠气候。

蒙古国地质结构复杂，土壤以栗钙土和盐碱土为主。蒙古国大部分地区属大陆性温带草原气候，季节变化明显，冬季长，常有大风雪；夏季短，昼夜温差大；春、秋两季短促。每年有一半以上时间由大陆高气压笼罩，是世界上最强大的蒙古高气压中心，为亚洲季风气候区冬季"寒潮"的源地之一。

4.2.7.2 资源状况

埃及和蒙古国境内资源都较丰富，埃及的油气资源成为经济增长的重要动力之一；蒙古国矿产资源丰富，种类繁多。

埃及和蒙古国资源情况汇总如表 4-7 所示。

表 4-7 埃及和蒙古国资源情况汇总

国家	重点资源	资源情况
埃及	石油、天然气	主要资源是石油、天然气、磷酸盐、铁等
蒙古国	矿产资源	已发现和确定拥有 80 多种矿产，建有 800 多个矿区和 8000 多个采矿点，主要蕴藏铁、铜、钼、煤、锌、金、铅、钨、石油、油页岩等资源

4.2.7.3 主要环境问题

蒙古国的生态环境问题主要表现在温室效应上，温室效应对自然环境和主体经济畜牧业的负面影响较大，之后会影响人民生活以及经济的进一步发展。

埃及的生态问题则完全受到阿斯旺大坝的影响，阿斯旺大坝的建造，虽然在前期给埃及的农业带来了福音，但 20 年后，阿斯旺大坝的负面影响日益显现出来，比如沿河流域土壤肥力下降，土壤盐渍化严重，同时，河水富营养化，河水性质的改变，还引起了水生植物和藻类的大肆蔓延，不仅造成河水蒸发，还会堵塞河道，导致三角洲面积萎缩，生态压力增大。

4.3 "一带一路"国家环境规制

4.3.1 东盟地区环境规制

1967～2019 年，东盟已经走过了 52 年的发展历程。从起初的五个创始国发展到今天的东盟 10 国、东盟 10+1、东盟 10+3、东盟 10+6、东盟 10+8。东盟不仅完成了量的扩张，还实现了质的飞跃，区域合作水平不断深化。现在参与"一带一路"倡议的东盟已成为在亚太地区乃至全球具有重要影响力的一个区域性组织。在其发展的过程中，对环境保护也逐渐予以重视，致力于实现经济和自然环境的协调可持续发展。东盟 10 国分别是新加坡、马来西亚、印度尼西亚、缅甸、泰国、老挝、柬埔寨、越南、文莱和菲律宾。

新加坡作为"亚洲四小龙"之一，国内经济水平较发达，自然环境良好，国际化程度高。总政策方面：2002 年，新加坡出台了《国家环境署法案》，设立国家环境署，以保护环境、自然资源和公共卫生。2014 年，《环境公共卫生法》修正案出台，该法起源于 1987 年，旨在禁止影响公共卫生的行为，规范了各行各业的卫生标准。2014 年，《环境保护和管理法》修正案出台，该法起源于 1999，旨在巩固与环境污染控制有关的法律，其中对空气、水、土地、有害废物、噪声污染防治都进行了规定。水政策方面：2008 年，新加坡出台了《海上污染防治法》修正案，该法源于 1990 年，旨在防止海洋、陆地与船舶污染对海洋环境造成的影响，规定了具体保护措施和其他相关要求。2015 年，新加坡颁布《污水与排水法》修正案，该法起源于 1999，规定了污水排放和排水系统的建造、维护、改善和运行，以规范污水和工业废水的排放等事项。空气政策方面：2014 年，《跨界雾霾污染法》颁布，规定个人或企业造成雾霾污染的责任和处罚等。生物政策方面：1989 年，《濒危物种（进出口）法案》出台，该法案贯彻《濒危野生动植物种国际贸易公约》，对濒危野生动物进行分类列示，并制定了具体保护方案和惩处规定，违法者判处最高 2000 美元或 6 个月监禁。2014 年，《濒危物种（进出口）法案修正案》出台，细化了保护方案，将违法处罚提高至最高 1 万美元或 12 个月监禁，足可见新加坡对生物保护力度的加大。2002 年，颁布《家畜法案》，该法起源于 1964 年，规定了家畜养殖的指定区域、许可证、运输活动范围、政府授权等。废物政策方面：新加坡对废物管制尤为严格，乱丢垃圾会被处以 1000 新元的罚款。1991 年出台了《辐射防护法》，多次颁布修正案；1997 年颁布了《危险废物（进、出口、过境控制）法》。新加坡政府设立专职部门，鼓励民众和工业企业循环利用制造业废料。其他政策包括能源政策等,对能效要求和能源管理进行详细规定,以促进节约能源和保护环境。新加坡作为世界环境最佳的城市之一,政府的环境策略独具特色,强调针对性、时效性和可持续性。环境策略的三大目标是保持新加坡环境的高水准,推动新加坡成为绿色先锋,创造可持续的环境文化。其环境策略在多部门合作、区域合作、全社会参与、详细可行、形成文化等多方面的实施效果对世界环境保护具有借鉴意义。总体看来,新加坡环境规制政策完善,归功于其强烈的环保意识和环境危机意识、完备的法律制度、严格的执法手段与高度普及的国民环保教育。新加坡从政府到民众上下同心,拥有健全的机构、高额投入、政企合作和合理的规划与运作模式。各政策后附有立法历史和各时期法律对比表,条理清晰、可追溯性强。

马来西亚环境政策较完善。1974 年,马来西亚出台了《环境质量法》,建立环境质量评议会,并规定了开会频次。设立了许可证制度,对大气、噪声、土壤、水污染做了具体部署。2001 年,马来西亚颁布了《2001 年环境质量(修订)法案》,添加地方政府的职责和权力,添加了限制露天焚烧等内容。2007 年,马来西亚议会又对《环境质量法》进行了修订,修改了第 34B 条的处罚内容。2012 年,马来西亚再次对《环境质量法》进行了修订。1996 年,马来西亚颁布《环境保护法规》规范了资源使用和环境可持续发展,违法者最高判罚三年监禁和一万令吉(马币)。2002 年,马来西亚颁布《环境保护制度》,设立环境保护委员会,规定任职期限和会议内容,设立环境保护基金以支持环保活动,建立环境上诉委员会和环境顾问委员会,以监督环境保护的具体执行。最后详细规定了对不同类型的违法者的相应处罚。水政策方面:1993 年,马来西亚出台了《废水服务法案》,旨在统一马来西亚全国的污水系统和污水服务事宜,提升马来西亚水治理能力和环境卫生。1998 年,马来西亚沙巴州颁布《水资源法案》,规定了水资源的使用、授权管理。2006 年,马来西亚出台了《水务行业法》,规定和管理供水服务及污水处理服务等事项。生物政策方面:马来西亚生物政策共 9 篇。1985 年,马来西亚颁布《林业研究与开发委员会法案》,用于管理基金及资助与之相关的研究等事项,建立了董事会和马来西亚森林研究所。1997 年,马来西亚颁布《野生生物保护法》,建立沙巴野生生物部,划定了野生生物保护区边界,规定了植物保护许可证等内容,并详细规定了相应处罚和禁止措施。1998 年,马来西亚出台了《野生生物保护条例》,保护动植物不受伤害,并对动植物的保护等级进行了分类。2004 年,颁布《新植物品种保护法案》,建立植物品种委员会和植物品种基金,并规定了违法犯罪行为和处罚方法。2007 年,出台《生物安全法案》,建立生物安全董事会并明确其职责,规定了动植物进出口和放生许可,制定了风险评估和紧急响应计划。2008 年,《濒危物种国际贸易法》出台,规定了管理当局和交易的计划种类,以及与执法相关的权力。2010 年,颁布《野生动物保护法》,旨在保护野生动物及其栖息地,详细规定了野生动物保护区的禁止行为和人类活动许可的范围。废物政策方面:马来西亚废物政策共 2 篇。2007 年,出台《固体废物和公共清洁管理法案》,旨在维持公共卫生、控制固体废物以及管理公共环境的清洁。批准固体废物管理设施的建造、改造或关闭。建立固体废物管理服务局作为管理机构,明确了固体废物储存、过渡和回收的途径。同年,马来西亚颁布了《固体废物和公共清洁管理公司法》,建立固体废物和公共清洁管理公司，由公司来管理基金、支付费用和进行投资。马来西亚其他政策包括核能政策等，涉及公共健康和放射性废物的处理。总体看来，马来西亚环境规制政策主要集中在生物政策和总政策的制定。此外，水政策和核能政策也有所涉及。马来西亚的环境法涉及面十分广泛，内容具体明确、逻辑清晰、奖惩分明，有利于作为实施和监督的依据。

印度尼西亚作为"千岛之国"，拥有世界排名第一的 17 508 个岛屿组成，自然资源多样，森林覆盖率为 67.8%，生物资源丰富。总政策方面：1982 年，印度尼西亚出台了《关于生活环境管理基本规定法》，违法者最高判处 10 年监禁和 1 亿卢比。1997 年颁布《环境管理法》，规定了管理机构、环境争议解决和合规要求等。2009 年颁布了《环境保护和管理法》，对环境管理进行了总体规划部署。但总体来看，印度尼西亚环境基础设施落后，污染较大。水政策方面：1983 年《印度尼西亚专属经济区法》设立印度尼西亚水域及自然资源保护规定。1974 年《水资源发展法》规定了水资源保护和利用规范，违法者最高惩处 500 万卢比和 2 年监禁。1996 年《共和国关于印度尼西亚水域的法案》规定了印度尼西亚水资源的保护、利用和管理。2004 年《水资源法》建立水资源信息系统，违法处罚最高 10.5 亿卢比、9 年监禁。生物政策方面：1999 年《林业事物法案》规定了森林管理、规划、使用制度划分、森林管理区的建立、林业教育和培训、争议处理等。2013 年《森林破坏的预防与消除规定》规定了预防和消除森林破坏，加强国际合作。1990 年《生物资源及其生态系统保护法》指出保护生态系统可持续发展的重要性。2000 年《植物多样性保护法》限定了保护范围，违法者最高判处 7 年、罚款最高 25 亿卢比。废物政策方面：2008 年《垃圾管理法》旨在合理处置生活垃圾以减轻其对环境的影响。违法者最高判处 9 年监禁、罚款 1 亿卢比。印度尼西亚其他政策包括能源政策等，建立了国家能源委员会和地区能源计划。总之，印度尼西亚环境规制政策主要集中在水资源和生物政策的制定。印度尼西亚的环境规制政策较笼统，可操作性和可执行度不强。印度尼西亚环境状况堪忧，近年来自然灾害频发。研究显示，自然灾害的主要原因是大规模森林砍伐导致水土涵养能力降低，使得印度尼西亚 83% 的国土是易受灾地区。

缅甸的环境法重视自然资源的保护与维持。2008 年，缅甸的宪法 4 次提及了环境保护，对生态环境和生物多样性较重视。2012 年，缅甸颁布《环境保护法》，旨在实现可持续发展，创造健康清洁的生存环境。成立环境保护委员会，并详细规定其职责和义务。重点提及城市环境、自然资源和文化遗产的保护。违法者将受到最高 5 年监禁和 200 万缅元的处罚。水资源方面：2006 年，缅甸出台了《水资源保护与河流法》，旨在更好地保护和利用水资源，该法规定了交通运输部的具体职责和权力。生物政策方面：1992 年，缅甸出台《林业法》，建立森林种植园，并规定了违法者最高罚款 5 万缅元、判处 7 年监禁。1994 年，缅甸颁布《野生生物保护和自然保护区法》，建立自然保护区、动物园和植物园以便于动植物保护和研究。违法者最高罚款 5 万缅元、判处 7 年监禁。缅甸其他政策包括《防止化学和相关材料法的危险》《原子能法》等，旨在合理利用资源，防治化学污染和能源污染从而保护环境。总体看来，缅甸的环境法，内容概括性较强，还有待进一步完善。

泰国矿产资源和鸟类资源丰富，森林面积占比高，其环境法涉及面较广。1992年，泰国出台了《加强和保护国家环境质量法案》，建立国家环境委员会，设立环境基金以支持国家环境发展。第三部分重点提及环境保护，树立环境质量标准和质量管理计划，并且详细规定了相应的处罚措施。2007年《泰国宪法》第八部分重点提及保护环境质量。生物政策方面：1964年，泰国颁布《国家保护森林法案》，明确了国家保护森林的范围，对其控制与保护做出详细规定，并且对违法者做出相应处罚。1999年，泰国颁布《植物品种保护法》，成立植物品种保护委员会，设立植物品种保护基金，违法者处以最高2年监禁，罚款40万泰铢。2008年，泰国修正了《植物检疫法》，设立植物检疫委员会，致力于保护植物免受病虫害或人为损害。2015年，泰国颁布《象牙法》，禁止在未提交许可证的情况下从事进出口贸易，避免人类以盈利为目的过度收取象牙，以保护大象的安全。其他政策包括能源和海洋政策等。总体看来，泰国环境规制政策主要集中在生物多样性政策的制定。

老挝环境保护总政策较多，涉及水政策和生物政策，其他政策涉及土地和采矿政策。总政策方面：《老挝宪法》第十九条中提及所有机构和公民必须保护环境和自然资源，包括地表、地下资源、森林、动植物、水资源和大气。1998年，《老挝农业法》中第65~68条提及环境保护，包括农业活动中的培植、动物保护、水产捕捞等，规定机构和公民必须在保护环境的前提下发展农业。1999年，老挝《环境保护法》规定了管理、监测、恢复和保护环境的必要原则、规则和措施，以保护公共，自然资源和生物多样性，并确保国家的可持续社会经济发展；规范自然和人文资源保护。老挝还成立了国家环境基金用于资源保护、教育以及一系列有利于保护环境的行动。此外，老挝还实行五级机构管理，从科技环境部到最后的乡村管理机构全方位、多层次实行环境保护。最后，该法规范了保护和破坏环境的奖惩措施，但未提及具体数额。2007年，老挝颁布了《标准法》，其中规定了环境标准，规范了允许释放污染物环境条件的特定限值或范围，并且建立了环境管理系统。该系统受到各方监督，以确保与环境有关的标准与法律的执行。此外，该法也规定了消费者与供应者在环境保护中的权利与义务。2013年，老挝修订了《环境保护法》，在其中新加入了环境保护政策及适用范围、对环境的影响、环境预防和评估、污染控制和废物处置、环境认证与许可、自然资源的保护与利用、突发事件预防措施和环境检查等，并在原法基础上对条文进行了修订，旨在维持社会发展与自然环境之间的平衡。水政策方面：1996年，老挝《水与水资源法》的出台旨在保护水资源的可持续利用，在经济发展的同时确保环境不受损害。该法对水与水资源做出明确定义、规范了水和水资源的使用，强调了保护上游水资源的重要性，部署了水质量监控、水污染防治和水资源的国际合作。该法涉及水资源管理的条文较全面，但未提及具体措施和奖惩情况。老挝国内80%都是山地和高原，森林覆盖面积大，因此生物多样性政策较多：2007年，老挝出台了《野生动物和水生生物法》，旨在保护野生动物和水生生物的可持续发展，保护野生动物和水生动物栖息地不受人为侵害。该法指定野生动物与水生动物管理组织（即森林与森林资源保护组织）为主要负责机构。若违反该法将处以罚款，严重的将处以刑事责任。但该法仍未明确具体的奖惩措施，仅简要概括，不利于法律的实行。1996年，老挝颁布《林业法》，该法规定了森林和林地使用规则、用户的权利和义务，规定农林部为主要监督机构。最后规范了对违法者的措施，包括教育、罚款、刑事处罚以及其他，并规定了具体数额，轻则处以罚款，重则处以 3 个月至 5 年的刑事处罚等。2007 年，老挝颁布新《林业法》，添加了国际合作等项目。2008 年，老挝颁布《老挝人民民主共和国国民议会关于批准植物保护法的决议》。该决议旨在控制植物病虫害，以确保植物、人类和动物的安全卫生。该决议涉及国内外植物保护、过境植物和运输工具的检查、检验检疫、机构与企业责任和奖励与惩罚等。老挝的其他政策包括采矿政策、能源政策和土地政策。其中，尤为注重对土地的保护，对土地分类明确，分为农田用地、森林用地、水域用地、工业用地等 9 种。然而，老挝虽颁布较多环境规制政策，但都以概述为主，不严格提及具体数额与标准，造成在执行层面问题较多。

柬埔寨的环境立法体系包括宪法、基本法律以及关于环境保护的单行法，如《水污染管理法》；还有政府制定的环境标准，如《环境空气质量标准》；还有加入的国际法中的环境保护法规，包括空气污染、噪声、垃圾处理以及水资源污染等方面。总政策方面：1993 年《柬埔寨宪法》第 58、59 条指出保护环境和自然资源平衡的重要性。1996 年，柬埔寨颁布法令，建立环境部来管辖环保相关事宜。同年，《环境保护和自然资源管理法》指定环境部为主要环评负责机构，违法者处以 50 万~5000 万瑞尔的罚款，造成严重后果者承担刑事责任。水资源方面：2007 年，柬埔寨颁布《柬埔寨王国水资源管理法》，该法规定水资源管理局（MOWRAM）应保持水资源库存记录，建立统一的国家水资源计划。柬埔寨实行用水许可证制度，规定流域上下游使用者的相应权利。在国际河流领域，重点提及湄公河流域的航运。违反本法者处以单次 20 万~1000 万瑞尔的罚款以及最高 5 年监禁。生物政策方面：1971 年，柬埔寨采纳了《关于国际重要性湿地公约特别是作为水禽栖息地的公约》。2002 年，柬埔寨颁布《林业法》，规定了森林的可持续管理、野生动物保护，设立再造林和国家森林发展基金，对于林业违法行为进行处罚，最高判处 10 年监禁和 1 亿瑞尔的处罚。2008 年，柬埔寨出台了《保护区法》，明确规定了保护区的范围和分类，由环境部做国家保护区战略管理计划和国家战略湿地计划。违法者单次判处最高十年监禁和 2.5 亿瑞尔的罚款，惩罚力度大，监管较严厉。柬埔寨其他政策包括电力政策等。总的来说，柬埔寨环境规制政策主要集中在生物和自然保护区政策上，对于违规者处罚较严厉，处罚措施具体明晰。

越南矿产资源丰富，环境规制政策较多。总政策方面：1993 年，越南《环保法》出台，旨在克服环境退化、加强国际合作、进行环境监察和争议解决。2005 年，《环保法修正案》颁布，规定了环保政策措施、企业、家庭和个人的责任和义务等，公布了环境标准，对市中心和住宅区、海洋和水资源、废物等进行了部署，使该法案更加全面和完善。2014 年《环保法》新修正案颁布，增加了应对气候变化的部分，污染控制、环境修复与改进部分环保组织和社区的责任等。该法案增加了破坏环境的赔偿部分，建议企业购买环境损害赔偿责任保险。2006 年，《标准和技术法规法》规定了技术标准，其中多次以保护环境、生物多样性、人类健康和自然资源为标准和前提。2010 年《环保税法》规定了需缴纳环保税的产品范围，包括石油、煤炭和塑料袋等对环境有所危害的物品；公布了收税基准、申报、计算、支付和退还等环节，其中税率最高的"应税塑料袋"项目每公斤收税高达 3 万~5 万越南盾。2013 年，《越南社会主义共和国宪法》第 43 条、50 条和 63 条强调保护环境、合理利用自然资源、保护生物多样性、应对自然灾害和响应气候变化的重要性，并鼓励个人和实体循环利用能源，破坏环境者将受到严厉罚款和赔偿。同年，《节俭实践和打击浪费法》出台，旨在鼓励政府部门、企业和个人节约资源和节省开支、减少不必要的浪费，并规定了争议解决流程。水政策方面：2015 年《海洋与岛屿资源与环境法》出台，旨在可持续开发和使用海洋和岛屿资源；提倡保护海洋和岛屿环境、开展基线调查和科学研究以科学地使用资源；注重污染防治，建立海洋和岛屿资源与环境信息数据库，集中监测环境变化。1998 年，《水资源法》规范了水资源的开发和利用，预防和克服洪水灾害的影响，开展水利工程和水资源国际合作，并明确了违法行为的处罚和处理措施。2012 年《水资源法》修正案，开展水资源基础调查，保护并合理开发水资源。2004 年《内陆水路航行法》多次提及环境保护。生物政策方面：1991 年，《森林资源保护与开发法》出台，部署了森林和种植园土地的利用和开发，倡导加强国际合作，明确了对违法行为的行政或刑事责任。1989 年《水生生物资源的保护与管理条例》出台，规范了水生生物和资源的保护。2004 年《森林保护和发展法》颁布，制定了森林保护和发展计划，部署了森林发展和利用，明确了森林所有者的权利和义务，规定了争议解决和违法处理流程。《生物多样性法》于 2008 年出台，制定了生物多样性保护计划，规定了自然生态系统、生物物种和基因资源的保护和可持续发展措施，展开了生物多样性领域的国际合作，明确了可持续发展的体制机制。2013 年《植物保护和检疫法》，旨在控制对植被有害的有机物，管理农药的使用。由农业和农村发展部、自然资源与环境部联手合作，增强对植物的保护和监管。其他政策包括电力、能源和渔业政策等，鼓励企业和民众节约能源、高效用电、保护生物及海洋环境。政策显示，越南从 2010 年起加重了对违反环保法的有关组织、个人、单位和企业的处罚，高达 5 亿越南盾。同时，企业可能面临强制解体和生态环境赔偿。总体看来，越南环境规制政策主要集中在水资源与生物多样性政策的制定。此外，能源与电力政策也有所涉及。越南环保政策严苛，违法处罚严厉，因此实施状况良好，环境状况日益向好发展。

文莱作为亚洲最富有的国家之一，石油储量和产量仅次于印度尼西亚居亚洲第二。森林覆盖面积占国土面积的 39%，多为原始森林，生物种类丰富。海洋政策方面：2005 年，文莱出台了《海洋污染防治令》，旨在防止仪器（石油）、船只污染海洋水域，保护海洋环境健康可持续发展。生物政策方面：2013 年，文莱颁布《森林法修正案》，最早起源于 1934 年，已经过数次修正。实行许可证和使用许可制度，建立森林发展基金以保护森林、开展研究和建立民众的保护意识。违法者判处 5 万美元罚款、最高 5 年监禁。2009 年，文莱颁布《自然公园法》修正案。旨在规划公园生态系统的保护、利用和维护。违法者最高判处 1 年监禁，最高罚款 100 万元。文莱其他政策包括《毒药法》等，涉及毒药的进出口和销售。总体看来，文莱环境规制政策主要集中在自然资源政策的制定，政策内容条理清晰，将原有法规附在政策之后，可追溯性强，有利于作为实施和监督的依据。

菲律宾环境规制政策的数量非常多。涉及总政策、空气、土壤、水、生物多样性以及能源等各个方面。总政策方面：1976 年的《污染控制法》规定了国家应防治水、空气和土地的污染，以更有效地利用本国资源。建立了国家污染控制委员会及其咨询委员会，规范了其责任和义务。违法者最高处以 5000 比索的罚款、最高 6 年监禁。1978 年第 1586 号总统令《建立环境影响声明系统，包括其他环境管理相关措施和其他目的》出台。该法令倡导社会经济增长和环境保护之间应保持合理有序的平衡，建立环境影响声明系统，并规定了管理和资金支持。违法者由国家环境保护委员会处以最高 5 万比索的罚款。1987 年《菲律宾宪法》提及重视水、矿物、油气、能源、渔业、森林和野生动物等自然资源的保护，以促进生态可持续发展。同年，192 号行政法令将环境、能源与自然资源部进行重组，并更名为环境和自然资源部，明确其职能结构和权利义务。1988 年《菲律宾环境法典》规范了空气、水、陆地使用、自然资源保护、废物管理等环境保护的各个方面，树立了环境保护的立法体系，构造了菲律宾环境政策的基本框架。2008 年《国家环境意识和教育法案》出台，规定了环境教育的范围，建立国家服务培训项目，把每年的 11 月定为"环境意识月"，以促进公民的环境保护意识。1992 年《Palawan 战略环境计划》为 Palawan 地区制定了环保计划，创建行政机构机制，为其提供资金、支持人员等，以促进该地区的环境可持续发展。2012 年《规范环境规划实践的法案》颁布，系统规范了菲律宾环境规制的计划和方案，以及其具体的实施细则。2014 年《环境保护法》对环境保护计划、战略评估、自然资源使用和维护、应对气候变化的措施、海洋、岛屿、水、土壤及空气的保护、生产活动对环境的影响、废物管理进行了规范，还制定了环境技术法规和标准，倡导环境保护的国际合作，提出了环境争议的解决和环境损害的赔偿，全面而系统地规划了菲律宾环境保护的各个领域。

除了总政策之外，菲律宾还有诸多各领域政策。空气政策方面：菲涉及气候的环境规制政策始于《1999 年菲律宾清洁空气法案》，该法案规定国家应注重生态和谐，保证人民享有平衡健康的生态。在制定综合空气质量改进框架的基础上，建立排放收费系统和空气质量管理基金。分别从固定污染源、机动车污染、燃料和其他（臭氧、温室气体等）污染物方面进行了规定，同时也对违规行为规定了惩处措施。2009 年菲律宾国会第 14 次大会上通过了《2009 年气候变化法案》。在 1999 年法案的基础上，该法案呼吁在总统办公室下设一个由气候专家组成的气候变化委员会，每三个月定期召开例会并制定气候变化行动计划。该法案还规定每年划拨一定资金以开展气候变化方面的培训教育，增强民众节能环保意识。另设立一个国会监督联合委员会来监督法案的实施，督促气候变化委员会定期发布年度报告。2012 年，菲政府召开国会第 15 次大会，对《2009 年气候变化法案》做出了进一步修订。其中对应对气候变化的资金来源等方面进行详细规定，包括准许气候变化委员会接受国内外赠款（在不挪用到其他业务支出的基础上）；创立人民生存基金（PSF）用于在国家战略框架基础上推广有关气候项目和计划，并规定了资金分配的有限次序。水政策方面：1995 年，菲律宾颁布《1995 年国家水危机法案》，宣布全国采取紧急措施解决全国性水危机。该法案规定在生效一个月内成立联合行政——立法水危机委员会，并规定了委员会权力和职能、部门重组、违规处罚和可分离性条款等内容。2004 年 3 月，为保存和恢复水资源，促进经济的可持续增长，《2004 年菲律宾清洁水法案》正式出台，该法案覆盖了所有水体的水质管理，规定由国家水资源委员会（NWRB）指定某些地区为水质管理区，通过地方财税和服务费制度为污水设施的运营和维护提供补贴；同时设立国家和地方水质管理基金，作为水质检测和处理的资金来源；另拨款1亿比索投入水质处理。该法案明确了奖惩措施和管理体制机制，全方位规划了保护国内水资源的总体策略。由于菲律宾水务立法的不健全，2000年，该国出台了《菲律宾水法》，基于水资源综合和多用途管理的理念，积极推进水资源管理工作，以充分满足国家未来发展需要。水法详细制定了保护和合理利用水资源的原则和框架，确定了用水户和所有者的权利和义务，并指定理事会专门实施奖惩监督，其中，最高惩罚高达10 000比索和10年监禁。生物政策方面：1975年，菲律宾出台了《林业改革守则》，该守则对国内林地进行了明确分类，以便于最大限度地管理和利用国内公共土地，以满足人民日益增长的物质需要。1992年，菲律宾颁布了《国家综合保护区系统法》，在该法中明确指出人口增长、资源开发和工业发展等人类活动会对自然环境，尤其是生物多样性造成巨大影响。为确保可持续发展，菲律宾政府建立了一个综合保护区系统（NIPAS），通过国家、地方政府和私营组织等机构的密切合作来保护生物多样性和可持续发展。1998年，菲律宾为规范渔业和水产资源的开发、管理和养护，特别出台了《渔业守则》，关注食品安全和公民的身体健康，保持国家海域水产资源的可持续发展和良好的生态平衡；规定了最大可持续产量（MSY）和总许可捕捞量（TAC）；旨在保护水产资源的基础上对海洋和深海资源进行优化利用和技术升级。从废物政策来看：1990年，菲律宾颁布了《1990年有毒物质和危险废物和核废物管制法案》。该法案规定、限制或禁止对健康或环境造成伤害的化学物质和混合物的进口、制造、加工、销售、分销、使用和处置；禁止危险废物和核废物（包括在运输过程中）进入菲律宾的领土范围；并为有毒化学品的研究提供了便利。2000年，菲律宾出台了《生态固体废物管理法》。该法旨在创建必要的机构机制和激励措施，宣布禁止行为并提供惩罚，提供生态固体废物管理计划，为其筹集资金或实现其他目的。菲律宾成立国家固体废物管理委员会，下设国家生态中心为其提供信息咨询等服务；设立国家及地方固体废物管理框架，规定废物收集、回收、处理条例和相应奖惩措施；对于废物处理批准年度拨款2000万比索的预算，受国会联合监督委员会监督。此外，其他政策方面：2001年，菲律宾颁布了共和国第9106号法令——《SAGAY海洋保护法》，该法宣布了该海域范围及管理规范，成立Sagay海洋保护区管理委员会（PAMB-SMR）主要负责保护区的监管，并且对违反者处以5000～50万比索赔偿和1～6年监禁的处罚。此法为菲律宾海洋保护区的管理树立了典范。2007年，菲律宾出台了《油污赔偿法案》，规定了海洋污染的损害赔偿责任，违反该法案应承担最低不少于10万比索，最高金额高达150万比索的赔偿。该法案的出台对海洋保护进行了严格规范，为防止石油污染做出了巨大的贡献。

虽然菲律宾环境保护政策数量较多，但执行力度不强，仍然面临严峻的环境问题，尤其是固体废物的污染问题。

东盟地区环境规制汇总如表4-8所示。

表 4-8 东盟地区环境规制汇总

国家	属性	年份	环境规制
新加坡	总政策	2002	《国家环境署法案》，设立国家环境署
		2014	《环境公共卫生法》修正案、《环境保护和管理法》修正案
	水政策	2008	《海上污染防治法》修正案
		2015	《污水与排水法》修正案
	空气政策	2014	《跨界雾霾污染法》
	生物政策	1989	《濒危物种（进出口）法案》
		2014	《濒危物种（进出口）法案修正案》
		2002	《家畜法案》
	废物政策	1991	《辐射防护法》，多次修正
		1997	《危险废物（进、出口、过境控制）法》
马来西亚	总政策	1974	《环境质量法》
		2001	《2001年环境质量（修订）法案》
		2007	《环境质量法》修订
		2012	《环境质量法》修订
		2002	《环境保护制度》
	水政策	1933	《废水服务法案》
		1998	《水资源法案》
		2006	《水务行业法》
	生物政策	1985	《林业研究与开发委员会法案》
		1997	《野生生物保护法》
		1998	《野生生物保护条例》
		2004	《新植物品种保护法案》
		2007	《生物安全法案》
		2008	《濒危物种国际贸易法》
		2010	《野生动物保护法》
	废物政策	2007	《固体废物和公共清洁管理法案》
		2007	《固体废物和公共清洁管理公司法》
印度尼西亚	总政策	1982	《关于生活环境管理基本规定法》
		1997	《环境管理法》
		2009	《环境保护和管理法》
	水政策	1974	《水资源发展法》
		1983	《印度尼西亚专属经济区法》
		1996	《共和国关于印度尼西亚水域的法案》
		2004	《水资源法》

续表

国家	属性	年份	环境规制
印度尼西亚	生物政策	1999	《林业事物法案》
		2013	《森林破坏的预防与消除规定》
		1990	《生物资源及其生态系统保护法》
		2000	《植物多样性保护法》
	废物政策	2008	《垃圾管理法》
缅甸	总政策	2008	宪法4次提及了环境保护，对保护野生动植物、自然保护区
		2012	《环境保护法》，成立环境保护委员会
	水政策	2006	《水资源保护与河流法》
	生物政策	1992	《林业法》
		1994	《野生生物保护和自然保护区法》
	其他政策		《防止化学和相关材料法的危险》《原子能法》
泰国	总政策	1992	《加强和保护国家环境质量法案》，建立国家环境委员会，设立环境基金
		2007	《泰国宪法》第八部分重点提及保护环境质量
	生物政策	1964	《国家保护森林法案》
		1999	《植物品种保护法》
		2008	修正《植物检疫法》
		2015	《象牙法》
	其他政策		涉及能源和海洋政策等
老挝	总政策		《老挝宪法》第19条中提及所有机构和公民必须保护环境和自然资源
		1998	《老挝农业法》中第65~68条提及环境保护，包括农业活动中的培植、动物保护、水产捕捞等
		1999	《环境保护法》，成立了国家环境基金，实行五级机构管理
		2007	《标准法》
		2013	修订了《环境保护法》
	水政策	1996	《水与水资源法》
	生物政策	2007	《野生动物和水生生物法》
		1996	《林业法》
		2007	新《林业法》
		2008	《老挝人民民主共和国国民议会关于批准植物保护法的决议》
柬埔寨	总政策	1993	《柬埔寨宪法》第58、59条指出保护环境和自然资源平衡的重要性
		1996	《环境保护和自然资源管理法》
	水政策	2007	《柬埔寨王国水资源管理法》
		1971	采纳了《关于国际重要性湿地公约特别是作为水禽栖息地的公约》
	生物政策	2002	《林业法》
		2008	《保护区法》

续表

国家	属性	年份	环境规制
越南	总政策	1993	《环保法》
		2005	《环保法修正案》颁布
		2014	《环保法》新修正案
		2006	《标准和技术法规法》
		2010	《环保税法》
		2013	《节俭实践和打击浪费法》 《越南社会主义共和国宪法》第43条、50条和63条提出保护环境、合理利用自然资源、保护生物多样性、应对自然灾害和响应气候变化的重要性等
		2015	《海洋与岛屿资源与环境法》
	水政策	1998	《水资源法》
		2012	《水资源法》修正案
		2004	《内陆水路航行法》多次提及环境保护
	生物政策	1991	《森林资源保护与开发法》
		1989	《水生生物资源的保护与管理条例》出台
		2004	《森林保护和发展法》
		2008	《生物多样性法》
		2013	《植物保护和检疫法》
文莱	海洋政策	2005	《海洋污染防治令》
	生物政策	1934	《森林法》
		2013	《森林法修正案》
		2009	《自然公园法》修正案
	其他政策		《毒药法》
菲律宾	总政策	1976	《污染控制法》
		1978	第1586号总统令《建立环境影响声明系统,包括其他环境管理相关措施和其他目的》出台
		1987	《菲律宾宪法》提及重视水、矿物、油气、能源、渔业、森林和野生动物等自然资源的保护
		1987	192号行政法令将环境、能源与自然资源部进行重组,并更名为环境和自然资源部
		1988	《菲律宾环境法典》
		2008	《国家环境意识和教育法案》
		1992	《Palawan战略环境计划》
		2012	《规范环境规划实践的法案》
		2014	《环境保护法》

续表

国家	属性	年份	环境规制
菲律宾	空气政策	1999	《1999年菲律宾清洁空气法案》
		2009	《2009年气候变化法案》
		2012	对《2009年气候变化法案》做出了进一步修订
	水政策	1995	《1995年国家水危机法案》
		2004	《2004年菲律宾清洁水法案》
		2000	《菲律宾水法》
	生物政策	1975	《林业改革守则》
		1992	《国家综合保护区系统法》
		1998	《渔业守则》
	废物政策	1990	《1990年有毒物质和危险废物和核废物管制法案》
		2000	《生态固体废物管理法》
	其他政策	2001	菲律宾共和国第9106号法令——《SAGAY海洋保护法》
		2007	《油污赔偿法案》

纵观东盟地区环境政策，虽然是发展中国家，但近来随着该地区环保意识的增强和经济社会状况的改善，印度尼西亚、越南等多国在环境政策的制定上已经堪比发达国家，但实际实施方面还有待落实。东盟地区总体环境规制比较严厉，有利于环境保护与可持续发展。

4.3.2 南亚地区典型国家环境规制

南亚地区参与"一带一路"倡议的国家总共有8个，分别是印度、不丹、斯里兰卡、尼泊尔、阿富汗、巴基斯坦、马尔代夫和孟加拉国。

印度的环境保护政策虽然与发达国家相比，差距仍比较大。但从1995至今二十多年的时间里，在解决生态问题和提高环境质量这两个方面，印度取得的进步已经排在世界前列，并取得了一系列成果。如2002年4月，印度颁布了《国家水政策》，从对国家水政策颁布的必要性、信息系统的建立、水资源规划、制度机制、水资源配置优先级、水资源发展项目计划、数据收集与处理、科学与技术手段等方面入手，全方位覆盖水资源的分配与发展。在渔业方面，2004年1月，印度出台了《国家水库渔业政策》从所有权、运营战略、租赁或拍卖周期、管理策略、后发展战略、保全措施、执法措施和评估等9个方面对国家水库渔业资源的管理进行了全面的规划。该政策致力于通过渔民和企业家的积极介入，科学管理国家广泛而宝贵的水库资源，从而为国家和人民创造可观的收入。2006年5月，印度颁布了《国家环境政策》，分析了印度国内环境面临的挑战（成因及其影响），由此提出国内环境政策的发展目标、原则、战略及行动，具体包括环境规制、环境标准、清洁技术、环境意识、教育信息、国际合作、环境政策等。该政策旨在对印度国内的环境保护进行整体的规划与部署。除上述政策外，印度在太阳能领域也颁布了相关政策。2010年《查谟和克什米尔地区的太阳能政策》介绍了太阳能政策的必要性、政策目标、运行期限、容量、合格单位、发展太阳能工厂的分配程序、评估标准、项目的自我鉴定、对发电商的鼓励、政府促进机构和监管等方面，细致而深入地介绍了印度两个重要地区太阳能发电的各方面发展。该政策对太阳能在印度的发展发挥了重要的引领作用。由此可见，印度并非缺乏环境保护政策，而是缺乏政策的正确实施，如何建立一个理想和现实、立法和实施相互结合的社会，是印度环境保护的下一个关键任务。

不丹是世界十大环保国家之一，人口虽少，国土面积不大，但却是世界上唯一一个碳排放为零的国家，也是唯一提出"国民幸福总值"比"国民生产总值"更重要的国家。不丹历来十分重视环境保护。1969年，不丹颁布《森林法案》，阐述了森林资源的重要性及保护措施，以及违反法令的处罚做出了明确规定，为环境保护相关法律的制定打下了坚实的基础。1994年《不丹保护方案》出台。该方案介绍了不丹的环境保护状况、保护的生物学意义、当下的环境威胁和结论。该方案意义重大，对不丹可持续的经济发展起到了前瞻性的促进作用。为进一步部署国家环境规划，在1998年，不丹国家环境委员会颁布了《中间路径——不丹国家环境战略》。该战略提出了不丹可持续发展中间路径的内涵，将实现可持续发展提升至国家战略，分析了可持续发展的影响，并概括了跨部门的需求及其他相关的问题。该战略为不丹的经济发展提供了全新的视角，奠定了环境友好的基础。21世纪以来，不丹加快了可持续发展的步伐。在2000的开局之年，不丹国家环境委员会发布了《环境评估法案》，其中规定了国家环境委员会、秘书和主管当局三大环境管辖机构的具体职责，对于紧急情况的处理、违规处罚和争议解决等也做出了详细的成文规定。2002年，不丹国家环境委员会发布了《不丹：里约之路》，分析了国家地理、人文及政治环境，从国际合作和可持续性等多方面介绍了该国经济和社会层面的可持续发展，从大气、森林、生物多样性和淡水管理等方面阐述了资源保护与管理的重要性，最后强调了加强重点群体如妇女、青少年等在环境保护进程中的作用，加快可持续发展的全覆盖。2007年《国家环境保护法案》出台，该法案提出了环境保护的原则、环保监管组织、环境保护的具体内容（包括废物管理、森林保护、生物多样性等），并且对执法、犯罪和处罚列明了规范。该法案全面涵盖了环境保护的方方面面。同年，不丹国家环境委员会相继出台了两个政策规划——《不丹水视野》和《不丹水政策》。其中，《不丹水视野2025》介绍了该国资源现状、河流流域、降水分布、发生的变化及变化的驱动力、面临的挑战、未来的目标和国家的责任等，全方位地对不丹的水资源发展进行了全景概览和未来规划。另外，《不丹水政策》从不丹水政策的必要性、用户的利益和特权、水资源开发和管理的原则、水资源管理体制发展等方面，介绍了不丹水资源的使用、管理和布局，进而又提到国际水域的水资源分布，旨在从总体上对国家水资源进行综合管理和利用。2009年，不丹颁布《废物预防和管理法案》，其中明确了废物预防和管理的原则、废物的分类管理要求，规范了实施机构的权利和义务，以及费用和资金来源，最后列示了违规的处罚。该法案对废物进行了全面治理，并于2016年进行了重新修订和拓展。2010年11月，不丹国家环境委员会进一步出台了《环境标准》。其中，分别详细制定了环境水质标准、工业污水排放标准、

污水排放标准、环境空气质量标准、工业排放标准、工作场所排放标准、车辆排放标准和噪声水平限制标准,旨在对国家环境进行全面综合管理。《不丹空气质量评估与管理战略》的出台对不丹的空气质量现状进行了详尽的分析,并就空气质量指标计划和车辆、工业排放标准进行了系统部署,建立较完善的空气质量管理体系。2012年,不丹国家环境委员会颁布了《车辆冲洗指南》。该指南对环境问题进行了介绍,并进一步提出了建立洗车设施的一般标准、具体建议和最终的执行安排。该指南为规范车辆清洗设施的污水排放标准提供了指导性建议。

2014年,亚洲发展银行发布了《不丹环境政策与法律的回顾与概要》。其内容包括当下背景的概述,对环境法、司法及环境政策法规的回顾和简介,以对环境政策法规进行系统的梳理和回顾,为未来的政策制定奠定基础。同年,《不丹水法案》的提出为环境与经济的协调发展注入了新的活力。该法案规定了各主管部门的职责分工,设立了用水户协会。从河流流域到灌溉用水和饮用水,从水源的获取到水箱的清洗再到污水的排放,该法案中都有明确的规定。该法案全面而广泛地对水资源进行了完整规划,对不丹国内的整体用水起到了指导性作用。2016年《项目环境清洁规定》出台,规范了环境清理的申请程序、环境评估过程、相关机构检测、执法和报告的流程,以及其他事项。该规定对环境的绿色可持续发展起到了促进作用。不丹的环境保护政策非常多,且覆盖面广、十分完善。这体现出不丹人民保护环境的先进意识和对国家资源的爱护。

斯里兰卡环保意识愈发强烈,其环保人士在2016巴黎气候协定时曾公开对该国环境状况表示担忧。2010年,斯里兰卡环境与自然资源部出台了《主要环境政策清单》。其中,分别罗列了1995~2006年国家主要环境政策:1995年出台的《国家林业政策》为保护国家原始森林、生物多样性以及土壤和水资源指明了方向;提出了增加森林覆盖率,以满足未来产品与服务的需求;提出了重视林业对农村人口福利的贡献,使国民经济公平有序发展。1998年,斯里兰卡与中国签订《中华人民共和国国家环境保护总局与斯里兰卡民主社会主义共和国森林与环境部环境保护合作协定》,寻求长期合作。2000年颁布了两大政策:①《国家野生动物保护政策》。它重申了政府对生态、野生动物和遗传多样性保护的承诺。②《国家空气质量管理政策》。它旨在保持良好的空气质量,以减少空气污染造成的疾病和国家卫生支出,并在此基础上增加工业和旅游业的国民收入。继而,在2003年,为促进健全的环境管理、平衡社会经济发展和环境可持续化发展的双重需求,出台了《国家环境政策》。斯里兰卡当局还在2004年颁布了《国家流域管理政策》和《清洁生产政策》,分别对河流流域管理和清洁生产理念进行了部署。2005年《国家生物安全政策》建立了生物安全措施的整体框架,以保障人类健康和避免环境风险,同时从现代生物技术中获取潜在的利益。同年,《国家湿地政策》出台,旨在保护国家湿地资源,落实国内政策及国际公约中所议定的承诺。2006年,《国家建筑业沙子资源政策》和《大象保护政策》出台,分别对保护国家自然资源和重要动物起到了重要作用。此外,2007年《国家固体废物管理政策》的制定致力于解决有关机构废物管理不足造成的环境问题,将对国家整体环境状况做出有力的贡献。斯里兰卡公众环保意识虽有所提高,但仍需加强政策执行的可行性,加大执法力度。

尼泊尔环境保护政策较少，政策有待补充和完善。2006年11月，尼泊尔出台了《农村能源政策》，该政策倡导合理开发利用农村能源、合理分配农村资源，把农村能源资源与社会经济活动结合起来，提高生产力、提升农村人口的生活水平，确保农村获得清洁可靠的能源，为农村减贫和环境保护做出贡献。2018年，在全球调查的180个国家中，尼泊尔空气质量最差，排名垫底。EPI得分说明国家在可持续发展方面具有领先优势，但在180个国家中，尼泊尔排名仅在176位，环境保护面临严峻挑战。

阿富汗生态环境问题由来已久。2007年，阿富汗出台环境法，从整体上对水资源、生物多样性和自然资源的保护和管理进行了部署，开展环境信息收集和环境调查，对民众进行教育和培训，并监督法律的实行。阿富汗其他政策包括矿产法和种子法，其中，矿产法提及开展环境管理计划、制定环境影响声明，在国家环保局的监督下，以不破坏环境为条件合理开发矿产资源。阿富汗环境问题有如下原因：①阿富汗生态环境多山地，本身就具有一定的脆弱性；②由于连年的持续战乱而长久忽视了环境危机，许多土地无法耕种、森林毁于战火，严峻的环境问题如干旱等已经造成了大量环境难民，阻碍了国家的发展；③阿富汗政府在生态治理上有所欠缺，阿富汗环境政策还有待完善，实施具体情况有待落实。

巴基斯坦基础环保法律法规包括《巴基斯坦环境保护法》《国家环境政策》《巴基斯坦环境影响评价规则》等。环保法律法规主要包括：①土壤保持；②森林保护；③大气污染防治；④水体保护。污染赔偿方面，处罚最高100万卢比罚款，事故危害期间可并处每天10万卢比罚款。有此类犯罪前科的，处罚更严重。其行政部门环境部根据《环境保护法》制定相关环保政策，由其下设的环保局与各省环境部门具体负责相关法规的实施。虽然巴基斯坦在1983年就颁布首个环保法律框架，是亚太地区最早进行环保立法的国家。环保法律较成熟，注重环保意识，但实施情况并不乐观，尤其是贫民区的环境状况非常糟糕，有待将法律法规加以落实。

马尔代夫地处印度洋中心，由于极低的海拔而成为受海平面上升威胁最大的国家。其生态系统脆弱而独特，因此吸引了世界各国的游客，但度假村消耗的淡水和电力也造成了一定的环境破坏。1993年《环境保护与维护法》指出马尔代夫的环境是人类的宝贵遗产，必须进行保护和维持，该法规定了废物处理及违法处罚，最高可惩处1亿拉菲亚（马尔代夫货币）。2008年《马尔代夫宪法》第22条规定："国家有义务保护国家的自然环境、生物多样性、资源和美景。国家应通过生态平衡的可持续发展来实现和促进理想的经济和社会目标。"其他法律涉及1999年《旅游法》、2002年《土地法》，都是从马尔代夫独特的生态状况出发，呼吁环境保护。总之，马尔代夫环境政策数量较少，在促进旅游的同时提倡保护其独特的自然生态资源，但落实情况不太理想。

孟加拉国是全世界最贫穷落后、人口密度最大、卫生条件最差的国家之一。其环境规制法律数量较多，但当地生存环境状况极差。孟加拉国主要环保政策有：1977年《环境污染控制条例》、1995年《环境保护法》（2010年修订）、2000年《环境法庭法》（2002年修订）。水资源方面：1974年出台《领海和海洋区法案》，2000年颁布《水发展委员会法》。生物政策方面：1904年出台《公共公园法》（1973年修订），1998年出台《生物多样性和社区知识保护法》，2012年颁布《野生动物（保护和安全）法案》。其他政策包括：

1974年《孟加拉国石油法案》、1993年《核安全与辐射控制法以及关于海洋保护的法律》。虽然这些法律涉及面广,但多数未落到实处,当地生态环境仍然极为恶劣。

南亚地区典型国家环境规制汇总如表4-9所示。

表4-9 南亚地区典型国家环境规制汇总

国家	属性	年份	环境规制
印度	总政策	2006	《国家环境政策》
	水政策	2002	《国家水政策》
	生物政策	2004	《国家水库渔业政策》
	其他政策	2010	《查谟和克什米尔地区的太阳能政策》
不丹	总政策	1994	《不丹保护方案》
		1998	《中间路径——不丹国家环境战略》
		2000	《环境评估法案》
		2002	《不丹:里约之路》
		2007	《国家环境保护法案》
		2010	《环境标准》《不丹空气质量评估与管理战略》
		2016	《项目环境清洁规定》
	水政策	2007	《不丹水视野》和《不丹水政策》
		2014	《不丹水法案》
	废物政策	2009	《废物预防和管理法案》
		2016	《废物预防和管理法案》修订
	生物政策	1969	《森林法案》
	其他政策	2012	《车辆冲洗指南》
斯里兰卡	总政策	2003	《国家环境政策》
	生物政策	1995	《国家林业政策》
		1998	与中国签订《中华人民共和国国家环境保护总局与斯里兰卡民主社会主义共和国森林与环境部环境保护合作协定》
		2000	《国家野生动物保护政策》
		2005	《国家生物安全政策》
		2005	《国家湿地政策》
	空气政策	2000	《国家空气质量管理政策》
	水政策	2004	《国家流域管理政策》
	废物政策	2007	《国家固体废物管理政策》
	能源政策	2006	《农村能源政策》
	其他政策	2004	《清洁生产政策》
		2006	《国家建筑业沙子资源政策》《大象保护政策》

续表

国家	属性	年份	环境规制
阿富汗	总政策	2007	《环境法》
	其他政策		《矿产法》《种子法》
巴基斯坦	总政策		《巴基斯坦环境保护法》
			《国家环境政策》
			《巴基斯坦环境影响评价规则》
	土壤政策		《国家抵制土地沙化和风化行动计划》，建立国家控制沙化基金
马尔代夫	总政策	1993	《环境保护与维护法》
		2008	《马尔代夫宪法》第22条规定："国家有义务保护和保护国家的自然环境、生物多样性、资源和美景，造福于今世后代
	其他政策	1999	《旅游法》
		2002	《土地法》
孟加拉国	总政策	1977	《环境污染控制条例》
		1995	《环境保护法》
		2000	《环境法庭法》
		2002	《环境法庭法》修订
		2010	《环境保护法》修订
	水政策	1974	《领海和海洋区法案》
		2000	《水发展委员会法》
	生物政策	1904	《公共公园法》
		1973	《公共公园法》修订
		1998	《生物多样性和社区知识保护法》
		2012	《野生动物（保护和安全）法案》
	其他政策	1974	《孟加拉国石油法案》
		1993	《核安全与辐射控制法以及关于海洋保护的法律》

南亚环境政策近年来有所进步，原来被环境问题所困扰的印度、斯里兰卡和阿富汗，都意识到寻求可持续发展、保护环境和生态体系的重要性，并且取得了初步成果。不丹一直是环境保护的先锋。备受战争影响的阿富汗正在努力从战乱中恢复。尼泊尔、孟加拉国和巴基斯坦的政策制定和执行力有待进一步完善。

4.3.3 西亚地区环境规制

西亚地区各个国家在环境保护政策方面的差距较大，土耳其、阿联酋等国家在水资源、生物资源、能源等领域的立法都较为完善，且建立了完整的环境治理模式，具备比较健全的环保体系。西亚"一带一路"国家共18个，包括土耳其、伊朗、伊拉克、叙利亚、约旦、黎巴嫩、阿联酋等。

中东湿地"宝库"土耳其形成了以湿地生态保护为中心的环境保护模式，1992年6月1~15日土耳其在里约热内卢举行的"环境与发展会议"上达成了保护湿地的协议，将湿地保护写入国家环境法，《环境法》第287号第972号中强调："湿地是我国的基本生态系统"。

阿联酋在1977~1999年，扎耶德先后颁布了4项法令，禁止捕猎野生动物和鸟类，根据1996年颁布的《建立环境研究及野生动物发展机构》先后建立了"阿布扎比环境和自然生活研究署""全国鸟类研究中心"等科研机构，重点研究关注的领域是防沙治沙及保护濒临灭绝动物和鸟类的方略。

以色列1992年出台的关于环境滋扰的《环境滋扰保护法》，该法主要规范公民行为，提出联合非政府组织共同保护环境。

巴勒斯坦、伊拉克等中东国家由于长期的战争影响导致国内环境污染较严重，水资源、大气及森林等都有较大程度的破坏，但在严峻的环境问题之下相关政策成效并不明显。巴勒斯坦在环境保护上起步晚，关于环境保护的主要法律法规为1999年《环境保护法》，规定了国家对空气污染治理以及水资源、森林资源的保护。1986年伊拉克政府颁布《环境保护与改善法》，规定建立环境保护与改善委员会，作为环境部的下属机构，并提出水污染、空气及噪声污染防治、土地保护、生物多样性保护、危险品及废弃物处理、天然气及石油资源开采等环境问题。而作为中东地区唯一一个加入全球甲烷减量计划（GMI）的国家，约旦在环保方面取得很大的成就。2003年约旦颁布《环境保护法》对环境保护做了总体部署，确立了可持续发展的总目标，其中第9、10条规定了对海洋资源滥用的具体处罚，第23条规定了水、空气、生物、海洋资源保护及固体废料的治理。2002年，卡塔尔颁布《环保法》，该法涵盖动植物、自然保护区、植被保护等内容，政策覆盖面广但缺乏具体的标准和管理措施。

西亚大部分地区水资源稀缺，因此各国政府在污染防治及水资源利用上都加大了力度。阿联酋《关于环境及水资源部门组织结构2009部长级会议》中部署环境与水资源部各部门的具体职能，建立国家水资源保护各部门及机构的组织架构，致力于国家水资源保护管理工作。1988年约旦政府出台了《约旦河谷发展法》，对河谷中的水资源、生物资源以及矿产资源给出了具体管理办法。2001颁布区域性法令《亚喀巴海洋公园的规定》和《瓦迪拉姆保护区发展规定》。前者对Aqaba公园内的自然资源，水资源等提出明确的管理办法；后者提出对瓦迪拉姆保护区的生物资源进行保护的相关政策，并成立"瓦迪拉姆地区委员会"对该地区进行具体的管理监督工作。约旦政府的政策多集中在水资源保护上，没有太多的政策对水资源的合理利用做出具体规定。1986年阿曼政府为了对国内废水治理和循环利用水资源做出规划且颁布了《关于环境保护和污染防治的立法》。西亚各国中，希腊面临较严重的缺水问题，国内地下水的过度开采、用水不均衡以及盐碱化等问题导致希腊的水资源供给稀缺，国内由市政企业MEWSS进行供水和污水治理管理。相比较国内供水缺乏的现状，希腊政府对水资源供水计划的调整以及政策实施的监督方面的立法显然不足。沙特阿拉伯的国内废弃物年排放量超过1600万t，但是在废弃物治理、污水处理及循环利用上的相关政策却较薄弱,国内环境污染严重的现状急需解决。以色列淡水资源缺乏,因此国家关于水资源开发、监督、节水、污水治理等方面出台了大量政策。早在 1959 年,以色列政府就颁布《水法》,这是以色列早期对水资源保护的相关政策,该法对用水者的权利与义务、用水途径以及水污染管理做了初步的规定。国家成立国家水利委员会对水资源进行管理。1983 年和 1988 年又分别出台和修订了《海洋污染保护》,对海洋资源的污染问题做出具体政策规划。西亚各国除了对水资源的保护做出总体上的部署,对污染治理方式改进、水质管理以及水体清洁等环境问题也做出具体的政策安排。伊拉克政府 1992 年颁布《盆地地区饮用水的运输和供应》,该法是对 1986 年颁布的《环境保护与改善法》的具体实施,颁发运输和供水许可证,确保水资源的合理使用。1988 年土耳其政府颁布《水污染治理法》,该法规定了水污染标准:污染物超过流域内水流重量 1%、日均工业污染超过 50m^3、含有危险或有害废物等。第 7、12、14 条根据水质等级表分别对地表和地下水、海水进行了四级分类,并在不同级别的水资源下实施不同的管理办法,第 31 条指定了 16 个不同行业中水污染的具体行为。阿联酋 2009 年颁布了《水质监管法》,该法规定国家优良水质范围,并严格要求有资质的供水商提交年度水质报告,进行水质管理监督。

在生物资源、森林资源保护方面各国政策也有较大差距:

1987 年的土耳其《森林法》提出对土耳其林业的管理办法。该法具体了林业管理机构的保护、监督、宣传职能及惩罚措施:监禁 1～12 个月、最低罚款 10 000 卢比等。其第 26 条规定:"为了保护森林,利用价值的普及,在林业和管理计划中引入多功能使用原则。"第 36 条规定:"采用拍卖的方式销售林产品。"1995 年出台《森林居民基金发展条例》,该条例对林业基金管理做出了具体部署;1998 年颁布《范围法》,对高地、牧场资源的范围进行了划分,通过具体政策实现保护目标。2004 年颁布《关于森林法的修改》进一步对土耳其国内的森林资源划分、狩猎活动等提出修改意见。

伊拉克 1995 年颁布《森林法》,将森林分为国有、授予、私人三种类型,并对不同类型的森林资源下达具体且不同的管理办法。1991 年《关于伐木的若干决定》中提出加强森林木材资源开采,提高木材燃料使用率。

阿联酋 1996 年《建立环境研究及野生动物发展机构》明确 ERWDA 职能:对水、大气、土地等资源的评估及研究。

土耳其、阿联酋等国家对环境治理不仅限于水、生物资源,也有部分政策涉及能源保护及废物治理等领域。阿联酋十分注重陆地和海洋环境保护。《1993 年 10 月 17 日关于阿拉伯联合酋长国海域划界的 1993 年第 19 号联邦法》部署了海域建设及管理,其中第 14 条、第 18 条明确了海洋资源保护及合理利用方案。2013 年针对国家的辐射污染管理,土耳其出台了《放射性废物管理规定》,该规定对核能使用产生的放射性废物以及电离源辐射问题做出了具体的政策安排。对于不同能源的行业市场规范,土耳其政府同样颁布了相关法律进行规范,包括 2001 年出台的《天然气市场法》和《电力市场法》。在废料处理方面,约旦有 1999 年《有害和有害物质的管理和流通》和 2000 年《危险废物管理和处理条例》等法令。2005 年,阿联酋《废料管理法》界定了废料种类,加强国内的废料管理,接收部门通过提供提供集管理、存储、处理和管理于一体的管理系统和解决方案以减少废料对环境的污染。2001年巴林颁布《关于对健康有害的废料管理法》，该法对生产商提高清洁技术等进行了规定。2002年颁布《2002年关于危险废物管理的部长级命令草案》，该法补充2001年颁布的废料管理法，增加废料进出口管理及动物废料管理的内容。2001年颁布《关于使用石油管理的部长令》，对石油管理进行立法，通过对石油的生产、运输及使用的管理来控制环境污染。同样，在1994年埃及西奈半岛颁布的《环境保护法》中规定了关于油气管道泄漏等紧急事故并明确了责任与处理流程。阿联酋政府在环保方面实行陆地和海洋环境治理并重。

西亚地区环境规制汇总如表4-10所示。

表4-10 西亚地区环境规制汇总

国家	属性	时间	环境规制
土耳其	总政策		《环境法》
	水政策	1988年	《水污染治理法》
	生物政策	1987年	《森林法》
		1995年	《森林居民基金发展条例》
		1998年	《范围法》
		2004年	《关于森林法的修改》
	其他政策	2001年	《天然气市场法》《电力市场法》
阿联酋	生物政策	1996年	《建立环境研究及野生动物发展机构》
		1997~1999年	颁布了4项法令，禁止捕猎野生动物和鸟类
	水政策	2009年	《关于环境及水资源部门组织结构2009部长级会议》
		2009年	《水质监管法》
	海洋政策	1993年	《1993年10月17日关于阿拉伯联合酋长国海域划界的1993年第19号联邦法》
	废物政策	2005年	《废料管理法》
		2013年	《放射性废物管理规定》
以色列	总政策	1992年	《环境滋扰保护法》
	水政策	1956年	《水法》
		1983年	《海洋污染保护》
		1988年	《海洋污染保护》修订
巴勒斯坦	总政策	1999年	《环境保护法》
		1997年	《环境保护与改善法》
伊拉克	总政策	1986年	《环境保护与改善法》
	水政策	1992年	《盆地地区饮用水的运输和供应》
	生物政策	1991年	《关于伐木的若干决定》
		1995年	《森林法》

续表

国家	属性	时间	环境规制
约旦	总政策	2003年	《环境保护法》第9、10、23条
	水政策	1988年	《约旦河谷发展法》
	生物政策	2001年	《亚喀巴海洋公园的规定》和《瓦迪拉姆保护区发展规定》
	废物政策	1999年	《有害和有害物质的管理和流通》
		2000年	《危险废物管理和处理条例》
卡塔尔	总政策	2002年	《环保法》
阿曼	水政策	1986年	《关于环境保护和污染防治的立法》
巴林	废物政策	2001年	《关于对健康有害的废料管理法》
		2002年	《2002年关于危险废物管理的部长级命令草案》
	其他政策	2001年	《关于使用石油管理的部长令》

中东地区的沙漠化一直是较为突出的环境问题，尤其在伊拉克长期存在沙尘暴，对国家生物资源存在巨大的隐患，但各国环保部门在沙尘治理方面的政策均比较薄弱。各国的环保政策重点在污水治理、海洋资源保护上，对于水资源的清洁利用及流域水资源治理仍缺乏完善的法律体系支持。

4.3.4 中亚地区环境规制

中亚地区各国关于环境保护方面的法律法规较平衡，各国在水资源、生物资源保护等环境领域的政策都较具体。中亚地区的"一带一路"国家有5个，分别是塔吉克斯坦、吉尔吉斯斯坦、土库曼斯坦、哈萨克斯坦和乌兹别克斯坦。

塔吉克斯坦长期面临着水、大气、林业等自然资源的污染问题，1993年国家颁布《环境保护法》对环境保护做出总体计划部署。关于国家水资源的政策多侧重水污染治理及提高水质，先后在1933年和2000年颁布了《塔吉克斯坦共和国水法》《塔吉克斯坦共和国水法》。该法规定州际河流（过境河流）所有权由河流所在州协议，对建立、管理水资源保护区作出部署，1993年水法主要就塔吉克斯坦国内的水污染做出具体规划和管理，通过改进生产技术、改善供水系统（空气冷却、反向供水等），改变农业灌溉方式，减少水污染。2000年水法补充了用水协会相关内容，建立用水协会管理农场土地复垦及灌溉系统。在生物资源领域，颁布了《森林法》《动物保护和使用法》《种子行业法》等，1994年出台的《动物保护和使用法》明确了合理使用动物的范围，其中第29条规定了捕蛇许可证，在生物资源保护法中，塔吉克斯坦政府鼓励公共监督。塔吉克斯坦的立法侧重点在生物医学、经济等方面的价值利用。

吉尔吉斯斯坦国内有纳伦河、楚河等主要河流，主要湖泊是伊塞克湖，水资源相对丰富，是中亚5国的"水库"，控制着水资源命脉，与中亚的其他国家相比，水资源虽丰富，但是灌溉和农业生产用水方式导致水资源严重浪费，且受经济条件的限制，吉尔吉斯斯坦由于污水处理设备老化，处理污水能力不足，无法完全处理国内所有排放的污水，因此吉尔吉斯斯坦颁布的水法重点在水资源的开发利用、污水管理、水资源的经济建设以及与其他国家关于水资源的国际合作等方面。

1997 年《关于吉尔吉斯共和国在使用领域的外交政策基础-河流的水资源来自领土或吉尔吉斯斯坦并流向邻国共和国的领土法》解决吉尔吉斯斯坦的联合用水问题，明确了 Naryn、Chatkal、Talas、Sarydjaz 和 Aksai 等河流经济、社会和生态价值，应根据洲际协议管理天然河流资源、制定水资源分配战略；提出水库建设和改善地方水资源供给状况的计划。1994 年《水法》部署了水利设施的使用及管理办法、保护水资源计划制定和推动、水资源使用用途（工农业用水、狩猎、运输）、水资源使用的经济机制、跨流域水资源开发利用以及争端解决等。该法提出用水特许权及租赁使用，政府采取预算拨款、信贷、不可撤销贷款、减税或放税吸引投资、部分或全部豁免付款、延期支付降低费率或免除特定的付款等措施鼓励公民保护水资源。1996 年《关于 KR 中水对象，水资源和水经济建设的国家间利用立法》强调保护和发展吉尔吉斯斯坦的水资源，完善 Toktogul、Kurpsai、Tash-Kumyr 和 Shamaldy-S 水利建设；对 Kirov、Ortotokoi 和 Papan 水库，Cumysh 水坝等水利建筑以股份回收方式管理。2004 年吉尔吉斯斯坦颁布了《吉尔吉斯斯坦共和国水法》，具体规定用水许可证使用范围及年限：用水许可持续 15 年，涉及提取砾石和其他矿物，最长期限为 5 年。该法中还规定了优先用水事项、供水合同条款以及水权计算等内容。中亚国家横向比较中，吉尔吉斯斯坦对水资源的规定最详尽严格，专门设立国家水资源理事会和流域委员会，依据水文地理学对伊塞克湖和吉尔吉斯共和国主要河流管理；建立国家水资源监测系统，监测、收集、分析和转移有关数据；要求至少每五年审查一次州水利经济计划；至少每五年审查国家水资源战略；特殊用水需颁发许可证，一般期限 15 年且颁发排放许可证，征收排污费，严格控制国家污水排量。

为了契合国家大力发展旅游业的经济目标，保护国家的生物多样性，吉尔吉斯斯坦先后颁布了森林法、渔业法、生物领域立法等 11 部法律。1994 年颁布的《特别保护的自然领域法》规定了生物圈管理，野生动物保护；2001 年颁布的《吉尔吉斯斯坦共和国生物保护和使用法》建立了一种特殊的植物保护模式，该法规定了公民保护和合理使用植物物品活动的提供赠款、信贷等经济奖励；随后又在 2002 年单独出台了《动物法》，该法提出动物群体数量的调节、保护遗传物质的中心建设；2002 年颁布的《山区法》要求每年进行山地政策年度报告；对使用山区自然资源的公民和非山区居民，根据现行法律的规范征税。征收共和国和地方预算的土地税率，以及市政服务费用（电力消费税，通过灌溉系统灌溉用水费）从根据法律规定的税率减少到 50%。1999 年颁布《森林法》，2001 年和 2002 年颁布《林业法》。吉尔吉斯斯坦林业相关法律较少，法律相对笼统，缺乏相应的地方性林业管理条例。

1995 年 8 月 13 日颁布了《哈萨克斯坦共和国宪法》，其中的第 31 条和第 61 条就哈萨克斯坦环境保护作出部署。第 31 条：国家致力于保护环境，以有利于人的生命与健康。第 61 条：保护环境。1993 年为了解决国内水资源分布不均及污染严重等问题，哈萨克斯坦颁布了《哈萨克斯坦共和国水法》，该法明确水资源管理一体化原则，通过具体规定水源分类、管理主体的职能与任务以及管理办法等协调国内现有水资源与需求的平衡，促进社会经济发展和生态平衡。该法强调了所有国有及非国有（地方权力执行机构、国家水资源委员会等）主体的联合作用，以及地表和地下水的污染处理及保护办法。该法建立水体管理流域原则，明确流域水利管理局的职能；完善地方权力机关的职能与任务，研制地方级改善的水利设施；协调地方权力执行机构、流域水利管理局、用水户联合体等各主体的水利活动。设立国家水资源委员会进行具体管理活动，对地表水和地下水开采做出区别：①地表水开采。由国家管理机构提供符合国家自然保护机构协议的许可证地下水开采。②地下水开采：由国家地质和矿产资源保护机构提供符合国家管理机构的水资源和自然保护协议的许可证。

哈萨克斯坦生物多样性遭受最严重威胁，因此专门规定由国家环境专业委员会和地方行政执行机构共同执行保护生物多样性政策。2004年，哈萨克斯坦颁布《哈萨克斯坦共和国关于动物保护、再生产和利用法》，该法明确了对公民保护动物意识的培养，提出加强国际组织合作以及建立信息数据库实时监测，同时强调了动物的科研、生态以及经济价值和利用价值和价值利用的要求。中央及地方行政机构联合自然人及法人对保护区进行分级管理；设立专项基金支持保护区发展；规定区内许可与禁止行为。该法还对动物狩猎做出具体规范，进行许可证管理。在2007年国家颁布《保护区法》，对保护区的建立、保护、管理等提出有效办法，具体部署了国家动植物园、野生动物栖息地等的管理，建立信息数据库（动物序号、生存环境、经济用途等）进行监测；资助基金用于濒危动物保护及动物科研相关项目；严格控制进出口。2007年1月9日，颁布《哈萨克斯坦共和国生态保护法》，发展可持续生产和消费经济；对严重不可逆的环境影响采取必要预防措施；保护、开发、管理和使用土地、水等自然资源；鼓励公众参与环境保护和自然资源管理；压制任何对环境造成危害的行为，对自然资源的保护做出了总部署，提出生态状况紧急区及生态灾难区等地的管理办法，同时建立一体化信息系统进行生态监测。哈萨克斯坦政府面临的主要环保与生态问题有生物多样性污染，地表水、地下水和跨界水污染，土地荒漠化，咸海生态灾难和塞米巴拉金斯克地区历史遗留污染。

乌兹别克斯坦的环境问题集中在水资源保护——跨境河流的使用争端上，当前仍保留的低利用效率耗水型灌溉，再加上本就降水稀少，水资源短缺，使乌兹别克斯坦面临着水资源紧缺等问题。1993年，国家颁布《乌兹别克斯坦共和国水及水的使用法》，该法着重阐述不同用水途径的分级管理，水资源保护，针对跨境河流的水资源使用给出了具体部署，边境河流严格按照洲际条约和协定进行监测。该法规定注册个人用水许可证，颁发特殊用水许可证；所有用户限制用水量并设置用水期限（临时用水可能是短期的，不超过3年；也可是长期的，不超过20年）；规定污水排放标准；规定了严格的水资源利用奖惩措施，提出了包括罚款、没收特殊用水许可证以及取消用水权力等多类惩罚以及授予税收、信贷和其他特权（应用节水技术，开展节水活动等企业、机构、自然人）等奖励。另外，过多的人口、加剧的环境污染和能源短缺等问题严重威胁到本就脆弱的生态环境，使得生态系统发生失衡，滥捕乱猎以及随意开采等过度使用生物价值的人类行为导致了乌兹别克斯坦动植物数量的急剧减少。为了保护国内生物多样性，国家于1993年和2004年先后颁布了《乌兹别克斯坦共和国"关于受特别自然领土"立法（1993）》《乌兹别克斯坦共和国"关于受特别自然领土"立法（2004）》。1993年《特别自然领土法》提出组织生态培训-教育工作，并且根据自然领土的生物资源设立了动植物园等。两部立法中都具体对受保护领土做出了界定，对不同类型的自然领土进行分类管理，2004年立法补充了类别内容，包括自然景观、自然公园、复杂的风景保护区等，另补充了对自然度假区的三级管理内容。立法旨在规范人类行为，维持生态平衡。

中亚地区环境规制汇总如表4-11所示。

表4-11 中亚地区环境规制汇总

国家	属性	年份	环境规制
塔吉克斯坦	总政策	1993	《环境保护法》
	水政策	1993	《塔吉克斯坦共和国水法》
		2000	《塔吉克斯坦共和国水法》
	生物政策	1994	《动物保护和使用法》
			《森林法》《动物保护和使用法》《种子行业法》
吉尔吉斯斯坦	水政策	1994	《水法》
		1997	《关于吉尔吉斯共和国在使用领域的外交政策基础-河流的水资源来自领土或吉尔吉斯斯坦并流向邻国共和国的领土立法》
		2004	《吉尔吉斯斯坦共和国水法》
	生物政策	1994	《特别保护的自然领域法》
		1999	《森林法》
		2001	《吉尔吉斯斯坦共和国生物保护和使用法》
		2001	《林业法》
		2002	《动物法》
		2002	《山区法》
哈萨克斯坦	总政策	1995	《哈萨克斯坦共和国宪法》
		2007	《哈萨克斯坦共和国生态保护法》
	水政策	1993	《哈萨克斯坦共和国水法》
	生物政策	2004	《哈萨克斯坦共和国关于动物保护、再生产和利用法》
		2007	《保护区法》
乌兹别克斯坦	水政策	1993	《乌兹别克斯坦共和国水及水的使用法》
		1993	《乌兹别克斯坦共和国"关于受特别自然领土"立法（1993）》
		1993	《特别自然领土法》
		2004	《乌兹别克斯坦共和国"关于受特别自然领土"立法（2004）》
		2004	《特别自然领土法》修订

中亚五国在国家环境保护上都有较完整的体系，极其重视各类主体共同对环境进行保护，强调建立流域委员会分管流域内生态环境，合理利用信息数据库进行管理与监督。同时中亚地区在环境保护方面应该充分利用区域合作优势，跨境合作探索环境保护的合理模式，提高环保质量。

4.3.5 中东欧地区环境规制

中东欧国家关于环境保护的各方面政策均较完善，主要涉及水资源保护及污染治理、生物资源保护及利用、能源市场规范等。波兰、捷克、罗马尼亚、爱沙尼亚、立陶宛等欧盟成员国借加入欧盟的契机，国内的环境政策有了巨大的转型，纷纷引入欧盟标准的环境治理模式，在立法完善、管理模式优化、社会传播及财政支持等方面形成一体化模式。

作为OECD典型的环境治理模式转型国家，捷克自20世纪90年代经济持续增长，能源粗放型经济增长模式导致国内能源高消耗水平、粉尘和有机污染颗粒物高排放等环境问题日益凸显。在巨大的环境压力下，捷克政府积极调整国家环境政策转型，1990年捷克成立环境部作为中央负责环境事务的最高监督机构，1991年成立环境部下属机构捷克环境监察局，负责空气、自然、森林及水资源保护以及废物管理等。1995年，为了保护捷克境内的自然环境和景观又成立了自然和景观保护局。1994年捷克环境部和经济部发起国家环保标识产品计划，减少企业环境污染。1991年捷克颁布了《环境保护法》对食品、农业、能源等不同行业规定了具体的保护环境的范围，并明确了公民权利义务。1992年《环境影响评估法》对1991年《环保法》的具体落实，要求对有关保护环境的活动、技术等做出具体的评估，给政府提供政策依据，确定了不同的环境资源需要评估的具体内容。2002年环境部通过《综合保护法》，颁发综合许可证。在水资源领域，政府投入大量资金进行城市排污系统改造、农业化肥改良及水体富营养化治理等，2001年捷克颁布《共和国水法》，设立流域管理机构对易北河上游和中游河流域，伏尔塔瓦河流域，奥列河和下易北河流域，奥德拉河流域和摩拉瓦河流域的水资源进行管理与监测以及对自然积水保护区和河道的保护。同样，在水资源保护上投入精力的阿尔巴尼亚在1996年颁布了《供水和卫生部门监管》，提出建立国家供水卫生监督管理委员会，规范公民用水标准。该委员会由五位成员组成，该法还确立了其成员任命、职能以及组织架构等。1996年国家出台了《水法》，确立了国家水理事会对国家水资源的管理地位，负责水资源具体政策的起草和颁布，技术秘书处为水理事会的执行机构，执行具体管理活动，规定了饮用水的水质、污水系统搭建以及用水许可颁发适用范围等内容。2003年，阿尔巴尼亚政府颁布《水污染治理法》，对工业污水、城市污水安装特殊净水装置进行处理，并且触犯法律有严格的罚款政策。同时颁布了《跨境湖泊保护法》对斯库台湖、奥赫里德湖、普雷斯帕湖跨境湖泊的水资源、生物资源等进行保护与合理使用。各国关于公共用水管理主体主要分为两类：依法成立的国家机构或国家授权上市公司。波黑供水管理职能由上市公司和国家机构共同承担，在1998年第18号《水法》确立了"亚得里亚海沿岸水棚"的上市公司和"萨瓦河流水棚"的上市公司两个公共水管理公司的职能。中东欧各国对跨境河流及流域内管理的治理方式基本一致,波黑1999年颁布区域性立法《图兹拉州的水法》,该法成立州水管理委员会及下属机构水务局进行水资源管理及监督,建立卫生防护区来保护集中供水系统的水资源。拉脱维亚政府在2002年《水资源管理》中提出建立流域区进行区域管理并已经确定道加瓦河、列卢佩河、高亚河和文塔河流域地区的建立,成立区域协调委员会进行流域管理。

同为欧盟成员国的爱沙尼亚关于环境保护的政策性文件内容覆盖全面,并且都在法令中均强调了管理、监督一体化的治理模式。其在1995年颁布的《可持续发展法》首次确立了"环境保护最高目标是实现国家可持续发展"的核心内容,2005年《环保评估及环境管理系统法》对环境管理进行总体部署。2007年通过了《环境责任法》,该法确定了环境破坏的主要范围、对环境破坏的预防和补偿、责任人的依法处理等细节。同年出台的《环境征费法》对水、森林、矿场等自然资源利用以颁发许可证的方式征收费用、征收排污费。如对1000m³的地表水征收230%~600%费用,对1t CO_2 排放征收31.3克朗(2009年标准)。2002年《环境登记法》规定建立环境数据库对水、矿物等资源进行名称、编号、地区等的登记。为了有效进行监督与管理,爱沙尼亚先后颁布了《环境监控法》(1999年)、《环境监督法》(2001年),规定由环境监察部、国土局及地方政府对自然资源保护及合理开发等活动实施监督职能。另外对环境污染有系列法律法规:《综合污染防治法》(2001年)、《污染费征收法》(1993年、1999年)。其中2001年颁布的《综合污染治理》中首次提出颁发综合环境许可证,对接欧盟标准。关于水资源保护,环保部1994年颁布的《水法》规定了水资源的权利主体,地下水、跨境水、地表水等的管理,并对饮用水销售提出许可证管理模式,来确保供水质量。1999年《公共用水供应及污水处理法》要求当地政府制定至少12年的公共用水供给及污水处理计划并严格执行。爱沙尼亚在空气保护、能源保护及森林保护、动植物保护等领域也同样出台了大量专项法律法规,包括《气体燃料安全法》(2002年)、《电力安全法》(2002年)、《天然气法》(2003年)以及《电力市场法》(2003年)、《植物保护法》(2004年)、《森林法》(2006年)、《动物保护》(2000年)、《野生动物保护和利用法》(1998年),用以规范能源市场及落实生态保护。

拉脱维亚政府建立了完整的环保部门组织架构,重视政策颁发前的环境评估,强调信息透明,建立环保政策评估—颁布—实施—反馈的治理模式。1990年政府通过《环境影响评估法》要求每3年进行一次环境评估,并由国家环境保护委员会负责。1991年《环境保护保护法》确定环境保护的4个原则:可持续发展、污染者付费、预防、评估。拉脱维亚将环境保护确立为长期目标,环境部至少每5年需更新一次环保计划,规定了有害化学物质、放射性物质、微生物、病毒及其代谢物、工业和生活废水等的处理和运输等,并且环境部依法定期向公众公布环境信息。2006年修订了《环境保护法》,增设环境咨询委员会,建立环境信息系统,第38条颁发符合EC标准的生态标签。2001年《污染法》对各类污染设置排污量和排污限制,对污染活动进行分类(A、B、C类污染活动),规定A、B类污染活动须持区域委员会颁布的许可证(A类包括化工、能源等产业的生产活动;

继续或产生实质性变更的活动属于 B 类）；颁发温室气体排放许可证。斯洛伐克同样在 1991 年的《环境法》和 1998 年的《环境影响评估法》中规定所有保护环境的行为都需要进行评估后再决定具体政策实施。阿尔巴尼亚 2003 年第 8990 号《环境影响评估法》中规定环境政策需进行评估。

阿尔巴尼亚在环境保护上的力度较大，在海洋保护、自然保护区、水资源使用与污染治理等方面均有较完善的法律法规。阿尔巴尼亚有关环境保护的主要法律是 2002 年第 8934 号《环境保护法》，该法规定对水、空气、土壤污染的治理以及生物多样性的保护。在水资源领域、在废物处理方面，阿尔巴尼亚颁布了许多专项法规。生物资源：最早出台关于森林资源保护的立法是 1992 年第 7623 号《林业和森林警察法》，该法规定面积超过 1000m³ 且密度至少 30% 即定义为森林，并对林木砍伐、资源开采等行为做出法律规范。1993 年第 7662 号《植物保护法》、1994 年第 7875 号《野生动物狩猎保护法》、2002 年第 8906 号《保护区法》均是为实现阿尔巴尼亚的生物多样性保护而制定的法律。1991 年第 7491 号《电能法》、2003 年《能源效率法》以及《天然气部门法》等要求阿尔巴尼亚国家合理使用能源，使用可再生能源替代传统燃料。

斯洛文尼亚在环保方面的要求较高，在自然资源保护及利用方面的政策较完善，环境和空间部是斯洛文尼亚的环保管理部门，执行国家中长期政策通过的法律主要包括《环境保护法》《水资源法》《自然保护法》《转基因有机体管理法》《防电离辐射和核安全法》。根据《环境保护法》，中央机构、政府机构、公民和社会团体都具有保护环境的责任。水资源、森林、海洋等自然资源均为国家所有。《环境保护法》中还规定颁发特许经营许可证进行公共资源的开发利用，政府通过公开招标的方式发放许可证，生产制造企业必须在产品外包装上标明可能引发的环保问题、使用说明和丢弃方法。斯洛文尼亚设立水资源基金实现专项管理，在 2002 年第 001-22-101 号《水资源法》中设立水资源保护基金并成立区域用水协会以实施具体水资源管理对海洋、地表及地下水、水域附近地区、水域附近的危险土地进行保护，并对地表水进行分类（Ⅰ、Ⅱ）。设置基金是水资源保护的有效措施，1991 年颁布的《斯洛伐克全国委员会关于斯洛伐克共和国国家环境基金法案》，以及 1998 年颁布的《国家环境基金法》中都提出环境基金的管理。法案中规定基金由一名董事领导、斯洛伐克共和国环境部长任命和解雇、部长设立国家环境基金委员会（第 2 条）。

斯洛文尼亚国内的空气质量差，可吸入颗粒物含量较高，但在空气质量不佳的现状下，其在空气污染治理方面的法律法规明显不足，且斯洛文尼亚在废物治理方面缺乏政策支持，相较之下，克罗地亚和阿尔巴尼亚在固气废物处理上略胜一筹。2004 年克罗地亚颁布《空气保护法》，规定空气污染标准，其中第 18 条对空气质量进行三级分类（clean and negligibly polluted air、moderately polluted air、excessive air pollution），第 37~45 条对气体清洁，氮、硫氧化物排放，尘土及可吸入颗粒物给出了具体管理办法，该法还讨论了温室气体的排放与管制；2007 年出台《关于批准 1979 年"远距离越境空气污染公约"议定书的法律》以及 2008 年《关于空气保护的修订法案》补充了跨境空气污染治理。阿尔巴尼亚在 1996 年《关于公共废弃物的立法》中对城市垃圾的丢弃、收集、运输做出规定并对触犯相关政策的处以一定罚款。1995年第8025号《关于离子辐射保护立法》，由国家健康与环境保护部设置委员会进行管理。2003年第9010号《固体废弃物的环境治理》以及第9108号《化学物质和制剂法》分别对固体废物处理和有害化学物质处理进行了具体规定。斯洛伐克先后颁布《废物治理法》（1991年）、《关于空气污染的修订法案》（1991年第309号）、《空气污染治理法》（1992年）进行固气废物及污染物治理。

保加利亚现行的法律与政策体系主要有以下两类：①欧盟法律与政策文件以及相关环保指令的直接约束；②国内法。在水资源领域，主要的法律法规有《水框架指令》（2000年）、《水法》（1999年第26号）、《环境保护法》（2002年）等。1999年第85号《保加利亚宪法》第15、18条中规定了对生态环境和水资源的保护、管理和利用。1991年第326号《环境保护法》第24~27条提出了家庭节水、海域水质控制、水资源保护监察等政策。1999年《水法》确立国家环境部和水务部共同负责水资源管理与配置，规定对经济活动用水收取自然资源使用费，并且颁布用水许可证制。1998年《保护区法》制定流域管理机构对水资源进行流域管理与监督。2002年《环境保护法》第35条规定将水资源保护作为国家的长期政策，并以水质与水量满足国家所需为有效管理的衡量标准。1969年的《水资源与土壤保护法》是在水污染方面的单独政策，该法规定健康和社会事务部要对水质进行控制。此外，保加利亚缔结或者参加的国际条约有《跨境水道和国际湖泊保护和利用公约》（1992年）、《多瑙河保护和可持续利用合作公约》（1994年）。生物多样性保护领域，保加利亚主要的法律法规有《保护区法》（1998年）、《森林法》（1997年）。1997年颁布的《森林法》确定了农业及林业部对国家森林资源的保护与开发，并提出人工种植森林以抵御侵蚀。1998年颁布的《保护区法》第5条规定："对国家自然公园、自然景观区、自然保护区等的保护。

除此之外，保加利亚对国家废物管理也较严格，先后出台了《减少废物对环境的有害影响法》（1997年）、《化学物质对环境的有害影响的管理法》（2000年）、《废物管理法》（2003年）。其中，《废物管理法》（2003年）中对废物给出了严格的分类回收要求：至少60%的包装废物需被焚烧；至少55%的包装废物（玻璃制品、纸质品、金属材料、塑料制品及木制品）需被回收利用。

罗马尼亚环保管理部门为罗马尼亚环境、水务和森林部，下设国家环境保护署、国家环境卫队等机构和多瑙河三角洲生物栖息地管理署。罗马尼亚最主要的环保法规是2006年第265号《关于批准2005年第195号<环境保护政府紧急法令>的法律》（简称《环保法》），罗马尼亚《环保法》明确了罗马尼亚的环境基本政策、确立了环境法的主要目标、对象以及环境法律关系主体的权利、义务，并对环境管理机构做出具体部署。该法规定：触犯法律但尚未触犯刑法的自然人处以7500~15 000列伊的罚款，法人处以5万~10万列伊的罚款；触犯刑法构成犯罪的处以3个月的徒刑和3~6万列伊的罚款。罗马尼亚有4种类型的环境许可：第一种为环境许可证（environmental permit），适用于拟开发实施的项目（包括地区发展规划）；第二种为环境授权书（environmental authorization），主要对公司的排放标准进行规定；第三种为环境授权书，由环境保护部门签发，用于确定对环境可能造成重大影响的已存在项目或新项目的运营条件或参数；第四种为环境综合授权书，由地方环保部门在事先征得环境保护署同意后签发，用于授予在特定条件下全部或部分使用某一设施的权利。国家也出台了关于水质量、森林保护、废物处理、能源保护等专项法规。1990年《关于内部水域，领海和毗连区的法律制度》、1996年第107号《水法》提出水污染治理、水源保护等基本政策。1996年《森林法》、2008年第238号《森林法》中规定国家森林自营公司对森林资源保护赋有相关义务。在能源领域，1996年第111号《核能安全使用法》、2003年第318号《电力法》、2008年第743号《关于建立可再生能源系统提高能源产量立法》等对能源的保护以及可再生能源的开发利用做出具体规定。加入欧盟后，罗马尼亚将欧盟在自然生物保护、污染治理与控制以及政策评估等方面的指令转化为国内法并严格执行。

马其顿关于环境立法主要是1996年的《环境及自然保护与改善法》和2005年的《环境法》。1996年的《环境与自然保护与改善法》落实了法律实体、个人环境、自然保护及改善的权利和责任，根据环境和自然质量监测数据进行相关问题处理以及使用信息系统履行有关管理职能。该法第23、24条提出对国内空气、水、土壤和噪声污染处理以及空气与水等质量监控。该法第4条规定："改善环境质量、提高生物多样性、自然资源的可持续使用"的国家目标，积极推行符合欧洲环保标准的管理和计划。颁发A类和B类综合环境许可证。马其顿1991年《宪法》第8条规定生态系统保护及发展。在生物多样性保护领域，出台了《自然保护法》（2004年第67号）、《森林法》（1997年）。马其顿共和国政府建立了一个森林管理公共企业来进行国家所有森林的管理。2004年第6号《废物治理法》规定了废物治理管理。

波兰关于环境保护主要的法律法规有《2000年11月9日关于获取环境及其保护和环境影响评估信息的法案》、《环境监管法》（1991年）。1997年波兰《宪法》中第5条规定："保护环境实现国家可持续发展。"第74、86条提出要关注环境质量。1991年《环境检查法》规定国家监察局在国家环保、自然资源及林业部管辖下对环境保护活动进行全面监督。另外，波兰还出台了1991年《森林法》要求策划为期10年的森林总体经营计划。属于国家财产的森林由国家森林企业"国家森林"进行管理，对不属于国家财产的森林，由省级省长或政府一般行政区域办事处负责人监督管理。对森林所有者的自然人和法人以及没有法人资格的组织单位征收森林税。在欧洲联盟框架内对涉及核安全，防止电离辐射，核材料保障和核技术控制的相关问题进行国内立法，2000年颁布了《核能法》。

1990年为了规范环保相关机构，立陶宛政府出台《环境保护部门法》，对环保机构的组织架构及具体职能做出了规定。立陶宛在1992年颁布了《环境保护法》，该法提出调节社会与自然环境，保护自然资源以及最高理事会关于环境保护领域的完善。1990年国家出台了《自然资源税法》，提出对自然资源征税的管理办法，以提高公民的环保意识。1997年，关于加强环境保护监督，国家又颁布了《环境监督法》，可对环境保护政策的具体落实提供法律依据。1999年国家出台《水资源法》，规定用水者权利与义务，工农业、水运等用水的管理办法并提出缴纳用水税以及水污染税。为了保护国家动植物，先后颁布了《森林法》（1996年）、《野生动物保护法》（1999年）、《动物饲养、利用法》（1999年）、

《受保护的动植物，植物和真菌物种和群落的法律》（1997 年），宣布建立立陶宛动植物红皮书。

克罗地亚的森林覆盖面积高达 43.5%，1996~2000 年木材燃料占据克罗地亚燃料的 8%，且森林对克罗地亚的生物多样性具有重要意义，因此政府十分重视森林的保护与建设，于 2003 年颁布《制定国家森林政策和战略法》，该法给不同的森林管理活动标记了等级（Ⅰ、Ⅱ）并具体落实到管理机构，并规范林木行业市场。除此之外，关于森林保护，国家还颁布了《森林种子和种植材料法》《植物种植法》《狩猎法》等政策对森林管理各方面做出具体部署。2007 年克罗地亚《环保法》出台，提出生物资源、能源合理使用以及土地和噪声管理等环境问题，其第 6 条确立环境保护法的总目标：通过环境保护实现可持续发展，另该法第 31 条还提出了光污染管理办法。该法提出成立环境保护与可持续发展委员会，由包括主席在内的九位成员组成。国家环保机构收集环境数据并执行监督职能成立环保及能源效率基金，严格的环保政策评估程序及政策执行期限，并且建立环境污染注册数据库，设置环境保护奖项以鼓励环境保护与创新。除了森林和空气资源保护，克罗地亚在能源保护领域的政策也较为完善，2001 年颁布的《能源法》提出对国家所有种类能源的保护；2007 年颁布了《天然气市场法》和 2008 年颁布了《电力市场法》，用以规范能源市场，以期通过调节能源供需平衡实现能源可持续发展的总目标。

黑山政府注重能源的保护与使用，对相关能源的供需方进行分类管理，规范行业市场，有严密的能源局组织架构且有严格的监督机构。1996 年颁布《环境法》，规定了生态系统、土壤肥力、自然资源、动植物的保护。政府制定长期项目 The Environmental Protection Program 执行环境保护政策。该法第 26 条规定，政府建立专门的环境保护信息系统进行相关数据管理。1976 年颁布《环境保护法》，该法第 9 节（1）："为了保护人类环境，匈牙利共和国正在保护以下内容：a）土地；b）水；c）空气；d）生物圈；e）景观；f）地方环境"。第 29 条、30 条是森林保护。第 31 条动物保护的具体管理办法。第 52 条之后调整了环保部门的组织架构，规定其具体职能。在能源领域，政府于 2003 年颁布了《能源法》，该法提出规范能源（电力、煤炭、石油等）市场的相关政策，其中第 6 条 ERA 作为独立非政府组织协调能源管理，第 10 条给出了具体的处罚。为了规范国家天然气供给管理，2003 年《自然气供应法》明确了能源局的具体职能，天然气运输、储存均有具体的管理办法。2001 年《电力法》以及 1993 年的《煤矿法》则对电力和矿产能源进行了政策补充。

中东欧地区环境规制汇总如表 4-12 所示。

捷克、波兰等在冷战结束时，受制于国家的工业化背景，在环保管理上的起点很低，20 世纪 90 年代，欧盟开始将经济、政治问题融合进环保政策中，确立了"可持续发展"的环境政策路线，各国纷纷出台环保法，制定环境与经济发展协调的发展目标，在经历了短短十几年时间里，通过对接欧盟环保中心思想，积极开发利用清洁技术、排污技术等，达到了后工业社会的政策水准。大部分国家在水污染、空气污染治理以及废物治理等方面都已达到欧盟标准，并且仍在不断完善能源可持续利用、生物资源利用等专项法律法规，建立一种环境保护与国家经济发展兼顾的环境治理模式。

表 4-12 中东欧地区环境规制汇总

国家	属性	年份	环境规制
捷克	总政策	1990	成立环境部作为中央负责环境事务的最高监督机构
		1991	《环境保护法》
		1991	成立环境部下属机构捷克环境监察局
		1992	《环境影响评估法》
		1994	国家环保标识产品计划
		1995	成立自然和景观保护局
		2002	《综合保护法》
	水政策	2001	《共和国水法》
阿尔巴尼亚	总政策	2002	《环境保护法》
	水政策	1996	《水法》
		1996	《供水和卫生部门监管》
		2003	《水污染治理法》
		2003	《跨境湖泊保护法》
	生物政策	1992	《林业和森林警察法》
		1993	《植物保护法》
		1994	《野生动物狩猎保护法》
		2002	《保护区法》
	废物政策	1996	《关于公共废弃物的立法》
		2003	《固体废弃物的环境治理》
		2003	《化学物质和制剂法》
	其他政策	1991	《电能法》
		1995	《关于离子辐射保护立法》
		2003	《能源效率法》
		2003	《天然气部门法》
波黑	水政策	1998	《水法》
		1999	《图兹拉州的水法》
拉脱维亚	总政策	1990	《环境影响评估法》
		1991	《环境保护保护法》
		2001	《污染法》
		2006	修订《环境保护法》
	水政策	2002	《水资源管理》
爱沙尼亚	总政策	1995	《可持续发展法》
		2002	《环境登记法》
		2005	《环保评估及环境管理系统法》

续表

国家	属性	年份	环境规制
爱沙尼亚	总政策	2007	《环境责任法》
		2007	《环境征费法》
		1993	《污染费征收法》
		1999	《污染费征收法》修订
		1999	《环境监控法》
		2001	《环境监督法》
		2001	《综合污染防治法》
	水政策	1994	《水法》
		1999	《公共用水供应及污水处理法》
	生物政策	1998	《野生动物保护和利用法》
		2000	《动物保护》
		2004	《植物保护法》
		2006	《森林法》
	其他政策	2002	《气体燃料安全法》
		2002	《电力安全法》
		2003	《天然气法》
		2003	《电力市场法》
斯洛伐克	总政策	1991	《环境法》
		1991	《斯洛伐克全国委员会关于斯洛伐克共和国国家环境基金法案》
		1998	《国家环境基金法》
		1998	《环境影响评估法》
		2008	《环境影响评估法》
	水政策	2002	《水资源法》
	大气政策	2004	《空气保护法》
		2007	《关于批准1979年"远距离越境空气污染公约"议定书的法律》
		2008	《关于空气保护的修订法案》
	废物政策	1991	《废物治理法》
		1991	《关于空气污染的修订法案》
		1992	《空气污染治理法》
保加利亚	总政策	1991	《环境保护法》
		1999	《保加利亚宪法》的第15、18条
	水政策	1969	《水资源与土壤保护法》
		1992	《跨境水道和国际湖泊保护和利用公约》
		1994	《多瑙河保护和可持续利用合作公约》

续表

国家	属性	年份	环境规制
保加利亚	水政策	1999	《水法》
		1998	《保护区法》
		2000	《水框架指令》
	生物政策	1997	《森林法》
	废物政策	1997	《减少废物对环境的有害影响法》
		2000	《化学物质对环境的有害影响的管理法》
		2003	《废物管理法》
罗马尼亚	总政策	2006	《关于批准2005年第195号<环境保护政府紧急法令>的法律》（简称《环保法》）
	水政策	1990	《关于内部水域，领海和毗连区的法律制度》
		1996	《水法》
	生物政策	1996	《森林法》
		2008	《森林法》修订
	其他政策	1996	《核能安全使用法》
		2003	《电力法》
		2008	《关于建立可再生能源系统提高能源产量立法》
马其顿	总政策	1991	《宪法》第8条
		1996	《环境及自然保护与改善法》
		2005	《环境法》
	生物政策	1997	《森林法》
		2004	《自然保护法》
	废物政策	2004	《废物治理法》
波兰	总政策	1991	《环境监管法》
		1997	《宪法》第5条
		2000	《2000年11月9日关于获取环境及其保护和环境影响评估信息的法案》
	生物政策	1991	《森林法》
立陶宛	总政策	1990	《环境保护部门法》
		1990	《自然资源税法》
		1992	《环境保护法》
		1997	《环境监督法》
	水政策	1999	《水资源法》
	生物政策	1996	《森林法》
		1997	《受保护的动植物，植物和真菌物种和群落的法律》
		1999	《野生动物保护法》
		1999	《动物饲养、利用法》

续表

国家	属性	年份	环境规制
克罗地亚	总政策	2007	《环保法》
	生物政策	2003	《制定国家森林政策和战略法》
		—	《森林种子和种植材料法》《植物种植法》《狩猎法》
	其他政策	2001	《能源法》
		2007	《天然气市场法》
		2008	《电力市场法》
黑山	总政策	1976	《环境保护法》
		1996	《环境法》
	其他政策	1993	《煤矿法》
		2001	《电力法》
		2003	《自然气供应法》
		2003	《能源法》

4.3.6 其他国家环境规制

俄罗斯作为一个人口大国，经历了冷战的结束和苏联的解体后，面临的是一个千疮百孔的生态环境恶化局面。据统计，已有 100 多个城市的大气与水质标准低于生态安全警戒线的 10 倍以下。俄罗斯主要环境保护政策有《自然资源保护法》（1991 年）、《环境保护法》（2002 年）。新环保法规定了环境保护对象和俄联邦环保基础，明确了管理机构、公民、社会团体和其他非商业性团体在环保领域的权利和义务，设立环境影响评价制度，建立生态灾难区和紧急状态区，以应对生态环境的变化。生物方面的政策包括《俄联邦森林立法原则》（1993 年）、《俄联邦野生生物法》（1995 年）、《联邦森林法》（1997 年）和《森林法》（2006 年），部署了野生动物的保护和森林的可持续发展。水资源方面的政策包括《水污染控制法》（1988 年）、国家对水体使用和保护的管制条例（1997 年）。俄罗斯在环保方面还有待完善，尤其是从冷战后生态环境的恶化中恢复过来，是其政策制定和实行的重点。俄罗斯正积极开展国际合作，学习先进的政策和执行手段。

乌克兰重视环境保护，他们认为人类经济的发展给环境带来巨大的挑战，而环境因素又与经济、社会、科技等领域有机地结合成一体，所以会选择定期开展工业生态环保展览会，旨在推动环保领域的科学技术发展，以改善环境状况、人类自身健康安全、区域环境可持续发展、减少人类对环境的破坏等。《乌克兰宪法》多次提及环境保护对于公民健康、地区与社会发展的重要性。主要环保政策包括《环境保护，自然资源利用和确保环境安全方面的主要方向》（1998 年）、国家环境网络发展法案法（2000 年）。其他政策包括《电能法》（2005 年）。

白俄罗斯自然条件良好，民众实际生活水平较高，具有较好的环境保护意识。1994 年

《白俄罗斯宪法》，多次提及环境保护，规定公民有权利和义务享有、保护和监督环境状况。具体环境政策包括：1992年《环境保护法》中明确了气候影响和臭氧层保护的规则，建立国家环境数据库以实行环境监测，对公众进行环保教育，开展环保领域的国际合作，并规定了违法处罚措施。其他环境政策包括《标准化法》（1995年）等。

格鲁吉亚约2/3为山地，低地仅占13%，大部海拔在1000m以上，属高加索山区。森林覆盖率高达40.8%，水力资源丰富但矿产资源较匮乏。早在1981年，格鲁吉亚政府就颁布了《空气保护法》，其中详细规定了保护空气防止污染的各项条例，包括限制或禁止污染排放、空气净化设备的运行、种植树木改善空气环境，以及对于保护空气的奖励和污染空气的处罚等。该法为格鲁吉亚空气质量的改善打下了坚实的基础。1996年《环境保护法》规定了公民对于保护环境的权利和义务、国家环境保护机构的设置、环保标准、环评要求、紧急状态环境保护、保护区的设立，以及环保领域的国际合作等内容，此外还制定了违反法律的处置规范，是一项完整全面的环保法律，对当时的其他国家也有借鉴意义。同年，《格鲁吉亚议会关于保护地制度法的决议》中的第5条、第8条和第10条分别涵盖了建立特色鲜明的国家公园、自然保护区和生物圈保护区，旨在保护自然资源，保障生态环境的和谐美观，维护生物多样性，保障国家经济和生态相互协调的可持续发展。1997年《关于植物资源（包括森林）许可的规定条例》规定了植物资源使用的许可证制度，明确了许可资源的范围和领域，也涉及被许可人的权利和义务以及终止、暂停或限制许可的情况等。该条例对格鲁吉亚国内植物资源的保护起到了积极的作用。2003年《卫生守则》提及了该国国内关于健康环境的立法、管理机构、管理人员的权利义务、检验检疫的要求。第6章第28条特别提及了饮用水和工业用水的卫生要求等。该守则为公民提供安全卫生的健康环境起到了不可替代的作用。2007年《环境影响许可法》明确规定了环境许可证发放的程序、许可证发放机构的权利和义务，以及违反和取消许可证的具体情况等。该法的出台从源头上限制了污染企业相关生产活动的开展，鼓励企业节能减排，协力促进国家的绿色发展。2015年6月，格鲁吉亚在其提交世界银行的《国家环境分析》中分析了当时环境的关键挑战，包括土地退化、自然灾害、空气污染、废物管理不足、农业与土地资源稀缺、人民贫困等，并从宏观经济维度对环境退化程度进行了度量，据此提出了政策和制度措施，刻画了保护环境、合理发展经济和解决贫困难题的愿景。同年11月，《关于放射性废物的法律》出台，该法严格规定了放射性废物的管理规则、主管部门、处置规范、进出口要求以及违反法律的后果。这项法律的出台引起了民众对于放射性废物的关注，唤起了国民保护环境、防治放射性污染的意识。2016年《废物管理法》公布了废物管理等级和原则，从国家的宏观层面到城市的中观层面，再到企业的微观层面，全方位部署了废物管理措施计划，将危险废物处理、垃圾填埋、废物越境转移等方面的规定也纳入其中，并提出建立废物数据库，要求各方做好废物记录和报告工作，对于违法行为也有相对应的惩处措施。该法清晰地展现了该国对管理废物的行动准则。

1995年通过的《阿塞拜疆共和国宪法》中规定：共和国的环境和全部自然资源都是人民的财产，政府为了现代人和未来子孙后代的利益，应采取必要措施保护与利用土地和水资源、动植物资源。环境方面的基本法律是 1992 年通过、1999 年修订的《环境保护法》。此外，还颁布了一些环保专门法律，内容包括放射物安全、森林、动物、土地、水等，如 1997 年《水法》规范了阿塞拜疆水资源治理，2001 年《城市水资源经济法》开辟了城市水治理的法律范畴。阿塞拜疆的其他政策包括能源政策（《能源资源利用法》《供气法》《能源法》）、《土壤肥力法》（1999 年）和《植物检疫控制法》（2006 年）。这些由政府和非官方专家共同起草的法律，多数只是对苏联法律进行了细微改动，但是贯彻和推行并未得到充分实现，且民众也缺乏推行这些法律的意愿和意识。因此到目前为止，这些法律没有起到作用。据统计，2017 年阿塞拜疆的苏姆加伊特仍是全球十大污染最严重城市之一。

近年来，由于采矿业的发展及森林面积的减少，亚美尼亚的生态环境不断遭到破坏。亚美尼亚尚未对环境保护进行立法，只有自然保护法规，从法律效力角度而言相对较低，特别是在动植物、大气、水体保护和污染事故的处理方面均有相应的规定。生物政策方面：亚美尼亚对稀有和濒临灭绝的动植物资源采取了相关的保护措施，对于任何带来动植物资源减少、非法引进动植物品种、化肥及有毒化学品的不当使用等行为给予土地及自然资源使用者相应的处罚。空气质量方面：保障空气清洁、减少和消除空气中的化学、物理、生化和其他有害物质的侵扰成为亚美尼亚的一项法律任务。该国已制定空气受污染的标准范围。空气污染超标的单位必须采取措施降低受污染程度。违反规定的单位和个人将受到相应的处罚。水资源领域：亚美尼亚高度重视水资源保护，特别是地下水资源、地表储水地和污水管理。对有关违反规定的行为将给予处罚。1998 年，《亚美尼亚共和国自然资源保护及使用费用支付法》出台。该法对自然资源和生物资源的使用及造成空气和水体污染等征收费用做出了规定，如规定自然资源保护费为法定支付款项。该项费用由政府根据季度使用量计算并征收。如从事养鱼类经营活动应按全部用水量的 5% 支付水资源使用费。对于造成环境污染所征收的费用，如有害物质所造成的环境污染，按照报告期内有害物质释放量征收。亚美尼亚社会服务协调委员会和亚美尼亚保护经济竞争委员会是行使有关处罚条例的国家机构。

摩尔多瓦自然资源相对贫乏，缺少铁矿和油气等资源，但举国境内富于非金属富矿如大理石、石膏等。主要环保政策包括：1993 年《环境保护法》涉及管理机构和公民对于环境保护的权利与义务、自然环境和生物多样性的保护，以及废物管理和放射性物质的防护。1994 年《摩尔多瓦宪法》中多次提及环境保护和保持生态平衡的重要性。1997 年《自然资源法》规范了自然资源的管理，制定了违法处罚措施，并开展国际合作。2003 年《环境审计和环境影响评估法》出台。其他政策包括《水法》（1993 年）、《土地法》（1999 年）和《天然气法》（1998 年）。

蒙古国环境规制政策主要集中在生物多样性政策的制定。此外，水政策和能源政策也有所涉及。蒙古国从 20 世纪 90 年代中期开始逐步重视生态安全，在数十年间颁布了各类法律法规，逐渐形成一套体系。

蒙古国制定了多项环保总政策：1995 年，《蒙古国环境保护法》出台，旨在保障人类健康，社会生态平衡，正确利用自然资源；涉及环境和自然资源评估、环境信息库的建立、污染控制、紧急情况处置、环境监测、生态教育和培训等；违法者判处最高15万图格里克（蒙古国货币），重则追究刑事责任。2005年，《蒙古国环境保护法修正案》颁布，修改了法条细节的同时，加重了违法处罚，最高至25万图格里克。1998年，《蒙古国环评法》颁布，旨在防止生态失衡，合理利用自然资源，规范环境影响评估和项目启动决策的关系。同年《蒙古国卫生法》颁布，旨在创造健康安全的工作和生活环境，保护公民、经济实体和机构的权益。2004年，蒙古国修正了《为保护环境和恢复自然资源的自然资源使用费再投资法》，旨在确定使用费的百分比和范围。2009年，蒙古国颁布法令禁止在河流源头、水库保护区和森林地区进行矿产勘探和采矿作业。总体来说，蒙古国环境法涉及面十分广泛，内容具体明确，利于作为实施和监督的依据。在环境保护的各个子领域，蒙古国也制定了不同规范。1995年，《蒙古国水法》出台，旨在规范水的合理利用，保护和恢复水资源；对违法的个人和机构分别处以最高35 000图格里克和250 000图格里克的罚款。2012年，《蒙古国水法》修正案出台，制定"流域资源管理计划"以更好地管理水资源。由于蒙古国自然环境恶劣，多沙漠戈壁，因此对自然资源的保护政策显得尤为重要。2000年，蒙古国颁布《动物群法》，旨在保护蒙古国境内动物群的生存和繁殖。建立动物信息库，重点突出对濒危动物的保护。此外，规范了动物的进出口。对违法个人和机构分别判处最高5万图格里克和25万图格里克的罚款。1995年，蒙古国《森林法》出台，旨在保护、合理使用森林及恢复森林环境。该法对森林进行分类，并规定了相应保护措施；对违法个人和机构分别处以最高5万图格里克和25万图格里克的行政罚款。1997年，《蒙古国缓冲区法》颁布，规定缓冲区的生态、社会经济和其他标准；旨在保护当地生物多样性，并监督缓冲区立法执行情况，定期进行环境评估。2002年颁布《濒危动植物物种对外贸易管理法及其衍生》，旨在规范濒危物种的贸易。2003年，蒙古国出台《特殊保护区法》，将保护区分为四类，根据不同类别制定相应保护措施，对违法个人最高罚款2500图格里克，机构最高罚款25万图格里克。2003年，颁布《蒙古国家庭和工业废物法》，规定废物处理方式，建立废物信息数据库和废物服务基金等。2007年，出台《危险货物进出口和跨境运输法》，造成有害废物损害环境者必须予以赔偿。2006年，颁布《蒙古国危险和有害化学品法》，对有毒化学品进行分类和使用限制，违法个人处以最高5万图格里克，机构最高25万图格里克。蒙古国其他政策包括能源政策等。

埃及西奈半岛对环境保护提出了更为具体的政策规定，在空气污染、海域污染及废料污染领域都有政策对污染物及污染量做出明确规定，同时在噪声污染上也有政策支持（ANNEX（7））。1994年埃及西奈半岛颁布《环境保护法》，由环境保护机构EEAA建立基金——"环境保护基金"，在财政部的监督下运作基金用于国内水、空气、油污染等的防治、回收利用及废弃、运输。该法第42条提及了国内的噪声污染。西奈半岛环境部针对1994年颁布的环境法修订了《制定环境法的执行条例》，该法具体落实1994年环境法的政策，明确不同政策的执行主体。

埃及西奈尔半岛1983年《自然保护区法》中对野生生物保护、栖息地保护、生物科研活动给出了具体管理办法，该法中禁止非法生物实验，且国家对触犯法律行为给出了严格的惩罚措施。1994年《环境保护法》规定捕杀、贩卖法律保护范围内的野生鸟类和动物或破坏鸟巢及蛋，罚款 200～500 埃及镑；投放、进口危险废料处以 1 年以上监禁或 10 000～20 000 埃及镑罚款等。

其他地区环境规制汇总如表 4-13 所示。

表 4-13 其他地区环境规制汇总

国家或地区	属性	年份	环境规制
俄罗斯	总政策	1991	《自然资源保护法》
		2002	《环境保护法》
	生物政策	1993	《俄联邦森林立法原则》
		1995	《俄联邦野生生物法》
		1997	《联邦森林法》
		2006	《森林法》
	水政策	1988	《水污染控制法》
		1997	《水体使用和保护的管制条例》
乌克兰	总政策	1998	《环境保护》
		2000	《国家环境网络发展法案法》
	其他政策	2005	《电能法》
白俄罗斯	总政策	1994	《白俄罗斯宪法》
		1992	《环境保护法》
		1995	《标准化法》
格鲁吉亚	总政策	1996	《环境保护法》
		2007	《环境影响许可法》
	大气政策	1981	《空气保护法》
	生物政策	1996	《格鲁吉亚议会关于保护地制度法的决议》
		1997	《关于植物资源（包括森林）许可的规定条例》
	废物政策	2015	《关于放射性废物的法律》
		2016	《废物管理法》
	其他政策	2003	《卫生守则》
阿塞拜疆	总政策	1995	《阿塞拜疆共和国宪法》
		1992	《环境保护法》
		1999	《环境保护法》（修订）
	水政策	1997	《水法》
		2001	《城市水资源经济法》
	其他政策	1999	《土壤肥力法》
		2006	《植物检疫控制法》
		—	《能源资源利用法》《供气法》《能源法》
亚美尼亚	总政策	1998	《亚美尼亚共和国自然资源保护及使用费用支付法》

续表

国家或地区	属性	年份	环境规制
摩尔多瓦	总政策	1993	《环境保护法》
		1994	《摩尔多瓦宪法》
		1997	《自然资源法》
		2003	《环境审计和环境影响评估法》
	水政策	1993	《水法》
	生物政策	1999	《土地法》
	其他政策	1998	《天然气法》
蒙古国	总政策	1995	《蒙古国环境保护法》
		1998	《蒙古国环评法》《蒙古国卫生法》
		2004	《为保护环境和恢复自然资源的自然资源使用费再投资法》
		2005	《蒙古国环境保护法修正案》颁布
		2009	颁布法令禁止在河流源头、水库保护区和森林地区进行矿产勘探和采矿作业
	水政策	1995	《蒙古国水法》
		2012	《蒙古国水法》修正案
	生物政策	1995	《森林法》
		1997	《蒙古国缓冲区法》
		2000	《动物群法》
		2002	《濒危动植物物种对外贸易管理法及其衍生》
		2003	《特殊保护区法》
	废物政策	2003	《蒙古国家庭和工业废物法》
		2007	《危险货物进出口和跨境运输法》
	其他政策	2006	《蒙古国危险和有害化学品法》
埃及西奈半岛	总政策	1994	《环境保护法》
		1994	《制定环境法的执行条例》
	生物政策	1983	《自然保护区法》

第 5 章 我国与"一带一路"国家贸易往来及环境影响

5.1 我国与"一带一路"国家贸易总量及其环境影响分析

5.1.1 我国与"一带一路"国家贸易的整体水平

5.1.1.1 我国对"一带一路"国家出口情况概述

在 2006~2015 年，中国对东南亚各国的出口量总体上一直呈现出增长趋势，其中对越南和新加坡的增长尤为迅速。从出口种类上来看，越南从中国进口电子产品、钢铁等；新加坡主要从中国进口的产品是电子产品、机械、船舶、矿物燃料和家具。马来西亚、印度尼西亚、泰国和菲律宾从中国的进口总额也呈现出明显的上升趋势。

以上增长主要源于东南亚地区与中国毗邻的地理位置。根据商务部的数据，中国对东南亚各国的出口总额自 2009 年以来都呈稳定增长状态，只有个别国家有所波动。另外，在产业方面，东南亚各国结构类似，主要集中在电子产品、机械和钢铁行业；出口的稳定增长不仅能带动东南亚地区的经济增长，还能增强中国和各国之间经济的联系。

除此以外，东南亚地区 10 个国家均是东盟的成员国，而东盟与中国历来有着良好的政治、经济、文化等关系，为中国与东南亚贸易往来奠定了良好的基础。从图 5-1 中可以看出，2014~2015 年由于受到全球经济衰退的影响，所以中国对其他地区的出口总量有所放缓或下降，但在东南亚地区，该数值持续上升，表现出较为良好的势头。

中国对中亚的出口在 2008 年达到高点，之后受到全球金融危机的影响出现了下滑，尤其是对吉尔吉斯斯坦的出口在该年达到顶峰，放缓比较明显，在 2010 年以后出口出现好转（图 5-2）。中国对哈萨克斯坦的出口持续增加，在 2014 年达到顶峰，但由于经济衰退的影响再次来袭，2015 年中国对哈萨克斯坦的出口处于与 2009 年相似水平（图 5-2）。

哈萨克斯坦从和中国建交以来一直都是我国在中亚地区的第一贸易伙伴。

吉尔吉斯斯坦由于国内轻工业缺乏，对中国的轻工业产品较为依赖。

除了经济衰退的影响外，中国对中亚地区进口总量减少的部分原因是中国降低了对中亚各国出口商品的价格，而且由于中亚与欧洲相隔较近，一些中亚国家加入了欧亚经济联

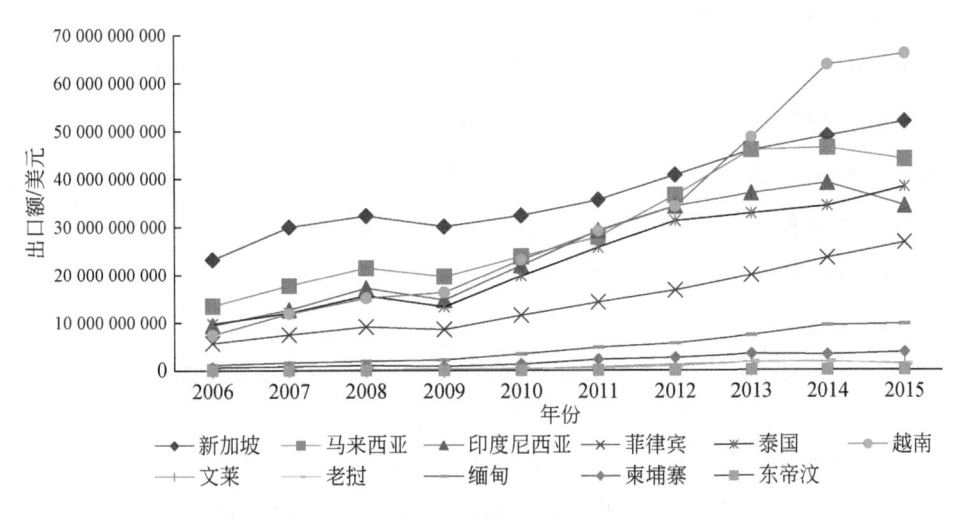

图 5-1　2006~2015 年中国对东南亚各国出口的变化情况

数据来源：UN Comtrade 数据库

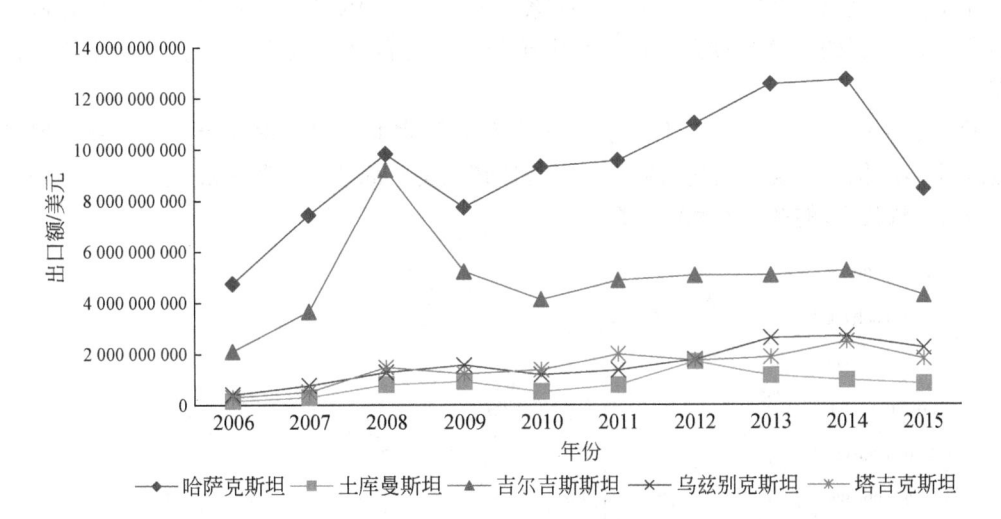

图 5-2　2006~2015 年中国对中亚各国出口的变化情况

数据来源：UN Comtrade 数据库

盟，产生了一定的经济转移效应。

中国是印度最主要的贸易伙伴之一，且印度是中国在南亚地区最大的出口地，2015 年中国对印度的出口规模达到了 582.3 亿美元。近年来，中国向印度出口贸易规模不断增加，但随着贸易往来的增加，贸易摩擦逐渐增多。2008 年受全球金融危机影响，出口出现一定程度下滑，但 2010 年已迅速恢复并超过 2008 年出口水平。2011~2012 年，再次出现小幅度下滑，之后增速放缓，整体来看，以增长为主，预期未来不断增长。（图 5-3）。

中国对南亚其他国家的出口基本都趋于稳定，但是中国对南亚其他国家的出口仍存在很大的增长空间，随着多年来中国与南亚各国之间日益频繁的交往、不断深化政治互信、

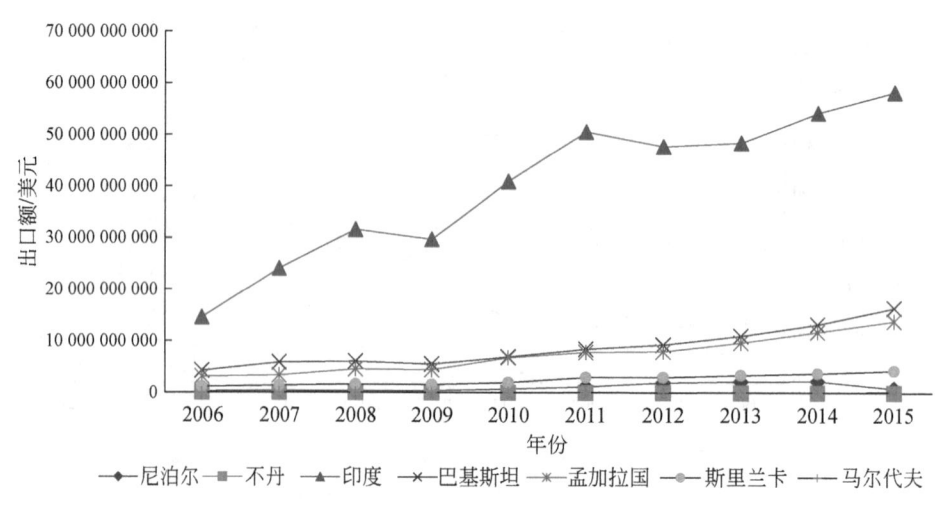

图 5-3 200~2015 年中国对南亚各国出口的变化情况

数据来源：UN Comtrade 数据库

广泛的人文交流以及在经贸方面采取了一系列的举措和制度性安排以及中巴经济走廊、孟中印缅经济走廊的建设等重大机遇，给中国与南亚之间的贸易合作提供了良好的平台和机遇。

由图 5-4 可知，在 2006 年以来，中国对西亚国家的出口额整体呈上升趋势，但是其中也有很多起伏，主要原因是西亚政治局势比较动荡，战争给经贸发展造成巨大的破坏作用，影响经贸往来的持续性和深入性。

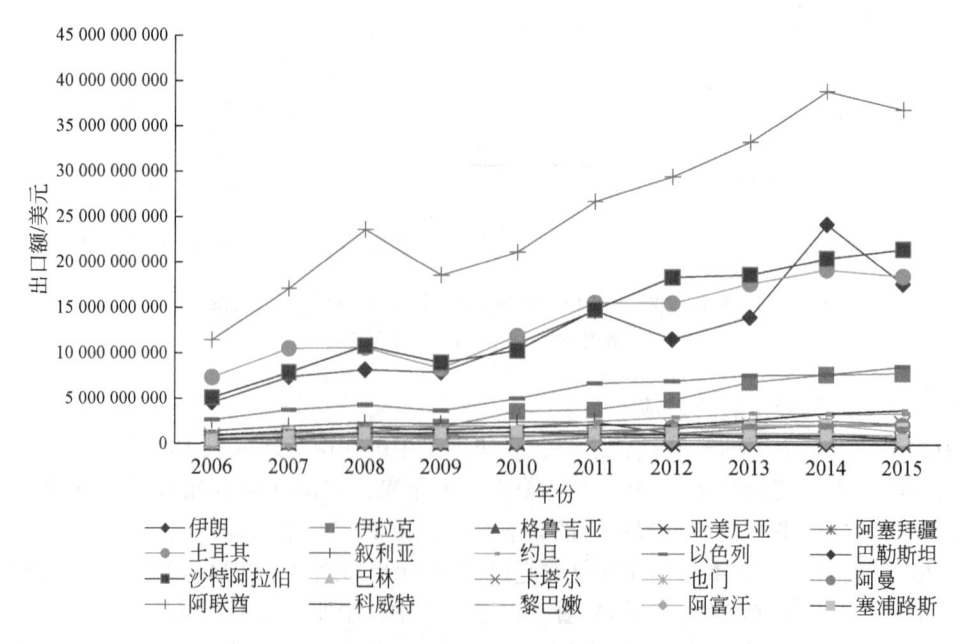

图 5-4 2006~2015 年中国对西亚各国出口的变化情况

数据来源：UN Comtrade 数据库

2015年中国对阿联酋的出口总额为370.2亿美元,同期下降了5.14%。自2004年以来,基本上中国对阿联酋的出口都是呈高速增长的趋势。中国是阿联酋第二大贸易伙伴,阿联酋是中国在中东地区的重要贸易伙伴。

2015年沙特阿拉伯从中国进口了价值216.1亿美元的商品及服务,相比上一年增加了5%。阿拉伯国家大多数盛产石油,因此我国主要从这些国家中进口石油,尤其是沙特阿拉伯是我国最大的石油进口国家,其经济结构较单一,大部分商品都需要进口,因此我国生产的产品可以满足阿拉伯国家在进口方面的多种需求,因此,我国与阿拉伯国家在进出口方面存在贸易互补现象,存在良好的合作空间。

中东欧的很多国家的主要贸易伙伴都是欧盟国家,所以中国对这些国家的出口占比相对较小,而且从图5-5中可以看出,中国对中东欧国家的出口波动幅度较小,往往主要受到国际经济形势影响,具有一致性。从产业结构看,中国对中东欧出口主要集中在机电产品和金属制品。

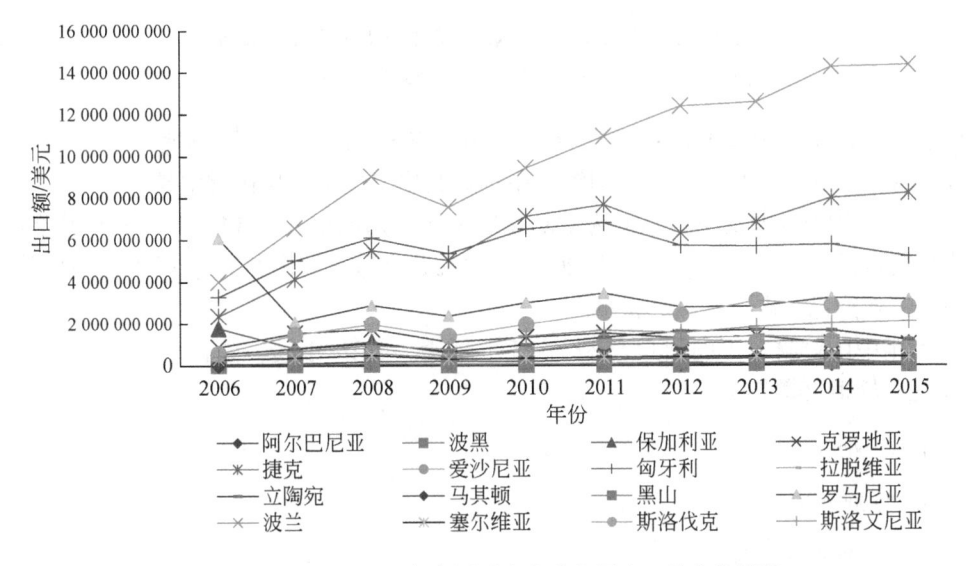

图5-5 2006~2015年中国对中东欧各国出口的变化情况

数据来源:UN Comtrade数据库

2015年中国对波兰出口额为143.4亿美元,同比增长0.6%,但在2008年,受金融危机影响有所下降,之后呈稳定增长趋势。波兰的主要贸易伙伴为欧盟成员,而中国是波兰欧盟以外的最大进口国,波兰对中国的进口额占比为5%,显示了中国与波兰良好的贸易关系。

2015年中国对捷克的出口额为82.2亿美元,同比增长0.5%,但在2008年和2011年中国对捷克的出口是有所下降的。而中国对捷克出口的主要商品是机电产品,贱金属及其制品是中国对捷克的第二大类商品。

2015年中国对俄罗斯的出口总额为347.6亿美元,同比下降了35.2%,降幅较大(图5-6)。俄罗斯由于其经济结构侧重于重工业,其中又以军工业为主,涉及日常生活用品的轻工业发展相对滞后,存在较大的需求,所以主要从中国进口机电、纺织品等轻工产品。

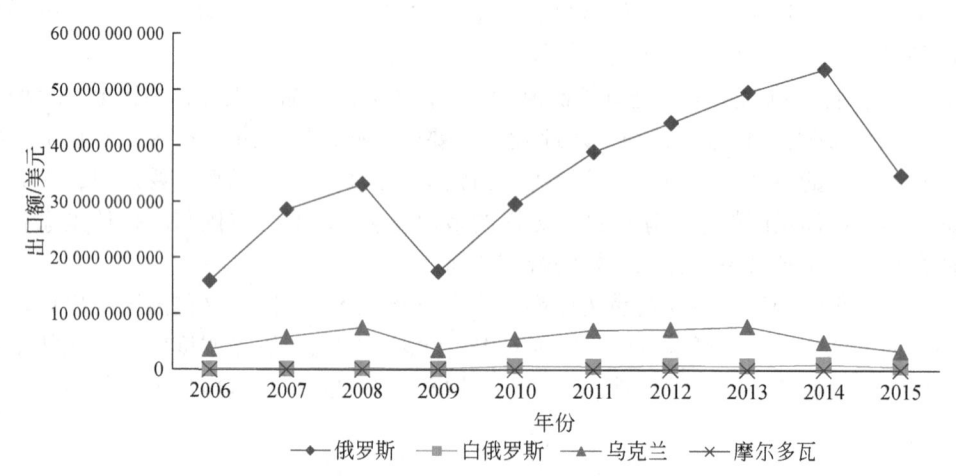

图 5-6　2006~2015 年中国对东欧各国出口的变化情况
数据来源：UN Comtrade 数据库

中国对其他东欧国家的出口，在 2006~2015 年这 10 年中发展迅速，随着"一带一路"不断深入推进，经贸联系不断加深，中国对其出口也将更加快速增长。

2015 年中国对埃及的出口总额为 119.6 亿美元，同比增长了 14.3%，而且从 2009 年后一直呈稳定的增长趋势，2014 年和 2015 年增长尤为迅速（图 5-7）。而中国向埃及出口的多是轻工业产品、电子产品和机械。

2015 年中国对蒙古国的出口总额为 15.7 亿美元，10 年间，整体呈上升趋势，并于 2011 年达到峰值（图 5-7）。

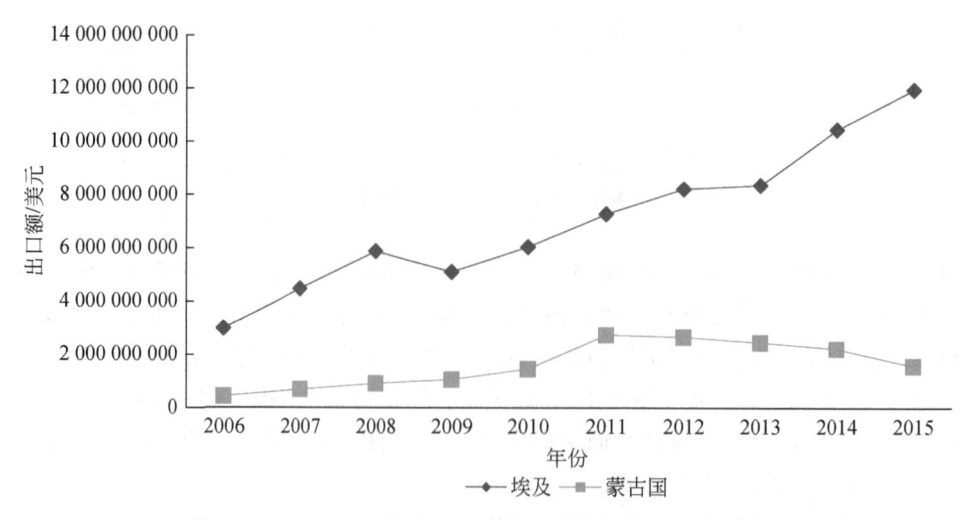

图 5-7　2006~2015 年中国对埃及、蒙古国出口的变化情况
数据来源：UN Comtrade 数据库

5.1.1.2 我国从"一带一路"国家进口情况概述

由图 5-8 可知，2006~2015 年，中国从东南亚的进口额趋于平稳，波动不大，而中国从东南亚主要进口矿产品、动植物油脂、塑料、化工产品和机电产品。

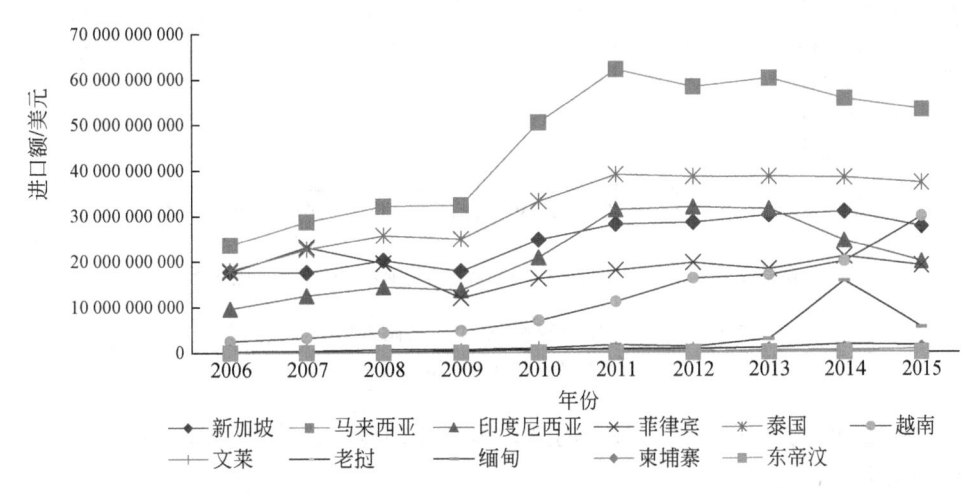

图 5-8　2006~2015 年我国从东南亚各国进口的变化情况
数据来源：UN Comtrade 数据库

2015 年中国从马来西亚进口总额为 532.8 亿美元，同比下跌了 0.4%，从 2009 年开始一直到 2015 年，中国一直是马来西亚最大的贸易合作伙伴。2015 年，中马双边贸易占马来西亚外贸总额的 23.76%，中国主要进口电子产品和机械产品，二者存在产业间贸易，说明两国国内需求存在重叠。

2015 年中国从泰国的进口总额为 371.7 亿美元，同比下跌了 3%。中国从泰国进口前 20 位的商品，互补性商品占到了 61.33%，说明双边贸易给两个国家都带来了实实在在的利益，实现了共赢。中国主要从泰国进口橡胶及其制品，也说明泰国在橡胶行业具有极强的竞争力。基于泰国国内经济产业结构的特征，泰国对中国出口商品以初级产品（农产品、矿产品）为主。

图 5-9 中明显反映了中国从中亚地区的进口主要来源于哈萨克斯坦和土库曼斯坦。从土库曼斯坦进口的贸易额从 2010 年开始呈现出大幅的增长趋势。

自 2009 年以来，中国从哈萨克斯坦进口总额 2014 年首次下降之后，2015 年中国从哈萨克斯坦的进口总额为 58.5 亿美元，同比下降 38.6%，下降幅度较大。中国主要从其进口矿产品。

2015 年中国从土库曼斯坦进口额为 78.3 亿美元，同比下降 17.7%，但是 2015 年土库曼斯坦超越哈萨克斯坦成为中国在西亚的最大进口国，土库曼斯坦从 2010 年开始，出口中国的商品总额飞速发展，最近几年趋于稳定。其中中国主要进口的就是天然气，2012 年，土库曼斯坦就超越卡塔尔成为中国最大的天然气供应国，占中国天然气进口的 51.4%。

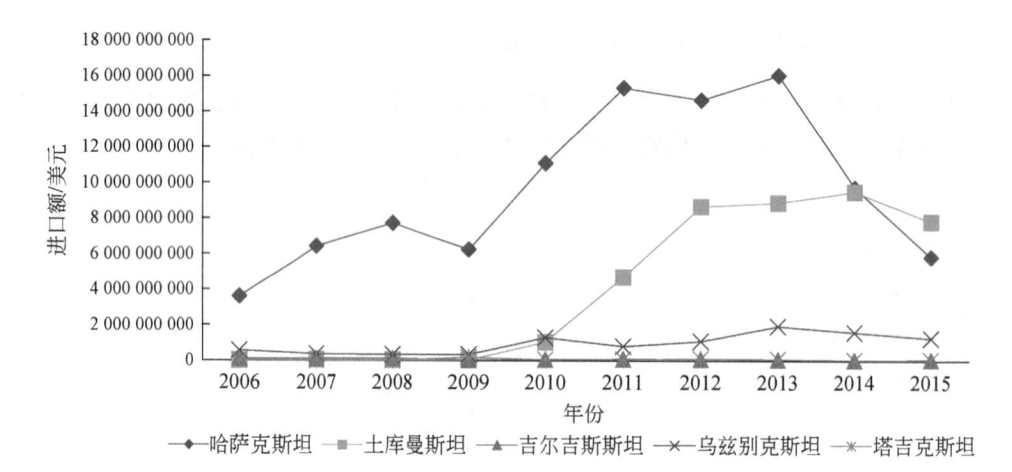

图 5-9　2006~2015 年我国从中亚各国进口的变化情况

数据来源：UN Comtrade 数据库

由图 5-10 可知，中国在南亚最大的进口国就是印度，其进口量远高于其他国家，其次为巴基斯坦。

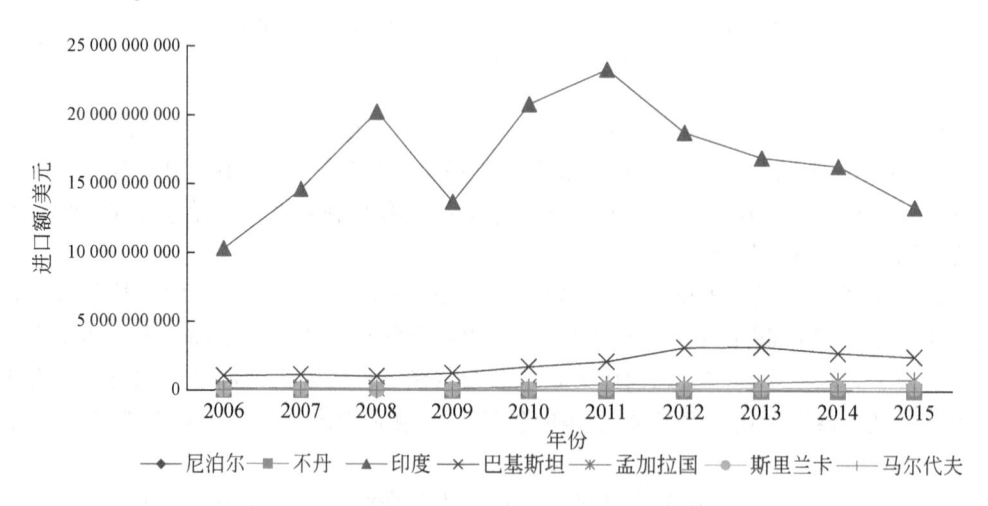

图 5-10　2006~2015 年我国从南亚各国进口的变化情况

数据来源：UN Comtrade 数据库

印度作为中国在南亚最大的进口国，2015 年中国从印度的进口总额为 133.6 亿美元，2006~2015 年，在 2011 年达到高峰随之出现下降。中国从印度进口的商品主要为棉花、核反应堆、锅炉、机器、机械器具及其零件。

2015 年中国从巴基斯坦进口额为 24.7 亿美元，同比下降 10%，中国从巴基斯坦进口的主要商品为棉纱线、金属物质等商品。但这几年增长速度较为缓慢。

中国从西亚地区进口的贸易额正呈现出先上升，同样未经受住 2008 年全球金融危机的影响，增速明显下降，说明经济全球化使世界各国间的经济往来加深，2010 年后伴随经济复苏又大幅上升，其进口主要集中在沙特阿拉伯、伊朗和阿曼三国，但2012年后，经济增速放缓，整体呈现出下降趋势，中国对西亚地区的进口贸易额同样出现下降（图5-11）。

中国是沙特阿拉伯的最大出口国，中国是世界第二的石油消费大国，而沙特阿拉伯以"石油王国"著称，所以中国从沙特阿拉伯进口的最主要商品就是石油、天然气。2015年中国从沙特阿拉伯进口了价值300.2亿美元的商品。

西亚的其他国家和沙特阿拉伯也较为相似，它们和中国主要的贸易商品便是石油，以及农副产品和其他工业制成品。

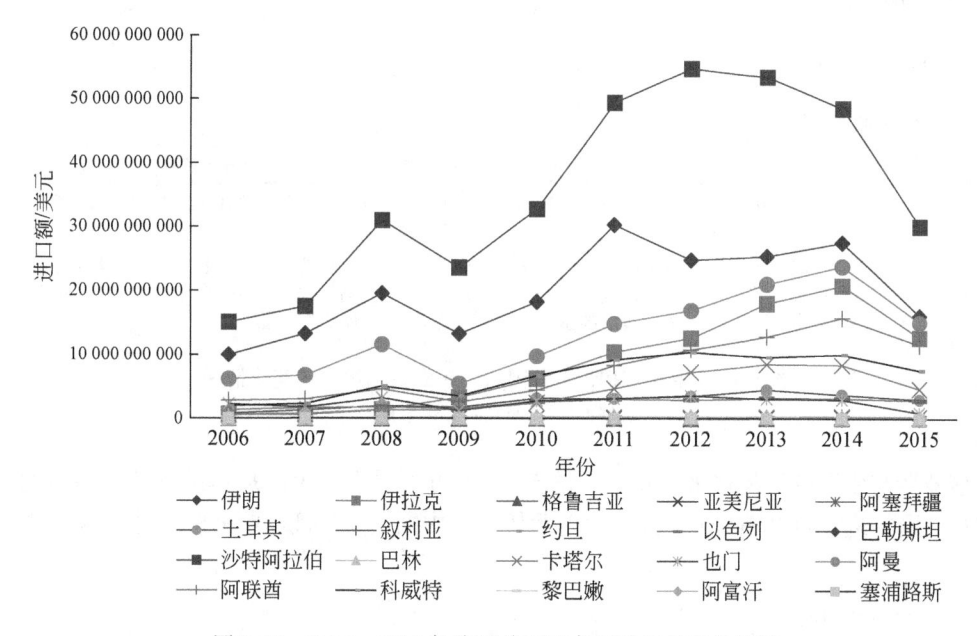

图5-11 2006~2015年我国从西亚各国进口的变化情况
数据来源：UN Comtrade 数据库

我国从中东欧地区的进口总体呈明显的上升趋势（图5-12），其中匈牙利、捷克和波兰在2006~2015年呈现出迅猛的上涨情况，中国从斯洛伐克的进口总量在2009~2011年呈指数型增长，但2011年后增长放缓，2014~2015年有明显下滑。除以上四个国家外，罗马尼亚和保加利亚对中国的出口也呈现持续上升的趋势，但出口总量与之前提到的四国有较大的差距。

匈牙利与中国的关系较为良好，"一带一路"倡议提出之时，匈牙利是中东欧地区第一个加入的国家。中东欧16国与中国在历史上一直交好，所以在经济上的往来较为频繁与顺畅。中国主要从中东欧地区进口制成品等，进口的结构较单一。

但总体而言，中国从中东欧地区的进口量增长十分明显，根据商务部发布的《中国对外贸易形势报告》，2013~2015年，中国与中东欧地区的进出口贸易额占同期中东欧贸易额的比重从7.5%上升到了9.1%，发展较快。

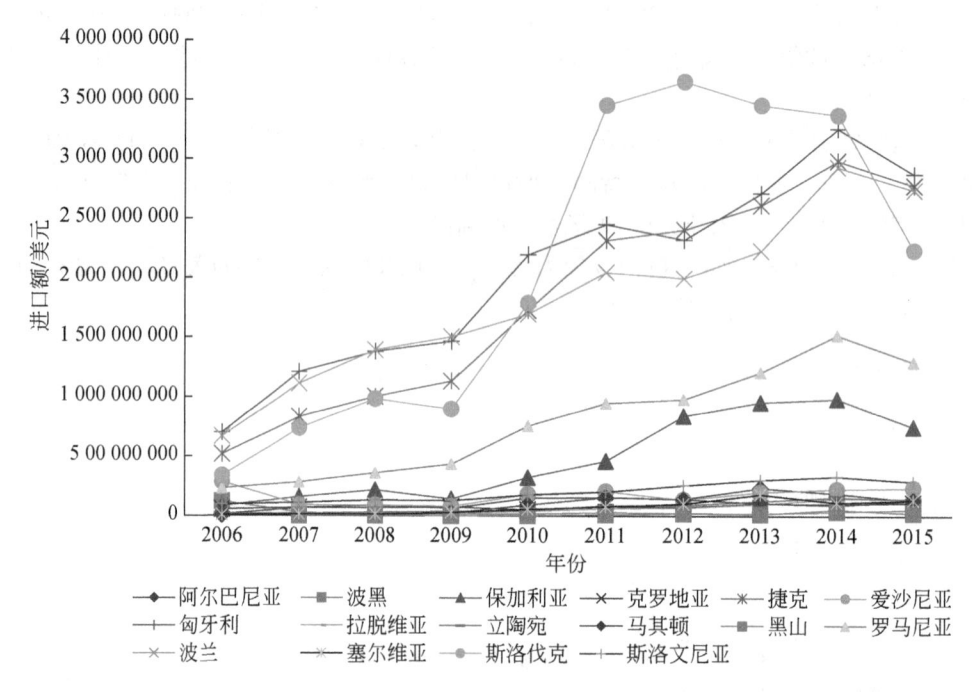

图 5-12 2006~2015 年我国从中东欧各国进口的变化情况

数据来源：UN Comtrade 数据库

俄罗斯与中国的贸易往来密切，从图 5-13 中可以看出，中国从白俄罗斯、乌克兰、摩尔多瓦三国的进口贸易额与俄罗斯相比差距较大。中国主要从俄罗斯进口木材、钢材等。

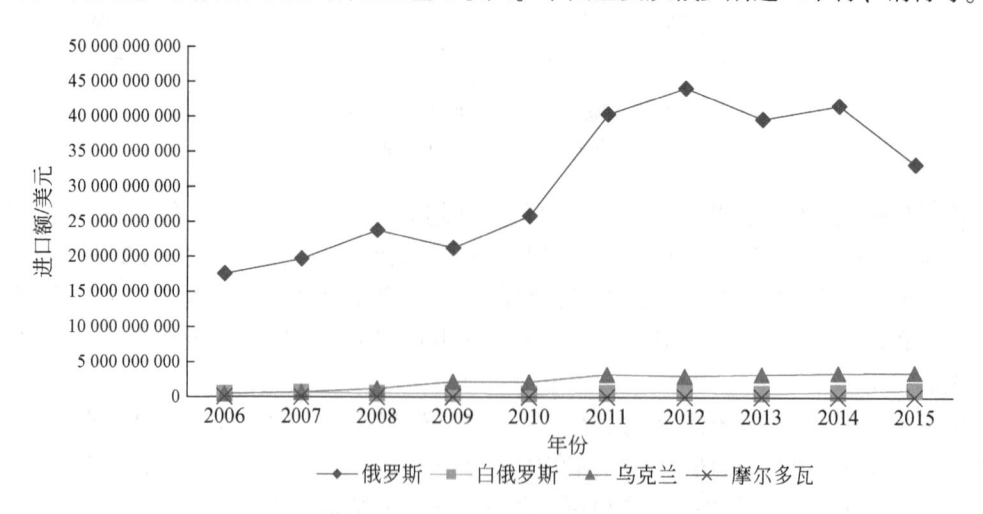

图 5-13 2006~2015 年我国从东欧各国进口的变化情况

数据来源：UN Comtrade 数据库

2014~2015 年，中国从俄罗斯的进口有所下滑，主要源于其 2015 年经济的衰退，但 2015 年之后，大宗商品价格回收、投资萎缩，所以俄罗斯以出售资源为主的对外贸易结构也决定了其对外贸易非常容易受到全球大宗商品价格波动的影响,会出现较大幅度的波动,出口并不稳定。

中国从蒙古国进口的总量是埃及的 2 倍左右(图 5-14),主要源于蒙古国在地缘上靠近中国,运输成本较低,且蒙古国境内有大量的油气资源,这是中国进口的一大来源。

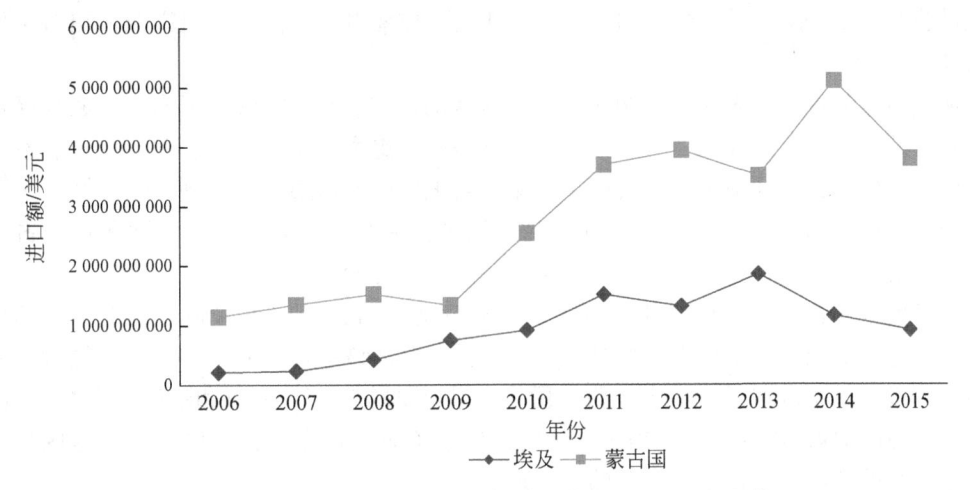

图 5-14　2006~2015 年我国从埃及、蒙古国进口的变化情况
数据来源:UN Comtrade 数据库

5.1.1.3　中国对"一带一路"国家进出口情况对比

2015 年,中国对"一带一路"国家的出口总量差别较大,从图 5-15 中可以明显看出,中国的出口集中在亚洲地区,尤其是东南亚和西亚,两者占到了中国对"一带一路"国家总出口量的 66%。其原因主要基于以下两点:首先是地理及技术分类原因,

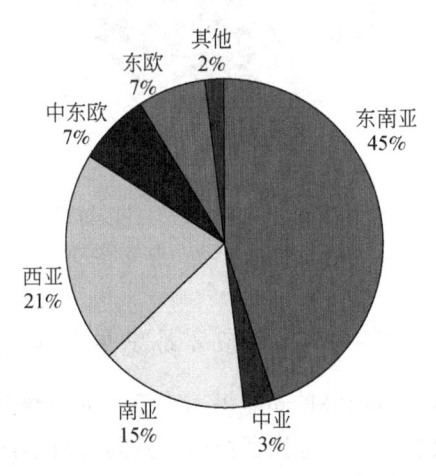

图 5-15　2015 年中国对"一带一路"各区域出口总量的比较
数据来源:根据 UN Comtrade 数据库整理

东南亚和西亚地区包含国家数量较多,而其中大部分国家与中国在经济与贸易上有较为密切的往来,尤其是中国与东盟建立了自由贸易区,所以中国对东南亚地区的出口量十分庞大;其次,中国的商品与东南亚和西亚的众多商品互补,西亚出口石油、天然气制品至中国,而中国则出口西亚地区较稀缺的轻工业制品。除此以外,中国对南亚和中亚地区的出口量分别占到了对"一带一路"国家的15%和3%,其中对南亚的出口主要集中在印度一国上。

从贸易价值量角度来看,中国对中东欧地区的出口占到的7%,因为中东欧地区部分国家对对外贸易依存度较低,并且该地区与欧盟联系更为紧密,在其贸易国家中,欧洲国家占到绝大多数;东欧地区只包含四个国家,与俄罗斯的双边贸易占到了绝对优势地位。

中国对埃及的出口量较之于蒙古国要大很多,主要是因为埃及国土面积比蒙古国更大,人口更多,工业化程度更高,对中国产品的需求也较大。

从各地区比较来看,2015年我国主要从东南亚进口,其比重占到了50%,与其他所有地区的总和等同。次于东南亚的是西亚地区,主要从该地进口石油和天然气资源,所以从西亚进口的总量占到了"一带一路"国家总进口量的27%;南亚和中亚均为4%(图5-16)。除了亚洲地区以外,欧洲地区的主要进口来源集中在东欧,中国从这一地区的进口基本集中在俄罗斯,它是中国重要的进口来源。

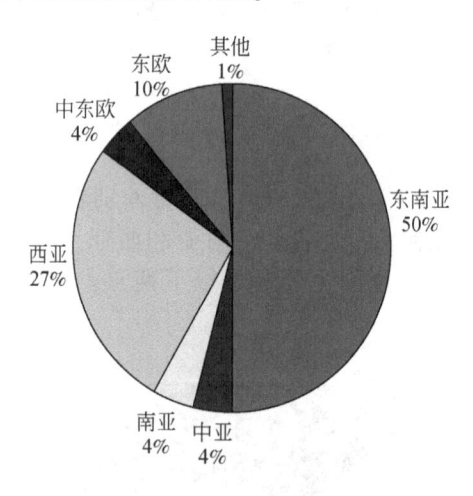

图5-16 2015年中国对"一带一路"各区域进口总量的比较
数据来源:根据 UN Comtrade 数据库整理

5.1.1.4 我国与"一带一路"国家贸易发展基本现状

当前全球经济增速放缓,新的增长动能仍不明显,贸易摩擦趋势愈加频繁,贸易保护主义抬头趋势更加明显,只有各国加强沟通协商,共同应对当前的艰难状况,拒绝以邻为壑,进行合作共赢才是唯一的解决办法。

据图5-17可知,我国与"一带一路"国家进出口贸易总额由2003年的15 326 047万美元增至2014年的112 044 388万美元,长期保持稳定增长,平均增长率为21.02%。在2003

~2014统计年间，我国与"一带一路"国家进出口贸易总额占对外贸易总额比重基本维持在22.9%左右，总体变化不大。

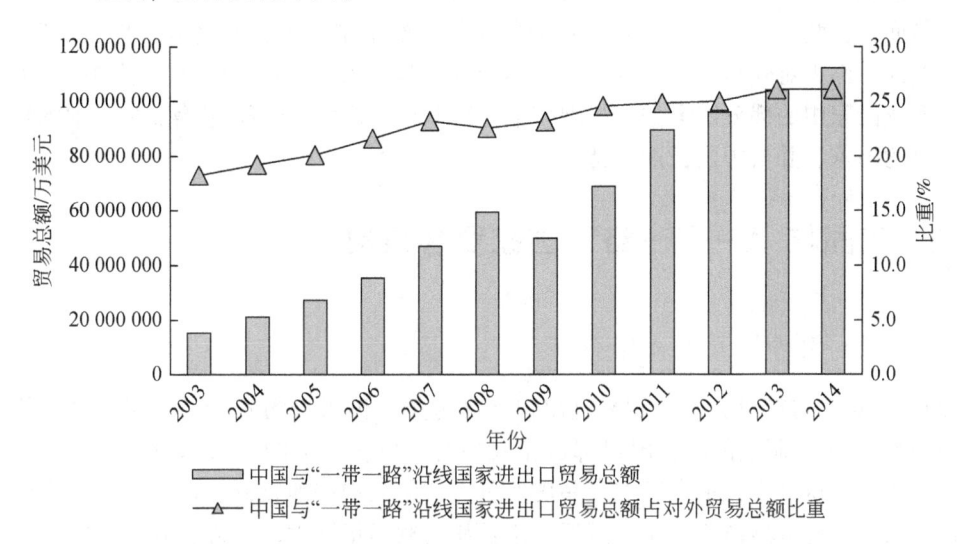

图 5-17　中国与"一带一路"国家进出口贸易总额的变化
数据来源：据历年中国统计年鉴—中国与各国贸易数据整理统计

据图 5-18 可知，6 个地区与我国的贸易往来都实现了不同程度的增加，其中以东南亚增长最明显，尤其在 2009 年之后其与我国进出口贸易总额增速较快，明显超过我国与其他"一带一路"国家进出口贸易额。近年来，西亚及中东 19 国与我国的贸易往来

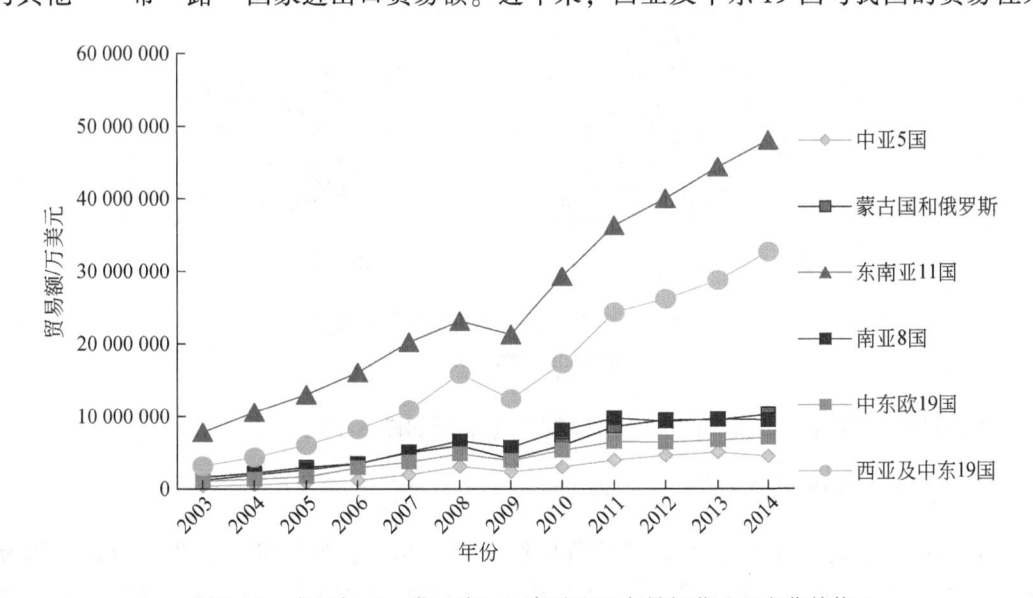

图 5-18　中国与"一带一路"国家进出口贸易额分地区变化趋势
数据来源：2003~2014 年《中国统计年鉴》

频繁，贸易规模也在不断扩大。中国现在已是 9 个阿拉伯国家的最大贸易伙伴，短短十年间，贸易额从 2004 年的 367 亿美元，已经快速增加到 2014 年的 2512 亿美元，发展迅速。

总体而言，我国与"一带一路"国家的贸易总额基本处于上升趋势，与"一带一路"国家的贸易总额占对外总贸易额的比重基本稳定，其中东盟国家、南亚国家中的印度、俄罗斯、西亚国家中的部分国家如沙特阿拉伯、阿联酋、伊朗、伊拉克等都是与中国贸易往来较频繁的国家，并与中国长期维持贸易伙伴关系。

5.1.2 我国与"一带一路"国家贸易结构

5.1.2.1 对外贸易产品结构

根据 WTO 官方统计，国际贸易进出口产品分类总体可分为农产品、制造品和能源产品。在图 5-19 中，制造品的进出口都占据我国对外贸易总额的较大部分，且长期维持贸易顺差。我国人口众多，粮食等农产品需要量大，但人均耕地较低，使得农产品主要依赖于进口，长期维持贸易逆差，尤其是近年来贸易差额逐年增大。此外，我国在能源产品上对外依存度加大，经济的高速发展带来的能源消耗量也在逐年增大，在 2001～2014 年我国能源产品进口贸易额一直小于出口贸易额，长期保持贸易逆差，能源产品在我国进口产品中的比重也在不断增加。

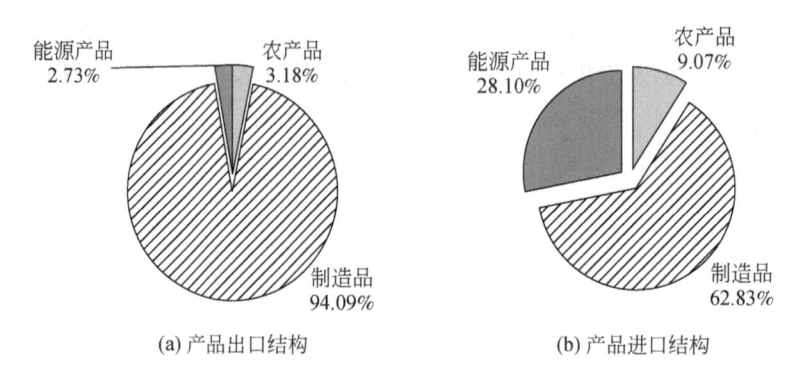

图 5-19 2014 年我国产品进出口结构饼图
数据来源：WTO DATA

(a) 产品出口结构：能源产品 2.73%，农产品 3.18%，制造品 94.09%

(b) 产品进口结构：能源产品 28.10%，农产品 9.07%，制造品 62.83%

我国对外贸易制造品和农产品进出口的变化情况如图 5-20 所示。

5.1.2.2 对外贸易地区分布结构

在 2001 年加入 WTO 后，我国对外贸易经历了高速增长的时期，实现了进出口贸易额的历史性突破。据联合国贸发会议数据库关于 2001～2015 年我国与其他国家和地区的贸易数据显示，美国、日本、韩国、欧盟、东盟、澳大利亚、中国香港和中国台湾长期占据我国前十位贸易伙伴，在统计年间中次序会有所变动。根据图 5-21 和图 5-22，

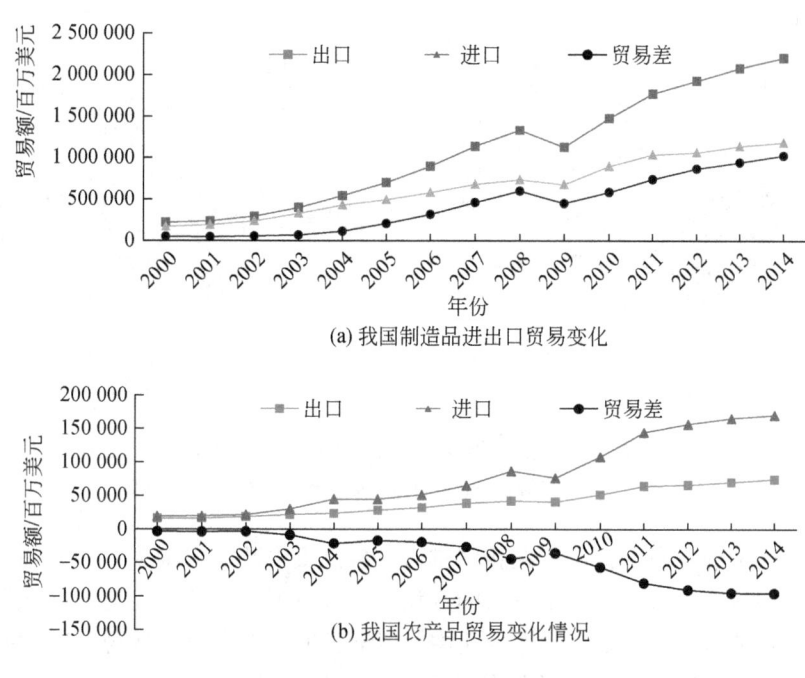

图 5-20　我国对外贸易各产品进出口的变化情况

数据来源：WTO DATA

正数为贸易顺差，负数为贸易逆差

在对外出口地区分布中，美国和欧盟是我国前两大进口国家和地区，分别占比约25%和15%，合计接近了半壁江山，同时中国是欧盟最大的贸易伙伴之一。我国对中国香港和东盟的出口总额近年来增速明显，中国已经连续四年是东盟第一大贸易伙伴，对东盟的出口额连年递增。

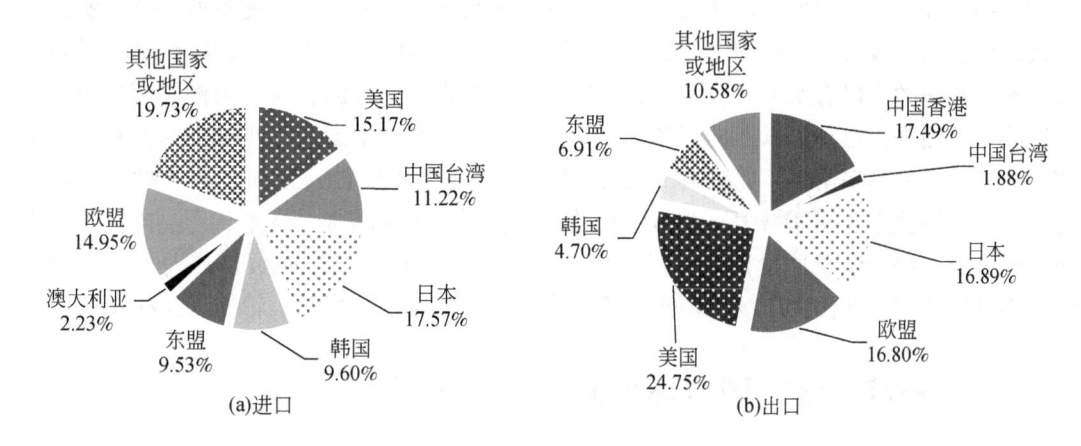

图 5-21　2001年我国对外贸易地区分布结构

数据来源：联合国贸易与发展会议数据库

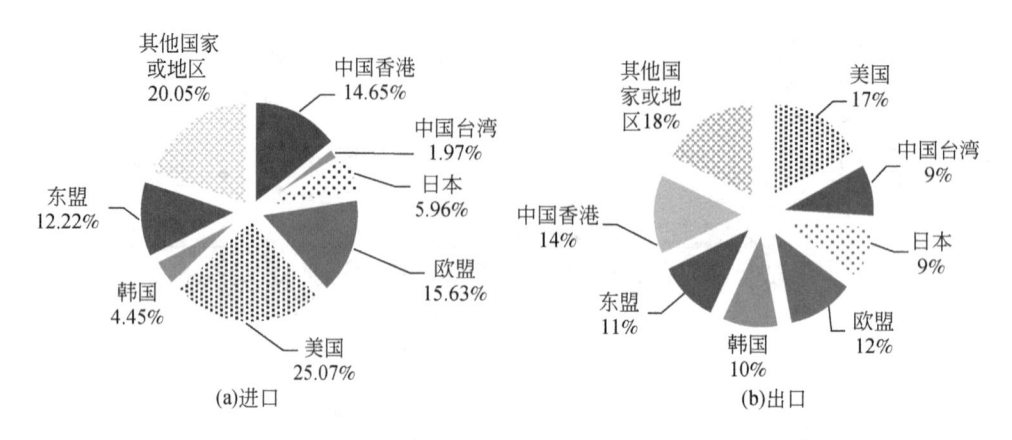

图 5-22 2015 年我国对外贸易地区分布结构
数据来源：联合国贸易与发展会议数据库

在进口地区地理分布上，美国在我国进口总额比重中基本维持在 15% 左右，欧盟进口也比较稳定，但从中国台湾和日本进口的货物总额有所下降。总体而言，在我国对外贸易中，进出口结构的地区结构处于动态变化中，亚洲长期占据主导性地位，其次是欧洲和北美洲。除了亚洲、欧洲和北美洲外的其他国家和地区与我国的贸易往来在近年来更为频繁，其比重在增加。以澳大利亚为代表的大洋洲与我国的贸易往来近年来增加较快，由此可见，我国与其他国家和地区的贸易往来在逐渐加快，地理结构的分布更多元化。

5.1.2.3 我国对外贸易的发展总体趋势

在了解加入 WTO 后中国进出口贸易总体水平、产品结构、地理分布等的基础上可以发现，相比早期我国近年来进出口贸易有所变化。总体发展趋势可以总结如下：①我国在全球贸易仍处于领先地位，但在各国家和地区的贸易市场上的份额分配有所变化。我国对新兴市场贸易呈现分化，对周边东盟、印度、俄罗斯等国家和地区出口保持了较快增长，对日本、韩国的出口有所下滑。此外，我国在不断加强与大洋洲、拉丁美洲国家以及中东国家的贸易往来，尽管仍以亚洲市场为主，但在亚洲范围内中国在逐步加强与南亚国家的贸易往来，尤其是东南亚。②中国的制造品出口增速有所放缓，且加工贸易增长出现乏力，一般贸易比重在不断增大，贸易结构的变化表明我国在品牌、技术、产品附加值等方面取得进展，提升在全球价值链中的位置。③近年来，我国农产品贸易逆差增速有所下降，随着绿色产品在国际市场的需求越来越高，农产品也将迎来新一轮的进步和发展。

5.1.3 "一带一路"国家环境问题理论分析

5.1.3.1 "污染避难所"假说概述

在市场的竞争中，成本越高，市场的竞争力就会越弱。在完全贸易自由化条件下，产品价格可以说与产地是无关的。在现实世界里，由于运输成本的存在和贸易壁垒的不可避免，贸易自由化通过套利机制使得产品的价格逐渐变得一致。那么，当产品有统一的价格时，生产的成本就决定了生产的区位选择。在环境管制的标准各不相同的情况下，如果某个地区或国家的政府在环境问题上实施更为严苛的标准与制度，那么在这个地区发展某些产业的成本就会相应升高，直接导致的结果就是生产的产品在市场上的竞争地位弱，失去竞争优势。所以，就出现了追求利润最大化的企业会更倾向于在环境管制标准较低的地区和国家落脚，由此而言，这些地区和国家就成了"污染避难所"。

5.1.3.2 "污染避难所"假说与环境库兹涅茨曲线

环境库兹涅茨曲线是指当一国经济发展水平比较低时，环境污染的程度会比较轻。但是，随着经济的发展，同时人均收入日益提高，环境的污染程度便会逐渐增高，简而言之，就是环境污染程度与经济增长成正比；当经济发展到一定水平时，人均收入也继续增加，这个时候，国家开始进行环境的规制，使污染减缓并下降，环境得到改善。

将"污染避难所"假说和环境库兹涅茨曲线结合起来看，可以得出一个初步的结论：在一国人均收入水平较低的时候，一个国家，或者说一个国家中的人们，对经济发展的迫切要求就会盖过其环境保护的意识，会将经济的发展放在首位，此时，该国环境标准较低，许多污染产业就会驻扎；随着人们收入的增加，对高质量的环境需求持续增加，要求也逐渐增加，人们会期盼一个更宜居的环境，并且环保意识逐渐加强，直到超过对财富增加的要求，这个时候，国家就会制定出较为严苛的环境标准，出于成本考虑，污染企业就会减少在该国的生产，转而寻求成本更低的土壤，此时环境库兹涅茨曲线就会呈下降趋势。总的来说，环境库兹涅茨曲线呈现倒 U 形的形态，实际上就是一国自身为"污染避难所"到寻求其他"污染避难所"的过程。

5.1.3.3 "污染避难所"假说和跨境污染的关联性

跨境污染主要有四种形式：污染物的直接转移、污染企业的转移、出口本国禁止或限制销售的产品和购买。其中第二种形式具有较强的隐蔽性和普遍性，主要发生在发达与发展中国家之间。"一带一路"国家主要分布在亚洲和欧洲东部地区，多为发展中国家，经济水平较低。而发展中国家想要实现经济的增长，大多会选择引进国外的技术、资金来带动本国的发展。发展中国家的这种需求，正好符合发达国家的利益。发达国家往往已经拥有足够的财富，国家亟待解决的是前期发展遗留下来的环境问题，所以制定了较高的标准来保护环境，这些国家的企业为了获取竞争优势，只能在全球范围内寻找"污染避难所"。下面就这种现实情况具体分析"一带一路"国家中典型国家的环境差异。

5.1.3.4 以"污染避难所"假说解释"一带一路"国家中典型国家环境差异

1）东南亚地区典型国家分析

总体而言，东南亚地区各国的生态环境在发展中遭到破坏，其中以泰国、菲律宾和马来西亚首当其冲。而相对其他国家而言，新加坡和文莱的生态环境情况较好，这与这两国在环境方面制定的严格标准不无关系。新加坡具有完备的环境立法,并且处罚严苛,比如在公共场合倾倒垃圾可处以 12 个月以下的监禁;向国内水域排放有毒或危险物质可处以 1 年以下监禁;如果进出口濒危物种则会受到最高可达 10 万新币的罚款。与新加坡情况类似的是文莱,现阶段文莱的环保法主要是《文莱工业发展污染控制准则》,对有关环境的多方面做了约束,自 2010 年起,文莱的新建工程必须通过环境评估(EIA),即企业必须聘请专门机构进行环境评估,并向文莱发展部环境与公园司提交环境评估报告,评估费用根据项目规模而定。这两个国家在环境上采取的措施,可以说是高标准的,一些污染产业就会对这些国家"望而却步",由于害怕高额的罚金和进入时面临的环境障碍,就会主动退出。同时,结合新加坡和文莱的人均 GDP,也可以用环境库兹涅茨曲线解释这一现象。2014 年,新加坡和文莱的人均 GDP 分别为 56 286.8 美元和 40 776.3 美元,在东盟国家中位居第一和第二,经济发展到一定水平,这些国家就会对环境的追求超越对财富的追求,严苛的环境法也就应运而生了。

反观泰国、菲律宾和马来西亚,因为自身经济的相对落后,国民主要的关注点仍停留在财富的增加和人民生活水平的提高上,工业化对一国经济的基础带动作用十分明显,单一地依靠第三产业,经济发展较不牢靠,更容易出现波动。以泰国 2015 年出口到世界各地的产品构成为例,从表 5-1 中可以看到,泰国在 2015 年出口产品中占前五位的产业都会产生不同程度的污染,以橡胶、塑料制品尤为突出,东南亚许多国家,包括马来西亚、印度尼西亚等,常年来都饱受烧焦污染的影响。而这些国家在环境问题上较低的标准,也吸引了许多发达国家对其进行直接投资,在这些地区建立污染较高的企业,以期获得比较低的成本,挤占市场。

表 5-1　泰国 2015 年主要出口产品构成(前五位)

产品类别	出口总额/百万美元	占比/%
核反应堆、锅炉、机械器具及零件	37 311	17.6
电机、电气、音响设备及其零附件	29 304	13.9
车辆及其零附件(铁道车辆除外)	26 555	12.6
橡胶及其制品	12 263	5.8
塑料及其制品	11 717	5.6

数据来源:中华人民共和国商务部网站。

2) 南亚地区典型国家分析

马尔代夫被称为"上帝抛撒在人间的项链",生态环境极度优良。马尔代夫政府在环境上的把控,主要从两个方面着手:①严格控制岛屿的开发利用,这个措施直接遏制了产业的拓展,没有足够的土地资源建立基础设施,产业也就止步了;②对游客有着严格的要求,比如禁止钓鱼、禁止捡拾珊瑚贝壳等。马尔代夫的人均 GDP 在南亚地区位居首位,并且它是一个以旅游业为支撑产业的国家。第三产业的高度发达,让马尔代夫得以保持环境高标准,同时给其他国家的对外直接投资树立高的无形壁垒,使得它避免了成为"污染避难所"。

斯里兰卡同马尔代夫一样是一个岛国，但跟马尔代夫有着完全不同的情况。斯里兰卡经济发展水平较低下，但是环境质量差强人意。从表5-2中可以看出，斯里兰卡出口的产业结构侧重于轻工业和农业产品，相对于油气产业和重工业而言，这些产业对环境的污染不大。从环境库兹涅茨曲线来看，斯里兰卡处于倒U形的前半段，它的经济发展水平较低，所以污染程度也较低。

表5-2 斯里兰卡2015年主要出口产品构成（前五位）

产品类别	出口总额/百万美元	占比/%
针织或钩编的服装及衣着附件	2565	25.1
非针织或非钩编的服装及衣着附件	1990	19.5
咖啡、茶、马黛茶及调味香料	1669	16.3
橡胶及其制品	787	7.7
珠宝、贵金属及制品；仿首饰；硬币	241	2.4

数据来源：中华人民共和国商务部网站。

3) 中亚地区典型国家分析

中亚地区5个国家，包括哈萨克斯坦、土库曼斯坦、吉尔吉斯斯坦、乌兹别克斯坦和塔吉克斯坦。哈萨克斯坦的油气资源极为丰富，这也为它发展石油、天然气工业奠定了基础。哈萨克斯坦照搬苏联发展模式，大刀阔斧促重工业，经济上去了，环境却遭到了重创。反观哈萨克斯坦出口的产品结构，矿物燃料、化学品和钢铁这三项已占到了出口总量的83%（表5-3），而这三个产业，尤其是化学品和矿物燃料工业，被定义为污染最严重的产业之一，哈萨克斯坦如今已跻身中高收入国家行列，但为了发展经济，它付出的环境代价也是巨大的。近年来，哈萨克斯坦开始关注环境问题，首当其冲的是工业和生活垃圾处理问题。哈萨克斯坦能源部部长表示，自2016年1月起，境内实施生产者责任延伸法，要求生产者协同助力解决这一重要问题。哈萨克斯坦处于环境库兹涅茨曲线的顶端，越来越意识到环境的重要性。

表5-3 哈萨克斯坦2015年主要出口产品构成（前五位）

产品类别	出口总额/百万美元	占比/%
矿物燃料、矿物油及其产品；沥青等	29 952	72.7
无机化学品；贵金属等的化合物	2 212	5.4
钢铁	1 996	4.9
铜及其制品	1 958	4.8
谷物	734	1.8

数据来源：中华人民共和国商务部网站。

4) 西亚地区典型国家分析

西亚地区政治较不稳定，各国的经济差异也比较大。以收入水平较高的沙特阿拉伯为例，这是世界上油气资源最丰富的地区之一，沙特阿拉伯依靠这一丰富的自然资源，凭借工业和出口两条路径，沙特阿拉伯迅速获得了大量财富；并且，在缺水的中西亚地区，沙特阿拉伯以海水淡化解决水资源短缺问题，其每年海水淡化量占到全世界的21%，所以沙特阿拉伯还拥有良好的条件发展农业。但正因为前期太过于依赖石油工业，炼油厂和其他化工业造成了氮氧化物的堆积。财富积累到一定程度，国家就会转而关心生态环境。从20世纪70年代开始，为了应对国际上波动的油价，沙特阿拉伯开始进行本国工业化建设。同时，沙特阿拉伯自2015年开始开发清洁能源，积极调整产业结构，从依托石油工业的产业结构逐渐转型。沙特阿拉伯迫切想调整产业结构，而且逐渐在摆脱对石油工业的多度依赖，结合环境库兹涅茨曲线来看，其已经处于寻找其他"污染避难所"的过程中了。

5）中东欧地区典型国家分析

中东欧各国的环境状况相差很大。保加利亚发展水平中等偏下，但污染比较严重。表5-4列举了保加利亚2015年度的主要出口产品情况，该国的出口产业结构与泰国和哈萨克斯坦具有相当程度的相似性。保加利亚受欧债危机较明显，经济增速缓慢，为了寻求经济的进一步增长，保加利亚在第二产业和第三产业上积极扩展版图，这也给它的环境带来了较大的压力。炼油厂、化工厂和热电厂的发展，让保加利亚的空气污染严重程度高于中东欧其他地区。用"污染避难所"假说来解释的话，保加利亚的环境污染日趋严重跟它急需谋求经济发展的现状不无关系。一个国家如果处于发展瓶颈期，为了求得突破，将环境置于后位，但在发展后期，为恢复生态付出的代价也是高昂的。爱沙尼亚在这一方面就做得比较好，在2014年，爱沙尼亚环境部拟定了一份法律草案，规定自2016年开始，十年内每年都会将环境污染费提高3%～6%；另外，凡开采用于制造建筑材料的矿产资源（砂、石）的企业，都必须缴纳两部分环境污染费，即一部分按开采量支付，另一部分用于支付开采权。这样的规定会让许多企业规范自己的行为，自觉保护环境；同时，国外企业也会发现进驻爱沙尼亚的成本比其他国家要高许多，便会退出其范围，转而向别的对环境污染费征收较低或不收环境污染费的国家进军。

表5-4 保加利亚2015年主要出口产品构成（前五位）

产品类别	出口总额/百万美元	占比/%
矿物燃料、矿物油及其产品；沥青等	2646	10.3
电机、电气、音像设备及其零附件	2510	9.8
铜及其制品	2313	9.0
核反应堆、锅炉、机械器具及零件	2043	8.0
谷物	974	3.8

数据来源：中华人民共和国商务部网站。

6）东欧地区典型国家分析

东欧地区主要涉及4个国家，包括俄罗斯、白俄罗斯、乌克兰和摩尔多瓦。前三国均是在苏联解体后独立的。俄罗斯与白俄罗斯在产业结构上具有较大相似性，主要是依托油气资源，以重工业起家。所以两者在前期的经济发展中，也以环境换财富，环境污染问题比较严峻。当财富积累起来，再反观环境问题，俄罗斯和白俄罗斯都开始采取政策，虽然关于环境的法律仍停留在"软法"层面，也出现过政治上的阻挠，如 2000 年普京撤销了国家自然环境委员会。但当时普京的行为在国内掀起一片反对的声音，国民都迫切希望能够尽快改善环境。反映在环境库兹涅茨曲线上，体现出来的就是到底部后的上升，而结合"污染避难所"假说来看，俄罗斯也在积极寻找能让它的重工业继续发展的下一个"污染避难所"。

5.1.4 我国与"一带一路"国家贸易的环境影响分析

5.1.4.1 我国对外贸易与国内环境污染变化的关系及趋势

中国对外贸易发展十分迅速，贸易对经济总量的贡献长期稳定。然而，随之产生的环境问题越来越多，为此付出的环境代价也很大，加之国际社会对绿色产品的需求不断增长、对贸易产品的诸多绿色化要求，中国作为最大的发展中国家在贸易发展上将迎来较大的挑战和机遇。

据图 5-23，在 2000~2014 年的 15 年间，国内工业废水排放量、工业废气排放量以及工业固体废物产生量呈上升趋势，其中工业废水排放量常年维持较高的数值，工业废气排放量和工业固体废物产生量基本呈同步增长的变化趋势。此外，国内工业废水排放量、工业废气排放量以及工业固体废物产生量与进出口总额、出口总额均呈现正向变化，即随着我国进出口贸易总额和出口贸易总额的增加，工业"三废"排放量或产生量也在不断增加，尤其是工业废气排放量和工业废物产生量历年变化与进出口总额、出口总额变化的正相关关系更明显。工业经济的发展以牺牲环境为代价，在一定程度上反映了贸易与环境之间的矛盾，贸易对环境的影响不容小觑，也倒逼我国产业进行转型及绿色升级。

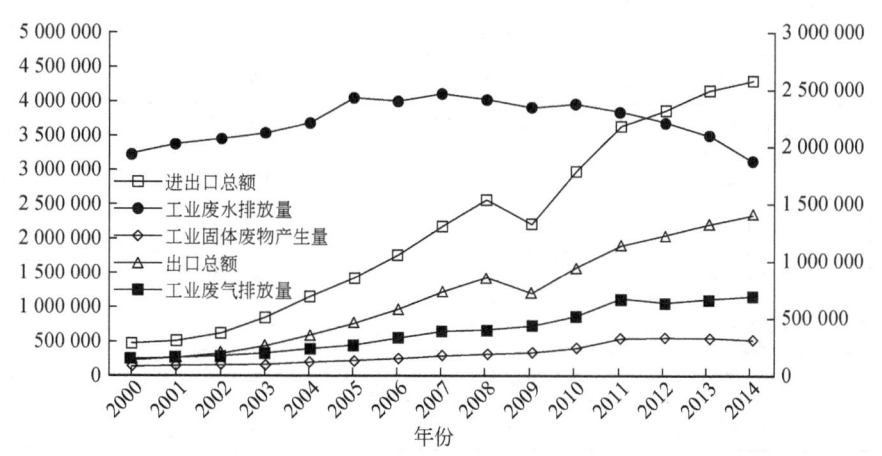

图 5-23 2000~2014 年中国进出口总额、出口总额与工业"三废"排放量的变化趋势
工业废水排放量和工业固体废物的排放量的计量单位为万 t，工业废气排放量的计量单位为亿 m³
数据来源：《全国环境统计年报》《中国统计年鉴》《中国环境统计年鉴》

如表 5-5 显示，2000 年，我国工业废水排放量为 1 942 405 万 t，最高时我国工业废水排放量达到 2 466 493 万 t，平均增长率为 -0.15%，工业废水排放量总体有所下降。自 2007 年开始，我国工业废水排放量开始减少，在 2014 年时工业废水排放量达到统计期间的最低值 1 869 626 万 t，2000~2014 年平均排放量为 2 220 120 万 t。工业废气排放量是衡量环境污染的另一个重要指标，在 2000~2014 年我国工业废气的排放量一直保持增长趋势，从 2000 年的 138 145 亿 m³ 的工业废气排放量连年攀升，在 2014 年我国工业废气排放量达到 694 190 亿 m³，2000~2014 年平均增长率为 12.58%，2000~2014 年平均排放量为 395 446 亿 m³。工业固体废物产生量与工业废气排放量在 2000~2014 年的变化趋势大体相似，在 2012 年我国工业固体废物产生量达到最高值为 332 509 万 t，2000~2014 年平均增长率为 10.45%，2000~2014 年平均产生量为 192 212 万 t。自 1997 年，我国开始将 COD 排放量纳入废水污染重点监测指标，15 年来，COD 排放量基本呈下降趋势，2000~2014 年平均排放量为 476.5 万 t。2014 年我国 COD 排放量出现大幅减少，达到最低值 275 万 t。

表 5-5 2000~2014 年我国工业"三废"及 COD 排放量

年份	工业废水排放量/万 t	工业废气排放量/亿 m³	工业固体废物产生量/万 t	COD 排放量/万 t
2000	1 942 405	138 145	81 608	705
2001	2 026 282	160 863	88 840	608
2002	2 071 885	175 257	94 509	584
2003	2 122 527	198 906	100 428	512
2004	2 211 424	237 696	120 030	510
2005	2 431 121	268 988	134 449	555
2006	2 401 946	330 990	151 541	542
2007	2 466 493	388 169	175 632	511
2008	2 416 511	403 866	190 127	458
2009	2 343 857	436 064	203 943	440
2010	2 374 732	519 168	240 944	435
2011	2 308 743	674 509	326 204	355
2012	2 215 857	635 519	332 509	339
2013	2 098 398	669 361	330 859	319
2014	1 869 626	694 190	311 553	275

数据来源：《全国环境统计年报》《中国环境统计年鉴》。

在图 5-24 中可直观观察出，在工业废气排放中，煤炭开采和洗选业、农副食品加工业、纺织业、造纸及纸制品制造业、化学原料和化学制品制造业的排放量排名较靠前；在工业废水排放量一项中，石油加工、炼焦和核燃料加工业，化学原料和化学制品制造业是排放量大户；在工业固体废物产生量中，煤炭开采洗选业，黑色金属矿采选业，有色金属矿采选业，化学原料和化学制品制造业均是排放量较大的工业产业。我国对外出口贸易总额较大的产品类也是污染环境较严重的行业。总体而言，化学原料和化学制品制造业在工业"三废"排放量中均排名靠前，尤其是工业废水和工业废气的排放量较大，这也是中国出口贸易量较大的一类产品，环境成本较大，无疑会造成国内严重的环境污染和生态破坏。

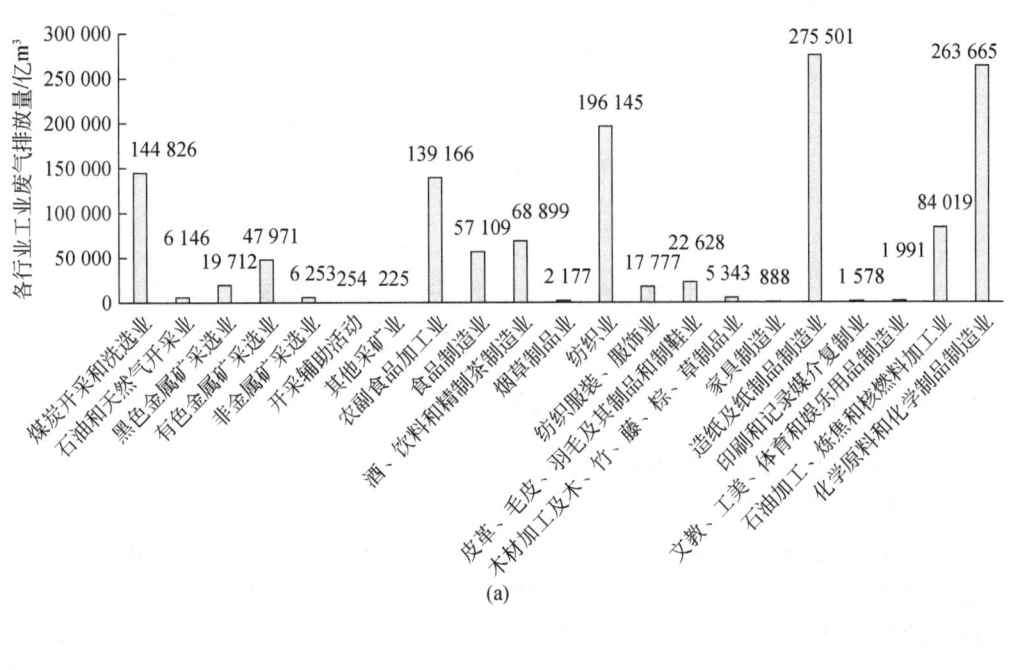

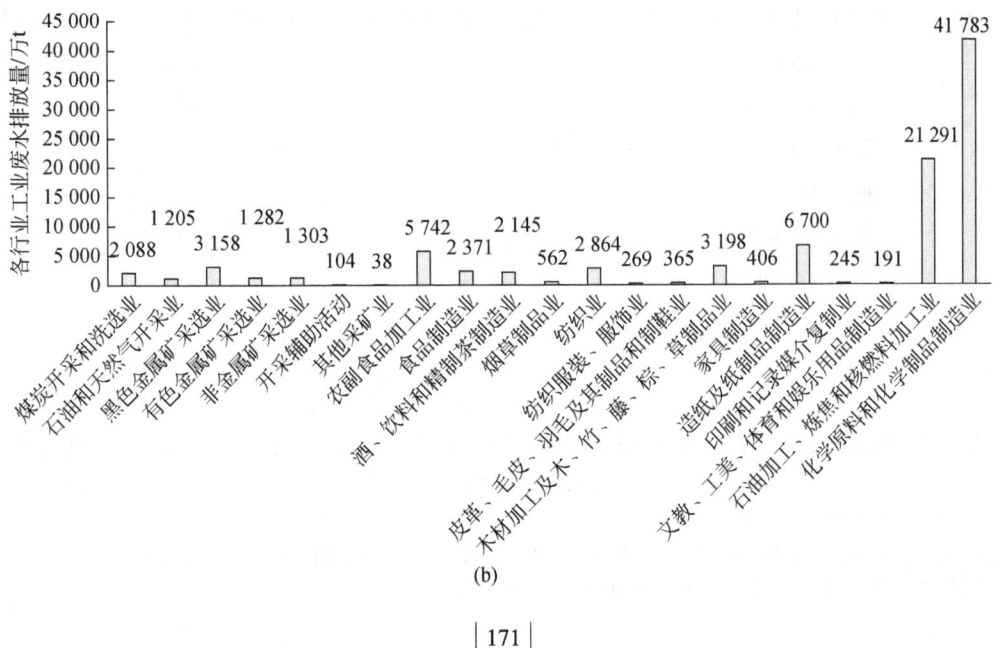

(c)

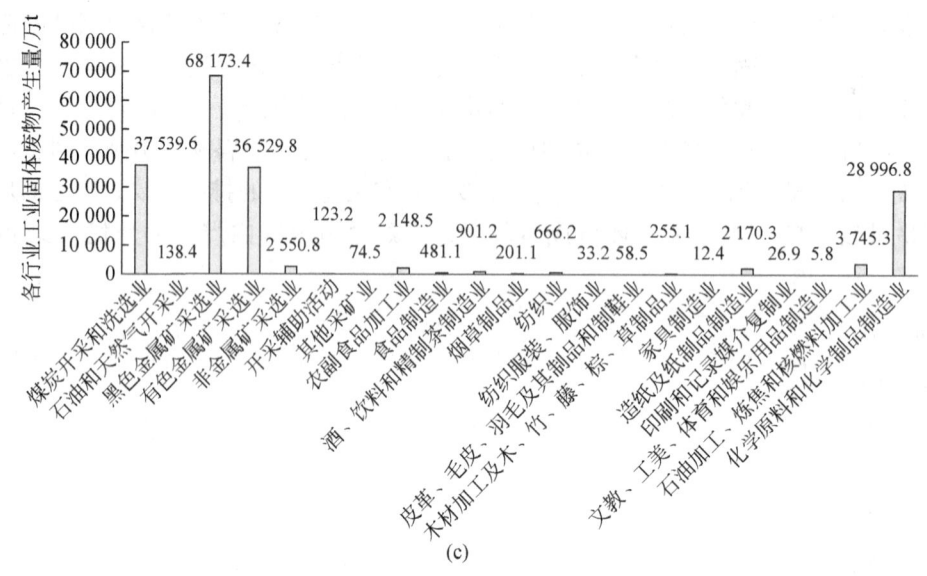

图 5-24 2014 年各行业工业"三废"排放量情况

数据来源：《中国环境统计年鉴》

5.1.4.2 我国与"一带一路"国家的重点贸易往来及其环境影响

1) 我国与东南亚国家的重点贸易往来及其环境影响

我国与东南亚国家的贸易往来已久，东南亚国家是中国长期的贸易伙伴。据统计，在 2003～2014 年，中国与东南亚 11 国[①]的贸易额连年上升，尤其是在 2008 年全球金融危机后，中国与东南亚国家之间的贸易往来更加频繁，增长迅速。2014 年，中国与东南亚国家的进出口总额为 48 034 658 万美元，平均增长率为 18.62%，长期维持贸易顺差。在图 5-25 中，我国与东南亚国家的进出口总额占对"一带一路"国家贸易总额的比

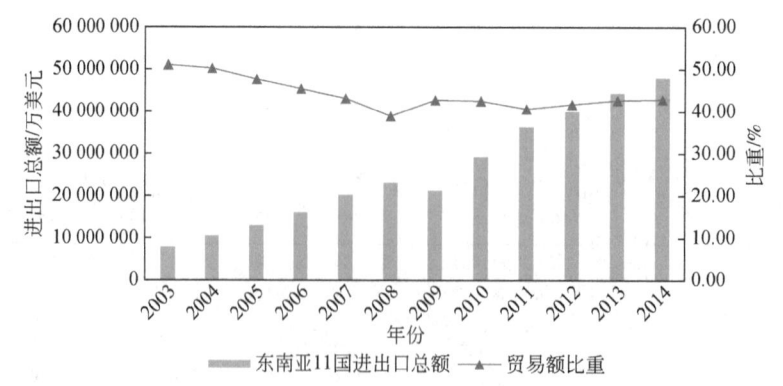

图 5-25 我国与东南亚 11 国进出口总额及其占与"一带一路"国家进出口总额的比重变化趋势

数据来源：历年《中国统计年鉴》

---

① 以下对于中国与东南亚 11 国的进出口贸易分析，均是以中国与东盟国家的进出口贸易情况进行分析，东帝汶与中国的贸易往来极少，数据残缺不完整，故将其忽略不计。

重较高且保持稳定,平均比例为 44.13%,近年来中国与东南亚国家的比重保持稳定的小幅增长。可以说,东南亚 11 国不仅仅是中国对外贸易的重要组成部分,在"一带一路"中也有着重要地位。

中国从东盟国家进口的众多产品中,占据比重较大的几类产品分别是机械运输设备,工业制成品、杂项制品、化学品及相关产品等,这几类产品所占进口额比重分别为 40%、26%、18%、7%,而这几类产品均属于污染物排放量较大产业类(图 5-26)。

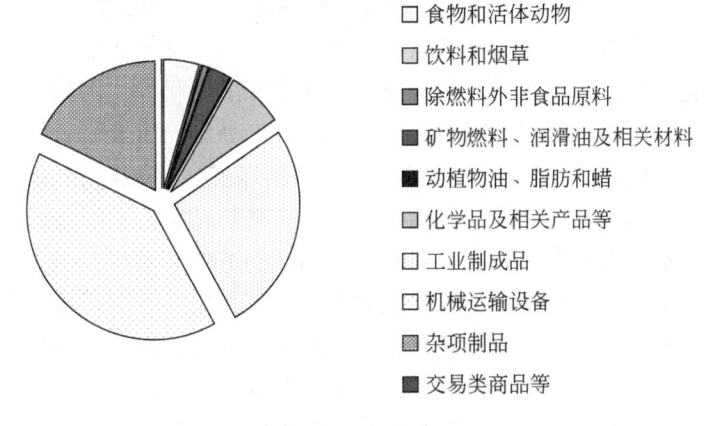

图 5-26　中国从东盟国家进口产品结构饼图
数据来源:UN comtrade 数据库
由于产品结构复杂饼图主要指示排前几位的产品,后同

中国出口至东盟国家的众多产品中,占据较大比重的几类产品分别是机械运输设备,工业制成品,化学品及相关产品等,矿物燃料、润滑油及相关材料,所占比重分别为 48%、7%、10%、9%,这几类产品均是污染物排放量较大的产业类(图 5-27)。国内相关研究显示,从"三废"绝对排放量以及排放强度来看,工业品制造业、化学品及相关产

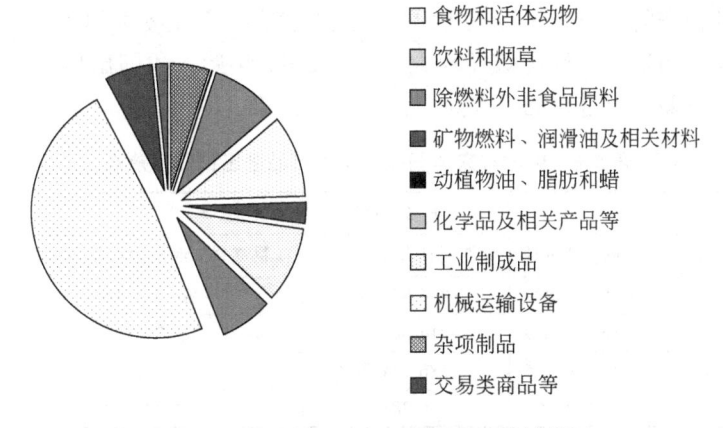

图 5-27　中国出口至东盟国家产品结构饼图
数据来源:UN comtrade 数据库

品制造业、矿物燃料、润滑油及相关材料制品业及采掘业、机械运输设备制造业都属于重污染行业，其中纺织业以及化学纤维制造业都是工业废水的排放大户①。

按照联合国贸易和发展会议数据库对产品的统计大类来看，我国与东盟国家贸易往来的重点产品集中在机械运输设备，化学品及相关产品等，矿物燃料、润滑油及相关材料，工业制成品、杂项制品。对应上述中关于国内各细分行业在2014年工业"三废"排放量来看，这几类产品都属于重污染行业类产品。其中，机械运输设备类产品包括发电机械及设备，特殊机械，金工加工机械，其他工业机械及零件，办公机器和自动数据处理机器，电信和录音设备，电动机械、仪器和用具，公路交通工具，其他运输设备；化学品及相关产品等包括有机化学品，无机化学材料，染色、制革和染色材料，医药产品，香料材料和清洁制剂的香精油，肥料，塑料原材料，化工原料及产品等；工业制成品包括皮革、皮革制品和穿着毛皮，橡胶制品，软木及木制品（除家具以外），纺纱制品及相关产品，非金属矿物制品，钢铁，有色金属制品，制造类金属等；矿物燃料、润滑油及相关材料包括煤炭、焦炭和煤，石油、石油产品及相关材料，天然和制造的天然气，电力；杂项制品包括预制建筑、卫生、加热和照明装置，家具及其零件，旅行用品、手袋等，服装及服装辅料用品，鞋类，专业和科学仪器，摄影装置、光学产品、钟表，其他杂项制品。

煤炭、焦炭和煤产品相关的洗选业是工业固体废物产生量以及工业废气排放量非常大的行业，金工加工机械制造业是工业废气排放量较大的工业产业，非金属矿物制品相关的矿采选业，有色金属制品，制造类金属，钢铁制造类均属于工业固体废物产生量较大的工业产业，纺纱制品及相关产品是工业废水和工业废气排放量的大户。由表5-6可知，中国与东盟国家进出口贸易中的重污染类产品中，工业制品和杂项制品在2001~2015年长期维持贸易顺差，即出口大于进口，这说明出口国承担了更多的环境成本，增加了其国内环境压力，一定程度上还增加了污染的治理成本。另外，我国与东盟国家进出口产品中的矿物燃料、润滑油及相关材料，化学品及相关产品等长期维持贸易逆差。机械运输设备进出口在2001~2012年长期维持贸易顺差，进口大于出口，出口国或地区出口大量这类产品以环境遭到破坏换来的经济总量贡献所付出的成本较大，工业废水和工业废气排放量及工业固体的产生量对当地生态环境破坏较大，但自2012年始，我国出口至东盟国家的机械运输设备大于从东盟国家进口的，加重了国内环境污染。

表5-6 中国与东盟国家各种类产品进出口贸易差额

年份	进出口贸易差额/万美元				
	食物和活体动物	饮料和烟草	除燃料外非食品原料	矿物燃料、润滑油及相关材料	动植物油脂肪和蜡
2001	16 510.635	15 849.891	-204 830.01	-176 983.44	-56 817.435
2002	85 970.795	16 222.639	-214 617.05	-226 714.59	-99 824.295
2003	105 799.790	16 584.704	-286 744.88	-304 776.99	-166 308.010
2004	34 736.877	17 617.608	-365 381.04	-486 733.08	-213 494.070

① 《中国对外贸易的环境效应评估及其政策研究》，张娟著，科学出版社，第49页。

续表

年份	进出口贸易差额/万美元				
	食物和活体动物	饮料和烟草	除燃料外非食品原料	矿物燃料、润滑油及相关材料	动植物油脂肪和蜡
2005	55 302.189	18 858.159	-424 241.36	-309 590.10	-205 206.880
2006	60 458.509	18 750.577	-654 362.12	-358 853.07	-272 859.930
2007	95 073.515	23 078.346	-974 064.47	-368 531.97	-442 931.130
2008	117 919.110	27 212.219	-1 054 262.30	-807 921.38	-618 328.450
2009	118 691.980	24 851.149	-819 074.32	-696 048.96	-483 372.590
2010	204 604.230	32 316.366	-1 510 588.90	-1 241 258.50	-584 934.280
2011	281 795.860	45 346.389	-2 514 014.30	-1 848 570.10	-836 253.510
2012	99 152.480	51 208.464	-2 136 658.30	-1 978 519.90	-809 896.590
2013	245 898.430	48 752.010	-2 472 010.50	-1 583 948.90	-624 247.410
2014	233 916.800	53 686.795	-1 964 639.00	-1 299 572.30	-598 465.570
2015	301 643.580	43 958.473	-1 488 045.90	-1 191 060.20	-505 949.930

年份	进出口贸易差额/万美元				
	化学品及相关产品等	工业制成品	机械运输设备	杂项制品	交易类商品等
2001	-173 468.20	104 430.65	-143 899.97	139 814.69	-4 466.111 9
2002	-257 505.85	134 450.70	-379 002.30	179 657.67	134.375 5
2003	-329 522.48	145 339.54	-1 048 512.90	226 904.52	1 153.893 5
2004	-371 981.41	485 613.81	-1 351 951.80	249 949.22	-5 177.286 4
2005	-408 285.79	773 694.02	-1 807 534.60	343 084.70	1 224.809 2
2006	-454 387.03	1 138 280.80	-1 802 131.40	493 240.92	10 322.871 0
2007	-343 843.05	1 618 568.80	-1 830 610.20	847 428.89	-3 319.481 1
2008	-80 424.953	1 992 952.70	-869 640.39	1 034 852.10	-10 972.885 0
2009	-247 031.75	1 304 451.40	-370 972.16	1 130 687.50	-3 865.147 9
2010	-430 678.30	1 987 264.10	-1 576 204.60	1 474 109.60	-6 395.363 3
2011	-505 226.72	2 758 686.90	-1 494 743.10	1 798 401.40	20 082.613 0
2012	-323 780.76	3 642 510.30	-665 699.99	2 916 829.40	45 425.487 0
2013	-405 749.14	4 716 775.50	704 316.74	3 802 782.10	15 537.311 0
2014	-264 752.09	4 688 795.20	1 582 130.00	3 966 841.50	-13 849.734 0
2015	192 185.10	6 055 125.10	2 061 257.00	3 767 805.30	-283 405.920 0

数据来源：UN comtrade 数据库。

2）我国与南亚国家（印度）重点贸易往来及其环境影响

在"一带一路"南亚8国中，与中国贸易往来最多的是印度。就中国出口至印度而言，2001年中国出口到印度的货物贸易总额为189 583.3万美元，2015年中国出口到印度的货物贸易总额为5 826 200.4万美元，平均增长率为30.31%①。中国从印度进口总额在2001~2011年呈上升趋势，2011年开始中国从印度进口的货物贸易总额开始下降，由2 337 227.9万美元下降至1 339 598.5万美元，在2001~2015年，中国与印度的货物贸易

---

① 数据来源：联合国贸易和发展会议数据库。

额出口大于进口,为贸易顺差。基于重点分析及数据的可得性、连续性,在南亚国家中以印度为主要分析地区。

中国出口至印度国家的产品中的化学品及相关产品等、工业制成品、机械运输设备、杂项制品、食品及活体动物、除燃料外非食品原料在2001~2015年基本呈增长趋势,饮料和烟草,动植物油、脂肪和蜡,交易类商品等在2008年经历了突增之后开始下降。矿物燃料、润滑油及相关材料在2001~2015年一直处于不稳定变化之中,忽增忽减(图5-28)。

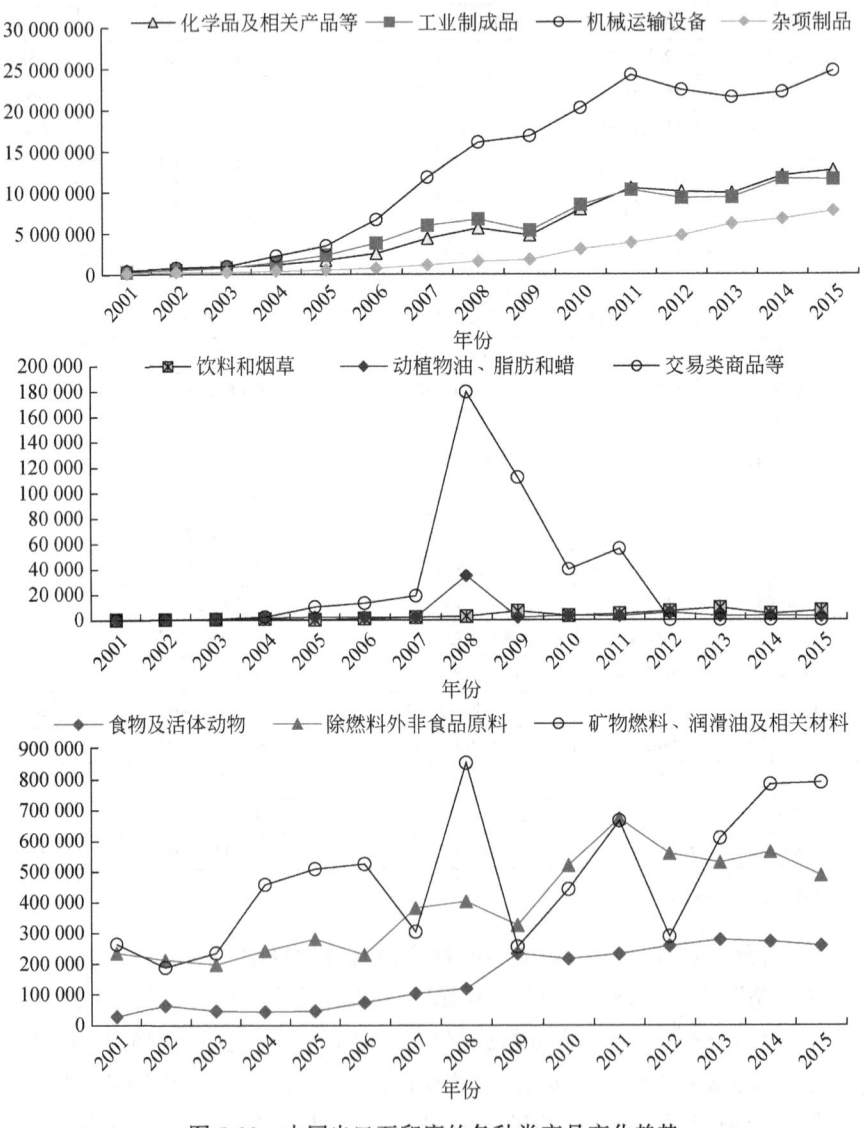

图5-28 中国出口至印度的各种类产品变化趋势

数据来源:联合国贸发会议数据库

"一带一路"国家中南亚国家包括印度、孟加拉国、巴基斯坦、斯里兰卡、阿富汗、尼泊尔、马尔代夫、不丹,基于数据的可得性、连续性及其与中国的贸易往来情况,中国与印度的贸易往来最为频繁,印度是中国在南亚地区的重要贸易伙伴

第 5 章 | 我国与"一带一路"国家贸易往来及环境影响

据图 5-29 可知,中国出口到印度的贸易额排名靠前的产品依次有机械运输设备,化学品及相关产品等,工业制成品,杂项制品,其占中国出口至印度总贸易额比重分别为 41%、22%、21%、12%。另外,据上述分析,中国出口至印度的这几类产品贸易总额在 2001～2015 年持续增加,这意味着这几类产品在国内的生产量并未减少,加重了环境污染,生态失衡的压力难以得到缓解。

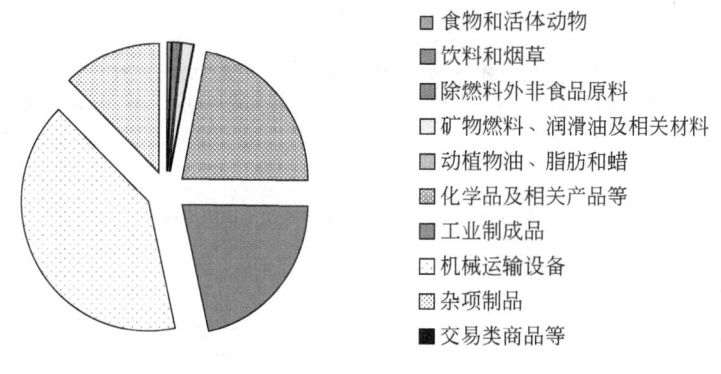

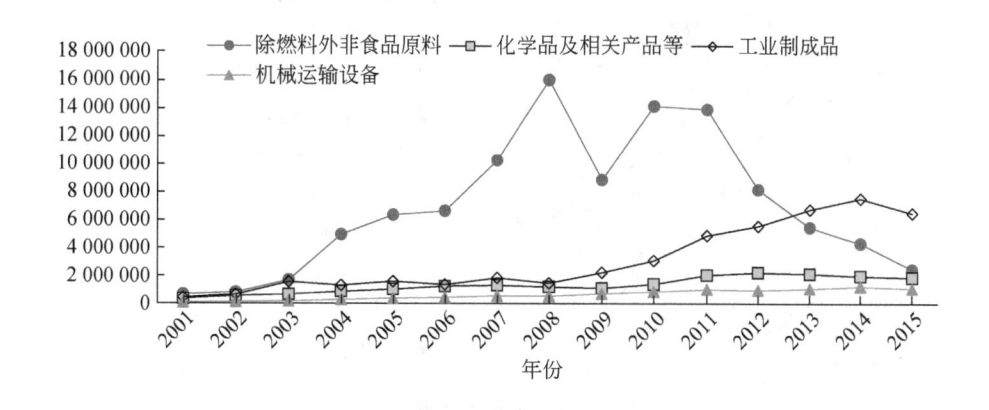

图 5-29 中国出口至印度的产品结构饼图
数据来源:UN comtrade 数据库

由图 5-30 可知,工业制成品,除燃料外非食品原料,化学品及相关产品等,机械运输设备都是进口贸易额较大的几类产品,它们分别占总产品进口贸易额的比重为 46%、26%、12%、8%。工业制成品所占比重最大,且进口总额在 2001～2015 年持续增长,由 2001 年的 41 753.365 万美元的进口总额增至 2014 年的 753 768.18 万美元,平均增长 27.33%。化学品及相关产品等和机械运输设备在 2001～2015 年保持增长趋势,平均增长率分别为 14.64%、24.24%,长期维持贸易顺差。中国从印度进口的除燃料外非食品原料在 2001～2015 年变化幅度较大,尤其是从 2007 年开始跌宕起伏,但基本维持贸易逆差。中国从印度进口的工业制成品在 2001～2015 年保持增长趋势,2014～2015 年进口下降,长期逆差。

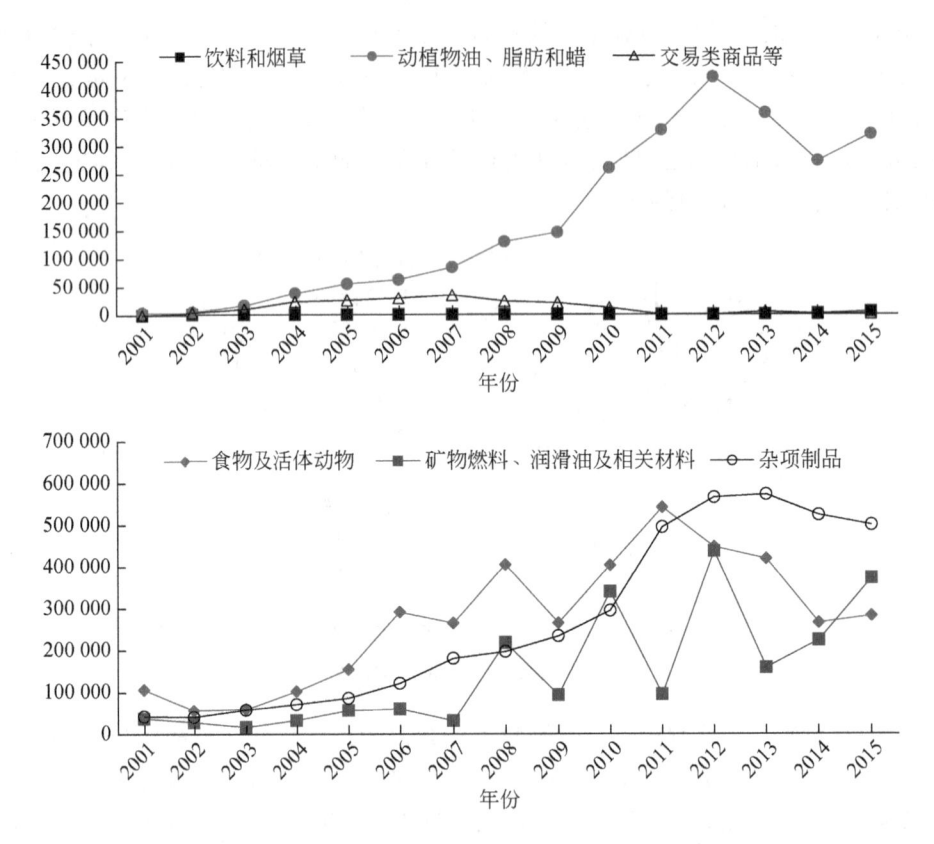

图 5-30 中国从印度进口的各种类产品变化趋势
数据来源：UN comtrade 数据库

总体而言，中国与印度国家贸易往来较频繁的主要是机械运输设备，化学品及相关产品等，工业制成品，除燃料外非食品原料，其中长期保持贸易顺差的是化学品及相关产品等，机械运输设备（图 5-31）。中国在对印度出口的这类产品时承担更多的环境成本，相

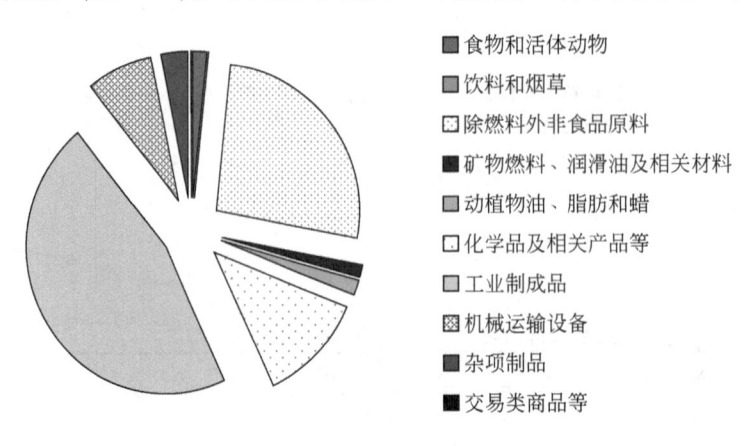

图 5-31 中国从印度进口产品结构饼图
数据来源：UN comtrade 数据库

对来说,这几类产品在生产和加工时排放的污染物更多地留在了国内。相反,工业制成品和除燃料外非食品原料在中国对印度进出口中维持贸易逆差,这说明我国从印度进口的这类产品大于出口至印度的这类产品,印度承担了更多的环境成本。

3) 我国与西亚及中东国家重点贸易往来及其环境影响

我国与西亚及中东国家进出口贸易往来已久,在 2003~2014 年中国与西亚及中东国家之间的贸易总额总体呈上升趋势,基本连年攀升。2003 年中国与西亚及中东 19 国的进出口贸易总额为 3 165 341 万美元,至 2014 年,中国与西亚及中东 19 国的进出口贸易总额为 32 681 656 万美元,相比 2003 年增长超过 10 倍,历年平均增长率为 25.45%。据图 5-32,我国对西亚、中东 19 国的进出口贸易总额占与"一带一路"国家进出口总额的比重在 2003~2014 年保持小幅增长趋势,2003 年我国与西亚、中东 19 国的贸易总额占与"一带一路"国家进出口总额比重为 20.65%,到 2014 年比重增加至 29.17%,平均增长 24.84%。

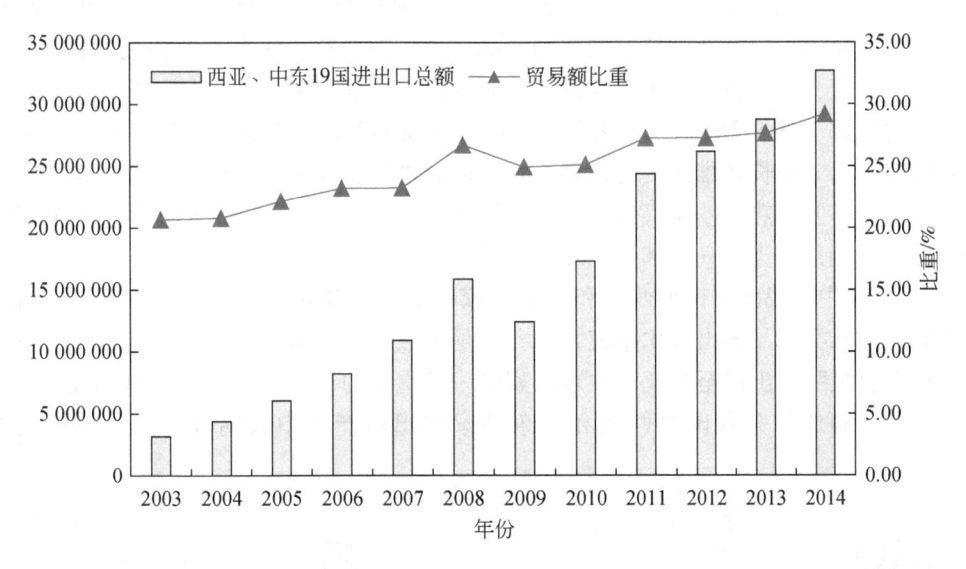

图 5-32 我国与西亚、中东国家进出口总额及其占与"一带一路"国家进出口总额的比重变化
数据来源:历年《中国统计年鉴》

据图 5-33 和图 5-34 的相关统计,关于中国与西亚及中东 19 国贸易往来中较频繁的有沙特阿拉伯、伊拉克、伊朗、阿联酋、埃及、阿曼、土耳其。其中,在进口地理结构分布图中,中国从沙特阿拉伯进口比重占西亚、中东 19 国比重为 28.49%,伊朗和阿曼紧随其后,占比分别为 15.15%、14.23%,伊拉克和阿联酋国家占比分别为 11.97%、10.90%。出口地理结构分布与进口稍有不同,其中我国对此地区出口较频繁的国家有沙特阿拉伯、阿联酋、伊朗、土耳其、埃及,分别占出口比重为 14.97%、25.59%、12.31%、12.86%、8.26%。西亚及中东 19 国中的其他国家与中国的贸易往来较少,贸易总额较低。

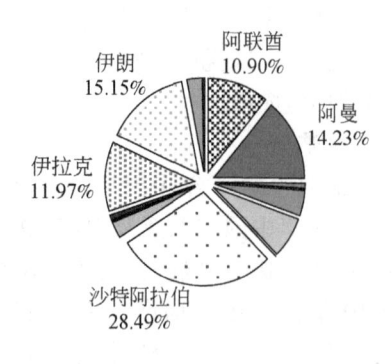

图 5-33　中国从西亚、中东国家进口的地理结构　　图 5-34　中国出口至西亚、中东国家的地理结构
　　　　数据来源：联合国贸发会议数据库　　　　　　　　　　数据来源：联合国贸发会议数据库

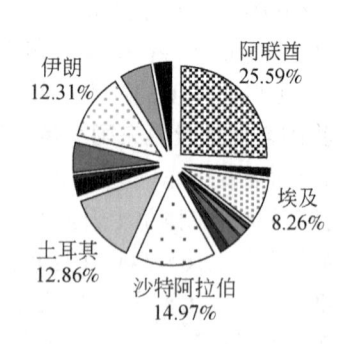

将中国与西亚及中东重点贸易国之间的贸易往来进行细分统计发现，中国从阿联酋、阿曼、沙特阿拉伯、伊朗及伊拉克进口的产品多为矿物燃料、润滑油及相关材料，占进口总额的一半以上，其中我国从伊拉克进口的矿物燃料、润滑油及相关材料几乎占所有产品进口总额的全部（图 5-35），且矿物燃料、润滑油及相关材料在 2001~2015 年中国对南亚及中东国家进出口中长期维持贸易逆差。我国能源进口主要来源于中东国家。但中东国家所在的地带大多属于热带沙漠气候、地中海气候等，矿物燃料、润滑油及相关材料的大量采掘和加工无疑是对当地气候和生态环境的雪上加霜。

在图 5-36 中，我国出口至西亚和中东国家产品主要是机械运输设备、杂项制品、工业制成品，这几类产品的出口比重较大，尤其是机械运输设备所占比重是最大的。化学品及相关材料也是我国出口至西亚和中东国家的一类重要的产品。其中，机械运输设备、杂项制品、工业制成品是我国对西亚和中东国家进出口产品中长期维持贸易顺差的几类产品。

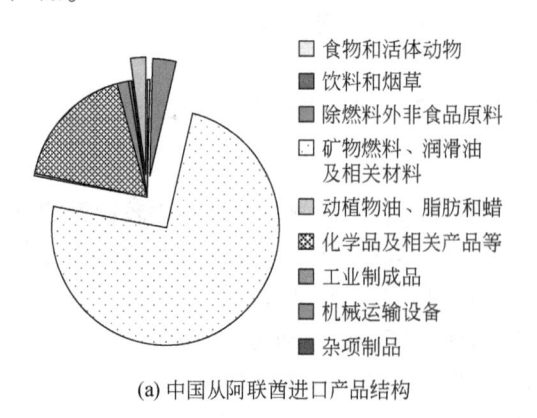

(a) 中国从阿联酋进口产品结构 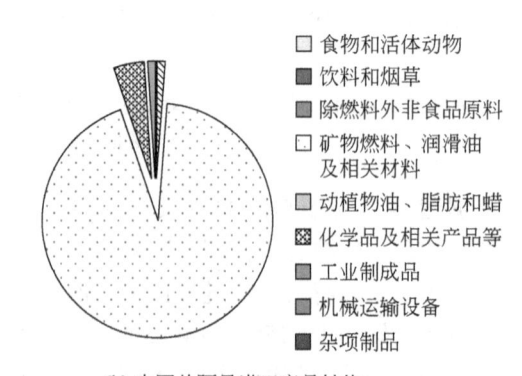　　　　　　(b) 中国从阿曼进口产品结构

(c) 中国从沙特阿拉伯进口产品结构

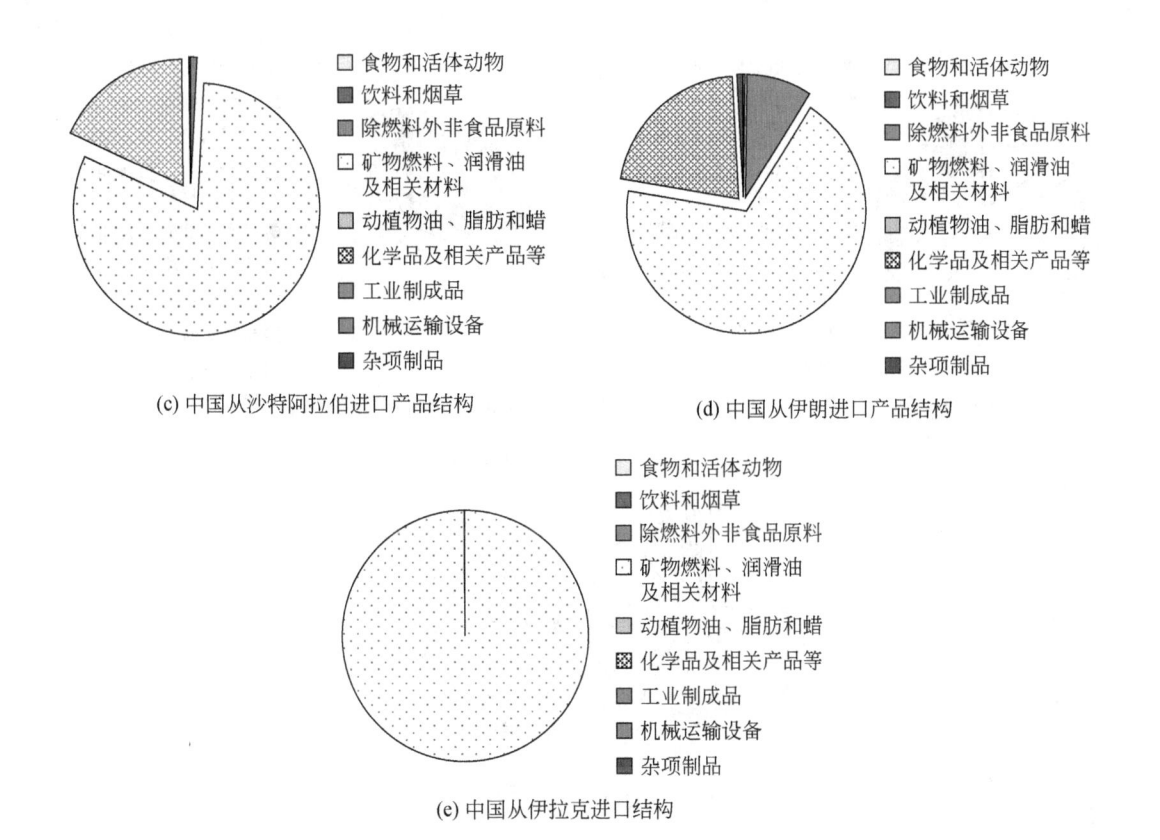

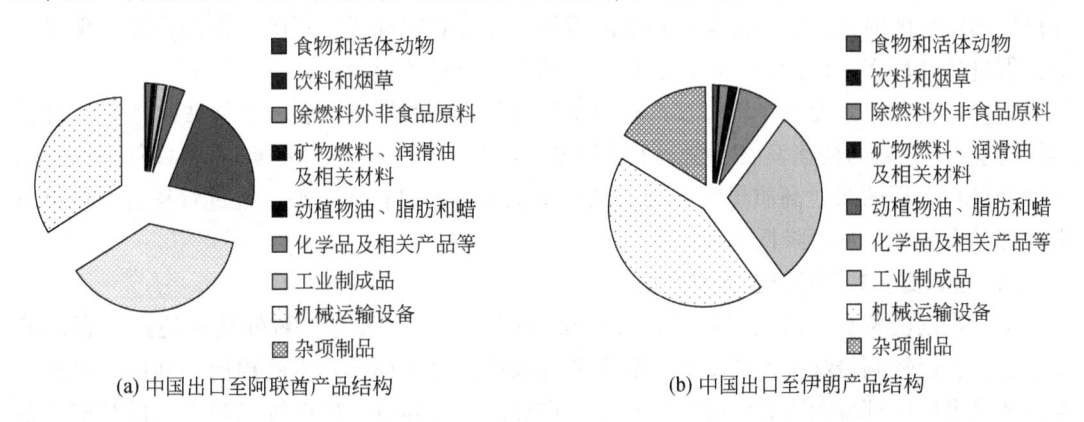

(d) 中国从伊朗进口产品结构

(e) 中国从伊拉克进口结构

图 5-35　中国从西亚和中东国家进口产品结构
数据来源：联合国贸发会议数据库

总体而言，我国从西亚、中东国家主要进口产品是矿物燃料、润滑油及相关材料，我国出口至西亚、中东国家的主要产品是机械运输设备、工业制成品、化学品及相关产品等。矿物燃料、润滑油及相关材料的主要出口国尽管资源丰富，但这类产品相关的采选业、加工制造业是工业固体废物产生量较大的行业，加重了生态破坏的程度。

(a) 中国出口至阿联酋产品结构

(b) 中国出口至伊朗产品结构

(c) 中国出口至土耳其产品结构

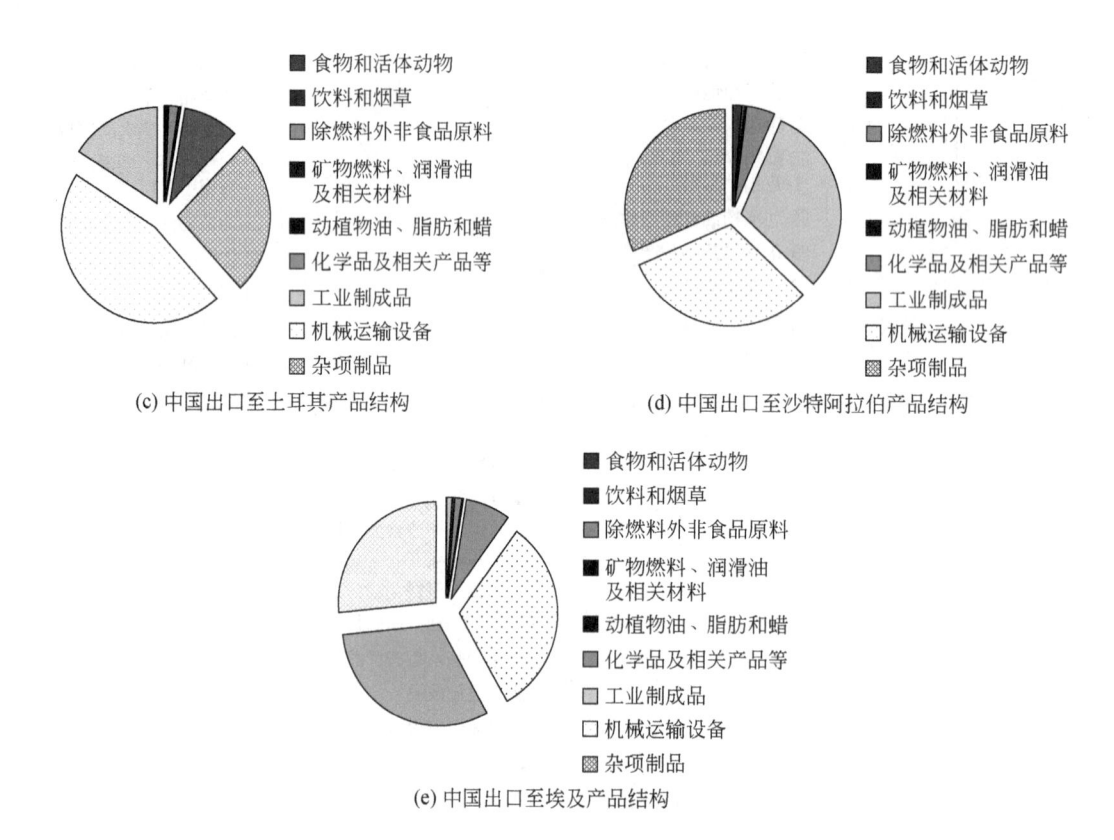

(d) 中国出口至沙特阿拉伯产品结构

(e) 中国出口至埃及产品结构

图 5-36　中国出口至各西亚、中东国家产品结构饼图
数据来源：联合国贸发会议数据库

5.1.4.3 贸易对环境的影响分析

1) 贸易自由化对环境的正效应分析

根据比较优势理论可知，贸易可增加各国收入，提高世界人民整体福利水平。当人们变得更加富裕的时候，便会更关心环境的质量，并且意识到需要贡献一定的资源来保护环境，促进公众环保意识加强，从而有利于一国环境质量的改善。

贸易自由化可以促进经济增长，有利于实现经济的可持续发展。贸易被称作是"经济增长的引擎"。它的快速发展也推动了世界各国经济的迅速增长，要求减少对环境的破坏，实现经济和生活的双"高质量"发展，从而推动经济的可持续发展。通过贸易自由化可以提高劳动生产率，从而降低环境的压力。

2) 国际贸易对环境产生的负效应

不加限制的贸易自由化将导致环境污染及破坏在国际展开，对外贸易通过从资源开发、生产、运输到最终消费的整个产品生命链条中，每个环节产生的损耗、利用、排放等都会造成出口国环境和生态的破坏性影响。在资源开发环节，矿产等资源损耗以及矿区及其周围环境破坏，出口动植物相关初级产品造成生物资源破坏，森林、土地、水等资源的耗费，在产品生产环节，除了污染性产业的生产制造对环境影响严重，过度包装等带来的环境污染更是不容小觑。在产品运输环节，产品运输过程中对石油、天然气等能源的直接消耗，产品运输过程中的排放物污染，产品运输过程中的产品泄漏造成的二次污染，产品运输线路建设带来的污染和环境破坏。产品消费环节中，国际贸易使得消费者面临品种更丰富、价格更优惠的产品，产品包装的发展带来污染增加。

此外，许多发达国家通过贸易自由化和便利化，从发展中国家掠夺自然资源，造成发展中国家的环境压力。由于每个国家资源禀赋、经济发达程度以及污染状况不同，导致不同国家对环境质量的评价、要求与判断标准不同，就形成了不同的环境政策和环境标准。一方面，这会给发达国家进行污染的越境转移提供便利。这种污染产品及有害废弃物的过度转移，加剧了全球环境污染，尤其是加重了发展中国家环境的污染与生态的破坏。另一方面，环境政策以及环境标准较低的国际生产产品的成本较低，在出口价格上更有优势，但是近年来发达国家对进口产品的高环境标准使得较多发展中国家屡屡遭受贸易壁垒，这将使得以中国为代表的发展中国家在对外贸易中遭遇更大的挑战。

5.1.4.4 环境对贸易的影响

1) 环境措施对国际贸易的促进作用

（1）环境为贸易提供可能，它是开展贸易的前提条件。国际贸易中，无论是初级产品、半制成品还是制成品都直接或间接地来源于我们所生存的环境。因此没有环境的产出，就不可能有贸易的发展。

（2）环境保护的措施促进了绿色生产的发展，开辟了国际贸易的新方向。随着国际社会环保意识的增强，人们的消费心理和消费模式也在发生着变化。人们的消费不再是仅从享受的角度出发，而是更加注重消费环境友好型产品。"绿色消费"观已经逐渐走入了普通大众的生活，这也就促使各行各业的生产商开始考虑新的生产方式，开始选择更加清洁的生产，积极进行产业结构的调整以及产品结构的"绿化"。"绿色产品"的出现为国际贸易开辟了新的发展方向。

2) 环境措施对国际贸易的消极影响

首先，严格的环境保护措施，成为产品进入市场的阻碍，也降低其出口竞争力。严格的环境保护要求贸易各国不断提高产品的环境标准和要求，许多发达国家制定的环境标准从产品生产阶段到成熟阶段再到标准化阶段，整个生命周期都有所涉及。为了达到这些标准，就必须投入大量的资金和技术，这样就会间接增加产品的生产成本。而对于发展中国家来说，他们的优势在于丰富的劳动力，而不是资本和技术，这就使得许多发展中国家的产品很难达到较高的环境标准，从而不得不离开发达国家市场。

其次，环保时代的来临，使各国开始以"环保"的名义制定各种非关税贸易壁垒，阻碍贸易自由化的发展。由于没有一个统一的标准来判定各国采取的环境措施究竟是环境保护措施还是贸易保护措施，因此在此方面的贸易争端近年来不断升级，成为环境保护与贸易之间冲突的一个关键点。

5.2 我国与"一带一路"国家绿色贸易综合评估

贸易将"一带一路"各国串联在一起,绿色将会使这些国家更加紧密联系在一起。绿色贸易通过绿色产品促进了可持续消费,通过绿色产业促进了可持续生产,通过绿色产业链的转移为各国提供新的合作空间。可见,绿色贸易既有利于国内产业结构调整和经济转型升级,又有利于进一步挖掘各国合作内容和领域,实现绿色和贸易共同发展进步。

2015年3月正式将中蒙俄、新亚欧大陆桥、中国-中亚-西亚、中国-中南半岛、中巴、孟中印缅六大国际经济走廊作为"一带一路"优先推进方向,截至2019年10月"一带一路"倡议已经提出六年了,四梁八柱已经确立,精耕细作正在推进。显然,绿色贸易作为"精耕细作"代表措施之一,理应在六大经济走廊优先实施和重点推进,进一步强化其示范效果和模范作用。所以本书重点根据六大经济走廊沿线主要国家并结合国研网相关内容进行统计分类研究,得到表5-7。

表5-7 "一带一路"65国

区域	国家
东亚	中国、蒙古国
东南亚	新加坡、马来西亚、泰国、印度尼西亚、文莱、越南、菲律宾、老挝、柬埔寨、东帝汶、缅甸
南亚	印度、不丹、斯里兰卡、尼泊尔、巴基斯坦、孟加拉国、马尔代夫
中亚	哈萨克斯坦、吉尔吉斯斯坦、塔吉克斯坦、土库曼斯坦、乌兹别克斯坦
西亚	阿联酋、约旦、以色列、格鲁吉亚、巴林、卡塔尔、阿曼、土耳其、沙特、亚美尼亚、阿塞拜疆、科威特、黎巴嫩、埃及、伊朗、也门、阿富汗、伊拉克、巴勒斯坦、叙利亚
欧洲	阿尔巴尼亚、俄罗斯、乌克兰、保加利亚、马其顿、黑山、塞尔维亚、摩尔多瓦、波黑、罗马尼亚、克罗地亚、拉脱维亚、匈牙利、斯洛伐克、捷克、斯洛文尼亚、波兰、立陶宛、爱沙尼亚、白俄罗斯

资料来源:根据"一带一路"研究与决策支撑平台整理。

面对世界环境持续恶化,APEC在各成员间积极推动环境产品与服务合作以及贸易自由化,在俄罗斯符拉迪沃斯托克召开的2012亚太经合组织第二十次领导人非正式会议上达成了APEC LIST OF ENVIRONMENTAL GOODS,实现了部分绿色产品的共性认定和边界划分。这一阶段性成果对于进行政策制定和产业规划的宏观主体,进行生产和消费的微观主体都具有明确的指引作用,有利于世界生态环境保护。

绿色供应链以绿色环保为目标将国内外供应商、生产者、销售商和消费者统一联系起来,借助绿色产业的跨国转移和绿色产品的国际贸易,深化国家间交流与合作,实现绿色"一带一路"目标。本书基于绿色产业链和跨国供应链角度对54个6位海关税号的APEC环境产品清单进一步分类归纳,共分为竹及竹制品,锅炉、机器、机械器具及其零件(工业方面),机器、机械器具及其零件(净化方面),机器、机械器具及其零件(磨碎方面），电机、电气设备及其零件，光学、计量、检验仪器及设备、精密仪器及设备和上述物品的零件、附件 6 大类（表 5-8）。

表 5-8　APEC 环境产品清单归类总结

名称	《商品名称及编码协调制度的国际公约》（HS 编码）
竹及竹制品	441872
锅炉、机器、机械器具及其零件（工业方面）	840290、840410、840420、840490、840690、841182、841199、841290、841780、841790、841919、841939、841960、841989、841990
机器、机械器具及其零件（净化方面）	842121、842129、842139、842199
机器、机械器具及其零件（磨碎方面）	847420、847982、847989、847990
电机、电气设备及其零件	850164、850231、850239、850300、850490、851410、851420、851430、851490、854140
光学、计量、检验仪器及设备、精密仪器及设备和上述物品的零件、附件	854390、901380、901390、901580、902610、902620、902680、902690、902710、902720、902730、902750、902780、902790、903149、903180、903190、903289、903290、903300

资料来源：根据《进出口税则商品及品目注释》及 APEC LIST OF ENVIRONMENTAL GOODS 整理。

注：根据 APEC LIST OF ENVIRONMENTAL GOODS 中 HS CODE 854390 的环境效益备注：这些仪器用于测量、记录、分析和评估环境样品或环境影响，故将其归属该栏。

5.2.1　"一带一路"绿色贸易整体发展进程

5.2.1.1　"一带一路"绿色贸易发展规模不断扩大

由图 5-37 可知，我国与"一带一路"国家绿色贸易规模在 2005~2017 年不断快速增长，贸易总额已经从 2005 年的 106 亿美元增长到 2017 年的 642 亿美元，增长了 506%，实现了跨越式增长，其中经过 13 年的发展，进口额从 46 亿美元增长到 179 亿美元，增长了 289%；出口额从 60 亿美元增长到 463 亿美元，增长了 672%。可见，出口额增长更快，在贸易总额中占比更高，这与我国货物贸易出口规模迅速扩大特征一致，从侧面验证了我国绿色产品生产能力在"一带一路"中更具优势。

整体来看，大致可以分为四个阶段：第一阶段，高速增长阶段（2005~2008）；第二阶段，微幅下滑阶段（2008~2009）；第三阶段，反弹快速增长阶段（2009~2011）；第四阶段，平稳增长阶段（2011~2017）。第一阶段，由于相关基数较小，增速更快，所以呈现快速增长特征；第二阶段，由于美国次贷危机的全球性影响，我国经过加入 WTO 后多年的发展，已经更加融入全球化之中，所以绿色贸易也受到其负面影响，进出口出现了13 年间的唯一下降，但降幅较低；第三阶段，在经过一年短暂下降之后，随即出现了反弹，显示出我国绿色经济的强大潜力，抗风险应变能力突出，在短时间内走出了金融危机的阴影，并进一步释放潜能，绿色贸易保持快速增长状态。第四阶段，随着我国与"一带

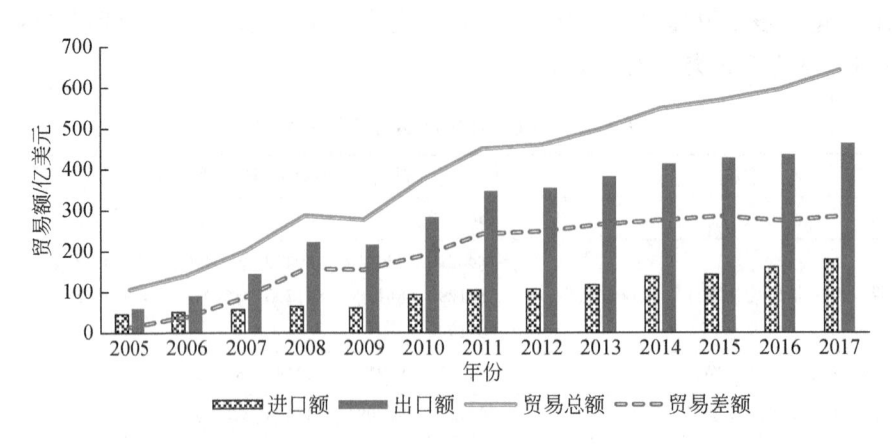

图 5-37　中国与"一带一路"国家环境产品 2005~2017 年的贸易情况

数据来源：UN Comtrade 数据库

一路"国家绿色贸易体量已经增长到一定量级，增长速度相应出现降低，但仍保持在高位，平稳增长，在 2013 年"一带一路"倡议提出之后，迎来了绿色贸易深化发展阶段，进口额持续增大，贸易差额增长速度放缓，说明进口和出口更加平衡，绿色贸易的可持续能力不断增强，有利于其未来进一步健康发展，进一步释放其潜力。

5.2.1.2　"一带一路"绿色贸易商品结构不断趋于合理

根据 HS 编码的章、目、子目以及结合产品用途、特性等进行分类总结，将上述分类进一步归纳，共分为：HS44（竹及竹制品）、HS84（锅炉、机器、机械器具及其零件）、HS85（电机、电气设备及其零件，光学、计量、检验仪器及设备）、HS90（精密仪器及设备和上述物品的零件、附件），然后经过数据整理得到表 5-9。

由表 5-9 可知，2005 年，HS44、HS84、HS85、HS90 四类绿色产品的贸易额占比分别由 0、16%、59%、24% 变为 0、21%、49%、30%，可见，虽然 HS85 仍占有绝对优势，HS44 占比仍然接近为 0，但经过了 13 年的发展，HS84 和 HS90 占比都得到了不同程度的增长，说明我国与"一带一路"国家的绿色贸易商品结构不断趋于合理。对于 HS44，本书认为虽然中国是世界上最大的竹子生产国和加工国，当前主要出口到欧盟，但是随着巴黎协议的签订，碳减排在国际社会上达成一定程度共识，各国将在未来经济发展中把碳成本作为重要考虑因素。根据国际竹藤组织研究可知，竹子终身碳足迹为净负值，而钢铁是 1.5 万 kg，铝是 3 万 kg，所以竹子可以大幅降低碳排放，符合可持续发展要求；同时，竹子属于乔木科，生长周期短，产量高，据有关统计，当前适用减排竹子每年产量为 1.5 亿 t，但只利用了 4000 万 t，利用率只有 27% 左右，所以仍然拥有广阔的供给空间，且其供给价格较低，具有价格优势。另外，随着竹基复合建筑材料替代钢、水泥、塑料的技术不断成熟，可以广泛应用于建筑业的碳减排，所以 HS44 占比将会进一步增长，助力绿色贸易结构更加合理。

表 5-9　2005~2017 年"一带一路"四类绿色产品进出额情况（单位：亿美元）

年份	产品	进口额	出口额	贸易总额
2005	HS44	1 340 249	40 127 940	41 468 189
	HS84	497 792 205	1 207 166 960	1 704 959 165
	HS85	3 236 171 020	3 048 414 509	6 284 585 529
	HS90	867 989 493	1 698 539 681	2 566 529 174
2006	HS44	1 013 727	60 008 047	61 021 774
	HS84	542 267 656	1 749 971 844	2 292 239 500
	HS85	3 849 841 854	4 141 532 899	7 991 374 753
	HS90	699 210 159	3 089 250 071	3 788 460 230
2007	HS44	1 210 654	93 301 246	94 511 900
	HS84	561 049 581	3 198 190 582	3 759 240 163
	HS85	4 440 710 762	6 153 140 922	10 593 851 684
	HS90	746 306 001	5 023 304 628	5 769 610 629
2008	HS44	1 485 027	127 990 848	129 475 875
	HS84	804 462 937	6 762 903 090	7 567 366 027
	HS85	4 712 925 018	8 346 840 323	13 059 765 341
	HS90	990 088 202	6 869 975 168	7 860 063 370
2009	HS44	2 550 715	113 116 615	115 667 330
	HS84	753 209 055	7 420 802 261	8 174 011 316
	HS85	4 390 133 325	8 354 608 181	12 744 741 506
	HS90	961 520 321	5 643 084 275	6 604 604 596
2010	HS44	6 615 799	128 356 503	134 972 302
	HS84	1 125 759 144	7 931 434 137	9 057 193 281
	HS85	6 678 240 490	11 672 213 143	18 350 453 633
	HS90	1 525 334 007	8 512 389 378	10 037 723 385
2011	HS44	4 598 114	148 005 480	152 603 594
	HS84	992 481 145	10 494 369 423	11 486 850 568
	HS85	7 504 005 372	14 103 207 295	21 607 212 667
	HS90	1 866 210 121	9 775 707 939	11 641 918 060

续表

年份	产品	进口额	出口额	贸易总额
2012	HS44	5 458 463	159 640 940	165 099 403
	HS84	1 110 466 701	10 001 431 612	11 111 898 313
	HS85	7 267 291 547	14 367 990 774	21 635 282 321
	HS90	2 225 204 036	10 821 074 030	13 046 278 066
2013	HS44	6 895 052	200 491 024	207 386 076
	HS84	992 549 287	10 659 088 848	11 651 638 135
	HS85	7 779 911 013	16 053 526 895	23 833 437 908
	HS90	2 914 443 621	11 228 388 801	14 142 832 422
2014	HS44	9 038 865	228 506 313	237 545 178
	HS84	1 177 313 681	11 021 823 846	12 199 137 527
	HS85	8 841 222 513	18 351 182 618	27 192 405 131
	HS90	3 694 881 002	11 466 730 870	15 161 611 872
2015	HS44	16 709 344	208 893 316	225 602 660
	HS84	1 341 904 201	10 983 027 132	12 324 931 333
	HS85	8 558 883 744	20 306 484 130	28 865 367 874
	HS90	4 327 696 056	11 106 808 866	15 434 504 922
2016	HS44	26 978 530	183 567 085	210 545 615
	HS84	1 230 437 098	12 513 126 844	13 743 563 942
	HS85	8 983 229 555	19 892 706 771	28 875 936 326
	HS90	5 874 066 913	10 845 475 100	16 719 542 013
2017	HS44	34 564 907	175 534 579	210 099 486
	HS84	1 528 063 280	11 808 258 010	13 336 321 290
	HS85	9 316 267 844	21 920 406 745	31 236 674 589
	HS90	7 064 043 060	12 372 773 961	19 436 817 021

数据来源：UN Comtrade 数据库。

综上所述，本书认为"一带一路"绿色贸易商品结构会更加合理，而且更能满足各方需求，真正为保护生态环境、减缓气候变化做出重要贡献。

5.2.1.3 "一带一路"绿色贸易空间分布更加合理

从贸易总额来看，2005 年中国最大的绿色贸易伙伴是马来西亚，进出口总额达到了 24.7 亿美元，达到 10 亿美元以上的国家还有 3 个，依次为新加坡（18.2 亿美元）、泰国（12.3 亿美元）、菲律宾（11.7 亿美元），这四个国家占整个中国与"一带一路"64 国贸易总额的 63%，而且都集中在东南亚地区。可见，2005 年"一带一路"绿色贸易以东南亚为主,其余地方为辅;2017年中国最大的绿色贸易伙伴已经变为印度,从东南亚国家转变到南亚国家,进出口总额达到了78.2亿美元,此时马来西亚以73.3亿美元退居第二,但仍然实现了绿色贸易快速发展,达到10亿美元以上的国家增长到16个,此时占比增加达到了87%,说明绿色贸易更加集中在主要贸易伙伴之间,分别位于东南亚(新加坡、马来西亚、泰国、印度尼西亚、越南、菲律宾)、中东欧(俄罗斯、匈牙利、斯洛伐克、捷克、波兰)、西亚(阿联酋、土耳其、伊朗)、南亚(印度、巴基斯坦),地理分布更加均衡。可见,2017年"一带一路"绿色贸易已经从以东南亚单一为主发展为东南亚、中东欧、西亚、南亚多方为主,空间分布愈发合理。

从进出口角度来看,中国从2005年除黑山和塞尔维亚之外发展到2017年出口全覆盖;从2005年未从9国进口减少到2017年未从3国进口,双向贸易覆盖的国家数量不断增多,来往国家覆盖更加全面,促进贸易总额持续上升。从国家总量来看,参与"一带一路"绿色贸易的国家也越来越多,空间布局更加全面。

5.2.2 "一带一路"绿色贸易整体发展现状

第一,"一带一路"绿色贸易发展前景广阔。2016年,中国与"一带一路"国家APEC环境产品贸易额达到了333.31亿美元,其中出口250.12亿美元,进口83.19亿美元,占到与世界范围内所有国家APEC环境产品贸易份额的20%,在我国对外绿色贸易中占有重要地位。具体来看,在与"一带一路"国家贸易中竹及竹制品,锅炉、机器、机械器具及其零件(工业方面),机器、机械器具及其零件(净化方面),机器、机械器具及其零件(磨碎方面),电机、电气设备及其零件,光学、计量、检验仪器及设备,精密仪器及设备和上述物品的零件、附件出口额分别占整个出口额比例为0、15.6%、8.7%、7.9%、25.8%和42%;进口额分别占比分别为0.3%、2.2%、2.5%、5.1%、23.6%和66.3%。可见,电机、电气设备及其零件,光学、计量、检验仪器及设备、精密仪器及设备是双方贸易来往的重点,尤其是光学、计量、检验仪器及设备、精密仪器及设备,其中主要从泰国和新加坡进口,占比高达60%,在东南亚地区逆差达到了8亿美元,在其他地区均呈现顺差。整体来看,除了竹及竹制品之外都呈现顺差。从图5-38中可以看出,中国在与世界环境产品贸易来往中,也是以电机、电气设备及其零件和光学、计量、检验仪器及设备、精密仪器及设备为主,二者呈现相同特征,可以看出中国生产的环境产品在"一带一路"国家更多进行出口贸易,分别占世界份额的31.3%和9.6%,进口贸易明显偏少。可见,对于我国的绿色贸易而言,"一带一路"国家是出口的重要目的国而非主要进口国,也进一步说明共建国家对于我国的环境产品的需求十分巨大,市场非常广阔,随着"一带一路"倡议的不断深入推进,交通更加便捷,交流更加频繁,联系更加紧密,绿色环保观念更加深入人心,绿色产品的出口额和进口额会进一步增长,绿色贸易前景看好。

由图5-39可知,从我国APEC环境产品出口结构来看,在世界各国范围内和"一带一路"国家范围内,光学、计量、检验仪器及设备、精密仪器及设备和上述物品的零件、

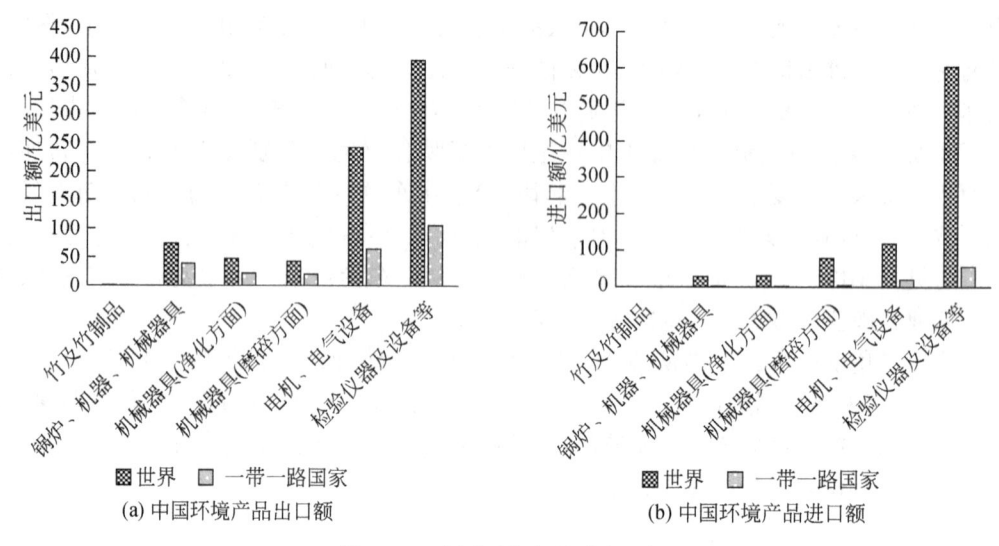

图 5-38 中国环境产品进出口额

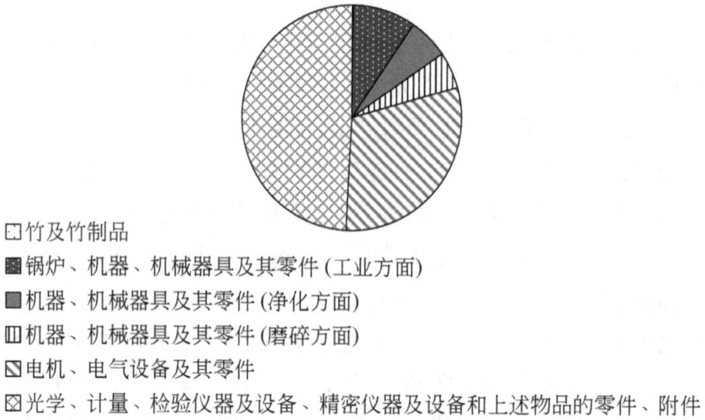

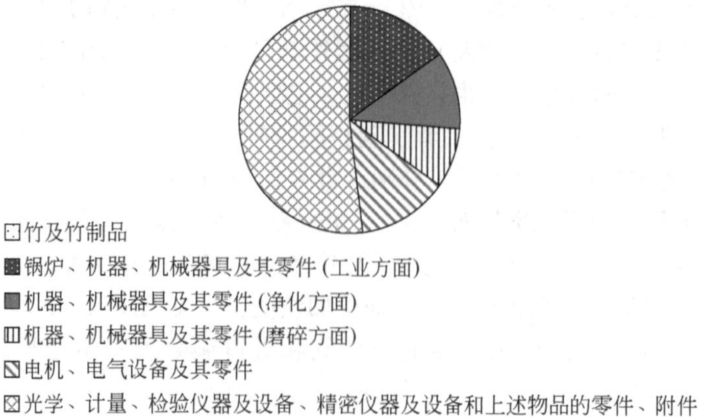

图 5-39 中国对世界和"一带一路"国家环境产品出口情况

附件行业出口规模最大，分别达到了 49.2% 和 42%，该行业需要较高的科技水平。可见，提高自主创新能力，增加绿色产品的技术含量，有利于提高我国绿色产品的出口规模和出口竞争力。最大的不同在于电机、电气设备及其零件行业，我国该产品出口规模占世界整个环境产品规模比例明显高于该产品出口规模占"一带一路"国家整个环境产品规模比例，说明非"一带一路"国家对电机、电气设备及其零件需求更大，二者比例相差 20.5%，因为"一带一路"国家更多是发展中国家，其他发达国家对该产品需求更大，结合产品生命周期理论以及国家发展阶段来看，未来"一带一路"中的大多数发展中国家也会增加对该产品的需求力，我国企业可以着重开发该产品的"一带一路"市场，加大宣传，与这些国家开展深度合作，为未来需求进行提前规划布局，政府可以加大政策和信息方面的引导，帮助该行业企业"走出去"，在海外真正扎根下去。对于锅炉、机器、机械器具及其零件而言，未来在"一带一路"区域内会出现出口下降，面对这一不利趋势，相关企业应该提前做好准备，寻找新的市场或者不断提高产品竞争力，不断求变求突破，不可固守传统，否则只会故步自封，不进则退。而其他 4 个产业在世界范围内和"一带一路"国家内占比分别为 20.6% 和 32.2%，可见对于锅炉、机器、机械器具及其零件等工业制成品，"一带一路"国家需求更大，应该成为我们关注的重点方向和领域。

由图 5-40 可知，从我国 APEC 环境产品进口结构来看，在世界各国范围内和"一带一路"国家范围内，光学、计量、检验仪器及设备、精密仪器及设备和上述物品的零件、附件行业进口规模最大，分别为 70.25% 和 66.31%，说明在 APEC 环境产品清单中该类产品是最大的贸易绿色产品，虽然同是一类产业，但出现进口和出口的占比双第一，说明存在由于质量或技术引起的同一产品产业内贸易，只有不断提升相关产品的质量和技术含量，转移相关低端产品生产，释放错配的要素资源，推进其转型升级，才能保持优势地位，否则会因竞争力由强到弱的转化，出现出口被别国替代的情况。在其他行业中，我国从世界进口相对较少，占比为 29.75%，比较低，说明我国在这些行业中具备世界范围内的竞争优势，应该加以努力保持并继续进步提高。

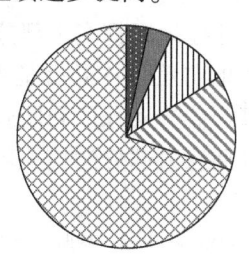

☐ 竹及竹制品
■ 锅炉、机器、机械器具及其零件（工业方面）
■ 机器、机械器具及其零件（净化方面）
Ⅲ 机器、机械器具及其零件（磨碎方面）
☒ 电机、电气设备及其零件
☒ 光学、计量、检验仪器及设备、精密仪器及设备和上述物品的零件、附件

(a) 世界

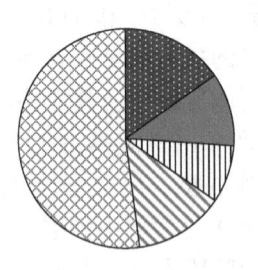

□ 竹及竹制品
■ 锅炉、机器、机械器具及其零件(工业方面)
■ 机器、机械器具及其零件(净化方面)
▦ 机器、机械器具及其零件(磨碎方面)
▧ 电机、电气设备及其零件
⊠ 光学、计量、检验仪器及设备、精密仪器及设备和上述物品的零件、附件

(b) "一带一路"国家

图 5-40 中国对世界和"一带一路"国家环境产品进口情况

第二,"一带一路"绿色贸易地区发展不平衡。产业内贸易指数是测度贸易双方国在某一产业内贸易程度的指数,用于测定贸易出口国和进口国特定产业分工程度,指数越低,表示两国产业分工程度越低,产品同质性水平越低,存在技术差距,竞争性和替代性较弱。反之,数值越高,同质性越高,竞争也会更激烈。其取值范围是[0,1],数值由低到高可平分为高度垂直型分工[0,0.25)、垂直型分工[0.25,0.5)、水平型分工[0.5,0.75)、高度水平型分工[0.75,1],无法取值意味着完全单边贸易。

从区域角度来看,由表5-10可知,首先是东亚地区和中亚地区的APEC环境产品的产业内贸易指数都为0,说明中国与这些地区间的贸易基本上只存在中国出口贸易,不存在中国进口贸易,这些地区基本上没有相关环境产业,与中国贸易往来中表现为进口和出口完全单向互动;其次是西亚地区、南亚地区和欧洲地区,数值分别为0.085、0.037和0.248,均属于高度垂直型分工,说明中国与这些地区间的贸易产业分工很低,中国的出口额远高于从这些地区的进口额,这些地区拥有少部分的相关环境产业,与中国贸易来往中表现为进口和出口在一定程度上单向互动;最后是东南亚地区,达到了0.638,属于水平型分工,说明中国与该地区国家产业分工程度和同质性水平较高,绿色产品存在一定程度上的竞争和替代,说明这些地区拥有大部分的相关环境产业,与中国贸易来往中表现进口和出口在一定程度上双向互动。

第三,"一带一路"绿色贸易行业发展不协调。竹及竹制品因为竹子生长所需要的特定环境气候,不在比较范围之内。由表5-10可知,在锅炉、机器、机械器具及其零件(工业方面),机器、机械器具及其零件(净化方面),机器、机械器具及其零件(磨碎方面),电机、电气设备及其零件,光学、计量、检验仪器及设备、精密仪器及设备和上述物品的零件、附件五个行业中,高度垂直型分工国家个数分别为52个(81%)、52个(81%)、50个(78%)、45个(70%)、47个(73%);高度水平型分工国家个数分别为5个(8%)、4个(6%)、3个(5%)、6个(9%)、4个(6%),在生产环节中,每个行业均呈现出绝大部分国家与中国产业联系不紧密,极小部分国家与中国产业联系比较紧密的特征,因为中国作为世界工厂,将各类初级产品加工成各类制成品在世界范围内进行销售,是贸易往来中间关键的一环,与众多原料生产国和进口消费国联系密切,与众多国家产业关联程度高,而"一带一路"大部分国家在环境产品生产中与中国的产业分工出现断层,绿色行业贸易中的生产环节过分倚重个别国家,如新加坡、捷克、罗马尼亚等。这说明,在"一带一路"国家中当前绿色行业生产缺乏各个阶段以及各类绿色产品生产的层次性和协作性,表现出不协调的特征。

表 5-10 中国与"一带一路"国家或区域间产业内贸易指数

国家或区域	竹及竹制品	锅炉、机器、机械器具及其零件(工业方面)	机器、机械器具及其零件(净化方面)	机器、机械器具及其零件(磨碎方面)	电机、电气设备及其零件	光学、计量、检验仪器及设备、精密仪器及设备和上述物品的零件、附件	APEC环境产品
蒙古国	—	0	0	0	0	0	0
东亚	—	0	0	0	0	0	0
新加坡	0	0.764	0.24	0.74	0.406	0.423	0.639
马来西亚	0.132	0.014	0.344	0.949	0.368	0.691	0.98
泰国	0.829	0.053	0.423	0.138	0.853	0.372	0.717
印度尼西亚	0	0.009	0.009	0.04	0.461	0.131	0.157
文莱	—	0	0	0	0	0	0
越南	0	0.005	0.027	0.487	0.292	0.437	0.345
菲律宾	0	0.068	0.448	0.07	0.799	0.71	0.899
老挝	—	0	0	0	0	0	0
柬埔寨	—	0	0	0.001	0.922	0.118	0.675
东帝汶	—	0	0	0	0	0.032	0.004
缅甸	0	0	0	0	0	0	0
东南亚	1.929	0.065	0.199	0.569	0.989	0.906	0.638
印度	0.006	0.079	0.145	0.125	0.012	0.054	0.036
不丹	—	0	0.003	0	0	0	0
斯里兰卡	0	0	0.039	0	0.771	0.961	0.574
尼泊尔	—	0	0	0	0	0	0
巴基斯坦	0	0	0	0.004	0	0.001	0
孟加拉国	—	0	0	0.007	0.02	0.039	0.013
马尔代夫	0	0	0	0	0.021	0	0
南亚	—	0.037	0.071	0.081	0.021	0.061	0.037
哈萨克斯坦	0	0	0	0	0	0.001	0.001
吉尔吉斯斯坦	—	0	0	0	0	0	0

续表

国家或区域	竹及竹制品	锅炉、机器、机械器具及其零件（工业方面）	机器、机械器具及其零件（净化方面）	机器、机械器具及其零件（磨碎方面）	电机、电气设备及其零件	光学、计量、检验仪器及设备、精密仪器及设备和上述物品的零件、附件	APEC环境产品
塔吉克斯坦	—	0	0	0	0	0	0
土库曼斯坦	—	0	0	0	0	0	0
乌兹别克斯坦	—	0	0	0	0	0.001	0
中亚	0.004	0	0	0	0.021	0.001	0
阿联酋	0	0.006	0.009	0.048	0.021	0.211	0.048
约旦	—	0	0	0	0	0	0
以色列	0	0.413	0.855	0.546	0.044	0.251	0.646
格鲁吉亚	0	0	0.003	0	0.003	0.016	0.004
巴林	0	0	0	0	0	0	0
卡塔尔	—	0	0	0	0	0.086	0.008
阿曼	0	0	0	0	0	0	0
土耳其	2	0.043	0.055	0.053	0.002	0.013	0.022
沙特	0	0	0.768	0	0.001	0	0.196
亚美尼亚	—	0	0	0	0	0.003	0
阿塞拜疆	0	0	0	0	0	0	0
科威特	—	0	0	0	0	0	0
黎巴嫩	—	0	0.094	0	0	0	0.014
埃及	0	0	0.023	0	0	0	0.002
伊朗	0	0	0	0	0	0	0
也门	—	0	0	0	0	0	0
阿富汗	0	0	0	0	0	0.007	0.001
伊拉克	0	0	0	0	0	0	0
巴勒斯坦	—	0	0	0	0	0	0
叙利亚	—	0	0	0	0	0	0
西亚	0.002	0.025	0.197	0.06	0.02	0.328	0.085
阿尔巴尼亚	—	0	0	0	0	0.004	0.001
俄罗斯	0.326	0.011	0.008	0.15	0.035	0.226	0.083
乌克兰	0	0.271	0.309	0.23	0.012	0.208	0.086
保加利亚	—	0.421	0.129	0.522	0.636	0.968	0.719
马其顿	0	0.017	0.014	0	0	0.004	0.008
黑山	—	0	0	0	0	0	0

续表

国家或区域	竹及竹制品	锅炉、机器、机械器具及其零件（工业方面）	机器、机械器具及其零件（净化方面）	机器、机械器具及其零件（磨碎方面）	电机、电气设备及其零件	光学、计量、检验仪器及设备、精密仪器及设备和上述物品的零件、附件	APEC环境产品
塞尔维亚	0	0.414	0.02	0.593	0.489	0.404	0.452
摩尔多瓦	—	0.025	0	0	0.014	0.64	0.363
波黑	—	0	0.142	0.003	0.25	0	0.877
罗马尼亚	0	0.901	0.852	0.658	0.534	0.941	0.927
克罗地亚	0.652	0.971	0	0.006	0.045	0.815	0.61
拉脱维亚	—	0.006	0.006	0.289	0.055	0.231	0.164
匈牙利	0	0.984	0.456	0.606	0.387	0.613	0.674
斯洛伐克	—	0.689	0.107	0.234	0.478	0.015	0.081
捷克	0	0.994	0.971	0.884	0.958	0.325	0.474
斯洛文尼亚	0	0.437	0.657	0.78	0.903	0.457	0.73
波兰	0.436	0.694	0.45	0.45	0.31	0.089	0.132
立陶宛	0	0.002	0.012	0.324	0.07	0.684	0.39
爱沙尼亚	0	0.001	0.567	0.415	0.637	0.215	0.602
白俄罗斯	—	0.019	0.003	0	0.349	0.33	0.091
欧洲	0.306	0.264	0.189	0.249	0.362	0.246	0.248

资料来源：根据 UN Comtrade 数据库整理计算得出。

注：—为完全单边贸易。东亚、东南亚、南亚、中亚、西亚、欧洲指"一带一路"国家所在区域部分，后同。

第四，"一带一路"绿色贸易产品出口结构差异大。从产品出口结构角度来看，中国出口环境产品的范围覆盖了全部 54 个 6 位海关税号的商品，表明中国绿色产品种类多样，绿色产业门类齐全，上下游生产基本上全部覆盖，结构合理，也在一定程度上体现工业体系完备。而其他国家均没有实现所有 54 类环境商品对中国的出口，新加坡在 64 个国家中对中国出口产品种类最多，达到 47 个（87%）；其次依次是捷克和印度 44 个（82%），波兰 43 个（80%），泰国 41 个（76%），马来西亚、印度尼西亚和土耳其 40 个（74%），40 及以上国家占"一带一路"国家比例为 14%，比例较低。其中以色列有 38 个（70%）以及俄罗斯有 37 个（69%），其他国家出口绿色产品种类更低，说明大部分国家绿色产品的生产范围较小，覆盖面较低，结构单一。

第五，"一带一路"绿色贸易产品发展水平差距大。从国家角度来看，蒙古国、文莱、尼泊尔、马尔代夫、约旦、科威特、也门、巴勒斯坦、叙利亚只从中国进口，而未向中国出口 6 种中的任何一种环境产品，这些国家占比达到了 14%，并且中亚 5 国中有 4 个国家，包括吉尔吉斯斯坦、塔吉克斯坦、土库曼斯坦、乌兹别克斯坦只向中国出口 1 种环境产品，相比出口最多的哈萨克斯坦一共出口 6 种环境产品，表明"一带一路"国家中的一部分国家绿色产业体系还未建立，环境产业相对薄弱，这些国家无法自主地和独立地开展绿色贸易。可见，与中国对所有绿色产品进行生产和国内外销售相比，这些国家还处在未开始阶段，发展程度差距较大，而且在这中间的国家大多数进口种类明显多于出口种类。这说明"一带一路"国家所处的绿色贸易发展阶段、发展程度和发展水平存在差异。

5.2.3 "一带一路"绿色贸易具体发展状况

5.2.3.1 东亚地区

在本书的研究划定中，"一带一路"国家中与中国有贸易往来的东亚国家只有蒙古国，进出口总额只有1871.73万美元，只占"一带一路"绿色贸易的0.06%，占比非常低。由图5-41可知，作为完全的内陆国家，蒙古国本身以采矿业为主，产业结构单一，需具有技术含量的绿色产业基本为零，基本处于尚未建立状态，不具备生产任何绿色产品的能力，环境产品全部从中国进口，不向中国出口任何环境产品，说明蒙古国拥有对绿色产品的需求，但缺乏供给无法满足自身使用需要。

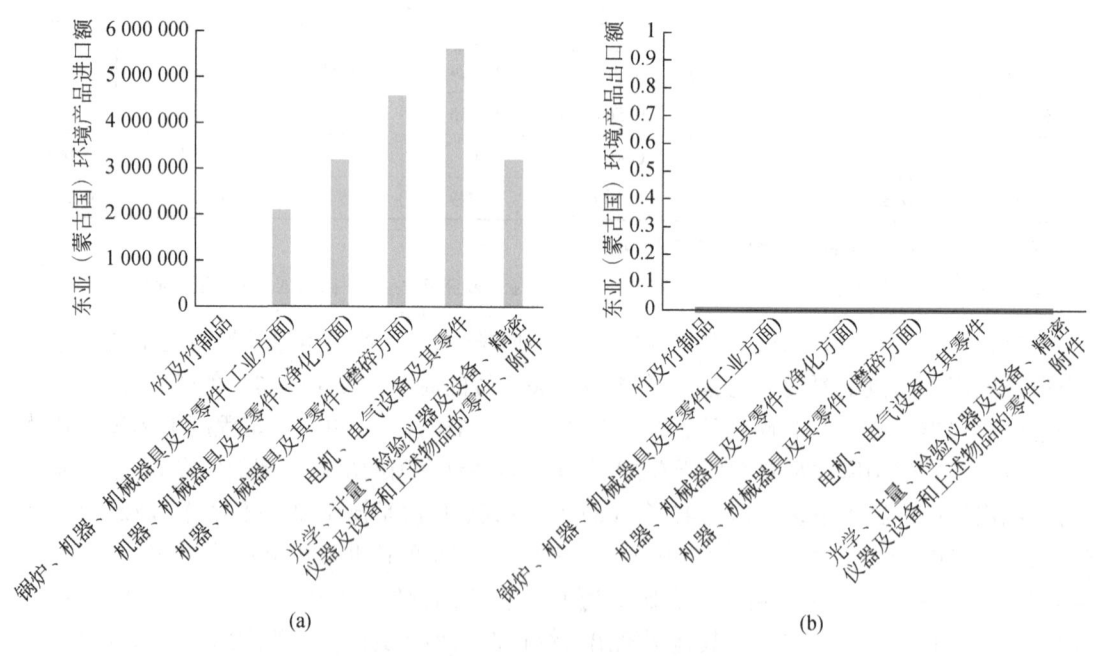

图5-41 东亚国家对中国绿色贸易往来情况

5.2.3.2 东南亚地区

在本书研究范围中，东南亚地区共涉及11个国家，从这些国家进口的角度来看，越南对光学、计量、检验仪器及设备需求最大，达到14.4亿美元，其次是马来西亚、新加坡、泰国、印度尼西亚、菲律宾等国，而文莱、老挝、柬埔寨、缅甸、东帝汶需求相对较小,越南是东帝汶需求的253倍,差距确实非常大(图5-42)。中国企业可以结合不同国家的不同实际情况,结合人口、经济体量等因素,从深入前者市场和开发后者市场两方面入手,提高相关产品的出口竞争力并增加出口额。在电机、电气设备及其零件行业中,泰国和越南需求最大,而其他行业相对需求就少很多。

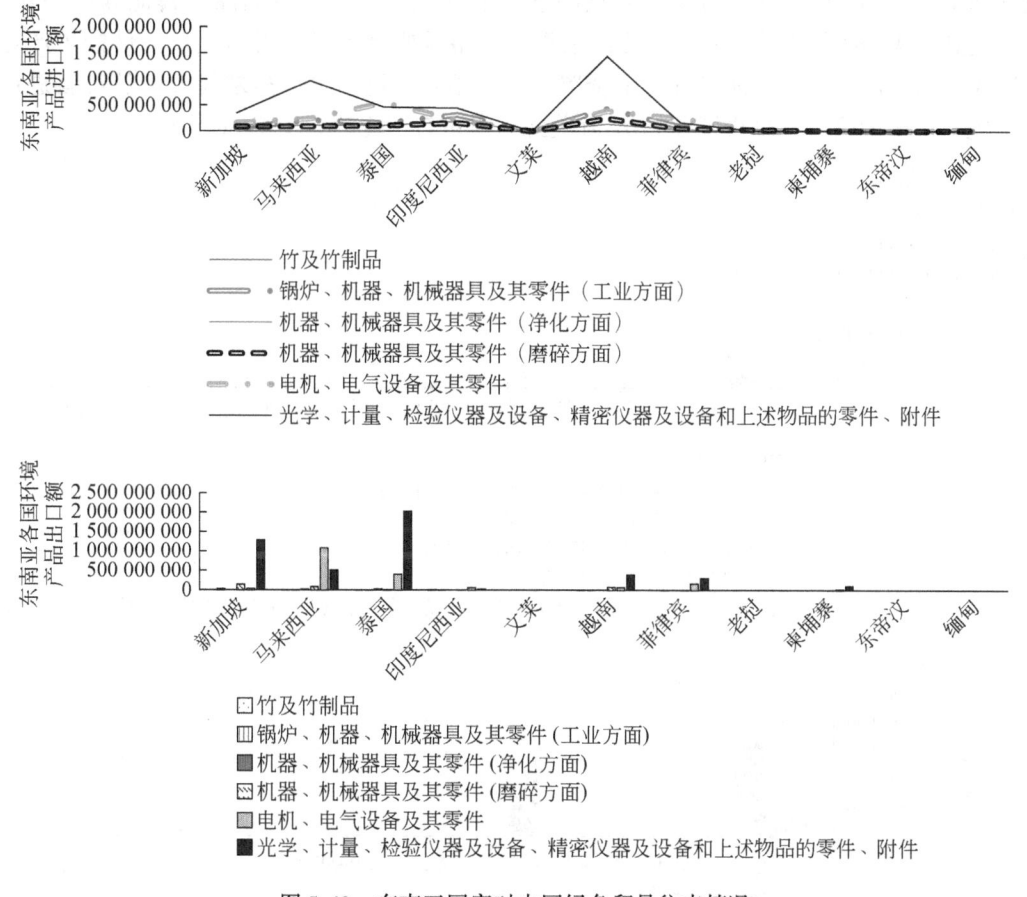

图 5-42 东南亚国家对中国绿色贸易往来情况

中国从东南亚国家进口最多的也是光学、计量、检验仪器及设备,从规模来看,依次是泰国、新加坡、马来西亚、菲律宾、柬埔寨、印度尼西亚,其余国家出口过少甚至没有。也只从马来西亚、泰国、菲律宾进口电机、电气设备,从新加坡进口一些锅炉、机器、机械器具。从出口总规模和出口种类角度进行比较来看,泰国、马来西亚和新加坡在东南亚地区具备区域优势,相比于其他国家而言,绿色产品生产能力更高,绿色产业发展更好。

从进出口差额角度来看,东南亚共有4个国家在与我国的绿色贸易中出现了顺差,与6个地区进行横向比较,东南亚地区国家数量最多,分别为泰国(10.85亿美元)、新加坡(7.96亿美元)、马来西亚(6675.27万美元)、柬埔寨(6161万美元)。东南亚国家由于地理上距离我国较近,并且经过多年发展工业产业体系相比于其他地区的国家更完善,东南亚国家在满足自身环境产品需求的基础上并向我国进行出口，具有一定的竞争力。

5.2.3.3 南亚地区

在本书研究范围中，南亚地区共涉及7个国家，从进口规模角度来看，依次是印度、巴基斯坦、孟加拉国、斯里兰卡，而且印度总的环境产品进口总额高于其他6个国家总和，达到了47.83亿美元。从进口结构来看，忽略需要具备气候天然生长条件的竹产业，上述4个国家对5类产业进口进行了全覆盖，而不丹、尼泊尔、马尔代夫虽然都有进口，但是规模相比却很小，总共只有1707万美元，只占有印度的0.35%（图5-43）。

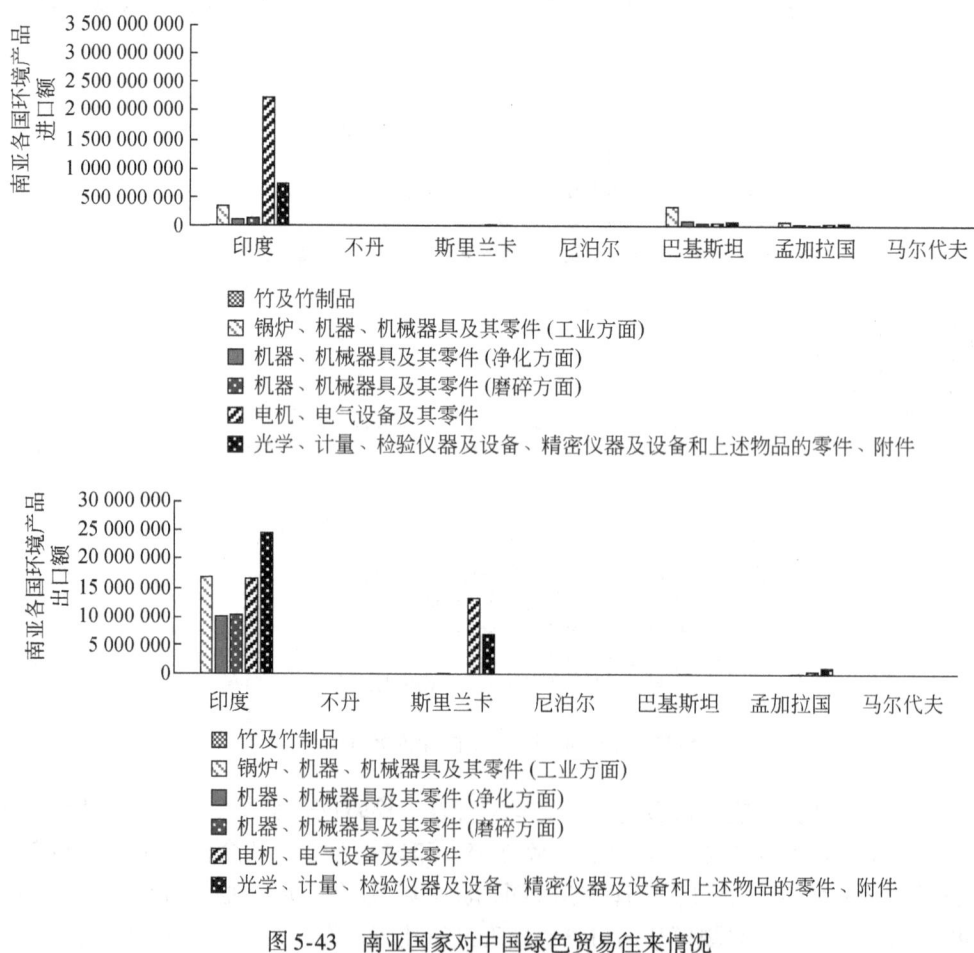

图 5-43 南亚国家对中国绿色贸易往来情况
部分环境产品额度太小在图中无法显示

从南亚7国向中国出口环境产品结构的角度来看，除了不丹、尼泊尔、孟加拉国没有涉及竹及竹制品，其他产业产品领域各国都进行了全覆盖。但从南亚内部出口规模比较可以看出，印度相比于其他6国与中国的贸易往来更加密切，优势明显，6类绿色产品出口规模均位居南亚地区第一名，其次是斯里兰卡和孟加拉国，这两个国家面向中国都主要出口的是电机、电气设备及其零件和光学、计量、检验仪器及设备、精密仪器及设备和上述物品的零件、附件,其余国家出口额很小。

5.2.3.4 中亚地区

中亚 5 国相对于其他地区而言,基于其经济体量、历史等因素,绿色贸易整体发展比较缓慢,与中国的 APEC 环境产品进出口总额只有 2.6 亿美元,仅仅只占到"一带一路"国家整体绿色贸易的 0.79%。具体细分来看,这些国家从中国进口占到"一带一路"整体从中国进口的环境产品的 1.05%,而进口基本为 0,逆差达到了 166.9 亿美元,可见其不具备生产绿色产品的能力,尚未建立具有一定竞争力的绿色产业,尤其是机器、机械器具及其零件(磨碎方面),没有一个国家对中国进行任何出口。

从图 5-44 中可知,中亚 5 国内部由于深处欧亚大陆的内陆,气候不适宜竹子的生长,也没有使用竹制品的历史和环境因素,所以该产业贸易量较少。从其他 5 个绿色产品来看,哈萨克斯坦相比于其他 4 国,更具有竞争力,总的进口额和出口额与其余国家总和差不多,从我国进口最少的是土库曼斯坦。

5.2.3.5 西亚地区

西亚地区拥有丰富的石油资源,作为当今国际社会重要的能源资源之一,西亚各国因此积攒了大量的财富,经济快速增长,根据环境库兹涅茨曲线,随着这些国家人均 GDP 的不断提高,对环境的要求不断提升,所以对环境产品的需求也会不断增大,从我国进口的环境产品达到 35 亿美元,占我国对"一带一路"国家出口总额的 14%,是我国环境产品出口的重要区域。由图 5-45 可知,进口最多的国家有土耳其、伊朗、埃及、阿联酋、沙特阿拉伯等国,覆盖了所有的环境产品,尤其是相比于其他地区,因为石油等采掘业的需要,锅炉、机器、机械器具及其零件(工业方面)需求达到了 7.7 亿美元,而我国对

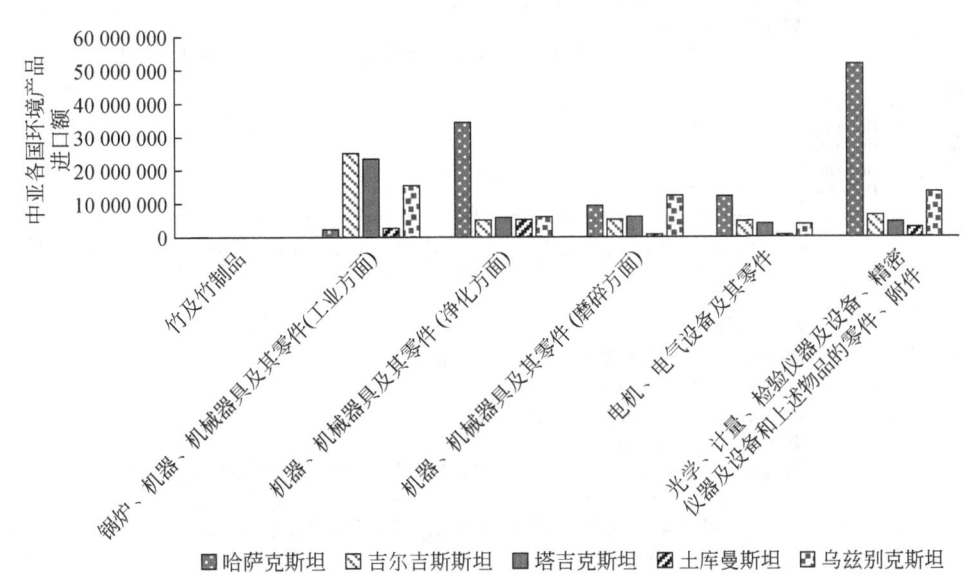

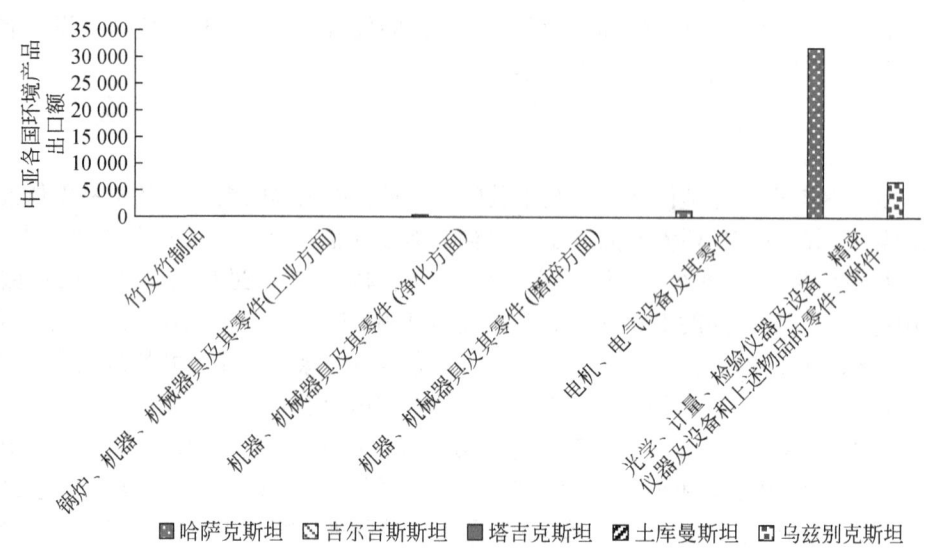

图 5-44 中亚国家对中国绿色贸易的往来情况

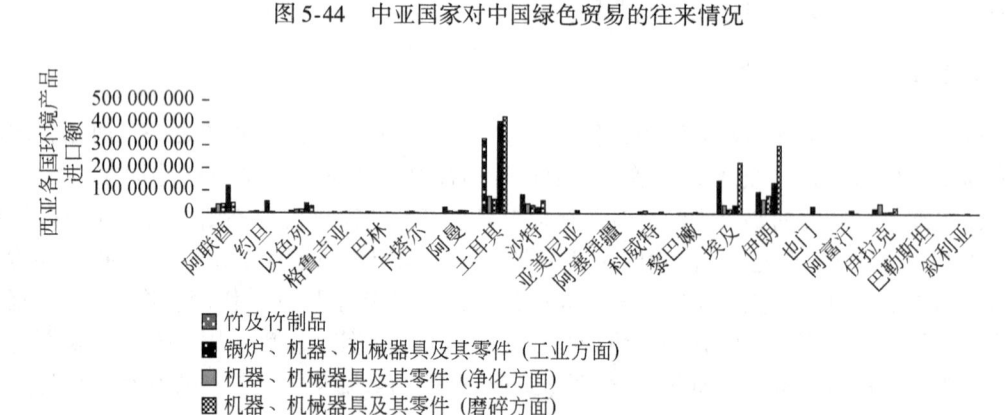

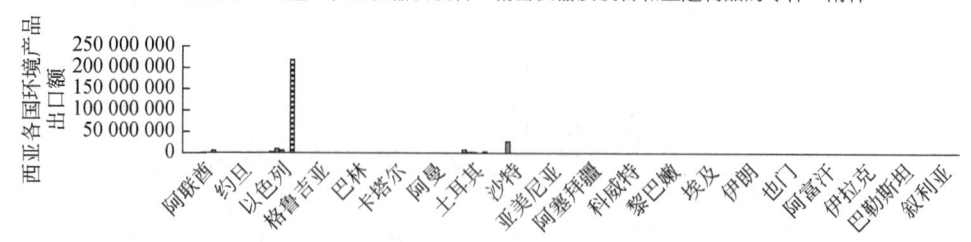

图 5-45 西亚国家对中国绿色贸易往来情况

"一带一路" 64 个国家该产品共出口 39 亿美元，占比达到近 20%，超过了全部 APEC 环境产品进口占比，由此可以看出环境产品需求存在地区差异性和产业相关性。从西亚各国对我国相关环境产品出口角度来看，整体出口规模不大，以以色列的光学、计量、检验仪器及设备、精密仪器及设备和上述物品的零件、附件为重要代表，我国与以色列该环境产品的贸易逆差达到了 1.87 亿美元，体现了以色列作为发达国家，技术水平相比于其他西亚国家和我国确实具备明显的竞争优势，而其他西亚国家因为过度依靠石油产业或者因为宗教、战争等冲突影响，缺乏完善的工业体系，科技水平不高，对我国出口相对较少。

5.2.3.6　欧洲地区

中国对欧洲 20 国的绿色产品出口额达到了 67.8 亿美元，进口额达到了 9.8 亿美元，顺差为 58 亿美元，贸易总额有 77.6 亿美元，占到整个"一带一路"绿色贸易的 23.3%，其中出口额占到 27.1%，进口额占到 11.8%，即使在全世界范围内，我国这些 APEC 环境产品出口额也占到了 8.5%，说明这些国家是我国重要的出口地。从图 5-46 中可知，从欧洲各国进口角度来看，相比其他欧洲国家，俄罗斯从我国进口的环境产品种类比较多，说明中俄两国的经贸合作在绿色贸易领域涉及程度较深。从产业角度来看，光学、计量、检验仪器及设备、精密仪器及设备和上述物品的零件、附件需求最大，依次是波兰、斯洛伐克、匈牙利、俄罗斯、捷克、罗马尼亚等国，而结合该产业在欧洲各国出口的情况来看，同样是出口最多的产品，依次是匈牙利、罗马尼亚、波兰、捷克和俄罗斯，可见这些国家既是重要的进口国又是重要的出口国，说明我国与这些国家存在同一产业的产业内贸易，双方交易同类但不同质的产品，存在产业内分层情况，可以开展产业方面的互补和合作。

5.2.4　"一带一路"绿色贸易发展评估

贸易竞争力指数是测度贸易双方国国际竞争力的重要指标。取值范围为 [-1, 1]，0 表示达到竞争力平均水平，数值越小，代表竞争力越弱；数值越大，代表竞争力越强。中国与"一带一路"国家或区域的贸易竞争力指数如表 5-11 所示。

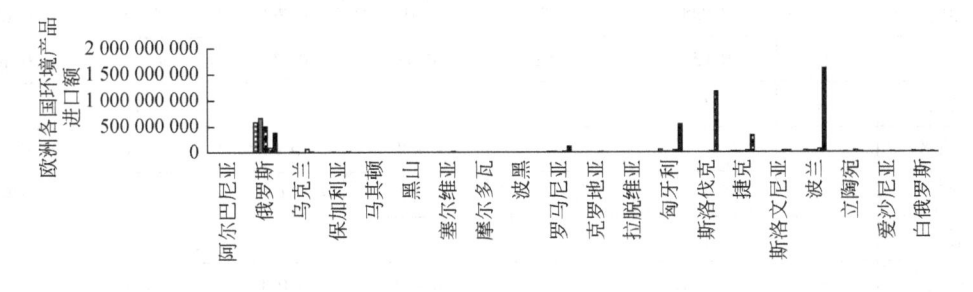

图中纵轴:欧洲各国环境产品出口额

横轴国家:阿尔巴尼亚、俄罗斯、乌克兰、保加利亚、马其顿、黑山、塞尔维亚、摩尔多瓦、波黑、罗马尼亚、克罗地亚、拉脱维亚、匈牙利、斯洛伐克、捷克、斯洛文尼亚、波兰、爱沙尼亚、立陶宛、爱沙尼亚、白俄罗斯

图例:
- 竹及竹制品
- 锅炉、机器、机械器具及其零件(工业方面)
- 机器、机械器具及其零件(净化方面)
- 机器、机械器具及其零件(磨碎方面)
- 电机、电气设备及其零件
- 光学、计量、检验仪器及设备、精密仪器及设备和上述物品的零件、附件

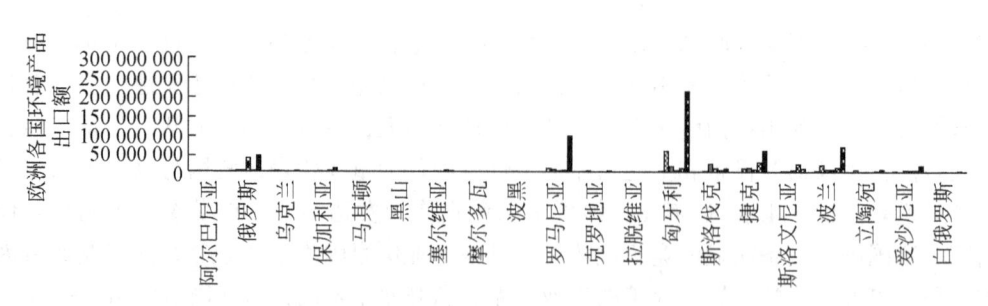

图 5-46 欧洲国家对中国绿色贸易往来情况

表 5-11 中国与"一带一路"国家或区域贸易竞争力指数

国家或区域	竹及竹制品	锅炉、机器、机械器具及其零件（工业方面）	机器、机械器具及其零件（净化方面）	机器、机械器具及其零件（磨碎方面）	电机、电气设备及其零件	光学、计量、检验仪器及设备、精密仪器及设备和上述物品的零件、附件	APEC环境产品
蒙古国	—	1	1	1	1	1	1
东亚	—	1	1	1	1	1	1
新加坡	1	0.236	0.76	-0.26	0.594	-0.577	-0.361
马来西亚	-0.868	0.986	0.656	0.051	-0.632	0.309	-0.02
泰国	-0.171	0.947	0.577	0.862	0.147	-0.628	-0.283
印度尼西亚	-1	0.991	0.991	0.96	0.539	0.869	0.843
文莱	—	1	1	1	1	1	1
越南	-1	0.995	0.973	0.513	0.708	0.563	0.655
菲律宾	1	0.932	0.552	0.93	0.201	-0.29	0.101
老挝	—	1	1	1	1	1	1
柬埔寨	—	1	1	0.999	-0.078	-0.882	-0.325
东帝汶	—	1	1	1	1	0.968	0.996
缅甸	1	1	1	1	1	1	1
东南亚	-0.929	0.935	0.801	0.431	0.011	-0.094	0.102
印度	0.994	0.921	0.855	0.875	0.988	0.946	0.964
不丹	—	1	0.997	1	1	1	1
斯里兰卡	1	1	0.961	1	0.229	0.039	0.426

续表

国家或区域	竹及竹制品	锅炉、机器、机械器具及其零件（工业方面）	机器、机械器具及其零件（净化方面）	机器、机械器具及其零件（磨碎方面）	电机、电气设备及其零件	光学、计量、检验仪器及设备、精密仪器及设备和上述物品的零件、附件	APEC环境产品
尼泊尔	—	1	1	1	1	1	1
巴基斯坦	1	1	1	0.996	1	0.999	1
孟加拉国	—	1	1	0.993	0.98	0.961	0.987
马尔代夫	1	1	1	1	0.979	1	1
南亚	0.997	0.963	0.929	0.919	0.979	0.939	0.963
哈萨克斯坦	1	1	1	1	1	0.999	0.999
吉尔吉斯斯坦	—	1	1	1	1	1	1
塔吉克斯坦	—	1	1	1	1	1	1
土库曼斯坦	—	1	1	1	1	1	1
乌兹别克斯坦	—	1	1	1	1	0.999	1
中亚	0.996	1	1	1	0.979	0.999	1
阿联酋	1	0.994	0.991	0.952	0.979	0.789	0.952
约旦	—	1	1	1	1	1	1
以色列	1	0.587	0.145	0.454	0.956	−0.749	−0.354
格鲁吉亚	1	1	0.997	1	0.997	0.984	0.996
巴林	1	1	1	1	1	1	1
卡塔尔	—	1	1	1	1	0.914	0.992
阿曼	1	1	1	1	1	1	1
土耳其	−1	0.957	0.945	0.947	0.998	0.987	0.978
沙特	1	1	0.232	1	0.999	1	0.804
亚美尼亚	—	1	1	1	1	0.997	1
阿塞拜疆	1	1	1	1	1	1	1
科威特	—	1	1	1	1	1	1
黎巴嫩	—	1	0.906	1	1	1	0.986
埃及	1	1	0.977	1	1	1	0.998
伊朗	1	1	1	1	1	1	1
也门	—	1	1	1	1	1	1
阿富汗	1	1	1	1	1	0.993	0.999
伊拉克	1	1	1	1	1	1	1

续表

国家或区域	竹及竹制品	锅炉、机器、机械器具及其零件（工业方面）	机器、机械器具及其零件（净化方面）	机器、机械器具及其零件（磨碎方面）	电机、电气设备及其零件	光学、计量、检验仪器及设备、精密仪器及设备和上述物品的零件、附件	APEC环境产品
巴勒斯坦	—	1	1	1	1	1	1
叙利亚	—	1	1	1	1	1	1
西亚	0.998	0.975	0.803	0.94	0.98	0.672	0.849
阿尔巴尼亚	—	1	1	1	1	0.996	0.999
俄罗斯	0.674	0.989	0.992	0.85	0.965	0.774	0.917
乌克兰	−1	0.729	0.691	0.77	0.988	0.792	0.914
保加利亚	—	0.579	0.871	0.478	0.364	−0.032	0.281
马其顿	1	0.983	0.986	1	1	0.996	0.992
黑山	—	1	1	1	1	1	1
塞尔维亚	−1	0.586	0.98	0.407	0.511	0.596	0.548
摩尔多瓦	—	0.975	1	1	0.986	0.36	0.637
波黑	—	1	−0.858	0.997	0.75	1	0.123
罗马尼亚	1	−0.099	−0.148	0.342	0.466	0.059	0.073
克罗地亚	−0.348	0.029	1	0.994	0.955	−0.185	0.39
拉脱维亚	—	0.994	0.994	0.711	0.945	0.769	0.836
匈牙利	−1	−0.016	−0.544	0.394	0.613	0.387	0.326
斯洛伐克	—	0.311	−0.893	−0.766	0.522	0.985	0.919
捷克	—	0.006	0.029	0.116	0.042	0.675	0.526
斯洛文尼亚	1	0.563	0.343	−0.22	0.097	0.543	0.27
波兰	−0.564	0.306	0.55	0.55	0.69	0.911	0.868
立陶宛	−1	0.998	0.988	0.676	0.93	0.316	0.61
爱沙尼亚	−1	0.999	−0.433	−0.585	0.363	−0.785	−0.398
白俄罗斯	—	0.981	0.997	1	0.651	0.67	0.909
欧洲	−0.694	0.736	0.811	0.751	0.638	0.754	0.747

资料来源：根据 UN Comtrade 数据库整理计算得出。

注：—为不存在贸易往来。

由表 5-11 可知：

第一，竹及竹制品行业地理区域特征明显。从区域角度来看，由于竹的生长依赖于气候等自然地理条件，一些地区只进行生产出口，另一些地区只进行进口消费，存在明显两极化现象，贸易竞争力指数呈现出极端值。中国在南亚、中亚和西亚地区具有极强的竞争力,贸易竞争力指数接近于 1,这些地区国家从中国进行进口,不对中国进行出口;在欧洲和东南亚地区均小于-0.5,竞争水平在这些地区较低,尤其是在东南亚地区,指数为-0.929,中国几乎只从这一地区进行进口,进口额分别占到竹及竹制品进口额的 47% 和 53%。从国家角度来看,因为中国距离东南亚地区更近,海运更加便利,主要从印度尼西亚进行进口,占比达到 42%;其次是波兰,占比达到 13%。可见,我国主要从东南亚国家进口。在整个"一带一路"国家,出口额占到世界出口额的 5%,进口额占到世界进口额的 50%,逆差达到 1911 万美元,在世界范围内,顺差 6069 万美元,可见我国主要从东南亚进口,主要出口到非"一带一路"国家。

第二,在锅炉、机器、机械器具及其零件上中国具有绝对优势。中国在"一带一路"国家中整体优势明显,竞争力水平高。工业用途中只有罗马尼亚、匈牙利、捷克、克罗地亚 4 个欧洲国家与中国进行贸易,总计 6% 的国家竞争力达到了平均水平,分别为-0.099、-0.016、0.029、0.006,其余国家在这一产业中的竞争力均低于中国,其中中国与 52 个国家(81%)的贸易往来中的 TC 指数都在 0.921 以上,这些国家基本不具备出口竞争力,中国优势明显。从世界范围来看,中国在该行业与"一带一路"国家进出口额占世界份额分别为 7% 和 52%,顺差额分别为 37 亿美元和 47 亿美元,高达 80%。在净化用途中,除了斯洛伐克(-0.893)、波黑(-0.858)、匈牙利(-0.544)和爱沙尼亚(-0.433)欧洲国家之外,其他国家都不具备与中国在该行业中的竞争力。在磨碎用途中,中国在"一带一路"国家中顺差达到 16 亿美元,却在与世界各国贸易中出现 37 亿美元逆差。所以整体来看,中国存在由垂直差异和技术差异引起的差异产品的产业内贸易,差异主要表现在需求方面,中国需要从西欧和北美等国进口处于生命周期引入期的产品,生产处于成长期和成熟期的产品,共建国家中的发展中国家需要该类产品,符合产品生命周期理论。可见"一带一路"国家是我国锅炉、涡轮等设备配件的重要出口市场,具备高于相关国家的竞争力水平,非"一带一路"的发达国家成为我国进口相关产品的主要输出国,我国竞争力水平相比下降。

第三,在电机、电气设备及其零件中国具有明显优势。除了与马来西亚的贸易竞争力指数达到-0.632,逆差达到 8 亿美元,中国具备一定劣势之外,与柬埔寨、斯洛文尼亚、捷克都达到了平均水平,其他国家在同我国该类绿色产品的贸易中并不具有任何优势。从地区角度来看,在东亚、南亚、中亚、西亚地区都达到 0.9 以上,竞争力具有绝对的优势,在东南亚地区处于平均水平,与欧洲地区的贸易竞争力指数达到 0.638,可以认为具有一定优势。与"一带一路"64 国该行业贸易中顺差达到 64 亿美元,占到世界范围的 37%,是我国该类产品重要的出口市场。

第四,在光学、计量、检验仪器及设备、精密仪器及设备和上述物品的零件、附件上中国存在区域异质性。区域异质性表现在"一带一路"内外竞争力水平存在显著的不同。从贸易额角度来看,该产业中国与世界贸易额高达 998 亿美元,远高于其他 5 类产品的 662 亿美元的贸易额,是绿色产品中最重要的行业。但是即使在于"一带一路"国家该环境产品中呈现 50 亿美元的贸易顺差,我国在与世界各国贸易中却出现 212 亿美元的贸易逆差,说明我国的竞争力水平远低于其他非"一带一路"国家。从贸易国数来看,即使在"一带一路"内也表现出与其他 5 类行业的不同,即出现爱沙尼亚、柬埔寨、泰国、新加坡等 8 个国家贸易竞争力指数为负,数量相比最多;贸易竞争力指数为 1 的国家数量有 25 个,数量相比最少,说明这一产业竞争相比更激烈以及产业分布范围更广。可见,中国在该行业当前虽然具有一定的竞争力,但并不如其他五类环境产品那样稳固,优势相对减弱,需要进一步加强提高。

综上所述,中国在"一带一路"绿色贸易中相比于其他众多国家而言,具备绝对的绿色产品和产业优势,具有引领带动发展"一带一路"绿色贸易的能力和实力。

第 6 章　对 策 方 案

发展绿色贸易是"一带一路"建设的重要内容，一直受到高度关注。国务院 2015 年发布《推动共建丝绸之路经济带和 21 世纪海上丝绸之路的愿景与行动》，其中贸易畅通被赋予了绿色化的要求；2017 年 4 月 26 日颁发的《关于推进绿色"一带一路"建设的指导意见》对发展绿色贸易提出了"将环保要求融入自由贸易协定""扩大绿色产品和服务的进出口""推动绿色产品标准体系构建""加强绿色供应链管理"等具体的任务安排；2017 年 5 月出台的《"一带一路"生态环境保护合作规划》进一步将环境产品列为发展绿色产品贸易的方向之一。

根据以上三个重要文件的内容，本章分三个层次提出发展绿色贸易的对策安排。宏观层面：确定"一带一路"绿色贸易总原则。中观层面：打造"一带一路"绿色供应链。微观层面：提高"一带一路"贸易的绿色产品占比。

6.1　宏观层面：确定"一带一路"绿色贸易总原则

"一带一路"强调共商、共建、共享原则，本节以此确定发展绿色贸易的总原则，可以对应以下几个问题："共商"采用何种沟通方式；"共建"分哪几个阶段进行；"共享"如何做到互利共赢、公平合理。除此之外，中国作为"一带一路"的发起国和主要推动力量，应承担哪些责任，这也是"一带一路"绿色贸易总原则的重要内容。

6.1.1　"共商"原则的沟通方式

"一带一路"国家应多沟通，听取各方的意见与诉求，以和平协商为前提、以平等互利为基础，打造"一带一路"绿色发展国际联盟平台，构建"一带一路"国家绿色贸易国际合作机制，促进"一带一路"绿色贸易发展。

1）打造"一带一路"绿色发展国际联盟平台

"共商"原则可以将以平台建设为依托。目前"一带一路"区域化的合作平台已经有了一定的发展，可以以区域平台发展为基础，进而整合为统一的平台。未来"一带一路"绿色贸易平台与 WTO、APEC、欧盟等的合作与协商也是非常重要的内容，有待今后进一步研究。

"一带一路"区域化合作平台数量较多、发展程度差异较大。其中，最具广泛影响力的是上海合作组织；成立时间较早平台发展较成熟的是东盟；影响力不断增强的平台有中非合作论坛、中国-东盟自由贸易区、欧亚经济论坛、中亚区域经济合作、南盟、中阿合作论坛。在"一带一路"绿色贸易国际联盟构建和完善的过程中,应结合"一带一路"国家的情况,借鉴亚太经合组织和欧盟两种不同的发展模式,实现由次区域平台发展到统一平台的整合过程,形成政府、企业、智库、社会机构和民众联手共建的多元合作平台。

2) 构建"一带一路"国家的绿色贸易国际合作机制

在合作机制构建方面,以双边、多边贸易协定为起点,进而形成"一带一路"国家共同可以遵守的绿色贸易规则。首先,可在已有双边、多边协议的基础上,加入绿色贸易条款。例如,中国-韩国自由贸易协定第 16 章环境与贸易中规定,推广包括环境友好产品在内的环境产品和环境服务,交流关于环境保护政策、活动和措施的信息,建立包括环境专家交流的环境智库合作机制。其次,可以成立绿色贸易合作中心,重点关注中国-上海合作组织环境保护中心、中国-东盟环境保护中心、澜沧江-湄公河环境保护中心。最后,积极推动实现"一带一路"国家环境标志互认,加快绿色产品评价标准的研究与制定,推动绿色产品标准体系构建,最终形成超国家的绿色贸易管理制定、政策协调制定和争议解决制度。

6.1.2 "共建"原则的阶段划分

按照《"一带一路"生态环境保护合作规划》的发展目标和时间安排,并结合联合国《2030 年可持续发展议程》,可以将"一带一路"绿色贸易共建过程划分为近、中、远期三个阶段,分别对应的时间段是:2020~2025 年(近期)、2025~2030 年(中期)、2030 年之后(远期)。

1) 近期的发展目标

近期时间段为 2020~2025 年。考虑到各国的不同情况,设定的短期目标既要发展绿色贸易又不能对各国短期利益造成较大的阻碍。

具体目标主要有以下五点:第一,要兼顾绿色贸易与共建国家民生经济的发展。例如,在短期内遏制"环保例外权"被滥用;允许经济发展较差的国家在一段时期内实施绿色补贴;协助企业合理分配环保和技术资金,不会因环保成本过高而放弃技术研发。合理的缓冲期有助于共建国家逐渐适应并接受绿色贸易理念,避免因阻力过大而造成发展停滞。第二,推动次区域化平台在机构会议日程安排中增加更多的绿色贸易相关议题,开启和推进多边讨论的进程。第三,促成更多的国家在单边、多边贸易协定中加入环境条款。第四,建成一批绿色技术交流与转移基地,促进"一带一路"共建国家产业绿色化并提高绿色产品的生产能力。第五,利用绿色金融工具实现对绿色产品制造和贸易的支持和引导。

2) 中期的发展目标

中期时间段为 2025~2030 年。需加大绿色贸易的深度和广度,惠及共建国家的生态环境和民生经济,推动实现联合国《2030 可持续发展议程》中制定的环境目标。

具体目标主要有以下三点:第一,根据联合国《2030 年可持续发展议程》的要求,对进出口产品的碳排放量进行控制。制定相应的排放标准,大力推动环境产品的贸易,帮助发展滞后的国家提高绿色生产的能力，促进共建国家和地区共同达到 2030 年可持续发展目标的碳排放要求。第二，推动共建国家环境政策、标准沟通与衔接，建立环境标志产品互认机制，促成共建国家环境标志机构签署互认合作协议。第三，进一步推动绿色发展国际联盟平台的构建，在平衡各方利益的基础上，促进区域化平台的绿色贸易合作机制和多边协定趋向一致，并形成单一平台为主导的局面。

3）远期的发展目标

远期时间段为 2030 年之后。由超国家的绿色发展国际联盟平台实现常态化、制度化的管理，保护人类家园环境和人类健康，助推"一带一路"和谐全面发展。

具体目标主要有以下五点：第一，构建共建国家认同的绿色贸易国际联盟，发挥强有力的协调管理作用，并与 WTO、欧盟、APEC 等国际组织进行协商与合作。第二，完善绿色贸易合作机制及贸易相关环境规制。第三，形成完整的"一带一路"绿色供应链。从资源开发、产品生产、运输、贸易、消费到废弃全程基本实现绿色化。第四，共建国家的绿色产品、环境产品和服务贸易占比大幅提高，达到一半以上。第五，各国在新能源开发的合作上取得长足进展，在进出口产品的生产上大多采用新能源，不断提升新能源和新能源产品的跨国贸易量。

6.1.3 "共享"原则的互利共赢、合理公平

"共享"原则表明相关国家都能从"一带一路"绿色贸易中实现互利共赢。良好的生存环境、经济社会可持续发展和提高人民的福利是"一带一路"国家和地区共同寻求的目标。但保护生态环境与发展经济、主权让渡也会产生一定的冲突，因此，只有做到合理公平，才能让目前经济发展较差的国家在保证生存发展的同时，享受绿色贸易带来的好处。

6.1.3.1 互利共赢

发展绿色贸易，至少可以从以下三个方面获益：

第一，发展绿色贸易有助于减少污染，改善共建国家民众的生活环境。全球环境污染和气候变暖是世界各国面临的共同问题，而共建国家大多生态环境脆弱，1/3 的地区植被极少，荒漠化率高出世界平均水平 50%。共建国家许多进出口产品仍采用粗放式生产方式，碳排放量偏高，且资源开发、产品运输等其他环节采用的传统技术也对环境造成污染。例如，粗放式农业开发导致了中亚地区的咸海危机。通过提高绿色产品的比例、推动环境产品贸易、加强绿色技术贸易，可以为共建国家提供空气监测、净化水设备、垃圾处理设备以及重污染行业如炼油等所需的洁净技术。这些都将有助于共建国家共同实现联合国《2030 年可持续发展议程》提出的目标，提高民众的环保意识。

第二，发展绿色贸易有助于共建国家实现产业绿色化和经济可持续发展。共建国家为获得经济增长付出了较大的环境代价。虽然部分国家资源丰富，但发展方式较粗放，这种"涸泽而渔"的模式不仅破坏了生态环境，而且导致经济发展后劲不足。共建国家虽然在一段时期内实现了贸易收益，却成为"污染转移"的受害方。例如，《中国低

碳经济年度发展报告（2012）》研究表明，2010 年美国通过国际贸易向中国净转移 6.7 亿 t 二氧化碳，欧盟各国通过国际贸易向中国净转移 5.7 亿 t 二氧化碳，约占中国排放总量的 15%。为改变这种局面，实现绿色、低碳、循环、可持续发展，就必须发展绿色贸易，并以此为动力，推动产业绿色化，避免陷入"以环境换收益、环境恶化却加剧贫困"的恶性循环。

第三，发展绿色贸易有助于共建国家应对能源紧缺。共建国家大多存在能源紧缺的问题，据世界银行能源统计数据，在沿线共建国家中，有 37 个国家自 1995 年以来长期处于能源净进口状态，对外依存度高，这些国家共建国家的能源消耗几乎一半依靠进口。"而绿色贸易中的环境产品和绿色技术贸易，有助于帮助共建国家利用太阳能、地热能、风能、海洋能、生物质能等，解决能源紧缺的危机。

6.1.3.2 合理公平

只有让不同经济状况、不同资源禀赋的共建国家都能从绿色贸易中获益，才能体现"共享"原则的真实内涵，这就需要关注以下几个问题：

第一，经济落后国家的温饱问题和生态环境之间的冲突。"一带一路"国家多为发展中国家，人均 GDP 明显低于世界平均水平，经济结构处于传统农业向初期工业化转变的过程。为解决温饱问题，粗放式无节制地开采石油和矿产进行出口，不惜以高能耗、高污染为代价制造产品换取收益。对于这些国家，要将绿色贸易与当地经济发展相结合。一方面，在设定绿色产品和碳排放标准时，要考虑当地的人均 GDP 水平，在保证生存和适度发展水平的前提下，对经济落后的国家给予一定的缓冲期，然后每年按一定比例适当提高要求。另一方面，通过联盟平台提供绿色技术服务、绿色金融引导绿色投资、绿色项目援助等方式帮助当地尽快提高绿色产品生产能力，从而实现经济和生态环境良性发展。

第二，不同资源禀赋的共建国家愿意参与的绿色贸易环节和程度有所不同。以石油进出口为例，2016 年 4 月全球超过 170 个国家签署了《巴黎协定》以控制气候变化，但中东部分石油大国并不参与协议的签订。这些国家不愿意为了减少碳排放量放弃石油的产量，因此，为了让这些国家愿意参与到绿色贸易当中，共享良好的生态环境，就需要各国在能源开采和加工的绿色技术方面加强合作。有些国家如巴基斯坦的农业占比较大，则更注重农产品绿色贸易，希望通过农产品的绿色生产与灌溉技术推广合作减轻环境污染和资源消耗。因此，对于不同的国家，首先要开展综合生态环境影响评估，识别各国面临的主要生态环境风险，结合当地产业结构，有针对性地推进绿色贸易。

第三，在联盟平台制定和实施绿色贸易制度的过程中，各国对主权让渡的接受程度不同。绿色贸易发展的远期目标是实现超国家的联盟平台管理，但近期必须考虑到不同国家的接受程度，应该根据各国发展绿色贸易的能力和意愿，允许只参与某些方面的合作，而不必承担所有领域的责任，逐步深入地参与绿色贸易的建设。

6.1.4 中国担当

为推动绿色贸易，中国国务院和四部委发布了多个相关文件。2019 年 4 月 25 日，第二届"一带一路"国际合作高峰论坛在北京召开,习近平总书记在开幕式的主题演讲中提出,要坚持开放、绿色、廉洁理念,把绿色作为底色,推动绿色基础设施建设、绿色投资、绿色金融,更是突显了对绿色贸易的关注程度。

中国担当主要体现为以下三个方面:①中国将以积极担当的责任感,积极参与构建协商平台与协议制定,帮助协调相关工作,促进绿色技术交流;②在国内推动中国产业结构升级,降低高污染的出口行业比重,降低出口产品生产的污染程度,对相关产业进行污染治理,提高绿色产品的出口占比;③以绿色投资带动绿色贸易,推进"一带一路"其他国家产业绿色化,从而带动共建国家贸易结构升级,促成"一带一路"绿色贸易。在中国对外投资项目的选择和项目实施的过程中,增加绿色元素。不是将"一带一路"国家作为"污染避难所",而是助力构建"一带一路"绿色供应链。

6.1.4.1 积极参与绿色贸易平台建设和协议制定

中国积极推动"一带一路"绿色发展国际联盟的筹建工作,参与中国-上海合作组织环境保护中心、中国-东盟环境保护中心、澜沧江-湄公河环境保护中心、中国-柬埔寨环保合作基地等专门机构的建设,参与打造上海合作组织环境保护信息共享平台、中国-东盟环境保护信息共享平台以及"一带一路"生态环保大数据服务平台。中国还积极承办中国东盟环保合作论坛、中非环境部长对话会等高层交流平台,促进共建国家发展绿色贸易的经济交流。

在参与绿色贸易规则制定方面,中国的贡献也是有目共睹的。首先,推动在自由贸易协定中设立环境条款或环境章节。在中国签订的14个自贸协定中都设有环境条款,在中国-瑞士自由贸易协定和中国-韩国自由贸易协定中还设置了独立的环境章节,其中涉及环境产品和服务贸易、避免贸易中的环境风险、加强环境技术合作等内容。其次,中国还推动了WTO《环境产品协定》谈判,促成了APEC环境产品清单,这些工作都为"一带一路"绿色贸易协定的制定积累了经验。未来,中国将继续与"一带一路"国家共建绿色贸易规则,降低共建国家之间绿色产品和环境产品关税和非关税壁垒,建立绿色产品标准,推动环境标志产品互认。

除此之外,中国在促进绿色技术交流方面也积极发挥主导作用。首先,系统地开展"绿色丝路使者计划"和"海上丝绸之路绿色使者计划"等援外生态环保培训,帮助发展中国家提高参与绿色贸易的能力和技术水平。其次,将"一带一路"环保产业与技术合作平台、"一带一路"环保技术交流与转移中心(深圳)、中国-东盟环保技术和产业合作示范基地列为《合作规划》的重大项目,鼓励各省市与共建国家开展绿色技术交流,邀请"一带一路"国家的环保企业参加中国国际环保展览会。

6.1.4.2 国内治理出口行业污染

发展绿色贸易的中国担当也体现在对国内出口行业污染治理的行动和决心上。为了促进绿色贸易的发展,中国积极降低"三废"及COD排放,加大对污染型出口产业的改造。通过推进绿色贸易政策、改进生产技术、采用出口退税等激励惩罚手段,对共建国家发展绿色贸易起到了示范作用。

由于前期采用消耗高、污染大的粗放型生产和出口模式，中国对国内出口行业污染的治理付出了极大的努力。据估算，2010 年中国单位 GDP 能耗是全球平均水平的 2 倍以上，钢铁、建材、化工等行业的单位产品能耗比国际先进水平高 10%～15%，2015 年中国单位 GDP 能耗是全球平均水平的 1.9 倍。而纺织业既是出口占比很高的行业也是排污大户，全球每年约有 25% 的化学品用于纺织业，而我国纺织业就消耗了全球 42% 的纺织化学品，这些化学物质以"三废"的形式排放出来，对我国生态环境造成了破坏。根据本书第 5 章的数据，中国"三废"排放量较大的行业分别为：①工业废气（按严重程度依次排序）：造纸及纸制品业；化学原料和化学制品制造业；纺织业；煤炭开采和洗选业；农副食品加工业；石油加工、炼焦和核燃料加工业。②工业废水（按严重程度依次排序）：化学原料和化学制品制造业；石油加工、炼焦和核燃料加工业；造纸及纸制品业；农副食品加工业；③工业固体废物（按严重程度依次排序）：黑色金属矿采选业；煤炭开采和洗选业；有色金属矿采选业；化学原料和化学制品制造业。为了治理污染并推动绿色贸易发展，中国采取了以下强有力的措施：

第一，深化国内绿色贸易政策，利用调整出口退税率的方法进行引导。对外贸易发展"十三五"规划中提出，抑制高污染、高耗能和资源类产品出口，鼓励紧缺性资源类产品进口，全力打造绿色贸易。加强节能领域的国际合作，积极参与绿色发展国际规则制定。中国还定期发布《环境保护综合名录》，其中水泥、陶瓷、玻璃等"双高产品"（高耗能、高污染）被大幅度降低或取消出口退税，而绿色产品和环境产品的出口退税率则有所上升。

第二，改进生产技术，应用环保设备。通过采用能源技术、材料技术、催化剂技术、分离技术、生物技术、资源回收及利用技术，并大力推广环保设备的使用，中国碳排放量得到了控制并有所下降。2015 年能源消耗二氧化碳排放量减少 0.1%，这是自 1998 年以来首次实现排放减少，远低于 10 年期平均水平（4.2%），也低于 2015 年全球平均增长率。中国仍在开展出口产业绿色化，提高绿色产品的出口比例，发展环保科技，提高环保标准，增进绿色管理与监督力度，完善环保法律，多渠道、多举措地治理国内出口行业污染，用实际行动稳步推进绿色贸易，体现应有的大国担当。

6.1.4.3 国外绿色投资助推绿色贸易

中国是"一带一路"绿色贸易的倡导者，在投资的过程中，秉承助推绿色贸易的理念，而不是寻求"污染避难所"，中国在投资项目的选择上，力求绿色、环保，帮助共建国家实现产业绿色化。具体措施包括：监督中国对外投资履行环保责任；引导企业投资绿色产品和环境产品行业；利用绿色金融支持绿色投资行为。

在政府监督方面，2013 年商务部与环境保护部联合发布《对外投资合作环境保护指南》，指导和规范中国企业在对外投资中履行环保责任。例如，鼓励企业优先采用低碳、节能、环保、绿色的材料与技术工艺；维持生物多样性，尽量在当地实施环保措施，做好生态保护等。另外，建立完善对外投资环保政策与法律法规，通过对外投资审查、环境绩效考核、环保项目评价等手段规范企业行为与环保责任，并加强对企业进行"绿色投资"培训。

在引导企业投资绿色领域方面，采取以大型企业领头、拓展绿色产品和环境产品投资领域的模式。2016 年，多个行业的 16 家中国企业加入了《履行企业环境责任，共建绿色"一带一路"》倡议。承诺在共建国家海外投资和国际生产合作中遵守环境法律，加强环保措施，为绿色"一带一路"建设贡献力量。鼓励环保产业发展，推动环保产业贸易。2016 年底国务院发布的《"十三五"国家战略性新兴产业发展规划》提出"推动新能源和节能环保产业快速壮大"。随着中国绿色产品和环境产品企业的不断壮大，通过在共建国家投资新一代信息技术、生物、新能源、新材料、环境设备等新兴产业领域，帮助共建国家打造绿色产业链，推进绿色贸易。

在绿色金融支持方面，2019 年，北京举办了第二届"一带一路"国际合作高峰论坛。中国与英国、法国、新加坡、巴基斯坦、阿联酋等有关国家和地区的主要金融机构共同签署了《"一带一路"绿色投资原则》，未来共建国家绿色投资项目将更容易获得资金支持。亚洲基础设施投资银行和丝路基金等机构都明确表示，优先对绿色环保项目提供资金支持。

在绿色贸易发展的过程中，中国以实际行动展现了负责任的大国胸怀和大国担当，是中国践行人类命运共同体理念的生动体现。

6.2　中观层面：打造"一带一路"绿色供应链

绿色供应链以降低产品全生命周期的环境影响为目的，追求经济和环境相平衡。它通过环境经济政策和市场调节手段，利用政府、企业和公众的采购和消费力量，产生市场机制传导效应，对采购、生产、物流、消费到回收再利用环节的全产业链进行绿色改造，降低环境负面影响，具有巨大的环境效益。打造绿色供应链有助于带动产业链上下游整体绿色化，促进各行业绿色低碳转型，使共建国家共同实现环境与经济协调发展。下面从总体和分环节两个层次提出打造"一带一路"绿色供应链的相关对策。

6.2.1　打造"一带一路"绿色供应链的总体对策

6.2.1.1　立法与激励政策

1）立法

"一带一路"的东盟、南亚国家虽然设置了一些环保协议和法案，但主要针对本国环境保护，涉及绿色供应链相对较少。要完善绿色供应链相关法律法规，可以考虑两种路径：一是通过绿色供应链联盟平台制定法规，同时考虑共建国家的不同情况给予一定的过渡期，随着绿色供应链推进再动态调整，最终达成一致；二是以主导国家国内法规为模板，其他国家参照逐步完善，同时该国法规对其供应链相关国家形成一定的约束力。

第一种路径需要先建立"一带一路"绿色供应链联盟。目前最具影响力的是 2018 年

4月由生态环境部宣布搭建的"一带一路"绿色供应链交流与合作平台,该平台由中国-东盟环境保护合作中心联合相关政府部门、研究机构、社会组织自愿发起并成立的综合性、国际性、非盈利性合作组织。此路径面临的困难在于,各国情况差异较大,制定法案的谈判过程会复杂漫长;优点则是具有区域权威性,对各国有约束力,法案一旦实施会对共建各国的上下游的生产商、分销商整个供应链产生重要影响。欧盟电子电气设备环境法案就是一个很好的参考案例。随着欧洲各国电子电气设备造成的污染日趋严重,欧洲议会和理事会于2003年颁布了《废电机电子产品指令》和《关于在电子电气设备中限制使用某些有害物质指令》。法案中设置了绿色壁垒指标,这些指标贯穿原材料采购、制造、产品出售和消费的全过程,构建绿色供应链变成了电子电气设备制造商的实际需要,制造商积极改进制造工艺和技术,持续绿化公司的制造产业链。这些举措对全球各地的电子电气设备制造商,连同上游的电子电气元器件制造商、销售商、合同制造商在内的整个供应链都产生了非常大且深远的影响,促进了全球电子电气行业绿色产业链完善。

第二种路径要求主导国家全面完善绿色供应链各个环节的本国环境法规,并且积极引导绿色供应链在本国推广和实施,从而为共建国家提供学习的模板。这些法规涉及的内容包括:企业在制造和分销过程中要实行严格且有效的内部管理,确保产品质量和生产安全,维护消费者的健康权益;对"三废"排放数量和浓度进行管控,减轻污染和降低风险;更好地加强对废物的处理,加快对污染土地的恢复和应急反应速度;形成有效的监督和考核制度,对上下游企业的制造行为进行监察等。

2) 激励政策

推动共建国家从财政、信贷、税收等方面设置绿色供应链的激励政策。具体包括:①财政补贴政策。例如,对节能技术研发、新能源产品给予补贴。②优惠信贷政策。例如,对节能项目和新能源设备给予低息或无息融资,提高环境友好型项目的贷款额度。③税收优惠政策。例如,给予节能企业税收优惠,对新能源产品给予消费税优惠等。采用激励措施,进一步发挥市场调节的作用,引导企业的投资决策和融资行为,推动企业构建绿色供应链,鼓励企业更多地使用可再生能源、提高制造和运营绩效、尽量减少废料的产生并且积极实现再利用。

6.2.1.2 推动"一带一路"绿色供应链认证体系

尽管目前世界上有不少绿色认证标准,但这也造成了不同标准间的冲突,而且这些标准多以欧美国家为主导,与"一带一路"国家实际情况存在一定差距,基于完善绿色供应链的实际需要,因此,本书建议按以下两个层次,逐步推动"一带一路"绿色供应链认证体系。

第一步是"一带一路"国家对现有的部分绿色认证标准进行互认。可以先将某些绿色认证标准差异较小的产业或产品作为突破口,实现双边或多边互认。考虑到共建国家多为发展中国家,对于那些符合共建国家实际,却与欧美国家认证相冲突的标准,在"一带一路"区域内可互认共建国家的标准。例如,印度尼西亚在2014年提出"印度尼西亚可持续棕榈油认证"(ISPO),这与此前欧美国家主导制定的"可持续棕榈油认证"(RSPO)

相差较大，那么，在"一带一路"区域内可互认 ISPO，以符合印度尼西亚的实际情况。具体的操作方法是，可以将认证标准作为条款嵌入贸易规则，按照明确的绿色标准或生态标识管理绿色供应链过程。

第二步是开发完整规范的"一带一路"绿色供应链认证指标体系并设置绿色标签。开发认证指标体系的工作难度较大，尚处于起步阶段，需要各国不断探索、合作。笔者认为，其发展的路径可能由主导国先完善本国绿色供应链认证指标体系，进而推广为"一带一路"指标体系。本节仅以家具行业为例进行简单阐述。中环联合认证中心是中国权威认证机构，它在家具行业开展了绿色供应链评价工作，内容涵盖企业的管理措施、设计开发、供应商管理、重点原材料控制、企业环境等五个方面，评价指标多达 103 项。对于每项指标又划分为优、中、劣三个层次进行打分，计算总分并得出百分比后，按百分制给予一星至五星的评价，中国的家具认证指标体系不断完善，共建国家就可以据此进行协商谈判，进而形成家具行业的"一带一路"绿色供应链认证指标体系。另外，在时机成熟之时，对达到"一带一路"认证标准的产品设置绿色标签，是促进绿色供应链发展的重要贸易政策工具。"绿色标签产品"容易被共建国家识别和认可，能提高产品的声誉，并且能帮助消费者逐步树立生态消费的观念。

6.2.1.3 搭建绿色供应链信息共享平台

完善"一带一路"绿色供应链，信息共享是非常重要、不可或缺的关键环节。搭建信息共享平台，需要组建一个权威且具有公信力的专业机构，投入必要的维护资金，并且做好绿色供应链评价标准、规范指南等前期准备。

构建信息库的工作按由易到难可以分以下步骤进行：首先，对共建国家总体的资源消耗、污染排放、环境承载力等进行统计分析，推动气候变化与能源领域的信息公开，这些属于一般性或者公开可获得的信息，从此类信息开始披露，共建国家间的合作难度较小；其次，加强各国在市场准入、海关、质检环节获得的污染企业信息共享，这部分信息量可能不太多，但由各国政府开展合作比较容易推进；最后，让"一带一路"国家更多的企业参与进来，定期向社会发布绿色供应链环境信息，对企业进行环保评估比较，加强公众监督力度。绿色供应链信息共享平台不仅监督企业在运营中坚持环境友好，而且能让企业在挑选供应链合作伙伴时做出绿色选择。

共享的信息大致可以分为三类：第一类是环境合规信息，包括环保准入门槛和污染排放标准；第二类是供应链企业环境信息，包括绿色标签识别、环保黑名单和企业环境绩效评估；第三类是绿色协作信息，包括环保项目供求和绿色金融合作。

信息共享对于推进"一带一路"绿色供应链建设相对比较有效。接下来以化学品生产为例对具体操作进行大致描述，首先可以要求相关企业在生产中定期向社会公开供应链各环节的环境影响信息；其次要求相关企业务必对化学成分特别是有毒成分的制造、物流、储藏、使用和处理等各个流程进行上报。同时，鼓励相关企业自愿发布环境报告以提高声誉。以上操作可以帮助共建国家减少化学品污染物排放，推动绿色供应链的建设。

6.2.1.4 绿色金融助推绿色供应链发展

通过绿色金融支持绿色供应链发展的方式，其一是解决资金来源问题，其二是采用对绿色供应链进行整体评估的创新性融资模式。

资金来源方面，渠道之一是联合国及其他多边机构下的绿色资金，如全球环境基金、绿色气候基金等。渠道之二是"一带一路"相关基金，如丝路基金、南南合作援助基金、中国—东盟合作基金、中国—中东欧投资合作基金、中国—东盟海上合作基金、亚洲区域合作专项资金、澜沧江—湄公河合作专项基金等。渠道之三是实力较强的国家设立的基金，如中国国家绿色发展基金、中国政府和社会资本合作（PPP）融资支持基金等。未来可设立专门的"一带一路"绿色供应链发展基金，并鼓励社会资本设立投资基金提供支持。

积极创新绿色供应链整体评估的融资模式，即在投资项目资产评估时，将供应链的上下游企业看作一个整体，对供应链所有环节和整个项目周期进行生态评估，据此决定融资额度。这种模式可以促成供应链的所有企业重视生态保护，既解决了企业开展绿色升级改造所面临的资金困难，又提高了供应链的绿色水平。

6.2.1.5 加快绿色供应链示范中心建设

示范中心建设对于"一带一路"绿色供应链的形成可以起到以点带线的作用，可从增设试点、加强技术支持、推动多方参与三个方面加快示范中心建设。

首先应增设更多的示范中心。目前已设立天津示范中心、东莞示范中心等，但还需要在其他共建国家设置更多的示范中心，继而通过各示范中心的实践和交流，辐射带动绿色供应链发展。其次是加强技术支持。通过组建绿色供应链专家队伍，各示范中心进行技术交流，利用区块链、人工智能等新兴技术，为示范中心建设提供技术支撑。最后是推动多方参与。在区域、国家、地方、民间组织、企业不同层次开展交流和合作；并从条件较为成熟的区域、行业、企业着手，培育绿色供应链管理示范行业和示范企业。

6.2.2 打造"一带一路"绿色供应链的分环节对策

6.2.2.1 采购

绿色采购是打造"一带一路"绿色供应链的关键环节，其总体思路是以共建国家政府绿色采购为抓手，逐步发展到企业绿色采购。一方面，政府采购由行政力量主导，实施起来相对容易；另一方面，政府是电子、办公用品、家具、建筑装修等行业的重要采购方，可以较好地带动上下游企业的绿色生产。推进政府绿色采购需做好以下几项工作：①构建一套全面的绿色标准和认证制度，以确保政府绿色采购正常进行。②发布政府绿色采购指导性文件，将政府绿色采购细化为可具体执行的措施。例如，将环境要求纳入技术响应指标设置、明确规定采购符合环保要求的产品和服务；当采购金额较高时，优先采购环保清单产品等。③对政府采购的产品及供应商进行调查研究，确定大致的绿色采购指标评估范围。政府绿色采购可以激励企业加大创新绿色技术，开发绿色产品，并为企业绿色采购起到示范和引领作用。

企业绿色采购的关键在于行业内主导企业，主导企业可以迫使其上游供应商采用对环境友好的技术、材料和生产手段，从而确保绿色供应链的可靠性。主导企业通过环境能力评估对上游供应商进行选择和监督是企业绿色采购的关键。具体的操作方法包括：参照相关环境法规并结合自身节能减排要求，设定相应指标体系，通过调查获得供应商数据，并对信息进行定量和定性分析评价；要求供应商公布碳排放信息，并对供应链上的碳风险进行有效监控。

6.2.2.2 生产

绿色生产要求将环境友好原则贯穿于产品设计、生产整个过程中，尽量降低有害物质排放量并减少对环境的不利影响。本节从产品设计、原料物料使用、生产的环境标准和环境认证三个方面提出促进绿色生产的建议：①采用面向环境的产品设计。生产商在产品设计时，不仅要考虑产品修理、升级、再使用、拆卸可能对环境造成的负外部性，还要考虑如何让产品使用时间更长、更易回收，从源头上减少对环境的危害。②限制危险原料物料的使用。通过严格设置成分比例，限制产品生产中的危害成分（或原料）对环境造成的负面影响。③要求生产企业执行环境保护标准，例如"生产过程和生产方法"（PPMs）标准；并且进行环境管理系统认证，例如ISO14001环境管理系统认证。

6.2.2.3 物流

实现"一带一路"绿色物流，就要求在运输、装卸、仓储等环节减小对环境的损害，采用绿色包装，执行绿色标准。首先，通过完善交通网络、合理布局交通设施以提升物流效率、缩短运输时间、减少碳排放量。例如开通中欧班列、新亚欧大陆桥货运专列可以提高货运效率、减少能源消耗。其次，采用更环保的装卸方式。以集装箱运输为例，王娟娟（2017）提出，当前的落地换装方式会对环境造成一定程度的污染。通过建造、扩大集装箱整体换装区、提速换装自动化过程，并实施不落地换装可以达到保护环境的目的。再次，通过仓库选址、内部布局的绿色升级和仓储信息化建设，推进绿色物流。例如，将仓库选址在交通方便的枢纽位置可缩短运输距离，减少汽车尾气排放；存放危害产品的仓库应选在离河流和水源较远的位置；实现仓储信息化有助于提高作业效率，从而节约能源。另外，为满足"一带一路"绿色物流的要求，物流包装应尽量使用环保材料，包装尺寸适中以便节约材料。

6.2.2.4 消费

首先应在"一带一路"国家积极倡导绿色消费理念，培育绿色消费市场，推动循环经济的发展。通过加强对绿色供应链的宣传，使环保理念深入民心。

其次，对环保能源和产品消费给予补贴。例如，对购买生态环境影响较小的电动汽车、氢气汽车、混合动力车进行价格优惠。

再次，对有损环境的能源和产品消费预先征收回收费用。即消费者在购买产品时，必须支付用于收集和再循环电子产品的所有费用，从而有助于减少有损环境的购买行为。

另外，采用以旧换新的营销手段，也可以减少消费者将旧产品随意丢弃对环境造成的损害。

6.2.2.5 回收再利用

打造"一带一路"绿色供应链的最后一环是实现绿色回收。即在产品使用周期的最后对其进行回收，从而使其回到再利用、再制造等逆向过程，实现绿色供应链封闭运行。促进绿色回收可从三个方面采取对策：一是引导企业进行自愿产品回收。例如，鼓励电子企业实施产品回购，进行产品回收与再循环以及回收电子废弃物。二是教育消费者采用正确的丢弃方法并要求消费者承担部分回收费用，提高对环境的生态补偿标准。三是建立基于绿色供应链的产品丢弃与再循环利用平台，建设废弃物和再生资源交易市场，促进产品回收和再制造行业发展。

6.3 微观层面：提高"一带一路"国家贸易的绿色产品占比

狭义的绿色产品是指生产过程及其本身节能、节水、低污染、低毒、可再生、可回收的产品。广义的绿色产品则是指一切有利于环境的产品，包括绿色的货物、环境产品、绿色服务与知识产权产品。本节讨论的是广义的绿色产品。

绿色产品是发展"一带一路"绿色贸易的基础。中国在《关于推进绿色"一带一路"建设的指导意见》中指出：提高环保产业开放水平，扩大绿色产品和服务的进出口是推进绿色丝绸之路的重要内容。本节将从绿色产品的角度为绿色贸易的发展提出对策。

因为"一带一路"国家的贸易数据错综复杂，本节仅分析中国与部分国家/地区贸易中绿色产品占比情况。首先分析大类贸易产品情况；其次了解细分类产品情况；然后根据具体情况从总体和分产品两个层面给出对策。

6.3.1 绿色产品占比情况

6.3.1.1 大类贸易产品

根据本书第 5 章的数据，中国出口至东盟的主要产品是机械运输设备、工业制成品、化学品及相关产品等、矿物燃料和润滑油及相关材料，占比为 48%、7%、10%、9%，总计 74%。中国自东盟进口的主要产品是机械运输设备、工业制成品、杂项制品、化学品及相关产品，占比为 40%、26%、18%、7%，总计 91%，以上产品在生产中均排放出大量的污染物。由此推测，中国出口至东盟的绿色产品占比可能不超过26%，中国自东盟进口的绿色产品占比可能不超过9%。

中国出口到印度的主要产品是机械运输设备、化学品及相关产品等、工业制成品、杂项制品，占比为41%、22%、21%、12%，总计96%。中国自印度进口的主要产品是工业制成品、除燃料外非食品原料、化学品及相关产品等、机械运输设备，占比为46%、26%、12%、8%，总计92%。由此推测，中国出口至印度的绿色产品占比可能不超过4%，中国自东盟进口的绿色产品占比可能不超过8%。

另外，中国出口至西亚、中东国家的主要产品是机械运输设备、杂项制品、工业制成品，化学品及相关材料。中国自西亚、中东国家进口的主要产品是矿物燃料和润滑油及相关材料、化学品及相关产品。这些产品的相关产业排放出较大数量的废气、废水、固体废物。

通过分析中国与部分国家/地区在大类贸易产品上的顺差和逆差情况，还可以大致了解承担环境成本的主要国家/地区。由表6-1可以看出，中国相关国家都承受着环境成本，提高贸易中的绿色产品占比是沿线国家的共同任务和共同需求。

表6-1 中国与部分国家/地区间贸易的产品

产品	涉及国家/地区	承担环境成本的主要国家/地区
机械运输设备	东盟、中国、印度、西亚、中东	中国
化学品及相关产品	东盟、中国、印度、阿联酋、沙特阿拉伯、西亚、中东	东盟、中国
矿物燃料、润滑油及相关材料	东盟、中国、阿联酋、阿曼、沙特阿拉伯、伊朗、伊拉克	东盟、阿联酋、阿曼、沙特阿拉伯、伊朗、伊拉克
工业制成品	东盟、中国、印度、西亚、中东	中国、印度
杂项制品	东盟、中国、印度	中国
除燃料外食品原料	中国、印度	印度

资料来源：UN comtrade数据库。

6.3.1.2 细分类贸易产品

为进一步了解中国与共建国家的贸易产品构成情况，继续采用本书第5章的资料对细分类产品进行分析。

由表6-2可知，中国出口至新加坡等国的主要产品包括机械、船舶、矿物燃料、轻工业产品、机电产品、电子产品、纺织品等；由表6-3可知，中国自马来西亚等国进口的主要产品包括机械、锅炉、机器、机械器具及其零件、石油、天然气、矿产品、核反应堆、电子产品等。以上产品如果采用传统生产方法，会对环境造成负面影响，因此，进行绿色化升级提高绿色产品占比非常重要。

表 6-2　中国出口至部分共建国家的主要产品

产品	进口国
机械	新加坡、埃及
船舶	新加坡
矿物燃料	新加坡
轻工业产品	吉尔吉斯斯坦、沙特阿拉伯、俄罗斯、埃及
机电产品	捷克、俄罗斯
电子产品	越南、新加坡、埃及
纺织品	俄罗斯
家具	新加坡
钢铁	越南
贱金属及制品	捷克

资料来源：UN comtrade 数据库。

表 6-3　中国自部分共建国家进口的主要产品

产品	出口国
机械	马来西亚
锅炉	印度
机器	印度
机械器具及其零件	印度
石油	沙特阿拉伯、伊朗、阿曼、蒙古国
天然气	土库曼斯坦、卡塔尔、沙特阿拉伯、伊朗、阿曼、蒙古国
矿产品	泰国、哈萨克斯坦
核反应堆	印度
电子产品	马来西亚
棉花、棉纱线	印度、巴基斯坦
农产品	泰国
橡胶及其制品	泰国
木材	俄罗斯
钢材	俄罗斯
金属物质	巴基斯坦

资料来源：UN comtrade 数据库。

本节虽然没有全面分析"一带一路"贸易的绿色产品占比，但由中国与共建国家/地区贸易的情况可以推测，目前贸易中的绿色产品占比很小，要推进绿色贸易发展，必须采取一系列措施来提高绿色产品占比。

6.3.2 提高绿色产品占比的总体对策

绿色产业升级和提高绿色产品占比是"一带一路"共建国家面临的共同问题，许多国家为此做了大量努力。例如孟加拉国对再生能源生产免税；印度对煤炭生产征税，再利用这些税收扶植清洁能源生产。但共建国家多为发展中国家，绿色产能和绿色技术有待提高，因此，本节建议从加强产能绿色转移、加快绿色技术转移转化、拓宽环境产品贸易市场和领域、扩大环保合作援助、发展服务贸易等方面提高贸易中的绿色产品占比。

6.3.2.1 产能绿色转移带动绿色产业发展

"一带一路"国家中，中国、俄罗斯、新加坡等实力较强的国家，应该积极支持本国节能环保企业"走出去"，进行产能绿色转移，带动其他共建国家发展绿色产业，提高绿色产品产能，为绿色贸易打好基础。

首先可以对共建国家绿色无污染的农产品进行投资。许多国家拥有众多天然无污染的农林产品，但缺乏技术、资金和管理能力，中国等实力较强的国家可以进行投资，将资本、技术优势与当地土地、劳动力优势相结合，提高绿色产品产能。例如吉尔吉斯斯坦有丰富的胡桃资源，但由于产品加工行业不发达，需要寻求胡桃林科学养护管理和林副产品深加工合作，共建国家可与其开展绿色产品合作。

其次是推动新兴节能环保企业进行绿色投资。涉及信息技术、生物、新能源、新材料、环保等新兴产业领域。例如，中国联塑公司生产无铅化PVC塑料管道等绿色产品，是国内领先的环保企业，该企业已开始将绿色产能输出到缅甸等国家。又如，中国在塞尔维亚正进行的农业废弃物处理项目投资。

再次是某些国家对本国污染排放较大的高能耗项目完成绿色改造后，再进行绿色产能输出。共建国家拥有丰富的煤炭等矿产，而中国等国逐步实现了高能耗产业的绿色升级，两者结合的发展潜力巨大。例如，中国水泥企业在生产中采用脱硫脱硝治理、高效袋式除尘等设施，主要污染物排放浓度及强度明显下降，水泥余热发电设施普及率也达到了80%以上。又如，中国钢铁企业应用了干熄焦、干法除尘、烧结脱硫、新一代可循环钢铁流程，使主要污染物排放逐年减少。除此之外，中国煤炭企业采用环保生产方法、实施粉尘综合治理、采用保水开采等绿色开采技术，大大降低了污染程度。这些绿色改造后产能转移到其他共建国家，可以带动绿色产品生产，有助于局部形成绿色贸易。

另外，还可以建立环保工业园区、循环经济工业园区、低碳经济试点园区，使绿色产能输出实现规模化，将成功的绿色生产模式推广到"一带一路"国家。

6.3.2.2 绿色技术转移转化以提高绿色产品占比

除了直接的绿色投资外，进行绿色技术的国际转移转化，也可以较好地提高"一带一路"国家的绿色产品占比。

一是建立"一带一路"环保产业与技术合作平台，加快环保技术孵化与转移。例如，

2016年4月，中国科技部建立了"绿色技术银行"，加强了科技与金融资本等要素的融合，探索破解可持续发展领域科技成果转化难的核心问题，加快资源节约、环境友好、安全高效等可持续发展重点领域成果转化应用，促成领先的绿色技术在共建国家得到转化。其他绿色技术交流平台还有"一带一路"环保技术交流与转移中心（深圳）、中国-东盟环保技术和产业合作示范基地等。

二是促成生态环保先进技术的共同研究、推广和运用。加强环保科技人员交流，推动科研机构、智库之间联合构建科学研究和技术研发平台，打破"一带一路"沿线科研机构缺乏合作的现状，鼓励多边科研机构信息共享，实现绿色技术转移转化，为绿色"一带一路"建设提供智力支持。

三是实力较强的国家应主动将国内先进的绿色技术、管理实践成果和产业运作模式介绍给共建国家，通过技术转让等形式带动共建国家部分重污染产业实现绿色升级。

6.3.2.3 环境产品贸易助力绿色产品生产

根据经济合作发展组织和欧盟统计局的定义，环境产品指为环境中的水、空气和土壤的破坏程度以及有关废物、噪声和生态系统问题提供测量、防治、限制手段，使之最小化或得到纠正的产品。例如泵、阀、压缩器、容器、水质净化用化学品、空气或水过滤器、垃圾压缩器、填埋场所用的内衬材料、焚烧炉用的陶瓷容器和炉子、用于生产循环的分拣设备、用于环境监测的测量设备、减噪器等。

在生产中使用环境产品，可以提高产品的绿色化程度，有助于提高贸易绿色产品占比。因此，应鼓励环境产品企业开拓共建国家市场，继续向"一带一路"国家提供优质、环境友好的先进技术装备，帮助相关国家优化产业布局、提高绿色化水平。

中国为加快环境产品贸易做了大量努力。2014年我国参加WTO《环境产品协定》谈判，推动消除环境产品的关税与非关税壁垒。2017年发布的《绿色"一带一路"生态环境保护合作规划》提出，扩大环境产品和服务进出口。分享环境产品和服务合作的成功实践，推动提高环境服务市场开放水平，鼓励扩大大气污染治理、水污染防治、危险废物管理及处置等环境产品和服务进出口。探索促进环境产品和服务贸易便利化的方式。

环境产品贸易不仅是绿色贸易的重要组成部分，而且还有助于其他绿色产品的生产。因此，通过做大做强环境产品企业、降低环境产品交易成本等方式，拓宽环境产品贸易领域助力绿色产品生产，是发展绿色贸易的有效对策之一。

6.3.2.4 环保合作援助提高绿色产品产能

经济比较落后的国家，不一定能进行大量的绿色产能输入、技术转让、环境产品贸易，因此，按照"一带一路"共享原则，必须开展环保合作援助，帮助这些国家提高绿色产品产能。

一是继续实施"绿色丝路使者计划"。加强共建国家专业技术人才的互动与交流，推动当地节能产业发展。

二是加大对环保产业的对外援助资金支持，发挥南南合作援助基金的作用。优先支持节能减排、生态环保的绿色产品生产项目，加强对重点示范项目的援助，不断提高规模和水平。

6.3.2.5 发展服务贸易以提高绿色贸易比例

提高服务贸易比重是绿色贸易发展的重要趋势，共建国家在服务贸易领域还有较大的发展空间，如建筑及有关工程服务、金融服务、旅游服务、教育服务等都具备极大的潜力。其中，建筑及有关工程服务是目前发展最好的服务贸易，共建国家在基础设施、地产建设方面需求量大，提供服务的企业就要不断加强质量管理，继续开拓市场。而随着合作的深入，积极提供投融资、统一货币结算等金融服务也是服务贸易发展的重点。至于旅游服务，由于许多国家地域邻近且潜力挖掘不足，有望成为服务贸易发展的增长点。例如，蒙古国、亚美尼亚、格鲁吉亚等国都有丰富且尚待开发的旅游资源，而中国、俄罗斯、新加坡等国居民收入较高，旅游服务合作前景良好。另外，教育服务近几年有上升的趋势，特别是中国为此做了大量工作，目前非洲和东南亚等国来华学习科技、商务专业的学生人数不断上升，中国学生前往共建国家留学数量也呈上升趋势。今后可以继续挖掘共建国家间教育互补优势，促进教育服务贸易发展。

6.3.3 提高绿色产品占比的分产品对策

共建国家间贸易的产品多为传统概念的污染类产品，但是，随着环保科技的发展，通过在生产中降污减排，提高产品的绿色元素，也是可以使其从污染类产品转变为绿色产品，以此推进绿色化。本书以主要细分类产品为例，提出相应对策。

6.3.3.1 机械产品

机械产品在制造成形的过程中会排放出大量"三废"。增加绿色元素的第一步是采用绿色设计。在设计中考虑产品的质量和生命周期，延长其使用寿命可以较好地减少对环境的损害，并且还要在设计中考虑再利用性。第二步是采用绿色材料。优先采用污染轻、能再次利用、能生物降解的绿色材料，以达到环境保护的目的。第三步是采用绿色工艺技术。严格控制污染物的排放，降低生产过程中资源消耗，提高资源利用率。第四步是对达到使用期限的机械产品，进行合理的分类、销毁、二次利用。

6.3.3.2 钢材、金属

钢材冶炼和金属开采冶炼会对环境造成损害，特别是会产生大量工业固体废物。可以从以下几个方面提高绿色化：①实现结构轻型化，减少原材料的使用。②高效利用资源，最大限度地减少废弃物。③采用绿色制造方法。例如高端金属零件微铸锻铣复合超短流程制造方法等，可以有效提高绿色化程度。

6.3.3.3 石油天然气、矿产品

当前蒙古国、俄罗斯等国对中国出口以石油、天然气、矿产品为主。因此，实现绿色

能源开采有助于提高贸易中的绿色产品占比。

中国具有清洁能源生产方面的技术优势，可与蒙古国、俄罗斯等国进行合作。例如，中国延长石油拥有碳捕集、利用和封存技术，通过特定工艺手段，将制造过程中释放的二氧化碳进行收集提纯，并在油田压裂等新的制造过程中循环再利用，国际能源组织认为这项技术有望减少碳排放20%以上。又如，中石化广元天然气净化有限公司拥有脱硫、脱水、硫黄回收、尾气处理四位一体的净化装置，可以大大减少天然气生产中的二氧化硫排放量。另外，中国的矿产品开采企业拥有空气潜孔锤钻进技术，可用浅钻代替槽探，可以减少槽探工程开挖面积较大对植被的破坏。这些技术如果应用于"一带一路"的石油天然气、矿产品生产，将极大提高相关产业的绿色化水平。

6.3.3.4 机电产品

机电产品是"一带一路"国家重要的贸易产品，但其生产和回收过程对环境有一定的损害，可以考虑从以下几个方面进行绿色改造。机电产品在设计时要考虑易装拆和可回收性；在毛坯制造中要减少冷却液对环境的污染；在热处理阶段要尽量减少有毒、有害物质对环境的污染，并且对电镀液中残留的重金属及有毒物质采用电镀液处理剂进行达标处理；在包装阶段，采用新型蜂窝纸板、农作物秸秆缓冲包装等环保材料；在回收阶段，为避免解体后电子器件和焊料中有毒物质的污染问题，应进行专业回收、集中处理。

6.3.3.5 纺织品

纺织品制造在染色环节会对水资源造成负面影响，可采用环保和生物技术实现绿色制造。中国纺织业经过多年的绿色升级，在相关技术方面取得了进展，可以推广到共建国家。以染整环节为例，传统方法使用大量化学染料和助剂，造成高耗能、高耗水、高污染。而近年出现的生物酶技术和纳米技术，则能够降低纺织物中化学染料和有毒质的含量，消除一些污染物对环境的影响。

6.3.3.6 化学产品

通常都认为化学产品的生产会对环境造成比较严重的污染，但随着环保科技的进步，也可以通过一系列方法使化学产品生产绿色化：①微化工技术，即化工系统向小型化发展，达到节能降耗的要求；②绿色催化技术，即尽量采用绿色环保的催化方法；③生物化工技术，就是将生物技术与化工原理结合在一起，然后生产化学产品，实现环境友好性；④绿色分离技术，包括超临界流体萃取技术、膜分离技术、微波萃取技术等，这些技术都具有耗能低、环保的特点。

相关的绿色技术日新月异、不断进步，通过共建国家的技术交流和生产实践，必然能提高贸易中的绿色产品比例，助力绿色"一带一路"的发展。

发展绿色贸易是"一带一路"国家的共同利益所在。本章从宏观、中观、微观三个层面提出了相关对策。在宏观层面确定绿色贸易发展总原则，即构建绿色国际联盟平台、按照绿色合作机制共商发展之路；定位近、中、远期目标进行共建；秉承互利共赢、合理公平的理念共享绿色贸易之益；参与建设、承担治理责任、开展国外绿色投资体现中国担当。在中观层面着力打造绿色供应链，即通过立法和激励政策、推动认证体系、搭建信息平台、借力绿色金融、加快示范中心建设等措施，完善采购、生产、物流、消费和回收再利用的整条绿色供应链。微观层面着眼于提高绿色产品占比，即通过绿色产能转移、绿色技术转让、拓宽环境产品贸易领域、加强环保援助、发展服务贸易等措施来提高绿色产品的比例，并针对主要贸易产品进行环保技术改造、绿色产业升级，提高产品的绿色含量。

参 考 文 献

艾麦提江·阿布都哈力克,白洋,卓乘风,等.2017.我国"一带一路"基础设施投资效率对经济增长方式转变的空间效应分析.工业技术经济,(3):131-138.

安振,刘霞.2017.基于时空引力模型的环保商品贸易影响因素实证分析.统计与决策,(10):146-149.

安虎森,郑文光.2016.地缘政治视角下的"一带一路"战略内涵——地缘经济与建立全球经济新秩序.南京社会科学,(4):5-14.

白福臣,张莘锟,廖泽芳.2016.进出口贸易与环境效率的异质性——基于中国省际面板数据的实证研究.经济问题探索,(6):134-142.

包群,陈媛媛,宋立刚.2010.外商投资与东道国环境污染:存在倒U型曲线关系吗?世界经济,(1):3-17.

卜胜娟,周雯丽.2019.FDI对长三角城市工业环境绩效影响的实证研究.郑州航空工业管理学院学报,(1):37-48.

蔡昉,都阳,王美艳.2008.经济发展方式转变与节能减排内在动力.经济研究,(6):4-11,36.

曹薇,王自然.2016.我国环境污染与对外贸易关系的空间计量研究.环境与社会,(3):50-52.

陈传兴.2015.经济发展新常态下的中国直接投资发展战略.东岳论丛,(11):138-143.

陈刚.2009.FDI竞争、环境规制与污染避难所——对中国式分权的反思.世界经济研究,(6):3-7,43,87.

陈岗.2018.绿色贸易驱动下我国农产品对外贸易转型升级研究.价格月刊,(1):60-64.

陈红蕾,陈秋峰.2007.我国贸易自由化环境效应的实证分析.国际贸易问题,(5):66-70.

陈立泰,刘雪梅.2019.中国对"一带一路"沿线国家OFDI的出口贸易效应分析.统计与决策,35(1):142-146.

陈龙来.2010.FDI、中间品贸易对我国环境污染影响的实证研究.兰州学刊,(4):30-34.

陈牧.2015.碳排放比较优势视角下环境和贸易关系的研究.中国人口·资源与环境,25(5):400-403.

陈诗一.2010.中国的绿色工业革命:基于环境全要素生产率视角的解释(1980—2008).经济研究,(11):21-34.

陈思.2018.绿色经济背景下我国外贸发展的革新之路.金融经济,(12):5-7.

陈天林,刘培卿.2017.绿色"一带一路"战略与举措.科学社会主义,(5):88-91.

陈雯,苗双有.2016.中间品贸易自由化与中国制造业企业生产技术选择.经济研究,(8):72-85.

程中海,南楠.2018."一带一路"框架下东道国制度环境与中国对外直接投资潜力.软科学,32(1):36-40.

迟诚.2010.我国的环境成本内在化问题研究.经济纵横,(5):41-44.

代丽华,金哲松,林发勤.2015.贸易开放是否加剧了环境质量恶化——基于中国省级面板数据的检验.中国人口·资源与环境,25(7):56-61.

党玉婷,万能.2007.贸易对环境影响的实证分析——以中国制造业为例.世界经济研究,(4):52-57.

邓慧慧.2009.贸易自由化、要素分布和制造业集聚.经济研究,(11):118-129.

邓玉萍，许和连．2016．外商直接投资、集聚外部性与环境污染．统计研究，33（9）：47-54．

丁浩芮．2019．论绿色贸易壁垒对我国经济贸易的影响及应对措施．广西政法管理干部学院学报，34（1）：43-48．

丁云宝．2019．"一带一路"视域下的新地缘经济观．同济大学学报（社会科学版），30（2）：35-44．

豆建民，张可．2015．空间依赖性、经济集聚与城市环境污染．经济管理，（10）：12-21．

杜希饶，刘凌．2006．贸易、环境污染与经济增长——基于开放经济下的一个内生增长模型．财经研究，32（12）：106-120．

范硕，何彬．2017．中国对"一带一路"沿线国家投资模式研究——基于动态空间面板模型的实证检验．亚太经济，（6）：28-37，185．

谷祖莎．2003．贸易与环境的协调——环境成本内部化研究．河南社会科学，（6）：99-101．

耿晔强，狄媛．2017．中间品贸易自由化、制度环境与企业加成率——基于中国制造业企业的实证研究．国际经贸探索，（5）：51-68．

关成华，刘华辰．2018．关于完善"一带一路"绿色投融资机制的思考．学习与探索，（2）：124-128．

韩超，张伟广．2016．单双、规制治理、公众诉求与环境污染——基于地区间环境治理策略互动的经验分析．财贸经济，（3）：144-160．

韩永辉，罗晓斐，邹建华．2015．中国与西亚地区贸易合作的竞争性和互补性研究——以"一带一路"战略为背景．世界经济研究，（3）：89-98，129．

郝洁，叶苏静霖．2018．中国对"一带一路"沿线国家OFDI动机分析．中国商论，（31）：148-155．

何敏，张宁宁，黄泽群．2016．中国与"一带一路"国家农产品贸易竞争性和互补性分析．农业经济问题，（11）：51-60．

贺娅萍，徐康宁．2018．"一带一路"沿线国家的经济制度对中国OFDI的影响研究．国际贸易问题，（1）：92-100．

侯伟丽．2004．21世纪中国绿色发展问题研究．南都学坛，（3）：106-110．

胡鞍钢．2005．中国：绿色发展与绿色GDP（1970–2001年度）．中国科学基金，（2）：22-27．

胡鞍钢．2012．生态文明建设与绿色发展之道．中关村，（12）：48-50．

胡蓓蓓，董现垒，许英明．2019．中国绿色贸易发展区域差异及空间不平衡性研究．东岳论丛，40（2）：85-93，192．

胡冬雯，王婧，胡静，等．2017．"一带一路"背景下的绿色供应链管理机制．环境保护，45（16）：19-24．

胡剑锋，朱明，黄海蓉．2014．FDI对行业环境绩效的影响及门槛效应研究——对2004–2010年江苏省制造业29个行业的实证分析．区域经济与产业经济，（1）：86-94．

胡涛，姬婧玉．2017．论绿色"一带一路"建设中绿色产品的投资与贸易．环境保护，45（16）：36-38．

胡涛，吴玉萍，沈晓悦．2007．减少我国贸易的资源环境"逆差"．环境保护，（15）：24-26．

胡涛，吴玉萍，沈晓悦，等．2008．我国对外贸易的资源环境逆差分析．中国人口·资源与环境，18（2）：204-207．

环境保护部，外交部，发展改革委，等．2017．关于推进绿色"一带一路"建设的指导意见．

黄森，芮小明．2018．我国对"中欧班列"沿线国家绿色投资效率评价及影响因素研究——基于SBM-undesirable模型与空间计量模型的结合．国际商务研究，（6）：5-16．

吉生保，李书慧，马淑娟．2018．中国对"一带一路"国家OFDI的多维距离影响研究．世界经济研究，（1）：98-111，136．

计志英，毛杰，赖小锋．2015．FDI规模对我国环境污染的影响效应研究——基于30个省级面板数据模型的实证检验. 世界经济研究, (3): 56-64.

姜安印. 2015. "一带一路"建设中中国发展经验的互鉴性——以基础设施建设为例. 中国流通经济, (12): 84-90.

蒋雅真, 毛显强, 宋鹏, 等. 2015. 货物进口贸易对中国的资源环境效应研究. 生态经济, (10): 45-58.

阚大学, 吕连菊. 2015. 对外贸易、地区腐败与环境污染——基于省级动态面板数据的实证研究. 世界经济研究, (1): 120-126.

阚大学, 吕连菊. 2016. 进出口贸易对环境污染的非线性影响——基于面板平滑转换回归模型. 国际商务, (2): 5-17.

黎绍凯, 张广来, 张杨勋. 2018. 东道国投资风险、国家距离与我国OFDI布局选择——基于"一带一路"沿线国家的经验证据. 商业研究, (12): 39-48.

李彬蔚. 2019. 中国对外贸易中"绿色壁垒"的研究. 财经界(学术版), (1): 6.

李冬梅, 祁春节. 2019. 基于"一带一路"背景下绿色贸易壁垒对新疆瓜果出口的影响分析. 中国农业资源与区划, 40 (4): 85-92.

李怀政. 2010. 出口贸易的环境效应实证研究——基于中国主要外向型工业行业的证据. 国际贸易问题, (3): 80-85.

李继峰, 张亚雄. 2012. 基于CGE模型定量分析国际贸易绿色壁垒对我国经济的影响——以发达国家对我国出口品征收碳关税为例. 国际贸易问题, 5: 105-118.

李静, 沈伟. 2012. 环境规制对中国工业绿色生产率的影响——基于波特假说的再检验. 山西财经大学学报, 34 (02): 56-65.

李丽平, 胡涛, 吴玉萍, 等. 2008. 构筑我国绿色贸易体系的对策研究. 中国人口·资源与环境, 18 (2): 200-203.

李玲, 陶锋. 2012. 中国制造业最优环境规制强度的选择——基于绿色全要素生产率的视角. 中国工业经济, (5): 70-82.

李敏, 孙美玲. 2017. 国际贸易中战略性绿色壁垒成因的博弈分析——基于国家间发展水平差异的视角. 特区经济, (5): 25-27.

李朋娜, 铁殿君, 高艳艳, 等. 2016. 绿色壁垒对我国外贸出口的影响分析. 现代商业, (35): 40-41.

李诗洋. 2015. "一带一路"系列政策加速企业"走出去". 国际融资, (6): 55-58.

李卫兵, 杜立, 王滨. 2015. 环境政策是"次优"贸易壁垒吗？——兼论中国环境政策的内生性. 西安财经学院学报, 28 (6): 115-121.

李小平, 卢现祥. 2010. 国际贸易、污染产业转移和中国工业CO_2排放. 经济研究, (1): 15-26.

李小胜, 宋马林, 安庆贤. 2013. 中国经济增长对环境污染影响的异质性研究. 南开经济研究, (5): 96-114.

李晓, 杨弋. 2019. 中国"一带一路"沿线投资的影响因素研究——基于投资引力模型的实证检验. 东北师大学报(哲学社会科学版), (6): 151-158.

李秀香, 张婷. 2004. 出口增长对我国环境影响的实证分析. 国际贸易问题, (7): 9-12.

李艳芳, 支天越. 2019. "印-太"地区经济发展与地缘经济格局演进. 亚太经济, (1): 5-13, 21, 153.

梁平汉, 高楠. 2014. 人事变更、法制环境和地方环境污染. 管理世界, 249 (6): 65-78.

梁星韵. 2015. "一带一路"背景下我国企业对外直接投资策略. 生产力研究, (8): 139-143.

林季红, 刘莹. 2013. 内生的环境规制: "污染天堂假说"在中国的再检验. 中国人口·资源与环境, 23 (1): 13-18.

刘飞宇, 赵爱清. 2016. 外商直接投资对城市环境污染的效应检验——基于我国285个城市面板数据的实证研究. 北京：国际贸易问题，（5）：130-141.

刘峰. 2016. "一带一路"经济带上35城市的生产效率分析——基于DEA与Malmquist指数. 内蒙古科技与经济，（8）：47-49.

刘海涛. 2019. 关于国际经济与贸易中的"绿色壁垒"探讨. 商场现代化，（1）：46-47.

刘红英，杨志江. 2018. 进出口贸易、绿色发展效率与区域差异——基于中国各地区面板数据的实证研究. 江苏商论，（4）：62-66.

刘家悦，罗良文. 2017. 对外贸易、市场化进程与污染排放——动态面板数据的实证研究. 财会月刊，（9）：108-114.

刘婧. 2009. 一般贸易与加工贸易对我国环境污染影响的比较分析. 世界经济研究，（6）：44-48，88.

刘娟. 2018. 东道国制度环境、投资导向与中国跨国企业OFDI研究——基于"一带一路"沿线国家数据的Heckman模型分析. 外国经济与管理，40（4）：56-68.

刘力. 2005. 国际贸易的环境效应分析及相关研究综述. 国际经贸探索，21（1）：20-23.

刘乃全，戴晋. 2017. 我国对"一带一路"沿线国家OFDI的环境效应. 经济管理，（12）：6-23.

刘瑞翔，安同良. 2012. 资源环境约束下中国经济增长绩效变化趋势与因素分析——基于一种新型生产率指数构建与分解方法的研究. 经济研究，47（11）：34-47.

刘胜题. 2019. "一带一路"沿线我国FDI的特点与三大风险. 东北亚经济研究，（1）：25-42.

刘薇. 2019. 国际贸易视角下绿色产业补贴政策博弈分析. 技术经济与管理研究，（4）：11-16.

刘小琳，罗秀豪. 2012. 广东实施绿色发展战略的对策建议. 科技管理研究，（7）：37-40.

刘燕华. 2010. 关于绿色经济和绿色发展若干问题的战略思考. 中国科技奖励，（12）：49-50.

刘玉博，汪恒. 2016. 内生环境规制、FDI与中国城市环境质量. 财经研究，42（12）：119-130.

刘玉博，吴万宗. 2017. 中国OFDI与东道国环境质量：影响机制与实证检验. 财贸经济，38（1）：99-114.

刘昭阳，毛显强，胡涛. 2011. 中日韩自由贸易协议对中国农业的经济与环境影响研究. 北京师范大学学报（社会科学版），（2）：133-141.

刘志成，刘斌. 2014. 贸易自由化、全要素生产率与就业——基于2003-2007年中国工业企业数据的研究. 南开经济研究，（1）：101-117.

卢飞，刘明辉，孙元元. 2018. 贸易开放、产业地理与绿色发展——集聚与产业异质性视角. 经济理论与经济管理，（9）：34-47.

卢进勇，杨杰，邵海燕. 2014. 外商直接投资、人力资本与中国环境污染——基于249个城市数据的分位数回归分析. 国际贸易问题，（4）：118-125.

陆旸. 2009. 环境规制影响了污染密集型商品的贸易比较优势吗？经济研究，（4）：28-40.

马洪波. 2011. 绿色发展的基本内涵及重大意义. 攀登，（2）：67-70.

马建平. 2012. 经济、贸易与环境相容关系论说. 经济与管理，26（6）：26-30.

马树才，李国柱. 2006. 中国经济增长与环境污染关系的Kuznets曲线. 统计研究，（8）：37-40.

马骅. 2019. "一带一路"沿线国家环境全要素生产率动态评价及绿色发展的国别差异——基于DEA-Malmquist指数的实证研究. 河南大学学报（社会科学版），（2）：17-25.

马腾，葛岳静，刘晓凤，等. 2018. 中美两国在南美洲的地缘经济格局比较. 经济地理，38（3）：1-10.

毛其淋，盛斌. 2014. 贸易自由化与中国制造业企业出口行为："入世"是否促进了出口参与？经济学（季刊），13（2）：647-674.

毛其淋，许家云. 2016. 中间品贸易自由化与制造业就业变动——来自中国加入WTO的微观证据. 经济研究，（1）：69-83.

毛其淋, 许家云. 2017. 中间品贸易自由化提高了企业加成率吗？——来自中国的证据. 经济学（季刊）, (2)：485-524.

毛其淋. 2015. 贸易自由化与异质性企业生产效率变动：来自中国制造业的微观证据. 当代经济科学, 37（1）：98-109.

毛熙彦, 贺灿飞. 2016. "全球—国家—地方"尺度下的国际贸易环境效应研究进展. 地理科学进展, 35（8）：1027-1038.

毛显强, 汤维, 胡涛, 等. 2007. 完善准入—准出制度扭转资源环境逆差. 环境保护, (15)：29-30.

孟家丞, 王斌. 2018. 对外贸易的环境效应研究——基于地区视角的差异性分析. 中国市场, (22)：22-24.

孟庆强. 2016. 中国对"一带一路"沿线国家直接投资动机的实证研究. 工业经济论坛, (3)：136-144.

聂飞, 刘海云. 2015. FDI、环境污染与经济增长的相关性研究——基于动态联立方程模型的实证检验. 国际贸易问题, (2)：72-83.

聂名华. 2017. 中国企业对外直接投资的政治风险及规避策略. 国际贸易, (7)：45-48, 61.

牛雄鹰, 丁言乔. 2019. 我国对外直接投资对"一带一路"沿线国家经济增长的影响——基于碳排放的中介作用. 西北师大学报（社会科学版）, 56（3）：108-117.

庞瑞芝, 李鹏. 2011. 中国新型工业化增长绩效的区域差异及动态演进. 经济研究, 46（11）：36-47, 59.

裴长洪, 刘洪愧. 2018. 习近平新时代对外开放思想的经济学分析. 经济研究, 53（2）：4-19.

彭水军, 刘安平. 2010. 中国对外贸易的环境影响效应：基于环境投入-产出模型的经验研究. 世界经济, (5)：140-160.

彭水军, 张文城, 孙传旺. 2015. 中国生产侧和消费侧碳排放量测算及影响因素研究. 经济研究, (1)：168-182.

彭水军, 张文城, 卫瑞. 2016. 碳排放的国家责任核算方案. 经济研究, (3)：137-150.

彭水军, 张文城. 2011. 多边贸易体制视角下的全球气候变化问题分析. 国际商务——对外经济贸易大学学报, (3)：5-15.

彭水军, 张文城. 2016. 国际贸易与气候变化问题：一个文献综述. 世界经济, 39（2）：167-192.

齐绍洲, 徐佳. 2018. 贸易开放对"一带一路"沿线国家绿色全要素生产率的影响. 中国人口·资源与环境, 28（4）：134-144.

商亮. 2017. 中国对外贸易的环境影响效应与绿色发展研究. 北京：中国社会科学院研究生院.

沈国际, 魏皓阳. 2017. 绿色发展视角下的我国农产品贸易问题探讨. 国际贸易, (5)：31-32, 43.

沈利生, 唐志. 2008. 对外贸易对我国污染排放的影响——以二氧化硫排放为例. 管理世界, (6)：21-29.

沈倩. 2017. 绿色壁垒对中国对外贸易的影响及对策. 商业经济, (1)：100-102, 109.

沈亚芳, 应瑞瑶. 2005. 对外贸易、环境污染与政策调整. 国际贸易问题, (1)：59-63.

盛斌, 吕越. 2012. 外国直接投资对中国环境的影响——来自工业行业面板数据的实证研究. 中国社会科学, (5)：54-75.

盛斌, 毛其淋. 2015. 贸易自由化、企业成长和规模分布. 世界经济, (2)：3-30.

史恒通, 赵敏娟. 2016. 贸易开放对中国水环境污染影响的实证研究. 重庆大学学报（社会科学版）, 22（3）：64-71.

宋锋华. 2017. 经济增长、大气污染与环境库兹涅茨曲线. 宏观经济研究, (2)：89-98.

苏红岩, 李京梅. 2017. "一带一路"沿线国家FDI空间布局与污染转移的实证研究. 成都：软科学,

（3）：25-29.

苏日古嘎．2018．基于绿色发展下呼唤绿色贸易的研究．中国国际财经（中英文），(5)：263.

苏昕，贺克斌，张强．2013．中美贸易间隐含的大气污染物排放估算．环境科学研究，26（9）：1022-1028.

孙红雨，佟光霁．2019．绿色贸易壁垒对中俄农产品出口贸易的影响研究．改革，(2)：149-157.

孙焱林，李华磊，王春元．2015．中国贸易开放对碳排放作用机制的实证研究．国际贸易问题，(2)：63-71.

唐剑，周雪莲．2017．中国对外贸易的环境影响综合效应分析．中国人口·资源与环境，27（4）：87-94.

唐礼智，刘玉．2017．"一带一路"中我国企业海外投资政治风险的邻国效应．经济管理，39（11）：6-20.

唐绍祥，周新苗．2017．基于损失厌恶模型的绿色贸易政策研究．经济经纬，34（1）：56-62.

唐志军，田银华，贺胜兵．2016．环保政策、贸易政策和知识产权保护政策能协调一致吗？系统工程，34（6）：17-23.

田巍，余淼杰．2014．中间品贸易自由化和企业研发：基于中国数据的经验分析．世界经济，(6)：90-112.

田颖聪．2017．"一带一路"沿线国家生态环境保护．经济研究参考，(15)：104-120.

田原，李建军．2018．中国对"一带一路"沿线国家OFDI的区位选择——基于资源与制度视角的经验研究．经济问题探索，(1)：79-88.

涂正革．2008．环境、资源与工业增长的协调性．经济研究，(2)：93-105.

屠光绍．2018．以创新提高对外投资质量．中国金融，(6)：41-43.

王柏杰，周斌．2018．货物出口贸易、对外直接投资加剧了母国的环境污染吗？——基于"污染天堂假说"的逆向考察．产业经济研究，(3)：77-89.

王红梅．2010．环境规制国际化对我国外贸出口的影响及对策．宏观经济管理，(6)：46-48.

王煌，邵婧儿．2018．"一带一路"建设下中国OFDI的贸易效应研究——基于GTAP模型的分析．国际经贸探索，34（2）：36-52.

王娟娟．2017．面向"一带一路"市场中国制造的绿色升级路径探索．当代经济管理，(6)：44-49.

王珏．2018．全面开放新格局下的中国对外直接投资思路探讨．国际贸易问题，(1)：11-12.

王玲玲，张艳国．2012．"绿色发展"内涵探微．社会主义研究，(5)：143-146.

王敏，黄滢．2015．中国的环境污染与经济增长．经济学（季刊），(1)：557-578.

王娜，申俊亚，周天乐．2017．基于三阶段DEA方法的绿色投资效率研究．财经理论与实践，(2)：42-47.

王文，杨凡欣．2017．"一带一路"与全球绿色基础设施投资的未来．国际金融，(6)：3-15.

王文治，陆建明．2012．要素禀赋、污染转移与中国制造业的贸易竞争力——对污染天堂与要素禀赋假说的检验．中国人口·资源与环境，22（12）：73-78.

王亚鹏．2015．"一带一路"与中国企业"走出去"问题研究．中国市场，(46)：164，175.

王照磊．2014．出口贸易、FDI与环境污染实证探究——基于GMM估计的动态面板分析．学习月刊，(8)：27-29.

魏龙，潘安．2016．出口贸易和FDI加剧了资源型城市的环境污染吗？——基于中国285个地级城市面板数据的经验研究．自然资源学报，31（1）：17-27.

吴健，霍健，庞军，等．2010．绿色贸易政策促进钢铁行业节能减排．环境保护，(12)：32-34.

吴献金，黄飞，付晓燕．2008．我国出口贸易与能源消费关系的实证检验．统计与决策，(16)：101-103.

吴新生，梁琦．2017．贸易自由化与FDI区位选择——来自"一带一路"沿线国家的经验证据．东北大学学报（社会科学版），（6）：571-579，586．

吴泽林．2018．"一带一路"倡议的功能性逻辑——基于地缘经济学视角的阐释．世界经济与政治，（9）：128-153，160．

肖皓，叶家柏，晏聪．2018．全球价值链视角下的中国制造业绿色出口竞争力的变化．环境经济研究，3（2）：101-117．

谢建国，姜佩珊．2014．中国进出口贸易隐含能源消耗的测算与分解——基于投入产出模型的分析．经济学，（4）：1365-1392．

谢锐，赵果梅．2016．GMRIO模型视角下中国对外贸易环境效应研究．数量经济技术经济研究，（5）：84-102．

熊彬，王梦娇．2018．基于空间视角的中国对"一带一路"沿线国家直接投资的影响因素研究．国际贸易问题，（2）：102-112．

徐慧．2010．中国进出口贸易的环境成本转移——基于投入产出模型的分析．世界经济研究，（1）：51-55．

徐少君．2011．能源消费与对外贸易的关系——基于中国省际面板数据的实证分析．国际商务，（6）：5-16．

徐圆，陈亚丽．2014．国际贸易的环境技术效应——基于技术溢出视角的研究．中国人口·资源与环境，24（1）：148-156．

许涤新．1987．生态经济学的几个理论问题．生态经济，（1）：2-8．

许和连，邓玉萍．2012．经济增长、FDI与环境污染——基于空间异质性模型研究．财经科学，（9）：57-64．

许和连，邓玉萍．2012．外商直接投资导致了中国的环境污染吗？——基于中国省际面板数据的空间计量研究．管理世界，（2）：30-43．

许和连，邓玉萍．2014．外商直接投资与资源环境绩效的实证研究．数量经济技术经济研究，（1）：3-21，41．

许士春．2006．贸易与环境问题的研究现状与启示．国际贸易问题，（7）：60-65．

严雅雪，齐绍洲．2017．外商直接投资与中国雾霾污染．统计研究，34（5）：69-81．

阎衍，张英杰，张婷婷．2015．"一带一路"沿线主权风险．中国金融，（13）：55-57．

杨博琼，陈建国．2011．FDI对东道国环境污染影响的实证研究——基于我国省际面板数据分析．国际贸易问题，（3）：110-123．

杨博琼，杨军，赵启然．2013．FDI技术外溢与东道国环境污染关系研究．国际商务——对外经济贸易大学学报，（2）：74-88．

杨多贵，高飞鹏．2006．"绿色"发展道理的理论解析．科学管理研究，（5）：20-23．

杨恺钧，唐玲玲，陆云磊．2017．经济增长、国际贸易与环境污染的关系研究．统计与决策，（7）：134-138．

杨仁发．2015．产业集聚、外商直接投资与环境污染．经济管理，（2）：11-19．

杨挺，魏克旭，喻竹．2018．中国对外直接投资新特征及新趋势——创新对外直接投资政策与实践的思考．国际经济合作，（1）：18-27．

杨万平，袁晓玲．2008．对外贸易、FDI对环境污染的影响分析——基于中国时间序列的脉冲响应函数分析：1982-2006．世界经济研究，（12）：62-68．

杨文举．2015．中国省份工业的环境绩效影响因素——基于跨期DEA-Tobit模型的经验分析．北京理工大学学报（社会科学版），（2）：40-48．

杨曦，彭水军．2017．碳关税可以有效解决碳泄漏和竞争力问题吗？——基于异质性企业贸易模型的分析．经济研究，（5）：60-74．

杨毅，刘艳．2017．中国对外贸易的"绿色"评估——以钢铁行业为例．中南大学学报（社会科学版），23（6）：86-93．

杨子晖，田磊．2017．"污染天堂"假说与影响因素的中国省际研究．世界经济，40（5）：148-172．

姚海华．2006．中国与东北亚主要国家农产品贸易互补性分析．中国农村经济，（9）：13-19．

叶琪．2017．论供给侧结构性改革下我国对外开放新格局的构建．现代经济探讨，（3）：5-9．

于洋．2011 中国对外贸易、经济增长与环境污染的路径演化关系．城市问题，（5）：12-17．

余北迪．2005．我国国际贸易的环境经济学分析．国际经贸探索，（3）：26-30．

余飞，黄瑞玲．2018．绿色金融助力苏北绿色发展．中共南京市委党校学报，（1）：56-62．

余丽丽，彭水军．2017．贸易自由化对中国碳排放影响的评估和预测——基于GTAP-MRIO模型和GTAP-E模型的实证研究．国际贸易问题，（8）：121-130．

余淼杰，李乐融．2016．贸易自由化与进口中间品质量升级——来自中国海关产品层面的证据．经济学（季刊），（2）：1011-1028．

余淼杰．2010．中国的贸易自由化与制造业企业生产率．经济研究，（12）：97-110．

余瑞祥，杨刚强．2006．我国工业化进程中 SO_2 污染的环境库兹涅茨曲线特征分析．煤炭经济研究，（7）：4-8．

余长林，高宏建．2015．环境管制对中国环境污染的影响——基于隐性经济的视角．中国工业经济，（7）：21-35．

俞海，张永亮，张洁清，等．2015．生态文明国际宣传：现状、问题及路径．环境与可持续发展，40（5）：11-14．

袁国华，苏子龙，郑娟尔，等．2018．推进绿色"一带一路"建设的思考．中国国土资源经济，31（6）：12-17．

占华，于津平．2015．贸易开放对我国环境污染影响效应的实证检验——基于我国省际动态面板数据的系统GMM分析．当代经济科学，37（1）：39-46，125-126．

张爱勤．2009．国际贸易中的"绿色壁垒"及中国的对策．上海经济研究，（12）：58-61．

张彬，李丽平，柴琪．2014．以"稀土案"为例试论中国环保如何融入国际贸易框架．环境保护，42（8）：49-51．

张传国，陈蔚娟．2009．中国能源消费与出口贸易关系实证研究．世界经济研究，（8）：26-30．

张春光，满海峰．2018．"一带一路"沿线国家投资环境的综合评价与比较——基于不同类型经济体的实证研究．金融与经济，（2）：48-54．

张根能，张路雁，秦文杰．2014．出口贸易对我国环境影响的实证分析——以 SO_2 为例．宏观经济研究，（9）：126-133．

张连众，朱坦，李慕菡．2003．贸易自由化对我国环境污染的影响分析．南开经济研究，（3）：3-5．

张鹏，马小红．2005．中国经济发展与环境污染关系的实证研究．湖南科技学院学报，（5）：264-268．

张曙霄，郭沛．2010．"碳关税"的两重性分析．经济学家，35（7）：35-41．

张文城，彭水军．2014．不对称减排、国际贸易与能源密集型产业转移——碳泄漏的研究动态及展望．国际贸易问题，（7）：93-102．

张相文，黄娟，李婷．2012．产品内分工下中国对外贸易对环境污染的影响——基于投入产出模型的分析．宏观经济研究，（4）：77-82．

张友国．2009．中国贸易增长的能源环境代价．数量经济技术经济研究，（1）：17-29．

张友棠，杨柳. 2018. "一带一路"国家税收竞争力与中国对外直接投资. 国际贸易问题，(3)：85-99.

张宇，蒋殿春. 2014. FDI、政府监管与中国水污染——基于产业结构与技术进步分解指标的实证检验. 经济学（季刊），13（2）：491-514.

张子龙，逯承鹏，陈兴鹏，等. 2015. 中国城市环境绩效及其影响因素分析：基于超效率DEA模型和面板回归分析. 干旱区资源与环境，(6)：1-7.

赵玉敏. 2017. 把握世界潮流，发展绿色贸易. 国际贸易，(11)：25-30.

郑蕾，刘志高. 2015. 中国对"一带一路"沿线直接投资空间格局. 地理科学进展，(5)：563-570.

郑强，冉光和，邓睿，等. 2017. 中国FDI环境效应的再检验. 中国人口·资源与环境，27（4）：78-86.

郑智昕. 2011. 浅析国际贸易与环境保护的关系. 东南亚纵横，(7)：66-68.

钟凯扬. 2016. 对外贸易、FDI与环境污染的动态关系. 生态经济，32（12）：58-64.

周国福，田孟，刘晓琦. 2017. 雾霾污染、能源消耗与结构分解分析——基于混合型投入产出表. 经济问题研究，(6)：3-14.

周国梅. 2017. 我们将建设怎样的绿色丝路？——绿色"一带一路"建设的内涵、进展与展望. 中国生态文明，(3)：20-22.

周华林，李雪松. 2012. Tobit模型估计方法与应用. 经济学动态，(5)：105-119.

周健，王淑婧. 2014. 中国对外贸易与可持续发展. 东岳论丛，35（4）：111-115.

周茂荣，祝佳. 2008. 贸易自由化对我国环境的影响——基于ACT模型的实证研究. 中国人口·资源与环境，18（4）：211-215.

周五七. 2015. "一带一路"沿线直接投资分布与挑战应对. 改革，(8)：39-47.

朱红根，卞琦娟，王玉霞. 2008. 中国出口贸易与环境污染互动关系研究——基于广义脉冲响应函数的实证分析. 国际贸易问题，305（5）：80-86.

朱启荣. 2007. 能源消费与出口贸易的协整及Granger因果关系检验——以山东省为例. 国际经贸探索，(4)：9-12.

庄惠明，赵春明，郑伟腾. 2009. 中国对外贸易的环境效应实证——机遇规模、技术和结构三种效应的考察. 经济管理，(5)：9-14.

左武荣. 2019. "一带一路"背景下发展我绿色贸易的探讨. 对外经贸，(12)：9-11.

Abdouli M, Hammami S. 2017. Economic growth, FDI inflows and their impact on the environment: an empirical study for the MENA countries. Quality & Quantity, 51 (1): 1-26.

Alaoui A E. 2017. What is the relationship between environmental quality, economic growth and free trade? International Journal of Social Sciences and Education Research, (1): 124-144.

Anderson K, Strutt A. 1999. China's economic growth, policy reforms and WTO accession: Implication for agriculture in China and elsewhere. Paper Presented at the International Agricultural Trade and Research, Consortium Symposium, San Francisco, California.

Antweiler W, Copeland B R, Taylor M S. 2001. Is free trade good for the environment? American Economic Review, 91 (4): 877-908.

Antweiler W. 1996. The pollution terms of trade. Economic Systems Research, 8 (4): 361-366.

Asghari M. 2013. Does FDIpromote MENA region's environment quality? Pollution halo or pollution haven hypothesis. International Journal of Scientifie Research in Environmental Seciences, 1 (6): 92-100.

Barbier E B. 2000. Biodiversity, trade and international agreements. Journal of Economic Studies, 27 (1/2): 55-55.

Beghin J C, Potier M. 1997. Effects of Trade Liberalisation on the Environment in the Manufacturing Sector. World

Economy, 20 (4): 435-456.

Birdsall N, Wheeler D. 1993. Trade policy and industrial pollution in Latin America: where are the pollution havens? Journal of Environment and Development, 2 (1): 137-149.

Blackhurst R, MarianN, Tumlir J. 1977. Trade liberalization, protectionism, and interdependence.

Barrett S. 1994. Self-enforcing international environmental agreements. Oxford Economic Papers, (46): 878-894.

Carraro C, Siniscaico D. 2004. Environmental policy reconsidered: The role of technological innovation. European Economic Review, 38 (3-4): 545-554.

Cherniwchan J, Copeland B R, Taylor M S. 2017. Trade and the environment: New methods, measurements, and results. Annual Review of Economics, 9 (1): 59-85.

Chichilnisky G. 1994. Traditional comparative advantage vs. increasing returns to scale: NAFTA and the GATT. MPRA Paper.

Chichilnisky G. 1994. North-south trade and the global environment. The American Economic Review, 84 (4): 851-874.

Colby H, Price J M, Tuan F C. 2000. China's WTO accession would boost US Ag exports and farm income. Agricultural Outlook, (269): 11-16.

Cole M A, Rayner A J, Bates J M. 1997. The environmental Kuznets curve: an empirical analysis. Environment and Development Economics, 2 (4): 401-416.

Cole M A. 2004. Trade, the pollution haven hypothesis and the environmental Kuznets curve: examining the linkages. Ecological Economics, 48 (1): 71-81.

Carter C A, Li X. 2002. Implications of World Trade Organisation accession for China's agricultural trade patterns. Australian Journal of Agricultural and Resource Economics, 46 (2): 193-207.

Copeland B R, Taylor M S. 1994. North-South trade and the environment. The Quarterly Journal of Economics, 109 (3): 755-787.

Copeland B R, Taylor M S. 1995. Trade and transboundary pollution. American Economic Review, 85 (4): 716-737.

Copeland B R. 1990. Strategic interaction among nations: negotiable and non-negotiable trade barriers. Canadian Journal of Economics, 23 (1): 84-108.

Chew G L. 2009. Foreign direct investment, pollution and economic growth: evidence from Malaysia. Applied Economics, 41 (13-15): 1709-1716.

Dean J M. 2002. Does trade liberalization harm the environment? A new test. Canadian Journal of Economics, 35 (4): 819-842.

Du Y. 2001. China's agricultural restructuring and system reform under its accession to the WTO. Palgrave Macmillan, 495-496.

Duan Y, Jiang X. 2017. Temporal change of China's pollution terms of trade and its determinants. Ecological Economics, (132): 31-44.

Dasgupta S, Laplante B, Wang H, et al. 2002. Confronting the environmental Kuznets curve. Journal of Economic Perspectives, 16 (1): 147-168.

Esty D C, Dua A. 1997. Sustaining the Asia Pacific miracle: environmental protection and economic integration. Peterson Institute Press: All Books, 3 (1): 150-152.

Egli H. 2001. Are cross-country studies of the Environmental Kuznets Curve misleading? New evidence from time series data for Germany. Social Science Electronic Publishing, 16 (1): 21-26.

Ekins P, Folke C, Costanza R. 1994. Trade, environment and development: the issues in perspective. Ecological Economics, 9 (1): 1-12.

Goodland R, Daly H, Kellenberg J. 1994. Burden sharing in the transition to environmental sustainability. Futures, 26 (2): 146-155.

Grossman G M, Krueger A B. 1992. Environmental impacts of a North American free trade agreement. CEPR Discussion Papers, 8 (2): 223-250.

Grey K, Brank D. 2002. Environmental issues in policy-based competition for investment: a literature review. Ecol. Econ, (11): 71-81.

Hatzipanayotou P, Michael M S. 2000. he financing of foreign aid and welfare: income versus consumption tax. Review of Development Economics, 4 (1): 21-38.

Huberty M, Gao H, Mandell J, et al. 2011. Shaping the Green Growth Economy: a review of the public debate and the prospects for green growth. The Berkeley Roundtable on the International Economy.

He J. 2006. Pollution haven hypothesis and environmental impacts of foreign direct investment: The case of industrial emission of sulfur dioxide (SO_2) in Chinese provinces. EcologicalEconomics, 60 (1): 228-245.

Ianchovichina E, Martin W. 2001. Trade liberalization in China's accession to the World Trade Organization. World Bank Publications, 1-37.

Jalil A, Mahmud S F. 2009. Environment Kuznets curve for CO_2 emissions: a cointegration analysis for China. Energy Policy, 37 (12): 5167-5172.

Jayadevappa R, Chhatre S. 2000. International trade and environmental quality: a survey. Ecological Economics, 32 (2): 175-194.

Lee H, Roland-Holst D. 1999. Trade-induced pollution transfers and implications for Japan's investment and assistance. Asian Economic Journal, 14 (2): 123-146.

Lenzen M. 1998. Primary energy and greenhouse gases embodied in Australian final consumption: an input-output analysis. EnergyPolicy, 26 (6): 495-506.

Lopez J A. 1997. Regulatory evaluation of value-at-risk models. Staff Reports, 1: 37-64.

Lovely M, Popp D. 2011. Trade, technology, and the environment: Does access to technology promote environmental regulation? Journal of Environmental Economics and Management, 61 (1): 16-35.

Mani M, Wheeler D. 1998. In search of pollution havens? Dirty industry in the world economy, 1960—1995. Journal of Environment and Development, 7 (3): 215-247.

Mulatu A, Florax R J G M, Withagen C A. 2004. Environmental regulation and international trade. Tinbergen Institute Discussion Paper.

Markusen J. 1995. The boundaries of multinational enterprises and the theory of international trade. Journal of Economic Perspective, 9.

Naughton B. 1999. China's trade regime at the end of 1990s. Paper presented at the International Agricultural and Applied Economics.

Nielsen M E. 2006. The endogenous formation of sustainable trade agreements. Revista de Economía del Rosario, 9 (1): 61-94.

Porter M E, Van Der Linde C. 1995. Green andcompetitive: ending the stalemate. Harvard Business Review, (1): 1-16.

Park H, Russell C, Lee J. 2007. National culture and environmental sustainability: A cross-national analysis. Journal of Economics and Finance, 31 (1): 104-121.

Poelhekke S, Van der Ploeg F. 2015. Green havens and pollution havens. The World Economy, 38（7）: 1159-1178.

Panayotou T. 2000. Globalization and Environment. CID Working Papers.

Ropke I. 1994. Trade, development and sustainability — a critical assessment of the "free trade dogma". Ecological Economics, 9（1）: 13-22.

Sapkota P, Bastola U. 2017. Foreign direct investment, income, and environmental pollution in developing countries: Panel data analysis of Latin America. Energy Economics, 64（5）: 206-212.

Shapiro J S. 2016. Trade costs, CO_2, and the environment. American Economic Journal. Economic Policy, 8（4）: 220-254.

Selden T M, Song D. 1994. Environment quality and velopment is here Kuznets Curve for air pollution emissions? Journal of Environmental Economics and Management,（27）: 147-162.

Shahbaz M, Nasreen S, Abbas F, et al. 2015. Does foreign direct investment impede environmental quality in high-, middle-, and low-income countries? Energy Economics,（51）: 275-287.

Tamiotti L. 2009. Trade and climate change: WTO-UNEP report. World Trade Organization.

Van Beers C, van den Bergh J C J M. 1996. An overview of methodological approaches in the analysis of trade and environment. Journal of World Trade, 30（1）: 143-167.

Van Beers C, Van Den Bergh J C J M. 1997. An empirical multi - country analysis of the impact of environmental regulations on foreign trade flows. Kyklos, 50（1）: 29-46.

Vilas-Ghiso S J, Liverman D M. 2007. Scale, technique and composition effects in the Mexican agricultural sector: the influence of NAFTA and the institutional environment. International Environmental Agreements Politics Law & Economics, 7（2）: 137-169.

Vale VA, Chimeli F S P A B. 2015. International trade and the environment: new evidence on CO_2 emissions. Working Papers, Department of Economics.

Wailes E J, Fang C, Tuan F C. 1998. US-Chinaagricultural trade: constraints and potential. Journal of Agricultural and Applied Economics, 30（1）: 113-126.

Wang Z. 1997. China's agricultural trade in 1996: Commodity structure, geographical distribution, and its role in US and world agricultural trade. International Agriculture and Trade Report, 6-15.

Williams, Gary W, Iii R, et al. 1992. Agriculture and the North American Free Trade Agreement. Choices: The Magazine of Food, Farm & Resource Issues.

Zugravu-Soilita N. 2017. How does foreign direct investment affect pollution? Toward a better understanding of the direct and conditional effects. Environmental and Resource Economics, 66（2）: 293-338.

后　　记

很荣幸中标生态环境部环境规划院的"一带一路绿色贸易"研究课题，在伙伴的鼎力支持下，我们顺利完成了项目，并获得验收专家的充分肯定。这是一次明知不可为而为之的科研探索。

本书的完成，要感谢我在上海和杭州的研究生崔杰、沈婉馨、姚峪岩、林昆、夏馨悦、王艺蔚、卓思敏等所做的资料收集、梳理等工作。同时，感谢浙江师范大学彭红英副教授、上海对外经贸大学陈迪博士对最后一章的宝贵建议和初稿的全面校对。尤其要感谢上海对外经贸大学的研究生、现就职于中国建设银行的姚峪岩对终稿的全面校对以及对出版工作的推进。感谢亦师亦友的胡涛老师，作为绿色贸易的国际专家，一直为我们团队在这一领域的学习和研究提供指导与前沿资讯。上述所有伙伴们的共同支持，使得该成果得以在"一带一路"倡议提出十周年之际得以出版。

谨以本书致敬多年来给予我们环境经济团队大力支持与鼓励的所有师长和伙伴们。

张翼飞
2023 年 10 月